독서자료론
독서논술지도론

독서자료론
독서논술지도론

개정판 1쇄 발행 2010년 8월 30일
개정판 10쇄 발행 2015년 7월 15일

글쓴이 | (사)한우리독서문화운동본부 교재집필연구회
펴낸이 | 박선희
펴낸곳 | 해와나무
출판등록 | 2004년 2월 14일 제312-2004-000006호
주소 | 서울특별시 마포구 홍익로5안길 20 재강빌딩 4층
전화 | 02-362-0938 / 7675
팩스 | 02-312-7675

ISBN 978-89-6268-065-2 14020
     978-89-6268-063-8 (세트)

독서지도사 양성과정 기본교재 · Ⅱ

독서자료론
독서논술지도론

:

(사)한우리독서문화운동본부 교재집필연구회

위즈덤북

이 책은 독서지도사가 되기 위해 공부하는 사람들을 위한 교재이다. '독서지도사' 라는 명칭은 1992년 사단법인 한우리독서문화운동본부에서 우리나라 최초로 사용했지만, 지금은 독서 지도를 하는 모든 사람을 칭하는 보통명사로 사용될 정도로 익숙한 단어가 되었다.

한우리에서 사용하기 이전에도 '독서 지도' 라는 단어는 존재했지만, 한국에서 어린이와 청소년들에게 독서 지도를 할 수 있도록 뿌리를 내리게 된 배경에는 '한우리 독서지도사' 의 양성과정이 자리하고 있다. 독서지도사들은 우리나라 어린이와 청소년들에게 올바른 독서 지도를 통해 책 속의 내용을 더욱 효과적으로 체득하도록 도와주고 있다.

사단법인 한우리독서문화운동본부는 '독서지도사 양성과정' 을 통해 2010년 현재까지 약 4만 명의 독서지도사를 배출했으며, 전국의 20개 대학교 등과 제휴하여 1년에 약 3천 명의 독서지도사를 배출하고 있다. 그리고 2000년에는 우리나라 최초로 독서 지도 교원직무 연수기관으로 지정받아 전국의 유치원·초등학교 교사 400명 이상을 대상으로 연수를 실시했다.

이제는 '독서지도사 양성과정' 이 한우리에만 존재하는 것은 아니다. 전국의 각 대학교 부설 평생교육원이나 대도시 중심으로 설립된 문화센터, 그리고 도서관이나 인터넷을 이용한 강의실 등에도 '독서지도사 양성과정' 이 개설되어 있다. 그 규모나 질적인 내용과는 상관없이 독서지도사가 되기를 원하는 사람들은 본인이 원하는 만큼 충분히 공부할 권리가 있다. 그러나 현재 우리나라에는 독서지도사를 위한 교재가 따로 존재하지 않는다. 특히 독서 지도 방법을 중심으로 하는 교재는 전무하다고 해도 과언이 아니다. 그래서 사단법인 한우리독서문화운동본부는 독서지도사가 되기를 희망하는 사람들을 위해 한우리의 독서지도사 양성과정 교재를 출판하기로 결정했다.

이 책은 한우리독서문화운동본부가 1994년부터 실시하고 있는 '독서지도사 자격

증 시험'을 위한 기본 교재이기도 하다. 이 교재는 두 권으로 이루어져 있다. 첫 번째 교재는 『독서교육론』과 『독서지도방법론』이라는 두 개의 영역을 담고 있고, 두 번째 교재는 『독서자료론』과 『독서논술지도론』이라는 두 개의 영역으로 이루어져 있다. 또한 각각의 책은 여러 개의 과목들로 구성되어 있다. 따라서 이 교재들은 각각 한 권으로서의 완성도뿐 아니라 각각의 과목들로 그 나름의 완결성을 갖추고 있다. 그렇기 때문에 두 권의 책을 처음부터 끝까지 순서대로 공부하는 것은 물론 자신에게 취약한 과목들을 중심으로 공부해도 무방하다.

　한우리의 독서지도사 양성과정에는 독서 지도의 실제와 방법을 주로 담당하는 『독서지도방법론』에 그 실질적인 무게가 실려 있다. 서평식 독서 감상문 쓰기나 논술에 관한 내용을 담고 있는 『독서논술지도론』과 아동문학의 이해나 도서 종류별 독서 지도에 관한 내용을 다루는 『독서자료론』, 그리고 독서 지도의 원리와 아동 발달 단계에 따른 독서 등을 설명하고 있는 『독서교육론』은 더욱 효과적으로 독서 지도를 할 수 있도록 도와주는 역할을 한다. 물론 어느 과목이 더 중요하다고 말할 수는 없다. 모든 과목의 내용을 제대로 이해할 때 효과적인 독서 지도가 가능하기 때문이다.

　이제 우리나라의 독서 운동은 양적인 독서 운동에서 질적인 독서 운동으로 바뀌어야 한다. 단순히 책을 많이 읽기보다는 좋은 책을 효과적으로 읽어야 독서의 힘을 제대로 발휘할 수 있기 때문이다. 우리는 이 교재가 독서지도사가 되기를 원하고 제대로 된 독서 지도 방법을 배우고 싶어 하는 모든 사람들에게 도움이 되기를 바란다. 모든 집필 위원들은 우리나라가 독서 선진국이 되어 모든 국민이 책과 더불어 항상 행복하기를 진심으로 기원한다.

2010년 8월 교재 집필 위원들을 대표하여

박철원

| 독서자료론 |

01 아동문학의 이해

제 1 장 어린이와 아동문학 13
제 2 장 아동문학의 흐름 20
제 3 장 아동문학의 성격 58
제 4 장 아동문학 교육 이론 81

02 도서 선정 원리

제 1 장 도서 자료의 이해 95
제 2 장 도서 선정의 이해 119
제 3 장 도서 선정의 실제 134

03 도서 종류별 독서 지도

제 1 장 동시 지도 161
제 2 장 창작 동화 지도 169
제 3 장 옛이야기 지도 179
제 4 장 전기문 지도 185
제 5 장 그림책 지도 190
제 6 장 과학 동화 지도 196

04 읽기 방법 지도

제 1 장 읽기의 이해 205
제 2 장 비문학 읽기 지도 213
제 3 장 읽기 방법의 실제 229

| 독서논술지도론 |

01 글쓰기 지도

제 1 장 글쓰기 지도의 새로운 방향   273
제 2 장 독서 감상문 지도   291
제 3 장 갈래별 글쓰기 지도   310
부 록 1 국어 어문 규정   337
부 록 2 원고지 작성법   350

02 독서 논술 지도

제 1 장 독서 논술의 개념   361
제 2 장 논술의 기초   367
제 3 장 논술 지도의 실제   384
제 4 장 논술 첨삭 지도   409

03 서평식 독서 감상문 쓰기

제 1 장 서평식 독서 감상문   421
제 2 장 도서 종류에 따른 서평   425
제 3 장 서평식 독서 감상문 쓰기의 과정   428
제 4 장 서평식 독서 감상문 쓸 때의 주의점   440

Reading
Instructor

독서자료론
독서논술지도론

:
:

01
아동문학의 이해

02
도서 선정 원리

03
도서 종류별 독서 지도

04
읽기 방법 지도

01

아동문학의 이해

'아동문학의 이해' 과목에서는 아동문학의 기원과 아동문학의 흐름으로 우리나라와 세계의 아동문학사의 역사를 살펴본다. 그 후 아동문학의 특성과 가치, 효용성을 알아보고 아동문학의 범주와 좋은 아동문학의 구성요소를 살펴본다. 마지막으로 아동문학 교육 이론을 알아본다. 먼저 제1장에서는 '어린이와 아동문학'으로 본격적인 아동문학 시대가 열리기 이전 일반 문학과 함께 전해 오는 아동문학의 배경으로서의 문학의 기원과 발전, 그리고 아동문학의 분화에 대해 역사적인 흐름을 바탕으로 개괄적인 내용을 설명하고 있다. 아동관의 변천과 아동문학에 대한 이해를 넓히기 위한 장이다. 제2장에서는 '아동문학의 흐름'을 알아보면서 우리나라의 아동문학의 흐름과 세계의 아동문학의 흐름을 살펴보기로 한다. 먼저 '한국의 아동문학사'는 아동을 대상으로 한 문학작품이 등장하기 전을 고전 아동문학 시대로 다루고, 본격적인 아동문학 시대는 크게 해방 이전과 해방 이후로 시대 구분을 한 후 문단의 흐름이나 주요 작가, 작품들을 다루었다. 서양의 경우는 각 시대별 대표 작품과 작품의 성향을 중심으로 영국, 프랑스, 독일, 미국에서 비교적 널리 알려진 작품과 흐름의 특징을 19세기 이전과 이후로 나누어 다루었다. 주로 네 나라를 중심으로 다룬 것은 우리나라 독자에게 가장 많이 알려진 작품들을 기준으로 했기 때문이다. 기타 나라의 경우에는 시대 구분 없이 우리나라에 많이 알려진 작품이나 작가 중심으로 정리하였다. 제3장에서는 아동문학의 성격을 알아보는데 아동문학의 특성과 가치, 효용성을 알아보고, 아동문학의 갈래를 어떤 범주로 나누었는지 살펴보고 아동문학 구성 요소를 세밀하게 살펴보도록 한다. 마지막 제4장에서는 문학작품을 교육하는 관점의 문제로 접근하여 문학 교육을 어떻게 할 것인지에 대해 생각해 볼 수 있는 기회를 갖는다.

제1장

어린이와 아동문학

1. 문학에서 아동문학으로 자리 잡기
2. 아동문학의 기원

제2장

아동문학의 흐름

1. 우리나라 아동문학의 역사 2. 세계 아동문학의 역사

제3장

아동문학의 성격

1. 아동문학의 특성 2. 아동문학의 가치와 효용성
3. 아동문학의 범주와 구성 요소

제4장

아동문학 교육 이론

1. 문학 중심의 아동문학 교육 이론
2. 교육 중심의 문학 교육 이론

−생각해 볼 문제
−참고 문헌

제1장 / 어린이와 아동문학

　　어린이들에게 그들만의 문학이 필요하다는 사실이 충분히 인식되기 전까지 아동문학은 존재할 수 없었다. 그 이전에는, 그리고 어느 지역에서도 어린이들을 특별한 존재로 생각하지 않았다. 필립 아리에스에 의하면 중세 유럽에서는 어린이들이 엄마나 유모가 온종일 돌봐 주지 않아도 살아갈 수 있게 되면 곧 어른 사회에 편입되어 들어갔다고 한다. 그는 중세 유럽의 경우, 오늘날 우리가 아는 아동기, 그러니까 어른들이 알아보고 진지하게 탐구해야 할 만큼 독특한 개성을 가진 인생의 한 단계에 대한 개념은 없었다고 주장한다. 즉, 중세 그리고 그 이전 시대에 사람들은 지금 우리와 다른 방식으로 세계와 인간을 이해했다는 것을 알 수 있다. 한때 사람들이 어린이와 아동문학을 다른 방식으로 생각했던 것은, 우리가 오늘날 당연히 받아들이는 사실들이 완벽한 진실도 아니고, 유일한 진실도 아니라는 점을 깨닫게 해 준다. 과거에 보편적이었던 지식에 비추어 보면, 우리가 오늘날 어린이란 무엇이며 그들이 무엇을 읽고 무엇을 읽지 말아야 한다고 생각하는 가설에 지나친 자신감을 갖는 것은 위험하다. 그런 가설이 과거에 이데올로기의 문제였다면 오늘날에도 마찬가지이다. 17세기 유럽에 모습을 드러낸 어린이용 텍스트들은 영국 청교도들이 만들었는데, 그들은 개개인이 각자 자신의 구원을 발견할 필요가 있다는 데에 믿음의 초점을 맞추었기 때문에, 어린이들도 죄를 짓기 쉬운 존재이고, 어른들과 마찬가지로 구원이 필요하다는 신념을 발전시켰으며, 특히 어린이들이 올바른 길로 들어서도록 이끌어 주는 책을 만들어 냈다.

　　요즘 우리들이 보기에 이런 텍스트들은 너무나 설교적이고 필요이상 억압적인 것 같다. 그러나 바로 이런 연유로 해서 그 시대에는 그것이 '어린이 책'이 되었다. 그 책들은 '신의 뜻을 공부하고 기뻐하는 차원 높은 즐거움'을 주기 위한 것이었다.

1. 문학에서 아동문학으로 자리 잡기

아동문학을 독자적인 문학의 영역으로 분류하게 된 것은 그리 오래되지 않았다. 서양에서는 18세기 말에서 19세기부터이고, 우리나라는 1908년 최남선의 『소년』부터라고 말함으로 20세기 들어서부터이다. 우리나라에서 아동문학을 본격 문학으로써 학문적인 정립을 진지하게 추구하며 연구한 이재철은 아동문학을 그 주체와 소재, 기능상의 특징을 들어 특수 문학으로 자리매김했다. 곧 아동문학이란 "동심을 지닌 작가가 어린이를 위해 동심의 세계를 그린 문학"[1]이라고 정의한다. 그 밖에 브라운(Carol Lynch-Brown)과 톰린슨(Carl M. Tomlinson)은 "아동문학이란 출생에서부터 청소년기까지의 어린이를 대상으로 산문과 시, 소설과 논픽션을 통해 그 또래 어린이에게 적절한 화제와 흥미를 제공해 주는 양질의 보급판 도서를 말한다."고 규정했고, 노들먼(Perry Nodelman)은 어린이들에게 어른이 되는 방법을 가르치도록 고안된 강한 문화적 메시지를 지닌 교훈적인 요소가 있다는 점을 들기도 한다.

그의 말처럼 아동문학은 그 시대의 가치와 규범을 다음 세대에 전하는 방편으로 여겨 온 일면도 없지 않다. 결국 아동문학은 이와 같은 교훈적인 면과 함께 새로운 조망과 낙천적인 정서로 독자들을 이끌며, 사실성과 환상성을 넘나듦에서 오는 흥미와 위안을 주는 문학으로 그 개념상의 범위를 규명할 수 있다[2]. 이와 같이 아동문학의 개념 규명에 있어, 그 질적인 것은 다소 주관적인 것이라 그 구체적인 상을 규명하기가 쉽지 않지만 아동문학이란 '어린이를 즐겁게 하거나 가르치기 위해 글로 쓴 작품과 거기에 딸린 삽화를 통틀어 일컫는 말'이라고 정의할 수 있다. 이 장르는 세계 문학의 고전으로 인정받는 작품을 포함하여 어린이만을 위해 쉽게 읽을 수 있도록 쓴 소설 · 그림책 · 동화 · 자장가 · 우화 · 민요와 그밖에 주로 구전되어 온 자료 등 광범위한 작품을 포괄한다.

물론 문학에 대한 관점과 정의하는 방법에 따라 문학사를 다르게 쓸 수 있으나, 일

---

1) 이재철(1984). 『아동문학의 이론』. 형설출판사, 11-13쪽.
2) 신헌재(2007). 『아동문학과 교육』. 박이정, 17-18쪽.

반적으로는 아동문학의 본질을 확충하는 역사 인식을 바탕으로 아동문학의 기원을 19세기 이후의 근대사에 두고 있다. 물론 근대 이전의 상고 문화에서도 아동문학을 가름할 만한 민요, 전설, 민담, 신화와 같은 전승문학이 없었던 것은 아니지만, 그것은 모두 아동문학이 자리 잡게 된 역사적 배경으로서 아동문학 이전의 역사적 사실로 본다. 이렇게 아동문학이 태동한 것을 17~18세기인 근세로 보는 까닭은 그 창작된 작품의 문학적 가치를 통해 어린이를 건전한 인격체로 존중하고 전인적인 인간 교육을 목적으로 하기 때문이다.

따라서 작가는 독자인 아동의 발달 단계에 알맞은 문학을 창조해야 하고 아동문학의 본질에 근거를 두어야 한다. 아동문학은 고유한 특성이 있으므로 아동문학이 성립되기 위해서는 아동을 진정으로 사랑하고 존중하는 사회 환경과 시대적 자각이 선행되어야 한다. 어린이에게도 어른과 똑같은 인격을 부여하고 존중할 뿐 아니라, 인간이 누려야 할 최대한의 권리를 보장하고, 미래의 주역인 소중한 존재로 보는 사회 인식이 있어야 한다. 다시 말해서 어린이의 전인적 성장을 위한 교육적 의의와 궁극적 목적을 실현하기 위해서는 아동문학이 아동을 위한 문학이 되어야 한다.

이와 같이 아동에 대한 사회 인식이 변하기 시작한 것은 근세 사회에 이르러서였으며, 19세기 이전에는 봉건적인 사회 구조로 보나 조건의 제약으로 보나 올바른 아동관이 성립될 수가 없었다. 아동이 마치 성인들의 소유물인 것처럼 무조건 맹종해야 했고, 아이들이 저절로 태어나는 자연 발생적인 존재 가치에 불과하다고 본 그런 시대에서는 진정한 아동문학이 성립될 수 없었던 것이다. 결국 아동문학이 태동하게 되는 근대적 아동관은 근세 사회에 이르러서 성취되었으며, 강한 개인 정신을 바탕으로 개인의 독립성과 자유와 평등, 인간 존중으로서의 의식 전환에서 가능하게 되었다. 첫째, 자녀는 부모가 낳은 것이지만 어린이는 태어나면서 하나의 뚜렷한 인격체로 생각하게 되었고, 아동을 성인의 예속물로 여기던 관념에 일대 변혁을 가져왔다. 둘째, 민족과 국가의 내일은 오늘의 아동과 직결되어 있다는 미래에 대한 비전을 갖게 되었다. 오늘 자라나는 어린이가 커서 어른이 되면 내일의 사회를 이끌어 갈 중심축이 된다는 당연한 사실을 주의 깊게 생각하지 못했던 망각에서 벗어나 새로운 인식의 전환을 가져왔다. 셋째, 아동 자체에서 소중한 가치를 발견하게 된 것은 산업혁명 이후에 물질 문명이 발달함에 따라 역작용으로 인간성 상실의 위기 및 정신 문화가 위협받게 되면서 이를 극복하기 위해 인간의 본성을 동심에 두고 아동의 심성에서 찾으려는 노력 때문이었으며, 이 노력의 결실이 아동문학에 대한 관심으로 바뀌게 되었다. 이와 같이 본질적인 아동문학의 시원(始原)은 근대 문명의 발달과 함께 인간 중심의 휴머니즘에서 비롯되었으며, 무엇보다 아동을 독립된 인격체로 보는 아동관의 변화에 기인한 것이다.[3]

아동문학은 19세기에 와서야 독자적인 아동문학이라는 명칭을 갖게 된다. 19세기 이전에 아동을 위한 문학이 등장하지 않은 것은 아니었으나, 18세기 후반 루소의 『에밀』이 출판된 이후 아동을 하나의 인격체로 보는 근대적 아동관이 성립되기 시작하였고, 이러한 사상적 배경을 바탕으로 어린이 독자를 위한 문학작품이 본격적으로 갖춰지기 시작한 것이다. 때문에 그림 형제와 안데르센이 활동하던 시대에 와서야 일반 문학에서 분화되어 자신의 이름을 갖게 된 것이다. 그 이전에는 아동과 성인의 구분이 없던 문학 공유 시대가 오랫동안 계속되어 왔는데 대개 일반 성인을 위한 문학 중에서 자신들에게 적당한 것을 골라 갖거나 자신이 속한 사회의 성인들에 의해 아이들에게 전달되어진 노래나 이야기가 대부분이었다. 물론 인쇄술이 발달하기 이전에는 근세 이전의 아동들은 즐겨 듣고 느낄 수 있는 읽을거리가 전혀 없었던 것은 아니다. 다만 앞에서 언급했듯이, 아동문학의 본질에 충실한 문학으로서 아동을 위한 아동의 문학으로 정착된 본격적 아동문학의 시작이 근세에 이르러 출현하게 되었다는 것이다[4].

어느 민족 어느 나라에도 옛날부터 전해 내려오는 신화, 설화, 민화와 같은 옛이야기가 있고, 민요나 동요 등이 노래로 불려 왔다. 이런 전래 동화나 동요 등은 어른으로부터 어린이에게 구전되면서 소멸하기도 하고, 첨삭되고 개작되어 어린이의 정서와 심신 발달에 크게 영향을 끼치기도 했으며, 내재된 예술적 욕구를 충족하게 했다.

이와 같이 인간의 본능적 욕구가 문학의 씨알이 되어 오늘의 아동문학을 있게 한 역사적 배경으로 작용한 것이다. 이렇게 전승된 구전문학은 문자가 발명됨으로써 기록으로 남게 되었고, 인쇄술이 발달하면서부터 개인에서 대중으로 또 소수에서 다수 계층으로 확산되었으며, 전승문학[5](넓은 의미의 문학)으로서의 감동을 지니게 되었다[6].

---

3) 임원재(2000). 『아동문학 교육론』. 신원문화사, 67-69쪽.
4) 릴리언 스미스 저, 박화목 역(2008). 『아동문학론』. 새문사, 81쪽.

전승문학에서의 상상력은 이른바 샤머니즘의 울안에 갇혀 있는 상상력이다. 이런 샤머니즘적 상상력은 애니미즘과 함께 풍부한 상상력으로, 아동문학 발상에서 중요한 문학적 요인이 된다. 다시 말하면, 아동문학의 성립에 있어 예술적 기초를 제공해 주는 것은 전승문학이 가지고 있는 상상력이다. 그러나 민화나 신화, 또 옛이야기에서 나오는 상상력을 현대 아동문학의 상상력으로 수용하는 것과는 다르다.

따라서 이런 전승문학의 상상력은 원시 종교의 영향으로부터 해방되어야 하고, 아동문학의 예술적 기초를 이루고 있는 옛이야기가 과도기적인 영향력을 끼치면서 근대적인 상상의 세계로 전이되어 왔다고 생각할 수 있다. 하지만 근대적인 아동문학의 상상력은 보다 동심에 접근되어야 한다고 강조한다. 예를 들어, 『로빈슨 크루소』나 『걸리버 여행기』 같은 작품이 아동들에게 친근하고 훌륭한 아동문학이 된 것은 자유로운 상상력 때문이라고 말할 수 있으며, 존 번연의 『천로역정』 또한 성인 대상의 엄숙한 작품인데도 아동들의 환영 속에 개작되어 아동문학으로 사랑받게 된 것은 작품의 우의성 때문이다. 이렇듯 아동문학은 사회적 요인에 의해 가능해졌을 뿐만 아니라, 아동문학의 요건과 문학적 배경으로 인해서 아동문학으로 발전할 수 있었다.

 ## 2. 아동문학의 기원

아동문학은 오랜 시간 동안 일반 문학에서 분화되지 못한 채 그 안에 포함되어 있었기 때문에 일반 문학처럼 원시 종합 예술(Ballad Dance)에 그 기원을 둔다[7]. 처음에는 춤과 노래가 함께 어우러졌던 것이 구전문학 시대[8]에 와서 신화·전설·민화·우화 등이 포함된 설화문학과 시가문학인 민요·동요·무가, 극문학인 탈춤·인형극으로 나눠지다가 각각 서사시·서정시·극시의 형태로 발전되어 왔다.

---

5) 스미스는 "전승문학은 아동의 독서 활동에 중요한 위치를 차지하고 있으며, 이는 이야기 속에 배어 있는 문학으로서의 질 때문으로 문학의 질은 곧 상상력"이라고 말한다.

6) 임원재(2000). 『아동문학 교육론』. 신원문화사, 70쪽. – 옛이야기를 듣고 자란 세대는 지금도 이런 전승문학에 대한 향수를 느끼고 있으며, 이런 전승문학을 재구성한 읽을거리가 아동문학의 형태로 바뀌어 오늘날 어린이에게도 널리 보급되고 있다. 이런 전승문학이 아동문학의 원조로 또 아동문학의 발상지로 생각되기 쉬운 것은 아동문학의 특성인 풍부한 상상력을 지니고 있기 때문이다.

서사시는 노래를 버리고 언어만을 취하여 '이야기하는 시'로 탈바꿈해 왔는데 호메로스의 『일리아드』와 『오디세이』가 세계 최초의 서사시로 알려져 있다. 이 작품들은 18세기 이후 아동문학 재화 작품의 모태로서 중요한 역할을 하게 된다. 서정시는 언어와 음악을 그냥 지녀 '노래하는 시'가 되었다. 각 나라에서는 이러한 노래들이 구비문학의 형태로 꾸준히 발달하였고 어린이들에게 들려주었거나 어린이들이 생활하면서 직접 불렀던 노래들의 경우 전래 동요로 발전하였다. 전래 동요를 기록으로 남긴 작품으로는 영국의 『마더구스 멜로디』가 유명하다. 극시는 다시 언어와 노래와 무용을 아울러서 '표출의 시'로 남게 된 것인데 극시의 대표적인 작가로는 영국의 셰익스피어가 대표적인 인물이다. 셰익스피어의 극시 역시 아동문학에서는 영국의 찰스 램, 메릴램 남매에 의해 재화되어 당대에 최고의 인기를 끌었다.

17세기에 아동을 위한 최초의 전래 동화집이 프랑스의 페로에 의해 쓰이고, 18세기에 영국의 존 뉴베리라는 출판업자에 의해 어린이 책이 서민층에까지 보편화되면서 드디어 아동문학 자체의 역사가 열리기 시작하게 되었다. 같은 시대에 미약하나마 창작 문학의 시대가 열리기는 했으나, 본격적으로 아동문학이 일반 문학에서 분화된 계기는 독일의 그림 형제가 민담을 수집·정리하여 전래 동화집을 내는 과정에서부터였다. 그들의 『가정과 어린이의 옛이야기』집은 처음부터 어린이 독자를 의식하고 만든 것은 아니었으나 나중에 그림 형제 스스로가 자신들의 전래 동화집의 내용을 어린이 독자들이 더 쉽게 이해할 수 있고 정서적으로도 안정되고, 다듬어진 언어를 사용하여 어린이를 위한 전래 동화집을 출판한 것이 계기가 된다고 볼 수 있다. 그들의 전래 동화집은 서구의 다른 국가들에도 영향을 끼치기 시작하였는데 그 영향을 가장 많이 받

---

7) 문학의 기원설은 여러 가지가 있지만 현재 가장 유력한 기원설은 무용·음악·시가 등이 샤머니즘(shamanism)과 결부된 혼합된 원시 종합 예술 형태로써 존재하다가 분리되었다고 주장하는 발라드 댄스설이다. 자세히 살펴보면 (1) 심리학적 기원설은 순수한 인간의 심리적 욕구에 의해 문학이 산출되었다는 관점이다. ① 모방 본능설(模倣本能說) : 인간의 모방 본능 때문에 문학이 생겼다는 설로 플라톤(Platon), 아리스토텔레스(Arisoteles)가 대표적인 주창자이다. ② 유희 본능설(遊戲本能說) : 다른 동물이 갖지 않은 인간의 유희 본능에서 문학이 발생하였다는 설로 칸트(I. Kant), 스펜서(H. Spencer) 등이 있다. ③ 흡인 본능설(吸引本能說) : 남을 끌어들이려는 인간의 흡인 본능에서 문학이 발생하였다는 설인데, 이것은 다윈(C. Darwin) 등의 진화론자들이 지지하는 설이다. ④ 자기 표현 본능설(自己表現本能說) : 문학은 인간이 자기 자신을 표현하고 싶어 하는 본능에 의해 생겼다는 설로 대표적으로 허드슨(W. H. Hudson)이 있다. (2) 발생학적 기원설(發生學的起源說)로는 문학이나 예술은 심미성(審美性)보다는 실용성(實用性) 때문에 발생하였다는 설로 그로쎄(E. Gross)가 대표적이다. (3) 발라드 댄스설(ballad dance說) : 문학은 원시 종합 예술의 상태에서 발생하였다는 설로 현재 가장 설득력 있는 설이다. 대표적으로 몰튼(R. G. Moulton)이 있다.

8) 구전문학 시대는 대부분 기록이 없이 사람들의 입에서 입으로 전승되어 오던 문학의 시대를 말한다.

은 곳이 북유럽에 위치한 국가들이었다. 특히 덴마크의 안데르센도 전래 동화를 정리하여 『어린이를 위한 이야기』집을 내기 시작해 전래 동화 작가로 활동하다 새로운 창작 동화를 발표하면서 아동문학사에 창작 동화의 시대를 연 것이다. 창작 문학은 19~20세기를 걸쳐오면서 동화와 아동소설, 동요와 동시, 그리고 아동극과 아동 시나리오라는 중심 장르로 발전해 온 것이다.

제2장 아동문학의 흐름

1. 우리나라 아동문학의 역사

1) 우리나라의 아동문학사 시대 구분

우리나라가 1900년대라는 격동의 시대로 들어서면서 워낙 많은 역사적 사건들과 수난들을 겪게 되는데 이러한 당대의 현실들이 아동 문단의 흐름을 변하게 하는 주요 요인으로 영향을 미치게 된다. 때문에 아동 문학사의 시대 구분을 한다는 일은 쉬운 작업이 아니고 많은 아동문학 연구가 자신의 연구 관점에 따라 아동문학 시대를 구분했다.

우리나라에서 처음으로 아동문학을 학문적으로 연구한 이재철은 크게 해방 전의 아동문화 운동 시대와 해방 이후의 아동문학 운동 시대로 나누고, 이를 다시 각 시기의 특징에 따라 세분화하고 있다.

<표 1> 『한국 아동문학사 정리』

시대	특징과 작품
고전 아동문학 시대 **(삼국 시대** **이전-1908)**	신화에서 비롯됨 『단군신화』, 『고주몽 신화』, 『삼국사기』, 『삼국유사』에 나오는 신라의 시조 신화, 가락국의 수로왕 신화, 제주도의 삼성시조 신화 등
	전래 동화-가장 오래된 「방이 설화」, 「귀토설화」, 『삼국유사』: 「연오랑 세오녀」, 「거타지 설화」, 『삼국사기』: 「온달 설화」 등은 고전적 문화유산
	동요 문학-「서동요」, 「해가사」, 「구지가」 등은 민요와 혼류되어 구분이 명확하지 않게 구전, 정착되어 내려옴
아동 문화 운동 시대 **(1908-1945)**	1. 태동 초창기(1908~1923)-육당 최남선 발간한 『소년』: 우리나라 최초의 근대적 종합 교육지, 아동 잡지의 효시 『붉은 져고리』, 『아이들보이』, 『새별』
	2. 발흥 성장기(1923~1939)-방정환 아동문예지 『어린이』 발간: 최초의 순수 아동문학 잡지
	마해송 「샛별」: 최초의 창작 동화 『바위나리와 아기별』 / 윤석중-최초의 동시집 『잃어버린 댕기』
	3. 암흑 수난기(1939~1945)-일본은 『조선일보』와 『동아일보』를 강제로 폐간. 아동문학 암흑기
아동문학 운동 시대 **(1945-현재)**	1. 광복 혼미기(1945~1950)-좌익과 우익 문단의 극단적 대립. 새로운 아동 문화 운동의 재흥, 전대 아동문학의 정리와 결산, 과도기적 문단 형성, 율문 중심에서 산문 중심으로 교체, 대중적 아동문학의 태동, 외국 명작물 번역 활발
	2. 통속 팽창기(1950~1960)-정치 경제 사회 혼란으로 아동문학이 통속화 창작 동화-마해송, 이원수, 강소천, 이주홍, 김요섭, 박화목 창작 동시-최계락, 이종택, 이종기, 한정동, 윤석중, 박영종
	3. 정리 형성기(1960~1976)-4·19를 계기로 자각과 반성. 동시인동인회, 한국동화문학회 같은 전문성 지닌 장르 중심으로 발전. 소천아동문학상, 해송아동문학상, 한정동아동문학상 제정. 평면성 극복, 폐쇄적인 시어의 개방, 동심 세계의 확장, 지시적 전달 기능의 탈피, 도식적인 교육성에서의 해방
	4. 전환 발전기(1976~1988)-『아동문학 평론』, 『아동문예』: 신인 발굴, 발표 욕구 수렴, 다양한 문학사조의 수용과 반영
	5. 1988년 이후-우리나라 최초의 창작 그림책 『백두산 이야기』 단행본으로 출간 '솔거나라 시리즈', '옛이야기 그림책 까치호랑이', '두껍아 두껍아 옛날 옛적에': 전통문화 그림책의 선구적 역할

(1) 고전 아동문학 시대

19세기에 본격적인 아동문학이 시작되고 20세기에 정착하게 되는 서양의 아동문학사와 비슷하게 한국 아동문학사에서도 아동문학이 시작하고 정착하는 시기를 20세기로 본다. 이는 우리나라나 서양, 모두 근대 사회로 들어서면서 아동을 한 사람의 독립된 인간으로 보고 그 인격을 인정하고 의사와 자유를 존중하면서 인간의 모든 권리를 보장해 주려는 아동관이 형성되었기 때문이다.

한국 아동문학의 효시로 보는 육당 최남선의 아동 잡지 『소년』이 창간되기 전에는 우리나라에서도 아동을 대상으로 하는 문학은 대부분 구비문학의 형식으로 일반 문학 속에 섞여서 전해져 왔다. 고전 아동문학의 시작은 신화에서 비롯된다. 우리나라에서 가장 오래된 작품으로 동화 문학의 원형으로 보는 작품인 「단군신화」, 흥미와 곡절이 가득 차 있어 동화 발생기의 원초적 형태로 보는 「고주몽 신화」, 『삼국사기』·『삼국유사』·『고려사』·『동국여지승람』 등에 전하는 신라의 시조(始祖) 신화들이나 가락국의 「수로왕 신화」, 제주도의 「삼성시조 신화」 등이 동화 문학적 형태를 보여 주는 대표적인 신화들이다.[9] 전래 동화로서 문헌상 가장 오래된 작품은 신라에서 구전되던 「방이 설화」와 「귀토 설화」이고, 『삼국사기』의 「온달설화」, 『수이전』에 전하는 「최고운전」·「죽통미녀」·「호원」, 『삼국유사』에 전하는 「연오랑 세오녀」·「거타지 설화」 등이 주목할 만한 고전적 동화 유산이다. 조선 시대의 『홍길동전』·『심청전』·『흥부전』 등도 동화적인 성격을 갖고 있는 작품들이다.

동요 문학은 민요와 혼류되어 그 구분이 명백하지 않은 채 구전·창작되어 내려오다가 근대에 와서야 일반 문학에서 전래 동요의 모습으로 분화되어 갔다. 문헌상 최초의 동요 문학적 원형이라 보고 있는 가락국 김수로왕의 강림신화에 들어 있는 「구지가」와 백제 무왕이 불렀다는 「서동요」, 그리고 「해가사」가 초기 동요 문학의 형태를 띠고 있는 전승 동요[10]이다. 이러한 전승 동요는 고려·조선 전기에는 문헌상에 거의 보이지 않다가 영·정조 이후 『옹고집전』·『심청전』·『춘향전』 등의 소설 속에 기록되

---

9) 이재철(1983). 『아동문학 개론』. 서문당, 37쪽.

10) 문헌 자료를 통해 나타나는 고전 동요 문학의 큰 특징은 대부분 참요적인 성격을 가지고 있는데 신라의 「계림요」(신라의 멸망과 고려의 건국을 예언), 백제의 「완산요」, 고려의 「보현찰요」(고려 때 무신 정변에 관련된 노래)·「만수산요」·「목자득국요」(이성계의 조선 건국을 암시하는 노래), 조선의 「남산요」·「구맥요」·「충성요」·「파랑새요」(동학봉기 때의 전봉준 장군을 노래함) 등이 있다.

어 전해진다. 이는 판소리 계열의 전래 동화가 아동극의 원류로 나타나는 점과 함께 우리의 고전 아동문학이 조선조 후기에 와서야 아동문학다운 모습을 갖추게 되고, 현대와 이어지는 사적 맥락을 가지게 된다는 것을 보여 준다. 대표적인 노래로『옹고집전』과 심청전의「자장가」,『흥부전』의「구구풀이」,『춘향전』의「한글풀이」등이 있다[11].

개화기에는 우리나라에 기독교가 전파되고 선교사들에 의해 학교가 들어서면서 성경의 번역과 찬송가의 보급이 활발해져 한글 보급과 창가 발생에 영향을 끼치게 된다. 또한 이 시기에는 우리나라 신소설이 등장하기 전에 외국 작품들을 번역하거나 번안하는 작품들이 나타나기 시작했다.[12] 1895년 선교사 게일에 의해 우리나라에서는 최초로 번역된 작품『천로역정(존 번연)』이 나오고, 윤치호의『이색우언(이솝 우화)』도 선보이게 되었다. 1898년에는 프랑스 작가 쥘 베른의 과학 모험 소설을 번안한 이해조의『철세계』가, 이후에는 이상엽이『몽테크리스토 백작』을 번안한『해왕성』등 번안소설이 출판되어 읽히기도 했다.

(2) 해방 전 아동문학

① 1908년~1923년

1908년에 육당 최남선이 발간한『소년』은 우리나라 최초의 근대적 종합 교육지이자 아동 잡지의 효시이다.『소년』은 창간사에서 국가의 장래를 소년에게 의지하려는 위대한 포부를 밝히고 있고, 내용에 있어서도『거인국 표류기』,『이이솝 이야기』,『로빈손 무인절도 표류기』,『어른과 아이』등 번안물과 춘원의『어린 희생』등 소년의 읽을거리를 주로 담았으며, 잡지 관계자의 연령이 대부분 20세 미만이었다는 점, 아동문학 작품을 출현시킨 본보기 역할을 하였다는 점으로 보아 아동문학의 선구적인 잡지로 인정되고 있다. 특히 주목할 만한 사실은 창간호에 발표된「해에게서 소년에게」는 주제·소재·효능·독자 등 여러 면에 걸쳐 과도적 소년시였고, 2호에 게재된

---

11) 문헌으로 기록되지 않고 구전되어 오는 전래 동요로는「달요」,「나무요」,「자장가」,「어깨동무요」,「두꺼비 집짓기」,「미나리요」,「비요」,「꿩요」,「방아개비요」,「둥개둥이요」,「술래잡기요」,「널뛰기요」,「달강달강요」,「방귀요」등 어린이들에게 불러 주었거나 어린이들 스스로 부르던 노래들이 수없이 많이 남아 있다.

12) 강정규 외(2002).『아동문학 창작론』. 학연사, 44-45쪽.

「우리 운동장」은 선구적 창작 동요였다는 것이다.

육당은 『소년』지가 일제 탄압으로 폐간된 후에도 계속해서 『붉은 져고리(1913·통권 12호)』, 『아이들보이(1913~1914·통권12호)』, 『새별(1913~1915·통권 16호)』 등 본격적인 아동 잡지를 만들어 아동 문화 운동의 선구적 역할을 하였다. 특히 『붉은 져고리』는 한글을 중심으로 한 동화, 동요, 우화 등 분명한 장르명으로 작품 구분을 함으로써 순수한 아동문학임을 과시한 잡지였고, 『아이들보이』는 목차와 본문 내용에 있어서 인명을 제외하고는 순 한글로 표현하였을 뿐만 아니라 최초의 근대적 동화요인 「남잡이 저잡이」가 수록된 잡지라는 점에서 더 큰 의미를 갖고 있다.[13]

육당과 함께 신문화 운동의 주축이 되어 근대 아동문학의 기반을 세운 또 한 사람은 춘원 이광수였다. 춘원은 육당의 여러 간행물에 직·간접적으로 관여했을 뿐만 아니라 『무정(1917)』보다 10여 년이나 앞서 『정육론(1908)』을 발표하여 새로운 근대적 아동관 형성에 획기적인 이정표를 남겼다. 또한 1913년에는 미국 스토우 부인의 『엉클 톰스 캐빈』을 번역·출판하였고, 1919년에는 우리나라 최초의 현대적 단편소설인 「어린 벗에게」와 「소년의 비애」를 발표하였다.

<그림 1> 최남선의 『소년』　　　　<그림 2> 『아이들보이』　　　　<그림 3> 『새별』

② 1923년~1939년

1920년대에 들어서 소파 방정환에 의해 한국 아동문학은 본격적인 출발을 하게 되

---

13) 이재철(1983). 『아동문학 개론』. 서문당, 51쪽.

었다. 방정환은 1922년에 『안데르센 동화』·『그림 동화』·『아라비안나이트』 중에서 몇몇 작품들을 선정·번역하여 우리말로 쓰인 첫 동화집인 『사랑의 선물』이라는 세계 명작 동화집을 출간하였고, 1923년에 본격적인 아동 문예지인 『어린이(1923~1934·통권 123호)』를 창간하였다. 또 1923년 5월 1일에는 우리나라 최초의 아동문학 운동 단체인 색동회를 결성, 아동 인권의 역사적 회복을 의미하는 어린이라는 말을 최초로 사용·보편화시켰으며, 어린이날을 제정하기도 했다. 그는 『사랑의 선물』을 위시한 본격적인 개작·번안·동화집 저술과 최초의 동화 구연가로 활약한 점, 본격적인 최초의 아동 잡지 『어린이』를 통해 아동문학 육성과 아동문학가 배출에 선구자적 역할을 한 점, 『어린이』에 연재한 「어린이 독본(우리나라의 역사와 위인과 산수지리에 관한 특집 기획물)」과 몇 편의 창작 아동 장편소설과 동요로써 최초의 본격적인 아동문학가가 된 점 등의 공으로 아동문학사에서 그 위치를 높이 평가받고 있다.[14)]

이 시기에는 1923년에 발간된 『어린이』의 영향으로 수십 종의 아동문학지가 쏟아져 나와 아동 잡지 전성시대를 이루었다. 그중 가장 대표적인 잡지는 『신소년(1923~1934)』, 『새벗(1925~1934)』, 『아이생활(1926~1944)』, 『별나라(1926~1934)』 등이다. 『어린이』는 방정환이 만든 최초의 순수 아동문학 잡지로 동요·동화·동화극 등 분명한 장르 의식을 확립한 잡지였고, 1920년대 후반에서 30년대 초반에 이르는 '동요 황금 시대'를 가져왔으며, 서덕출·윤석중·이원수·윤복진 등 신인 동요 작가들을 배출하였다.

그리고 1933년에는 박영종(박목월)을 등장시켜 한국 아동문학의 중심 장르를 창작 동요에서 동시로 전환·발전시키는 성과를 가져온다. 『신소년』은 절충적 다양성이 특징인 아동 잡지이다. 이주홍이 처녀 동화 「뱀새끼의 무도(1929)」를 발표한 잡지이면서 독자 문단을 통해 이원수·서덕출·모기윤·목일신 등 동화 작가들을 문단에 등장시키기도 했다. 이 잡지는 초기(1923~1925)에는 교화적 요소가 강했고, 중기(1926~1930)에는 색동회 회원들의 참여로 민족주의적 경향이 두드러졌으나, 말기(1930~1934)에는 프로문학의 영향을 받아 계급의식을 강조하는 잡지가 되어 버렸다. 『새벗』은 『어린이』와 『신소년』의 중간지적 성격과 흥미 위주를 일삼았으나, 후기에는 좌경 아동지가 되

---

14) 유창근(2001). 『현대 아동문학의 이해』. 동문사, 95쪽.

었고, 『아이생활』은 기독교 전도의 성격을 띤 잡지로 일제 치하 아동지 중 최장수 잡지였다. 『별나라』는 프로문학의 영향을 받는 잡지로 창간 초부터 무산 아동을 위한다는 취지 아래 사회주의적 계급의식을 철저히 나타냈다. 1920년대에는 아동문학을 주도한 사람들이 주로 소년 운동가, 문학 애호인, 잡지 편집인, 종교인, 언론인, 사회·문화 운동가, 정치인 내지는 독립운동가였다는 점으로 보아 이 시대의 아동문학 운동이 민족적 문화 운동이었음을 증명해 준다.

1930년대에는 20년대의 아동 문화 운동에 치우친 습작 문단을 탈피하고 근대적 아동 문단으로 발돋움하는 계기를 마련하여 아동문학의 전문성을 제고하는 분위기 형성에 기여하였다. 특히 20년대 독자 문단의 투고자였던 윤석중·이원수·서덕출(「봄 편지」)·윤복진 등이 신인의 경지를 벗어나 소장 중견이 되어 활약했으며, 박영종·강소천·강승한·김영일·이구조 등이 참신한 신인으로 등장하여 근대적인 작가 문단을 형성하게 했다. 창작 동화에 마해송(1923년에 『샛별』을 통해 한국 최초의 창작 동화인 「바위나리와 아기별」을 발표), 생활 동화에 이구조, 소년소설에는 최병화, 노양근, 정우해, 현덕과 같은 유능한 작가들이 자기의 세계를 넓히거나 새로 배출되었고, 동요 문학 역시 새로운 국면을 맞아 동시로 진전하게 되는데, 이 과정에서 한정동[15], 윤석중[16], 이원수[17], 윤복진, 박영종[18], 강소천[19], 김영일[20] 등이 나름대로 확고한 세계를 구축해 갔다. 그 밖에도 1924년에 한국 최초의 작곡 동요인 「설날」과 「반달」을 작사·작곡하고, 1926년에는 한국 최초의 동요곡집 『반달』을 발간한 윤극영, 『아이생활』을 통해 동요를 발표했던 「어린 음악대」의 김성도, 그리고 동요 「왜가리(1933)」로 『조선중앙일보』에 당선되어 등단한 『초록바다』의 작가 박경종 등이 당시 활약하였다.

---

15) 「따오기」, 「갈잎피리」의 작가로 『어린이』에 가장 많은 작품을 발표한 시인.

16) 1924년과 1925년에 『신소년』과 『어린이』를 통해 등단한 후 한국 최초의 동요집 『윤석중 동요집(1932)』과 한국 최초의 동시집 『잃어버린 댕기(1933)』를 발간한 세계적인 동요작가.

17) 동요 작가로 출발했다가 아동 소설을 더 많이 창작한 「고향의 봄」의 작가.

18) 「얼룩송아지」를 쓴 작가.

19) 『아이생활』을 통해 동화를 발표하기 시작한 동요집 『호박꽃 초롱』과 동화집 『꿈을 찍는 사진관』 등.

20) 『아이생활』의 집필 동인이었던 「다람쥐」의 작가.

〈그림 4〉 『어린이』

〈그림 5〉 『방정환 선생』

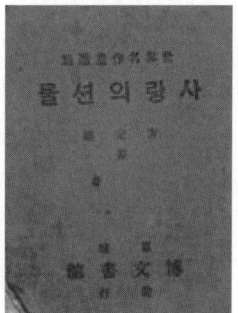
〈그림 6〉 『사랑의 선물』

색동회

1923년 5월 1일에 방정환이 손진태, 윤극영과 함께 만든 최초의 아동문화 운동 단체. 주로 『어린이』와 제휴하여 동요, 동화, 아동 극본, 역사 훈화 같은 것을 집필하고, 해외 아동문학의 번역·번안, 구연동화 및 강연, 연예회와 각종 전시회의 개최, 동요 작곡, 잡지 편집의 참여, 보육 학교의 경영 등으로 아동의 인권 회복에 이바지하여 1920년대의 아동문화 운동을 주도한 큰 기둥이 되었다.

『어린이』

1923년 3월 20일 창간된 우리나라 최초의 본격적인 아동 문예지이자 동요 황금시대와 아동 잡지의 홍수 시대를 가져온 중요한 출발지가 된 잡지. 천도교의 어린이 존중 사상을 근간으로 어린이들에게 민족의식을 고취하는 항일 민족 운동의 일환으로서 미래의 주인공인 어린이들의 교육을 위해 발간되었다. 통권 123호까지 간행되면서 타블로이드형의 신문 형태에서 4·6판의 책 모양으로, 다시 국판으로 판형이 바뀌고, 수없는 삭제·정간·압수·편집인 구금 등 많은 우여곡절을 겪었지만, 색동회와 천도교 소년회를 배경으로 개벽사에서 출간되어 전기 아동문화 운동을 지탱하는 본격 아동지로서 빛나는 업적을 쌓아 갔다.

소파 방정환이 타계(1931. 7.)한 후 이정호·신영설·최영주·순으로 편집인이 바뀌었고, 외부적 영향을 받아 내용이 현실 참여와 사회주의 경향으로 흐르면서 편집 방향이 달라지기도 했다. 그러나 『어린이』는 동요·동화·동화 극본 등 분명한 장르 의식을 확립했고, 1925년에 이르러 서덕출·윤석중·이원수·윤복진·최순애 등을 추천 육성함으로써

『소년』에서 보이는 교화적 문화 운동에서 식민지 치하의 우리말·우리글·우리 이야기·우리 노래를 통해 우리의 것을 일깨워 주려는 문학적 아동문화 운동으로 발전하게 되었다. 이들 신인 작가들의 배출로 1925년경에는 작곡 동요가 보급되어 남녀노소를 막론하고 부르던 동요 황금시대를 낳게 되었다.

또한 『어린이』의 특기할 일은 한국의 역사와 위인 및 산수 지리에 대한 특집을 기획함으로써 데 아미치스의 『쿠오레(사랑의 학교)』에 버금가는 「어린이 독본」 연재와 함께 아동에게 자주민의 긍지와 민족의식을 고취하였으며, 소년회 운동을 통해 항일 민족 운동의 밑거름임을 자처하였다는 사실이다.

『어린이』는 동화에 방정환·진장섭·고한승·마해송·이정호·최병화·연성흠 등의 작가들, 동요에 방정환·한정동·유도순 외에 서덕출·윤석중·이원수·윤복진·최순애 등의 신인 작가들, 작곡에 윤극영·정순철 등의 동요 작곡가들의 활동 무대가 되었다.

동요 황금시대와 『어린이』

1925년 전후를 '동요 황금시대'라고 말할 수 있는 것은 여러 아동 잡지들 중에서도 순전히 『어린이』의 공헌 때문이다.

『어린이』는 동요 창작 이론을 제시하였고, 입상 동요·당선 동요·입선 동요라는 이름 하에 능력 있는 신인 발굴에 앞장섰을 뿐만 아니라, 많은 동요들을 수록·발표하여 사람들의 주의를 끌었다.

실제로 상당수의 동요에 곡이 붙여져 『어린이』에 수록되고 불렸는데, 이원수의 「고향의 봄」, 한정동의 「당옥이(따오기)」, 윤극영의 「반달」과 「설날」, 서덕출의 「봄편지」, 유지영의 「고드름」, '아버지는 나귀 타고 장에 가시고'로 시작되는 윤석중의 「집 보는 아기노래」, 최순애의 「옵바 생각」 등은 현재도 국민 애창 동요 곡으로 남아 있을 만큼 『어린이』의 동요는 동요 황금시대를 이끌어 가는 데 지대한 역할을 했다.

『어린이』에 실린 동요들을 보면 전통적인 율조인 4·4조를 비롯하여 4·3조, 3·4조, 3·3조, 2·3조, 5·5조, 8·5조, 6·5조, 7·5조, 3·3·3조 등 다양한 음수율을 지닌 작품들이 나타나고 있는데, 그중에서 대중을 이루고 있는 것은 단연 7·5조 음수율의 작품들이다.

7·5조 작품들이 태반을 이루었던 원인은 『어린이』 창간 후 1년여 동안 방정환(형제별), 윤극영(설날·고드름)이 의도적으로 7·5조의 동요를 실어 독자들에게 영향을 주었기 때문이다.

또한 유지영이 버들쇠라는 필명으로 '동요 지시려는 분(오늘날 '께'에 해당)'과 '동요

짓는 법'을 게재하여 동요의 성격과 내용, 그리고 동요 짓는 법에 대해 자세한 설명을 곁들여서, 동요에 관심 있는 독자들의 호기심과 관심을 일으켜 초창기의 동요 발전 방향에 결정적인 역할을 하였기 때문이다.

유지영은 새로운 동요를 지어야 하는 이유와 목적을 '어린이들의 복스러운 세상을 더 꽃답게 꾸미기 위해서'라고 하면서 동요는 지어 놓은 글을 읽지 않고 노래로 부르는 것이라고 하였다. 유지영은 위와 같은 동요 창작 이론만 제시한 것이 아니라, 독자 투고 작품에 대해 그 이론에 맞는 첨삭 지도를 해서 『어린이』에 싣기도 했다.

방정환·윤극영·유지영의 의도적인 노력의 결과로 1923년 이후 4·4조의 전통적인 율조의 작품이었던 투고 경향이 1925년부터는 7·5조의 동요가 꾸준히 늘어 반전된 투고 양상을 보이더니, 나중에는 동요는 으레 7·5조의 작품을 의미하는 것으로 인식하게 되었다.

『어린이』에 수록된 동요의 내용을 살펴보면 그 주제를 현실 원망과 망국한(亡國限), 애상(哀想), 사친(思親)과 향수(鄕愁), 염원(念願), 기타 등 6가지로 나눌 수 있는데, 그 중 망국한에서 빚어진 슬픔을 내용으로 한 감상적 정조(情調)를 담은 동요가 가장 많았다.

또 성격별로 나누어 보면 자연의 아름다움이나 동화(同化) 등의 감상이 나타난 자연 친화적 작품, 눈물과 슬픔을 드러낸 애상적 작품, 웃음과 즐거움이 나타난 낙천적 작품, 가난과 고통이 가득한 현실 비판적 작품, 절망 속에서도 미래에 대한 기대감이 표출된 희망적 작품 등으로 분류할 수 있다. 그 중 자연 친화적 경향의 작품 수가 가장 많았고, 「따오기」, 「형제별」 등의 작품에서 보이는 애상적 경향은 1920년대 아동 문학의 특색을 보여 주고 있다. 낙천적 경향을 보인 대표 작가로는 윤석중으로 퍽퍽한 현실 안에서 밝고 즐거운 것을 추구하려는 작가의 노력이 잘 나타나 있으며, 작품 수 역시 애상적인 것과 비슷하게 게재되어 있다.

『어린이』의 대표적인 작가와 작품 경향

소파 방정환:아동문학의 선각자로서 민족 운동의 일환으로 어린이 운동을 하였고 어린이 운동의 방편으로 아동문학을 했다. 그는 비록 본격적인 아동 문학가는 아니었으나, 어린이 예찬자로서 천사주의적 아동관을 지녔다. 그의 천사주의는 「형제별」, 「눈」, 「어머니 생각」, 「나비」 등 감상주의적 동요를 낳게 하였고, 의도적으로 모범 동요라고 『어린이』에 실어 7·5조의 음수율을 가진 동요가 동요 황금시대의 대표적인 형식으로 나타나게 하는 데 큰 역할을 하였다.

兄弟별

날 저므는 하늘에 별이 삼형제
정답게 지내더니

왼일인지 별 하나 보이지 안코
남은 별이 둘이서 눈물 흘린다.

－『어린이』제1권 8호

『아이 생활』

일제 치하 아동 잡지 중 가장 오래 발간된 최장수 잡지로 1944년 1월까지 출간되어 19권 1호를 마지막으로 폐간되었다.

조선야소교서회(朝鮮耶蘇教書會)와 조선주일학교연합회를 배경으로 다수의 외국 선교사들이 발간과 재정 면에 관여한, 선교를 목적으로 한 기독교 포교적인 아동지이다.

18년 동안 한석원·송관범·이윤재·주요섭 등 편집인이 여러 차례 바뀌었던『아이 생활』은 초기(1926~33)엔 백낙준·유영기·신흥우 등이 편집에 관여했는데, 황석우·김태오·윤석중·주요섭·춘석·혜당 김대봉 등이 초기 동요 집필자로 활동했던 이 시기의 특기할 만한 것은, 김태오·주요한 등이 회원 100여 명을 거느린 '조선동요연구협회'를 내세워 동요 평필을 열심히 들어 7·5조 일변도와 감상적 경향을 경계한 것이다.

중기(1934~1939) 이후에도 종교 중심적인 색채에는 별 변화가 없었으나, 일제의 유형·무형의 탄압에 의해 모든 아동 잡지가 폐간된 이 시기에도『아이 생활』만은 외국 선교사 및 종교를 배경으로 유일하게 존속하였다. 그러나 일제의 정책과 타협하여 1937년부터는 일문(日文)을 섞어 사용하며 황국 신민화 정책에 따르는 체하며 연명하고 있었다. 중기의 동요·동시 집필진으로는 임원호·박영종·엄달호·목일신·김영일·김태오·김성도·임규빈·윤복진 등이 있었다.

말기(1940~1944)에는 선교사들이 일제히 귀국한 뒤 기독교 전도지적 특성도 극도로 흐려지고 친일적인 치욕상을 노골적으로 드러냈으며, 태반을 일문으로 써서 내선일체의 앞잡이 아동지로 변모해 버렸다. 하지만『아이 생활』은 말기에도 동요에 장봉인·임인수·윤동향·이세보·우효종·이종성·이윤선·어효선 등의 신인을 등장시켜 문단을 풍성하게 했고, 1943년 8월부터 태평양 전쟁의 여파로 미국 선교부로부터의 재정 지원이 끊기자, 임인수·김창훈·우효종 등 문학 청년들이『아이 생활』후원회를 만들고 박경종이 사재를 터는 등『아이 생활』을 살리기 위해 열의를 나타냈다.

특히 이현구·윤석중·윤복진이 차례로 고선자(考選者)가 되어 동요 육성의 명맥을 유지하였다는 점과, 마지막 고선자가 된 김영일이 기타하라를 직수입한 자유 동시론을 전개하여 추종자를 낳았다는 점은 특기할 만한 일이다.

③ 1939년~1945년

일본은 1937년에 중·일 전쟁을 일으키면서부터 우리나라에 대한 탄압과 수탈의 정도가 심해졌다. 이때부터 우리말 사용을 금지시키고, 태평양 전쟁이 발발하기 1년 전인 1940년에는 우리의 대표적인 언론이었던『조선일보』와『동아일보』를 강제로 폐간시켰다. 당시 선교사들의 도움으로 겨우 명맥을 유지하고 있던 유일한 아동 잡지『아이생활』마저도 일본의 진주만 공격으로 인해 미국의 지원이 끊기면서 얼마 지나지 않아 결국은 폐간되고 만다. 결국 일본 제국주의의 탄압 정책에 의해 우리의 아동 문학은 암흑기를 맞게 된다.

(3) 해방 이후 아동문학

① 1945년~1950년

1945년 해방이 되면서 아동문학은 문화 운동 차원에서 벗어나 비로소 새로운 문학으로서의 아동문학을 위한 운동이 전개되었다. 해방과 더불어 정치·경제·사회 등 모든 분야에 걸친 혼란 상태가 지속되는 동안 아동문학 역시 민족적 격동기의 영향을 받게 된다. 그중 가장 크게 드러나는 특징은 좌익(프로문학파)과 우익(순수 아동문학파) 문단의 극단적인 대립이다. 또 하나는 윤석중의『초생달(1946)』·박영종의『동시집(1946)』·이원수의『종달새(1948)』·윤복진의『별초롱 꽃초롱(1949)』·김영일의『다람쥐(1950)』등 동요·동시집과 마해송의『토끼와 원숭이(1946)』·이주홍의『못난 돼지(1946)』·임인수의『봄이 오는 날(19-49)』·노양근의『열 세 동무(1946)』등의 동화와 아동소설집 등 단행본들이 발간되었는데, 이 작품들은 비록 대부분이 해방 이전 작품들을 수록하거나 개작한 것이라 하더라도 정리와 지양이라는 의미로서 의의가 컸다.

그 밖에도 『이솝 이야기』·『로빈손 크루소』·『걸리버 여행기』·『그림없는 그림책』·『플랜더즈의 개』·『사랑의 학교』 등 외국 명작물 번역이 활발했던 시기였다. 이시대에는 좌·우익의 대립에 의한 혼미, 새로운 아동 문화 운동의 재흥, 전대 아동문학의 정리와 결산, 과도기적 문단 형성, 율문 중심에서 산문 중심으로의 교체, 대중적 아동문학의 태동 등 실질 문학 지향으로서 과도기적 현상이 그대로 드러난 시기였다.

② 1950년~1960년

한국전쟁(6·25) 이후부터는 통속적인 소년소설, 탐정 모험물, 악성 만화 등에 의해 아동문학이 통속화되는 경향을 보이는데, 통속 대중문화의 주류는 주로 소년소설이었고, 작품의 80%가 정비석·박계주·김내성·최요안·조흔파·장수철 등 성인 문학가에 의해서 쓰였다는 특징을 보인다. 당시 작품들의 경향을 나누어 보면 대부분 전쟁 소설과 순정 소설의 일부가 표방한 현실 비호적인 경향과 탐정소설·명랑소설·공상과학 소설이 나타냈던 몰현실적 경향으로 양분화되어 나타난다.

그러나 통속문학이 팽창하는 현실의 악조건 속에서도 본격문학으로서의 아동문학은 미흡하나마 그 모습을 드러내기 시작했다. 동화의 마해송·이원수·강소천·이주홍·김요섭·박화목, 동시의 최계락·이종택·이종기·한정동·윤석중·박영종, 동극의 주평과 홍은표 같은 순수 아동문학가들의 꾸준한 활동으로 인해 통속문학보다 문학적 성과가 훨씬 높았다. 50년대 후반에는 동화와 아동소설에 신지식·이영희·정주상, 동시에 신현득·박경용·유경환·김종상 등이 60년대 아동문학의 새바람을 일으키는 주역으로 등장하였다. 1950년대 통속 팽창기의 아동문학은 전체 한국 아동문학사 중 유일하게 발전적 측면보다는 저해적 측면이 강했고, 한 시대의 문학으로서 독립된 의미를 갖기보다는 1960년대 본격 문학 운동의 교량적 역할을 한 과도기적 특성이 나타났던 시기였다.

③ 1960년~1976년

1950년대 말기부터 한국 아동문학계는 유능한 신인의 등장, 각종 문학 단체의 결성, 잡초 제거 시비 논쟁 등 새로운 모습으로 변모하기 시작했다. 이러한 문단의 흐름은 1960년 4·19를 계기로 자각과 반성을 일으켜 아동문학을 본격문학으로 정리 형성하게 되었다. 신춘문예 제도의 부활과 각종 아동문학 잡지의 신인 추천 제도, 신인상 제도 등을 통하여 유능한 신인 배출에 힘썼고, 전국 각지에서 무수한 아동문학 동호인들의 조직체가 결성되어 활발한 활동을 전개하였다. 이들 문학 동인 단체들은 1960년대 후반에 들어서면서부터 동시인동인회(1966)와 한국동화문학회(1968) 같은 전문성을 지닌 장르 중심으로 조직되고 발전해 갔다.

또 이 시기에는 『한국아동문학독본(전 10권, 1962 을유문화사)』·『한국아동문학전집(전 12권, 1964 민중서관)』·『강소천 아동문학전집(전 6권, 1964 배영사)』 등 출판물에 의한 정리 작업이 이루어지고, 소천아동문학상, 해송아동문학상, 한정동아동문학상 등의 제정과 아동 잡지들의 복간 및 창간으로 인해 작가들의 창작 의욕을 돋구게 되고 질적 향상을 높이게 되었을 뿐 아니라, 아동문학가들의 지위도 향상시켜 주었다. 본격문학 운동은 동시 분야에서 먼저 괄목할 만한 변화를 보여 주었다. 50년대에 등장한 3가 동시인(3家 童詩人)이라 불리는 최계락·이종택·이종기는 기성작가들의 타 장르로의 이동과 개인적인 슬럼프로 인해 침체에 빠진 동시계에 순수 본격 동시를 출현시키게 되고, 이후 동시의 평면성 극복, 폐쇄적인 시어의 개방, 동심 세계의 확장, 지시적 전달기능의 탈피, 도식적인 교육성에서의 해방 등이 동시인동인회를 중심으로 전개되었다.[21]

1960년대의 동시인들은 동시의 수준을 시의 수준에 어느 정도 접근시키는 데는 성공하였으나 동시의 난해성 문제 때문에 독자를 잃게 되고 이에 대한 극복의 과제를 1970년대에 물려주게 되었다. 1970년대 초기의 일부 동시인들은 난해성 극복 문제를 조심스럽게 검토하였으나 이를 극복하지는 못하였고, 다른 일각에서는 "아동 대중의 시"로서의 동시가 아니라 "아동을 위한 시"가 되어야 한다는 접근을 시도하였다. 동시의 대중성을 중시하여 모든 어린이가 즐겨 읽고 감상하도록 하겠다는 노력으로 어린이의 공통적 정서에 영합하여 천진스런 동심에 이바지한 엄기원과 최일한·이진호

---

21) 여기에는 주로 신현득·박경용·유경환이 주축이 되고, 최계락·석용원·김종상·김사림 등이 눈부신 활약을 했다. 서사시적 실험(이종기·최계락·신현득 등), 산문 동시의 가능성(유경환 등), 동시조의 개발과 정형동시의 시적인 형상화에 대한 재검토(박경용·조유로 등) 등 동시가 수용할 수 있는 새로운 장르의 개발도 이 시기에 와서야 의도적 실험이 추진되었다.

가 여기에 속한다. 이러한 주장은 동시 이론 탐구의 본격적인 실마리를 제시하면서 아동문학 본질에 관한 이론 확립에 커다란 의미를 부여하게 된다.

70년대 중기에 평론 전문지 계간 『아동문학평론(1976)』과 순수 아동문학 작품으로 꾸민 전문 월간 잡지 『아동문예(1976)』가 창간되면서 아동문학인들의 작품 활동에 크나큰 전기가 마련되었다.[22] 한국동화문학회가 결성되면서 "아동관의 확립, 전통성의 발굴, 창작 동화의 체질 개선, 동화 문학의 효용성 재발견" 등과 같은 이념 구현에 이바지하였으며, "환상의 필요성에 대한 자각, 주제 의식의 강화, 상징적 수법의 다양화, 전승 설화 정리에의 의욕 증대, 동화 문체의 확립, 재미에 대한 재인식, 생활 동화에의 반성" 등 다채로운 문학적 성과를 낳았다. 그러나 동화 역시 지나친 실험 의식을 넘어선 차분한 문학적 정착, 판타지와 리얼리티의 조화, 올바른 동화 정신의 구현이라는 숙제를 1970년대로 물려주게 된다.

70년대 초기 동시의 개념이 갈수록 어려워지고 있는 현실과는 달리 동화는 아동소설과 동화를 혼동하던 전대의 유산이 거의 사라지고 있었다. 동화 작가의 수도 늘어나게 되었고, 역사 의식 속에서 자기 발견, 현실 고발적 의식, 인간 집단의 구조적 모순 풍자, 부조리한 사회 노출 등 작가들의 주제 의식에 대한 강력한 확인이 특징적 현상으로 나타난다. 이러한 동화의 강세와는 달리 아동소설이 퇴조 현상을 보이고 있는 것도 이 시기의 특색이다. 70년대 중기에는 60년대에 등장했던 임교순·권정생·임신행·오세발·이오덕·정진채·정채봉·배익천·송재찬 등의 활약이 70년대 아동문학을 양적으로 풍성하게 한다. 양적으로 성장한 그 무렵의 동화·소년소설도 초기와 마찬가지로 강한 주제 의식이 다양하게 확산되고 있었는데, 그 주제들 중 즐겨 다루어진 것은 전통성의 재창조였다.

④ 1976년~1988년

1970년대 중반부터 약 10여 년간 한국 아동문학은 문학 본질 면에서나 문단적 환

---

22) 이때 오순택·제해만·이해인·이준관·김향·하청호·전원범·권오삼 등 신인들이 대거 등용되어 기성 동시인들과 겨루며 왕성한 창작 의욕을 보여 주었다. 본격 동화 운동은 동시의 경우처럼 적극적이지는 못했으나, 1960년대까지 등단한 유여촌·장욱순·윤사섭·최효섭·권용철·이준연 등의 신인들은 이원수·김성도·김요섭·이영희·신지식 등 기성 중진들과 더불어 상당한 진전을 보였다.

경에서 새로운 바람이 일면서 아동문학이 바람직하게 정착되어 갈 분위기가 무르익고 있었다. 1971년에 아동문학이 '한국아동문학가협회'와 '한국아동문학회'로 양분되어 활동해 오다가 1979년에 새로운 단체인 '한국현대아동문학가협회'가 창립되면서 아동문학 문단이 삼분되어 정립되었다. 이들 단체들은 조직과 내적 성장, 회원 간의 친목 도모 등 긍정적인 활동을 해 왔으나 현실적으로 제한된 활동 무대와 작품 발표 창구로 인해 부작용이 일어나기도 했다.

이 무렵 1976년에 발간된 『아동문학평론』과 『아동문예』는 정립된 세 단체의 대립을 극복하며, 모든 아동 문학인에게 지면을 개방함으로써 통합 분위기 조성에 지렛대 역할을 해내고 있다. 이 두 잡지는 1976년 창간된 이래 역량 있는 신인 발굴, 발표 욕구 수렴, 다양한 문학사조의 수용과 반영은 물론 적극적인 전개에 기여하고 있다. 이 시기의 두드러진 특징 중 하나로 출판사들이 창작 아동문학에 대한 인식을 달리하고, 국내 전문 아동 문학가들의 창작집을 발간하기 시작하여 창작 동화와 아동소설의 전집을 기획 제작하고 있어 작가들을 고무시켰다는 것이다. 대표적으로 《창비아동문고 (창작과 비평사)》,《한국 아동문학총서(아동문예사)》,《웅진 아동문고(웅진출판)》,《교음 아동문고(교음사)》,《소년 소녀 한국 창작동화(아동문학사)》,《한국 아동문학 대표선집 (전 30권, 1988 웅진출판)》 등이 있다.

아동문학의 역사적 진전의 저해 요소였던 평론 분야는 60년대를 넘어서면서 『아동문학(1962, 배영사)』의 발전을 통해 서서히 고개를 들기 시작하였다. 강소천·김동리·박목월·조지훈·최태호 등을 중심으로 한 편집위원들이 아동문학의 원론적 이론을 탐색함으로써 비평 이전의 아동문학의 본질, 장르 의식의 확립, 문제점 및 방향에 대한 최초의 진지한 분석적 검토가 계속되었다. 이로 인해 아동문학은 문학으로서의 기능을 되찾은 중대한 전기를 마련하게 되었으며, 계속해서 이원수·윤석중·어효선 등의 비평 모색은 학계와 결합하여 1967년에 이재철의 『아동문학 개론』에 의해서 정리되고 본격적인 아동문학 이론서의 탄생을 보게 되었다. 이렇게 기틀이 형성된 아동문학 평론은 1970년 『아동문학사상』이 출간되면서 그 분위기가 여물어 갔다. 이 잡지는 1974년까지 10집이 발간되고 끝나긴 했지만, '환상과 현실', '창작 기술론', '안델센 연구', '동요와 시의 전망', '전래 동화의 세계' 등의 특집을 통해 한국 아동문학의 이론적 뒷받침을 하는 데 큰 공헌을 했다. 잦아진 아동문학 세미나를 통해 발표되는 주제들도 '주제 의식과 사실성 – 이원수', '민족 문학으로서의 어린이와 전원 – 김요섭', '아동문학의 전통성과 서민성 – 이영호', '동화의 예술성과 교육성 – 권용철' 등과 우리 것의 전통과 참된 순수성을 일깨워 주는 '농촌 아동의 시 – 이오덕' 과 시로서의 동시를 구조 분석해 보려 한 이재철의 '동시의 시적 형상화 단계' 등 당면의 문제를 다룬 중요한 평론들이 많았다. 1976년에 『아동문학평론』이 창간되면서 본격적인 전문 평론가를 배출하게 되었는데, 1977년 아동문학 사상 전문 비평인의 관문을 거친 최초의 아동문학 평론가 최지훈을 시작으로 경훈·김용희·김경중·채찬석 등이 전문 평론가로서 한국 아동문학의 이론을 정립하고 전개시키는 데 앞장서고 있다.

이 밖에도 이 시대에는 동시 문학에서 새로운 변화의 조짐이 나타나는데 형태의 다양한 시도가 이루어져서 서사시(박성만의 「지금 싸움이 한창 급하니」1985), 연작시(하청호의 「잠」 시리즈, 1976~1979·문삼석의 「엄마 눈 아기 눈」 1978·김구연의 「빨간 댕기 산새」 1983년 전후 등), 동화 시(권정생의 「무명 저고리와 엄마」 1922) 등이 발표되었다는 것과 1970년대 후반부터 이어져 오는 사실 동화, 생활 작문 운동이 농촌 어린이, 근로 소년, 도시 서민 가정의 어린이의 생활을 소재로 저항적 리얼리즘 운동을 전개했으며, 이오덕의 평론집 『어린이를 지키는 문학(1984, 백산서당)』을 통해 이들 문학 운동의 이론을 살필 수 있다는 점 등이 주목을 끈다. 특히, 아동문학이 학문의 영역에서 확실히 자리 잡게 된 것도 이 시기의 큰 특징으로 본다.

⑤ 1988년 ~2000년

1988년 이후 한국 아동문학에는 그림책 분야의 발전, 다양한 주제를 다룬 작품들의 창작, 활발해진 외국 동화와 그림책들의 번역, 동화 비평 모임과 독서 문화 활동의 보급, 출판사 중심의 아동문학 시상 제도의 확산 등 여러 가지 변화된 특징을 보이고 있다. 먼저 그림책 분야의 발전을 살펴보면 그림책은 그 동안에 전집류가 대부분이었던 환경에서 1988년 우리나라 최초의 창작 그림책인 『백두산 이야기』가 단행본으로 첫 선을 보인다. 당시 그림책 부분에 있어서의 출판은 대부분 정식 출판 계약도 맺지 않고 외국 그림책을 무단 복제·번역하여 출판하거나 애니메이션이라고 불리는 만화 그림책이 범람했던 상황이어서 순수 창작 그림책이 만들어졌다는 것은 큰 의의를 갖게 된다.

1992년 선화교육사에서 『재미있는 동화집』으로 창작 그림책 50권을 출판하였으나 판매 부진으로 절판되었다. 그러나 국내 작가들과 일러스트레이터들에 의한 순수 창작 그림책의 출판이 시도되었다는 것은 이어 올 그림책의 발전에 영향을 끼치게 되었다. 1995년에 만들어진 『솔거나라 시리즈』는 전문 일러스트레이터들에 의해 만들어진 전통문화 그림책으로 우리 어린이들에게 우리 문화의 뿌리를 일깨워 주며 많은 사랑을 받았고, 『옛이야기 그림책 까치 호랑이(1997~1998)』와 『두껍아 두껍아 옛날 옛적에(1998)』 같은 한국 전래 동화 그림책들과 함께 창작 그림책이 단행본 시대로 나아갈 수 있도록 선구적인 역할을 하게 되었다.

그 후 외국의 유명한 아동 문학상을 수상한 작품들을 중심으로 한 번역 그림책들이 그림책 시장을 차지했으나, 지금은 우리나라 역사와 문화, 신화의 재해석, 일상생활, 분단의 현실 등을 다룬 다양한 소재의 창작 그림책들이 활발하게 출판돼 그림책 시장의 황금기를 이루게 되었다. 그림책 작가로는 『백두산 이야기(1988)』·『눈사람이 된 풍선(1994)』·『연오랑 세오녀(1990)』·『자장자장 엄마 품에(2000)』·『노란 우산(2001)』 등의 류재수, 『황금으로 변한 보리(1992)』·『이솝 우화(1992)』·『춤추는 호랑이』 등의 이우경, 『단군신화(1995)』·『땅속 나라 도둑 괴물(1996)』·『재미네 골(1999)』의 홍성찬, 『까막나라에서 온 삽사리(1994)』·『강아지똥』·『오소리네 집 꽃밭』의 정승각, 『미산 계곡에 가면 만날 수 있어요』·『해치와 괴물 사형제』·『황소와 도깨비』·『도깨비 방망이』의 한병호, 『세상에서 제일 힘센 수탉』·『손 큰 할머니의 만두 만들기』·『솔이의 추석 이야기』의 이억배, 『도대체 그 동안 무슨 일이 일어났을까?(2000)』의 이호백, 『쇠똥 구리구리(1994)』·『갯벌이 좋아요(1995)』·『쪽빛을 찾아서』·『견우직녀』·『으악, 도깨비다』 등의 유애로, 『똥벼락』의 조혜란, 『봄날, 호랑나비를 보았니?』·『아재랑 공재랑 동네 한 바퀴』·『달콩이의 이상한 하루』의 조은수 등이 있다.

아동문학의 주제에 있어서도 전쟁, 분단, 가난이라는 생활에서 오는 주제뿐만 아니라 다양한 주제와 소재로 된 동화와 동시들이 출간되기 시작하였다. 현실 문제를 동심의 시각에서 다루면서 풍자적이고 고발성 짙은 작품들도 등장하고, 인간성 회복을 다룬 작품들도 등장하였으며, 환상 세계를 다룬 작품들도 두각을 나타내기 시작하였다. 특히 동시 부분에 있어서는 자연을 소재로 하거나 환경문제의 심각성을 다루는 작품들, 우리 것을 찾기 위한 노력이 담긴 작품들, 그리고 실험 정신이 깃든 작품들이 눈에 띄었다. 또한 재미있는 옛이야기를 새롭게 풀어쓰는 전래 동화들이나 아이들의 사고력 신장을 위한 철학 동화나 논리 학습 시리즈, 생각하는 동화들도 나오기 시작했으며, 성교육에 대한 관심이 고조되면서 성에 대한 지식을 쉽게 풀이해 주는 성교육 동화도 많이 출판되었다.

80년 후반에는 중편과 장편 동화류가 크게 발전하여 장편 아동소설이나 장편동화가 매우 활발하게 발표되었다. 그러면서 시장이 활발해지면서 지나치게 흥미만 강조하여 문학성이 결여된 명랑 소설들이 대거 쏟아지기도 해서 독서계의 거센 비판을 받기도 하였다. 또한 1988년 이후에는 외국의 유명한 명작들이 왕성하게 번역되어 출간되기도 했다. C.S. 루이스의 『나니아 나라 이야기』를 비롯한 환상 동화들과 아스트리드 린드그렌(『말괄량이 삐삐』·『산적의 딸 로냐』·『라스무스와 방랑자』 등), E. B. 화이트(『샬롯의 거미줄』·『백조의 트럼펫』·『리틀 스튜어트』 등), 나탈리 베비트(『트리캡의 샘물』) 같은 작가의 작품들이 속속 번역되어 어린이들에게 읽을거리를 제공하기도 하였다. 또 그리스 신화 시대의 황금기를 그린 호메로스의 서사시 일리아드와 오디세이 이야기를 그림과 함께 엮은 『토로이아 전쟁과 목마』·『오디세우스의 방랑과 모험』도 번역, 출판되었다.[23] 이들 번역물들은 다른 세계에 대한 호기심을 충족시켜 주기에 우리나라 작품 못지않게 어린이들의 사랑을 받았으나 우리 정서에 맞지 않거나 번역상의 오류로 인한 문제점을 드러내 보여, 보다 신중한 작업이 요구되기도 하였다.

이 시기의 문단 활동을 보면 그동안 삼분되어 활동하고 있던 것이 1991년을 기점으로 작가 상호 간의 친목을 도모하고 아동문학의 발전에 기여하며 작가의 권익을 옹호하는 데 창립 목적을 둔 '한국아동문학인협회'로 새롭게 발족하였다. 이 단체는 '한국아동문학가협회'와 '한국현대아동문학가협회'가 하나로 합친 것으로 세미나와 『한국아동문학』이라는 기관지 발행, 작가들의 작품을 중심으로 한 연간집을 발간하는 등의 활동을 전개하고 있다. 1992년부터는 운문과 산문 부문에 한국아동문학상을 수상하고 있기도 하다. 또 아동 문학계에서는 1988년에 '한국아동문학학회'를 창립하여, 1990년부터는 『한국아동문학연구』를 발간하고 있고, 세미나도 계속 개최하고

---

23) 김세희(2001). 『유아 문학 교육』. 양서원, 20쪽.

있다. 1988년 이후에 무엇보다도 두드러지게 나타난 현상은 독서 지도에 대한 관심과 활동이다. 어린이들에게 어떤 책을 선정해 주는 것이 좋은가에 관심을 갖고 아동문학 작품에 대한 바른 인식이 강조되면서 1990년대 초부터 '어린이도서연구회'에서는 좋은 도서 선정과 바람직한 도서 문화 보급에 힘쓰고 있다. 또한 1996년에는 '국제 어린이 도서 협의회' 한국 지부가 결성되어 아동문학의 세계화를 모색하고 국제적인 아동문학 조류에 합세할 수 있게 되었다.

⑥ 2000년대 이후

아동문학은 2000년을 고비로 지속과 변화의 두 갈래 흐름이 중첩된 전환기의 모습을 드러내더니 최근에는 변화의 방향에 뚜렷한 특징을 보여 주고 있다. 최근 5년간 전체 출판물 가운데 어린이 책의 발행량이 일반 도서와 비교할 때 월등하게 앞서고 있음을 한눈에 파악할 수 있다. 60~70년대까지만 해도 『백설공주』, 『소공녀』, 『피노키오』 등 세계 명작 전집이 주류였다. 80년대에 들어 국내 단행본 시장이 서서히 형성되었으며, 90년대 초반에 그림책 시장이 형성, 90년대 후반에 이르러 어린이 출판 시장이 폭발적으로 확대되기 시작했다.

가장 침체된 영역으로 동시를 들 수 있다. 그 원인은 빠른 속도로 측정되는 경쟁 사회의 한복판에서 살고 있는 탓에 행간에서 머물며 천천히 맛보아야 하는 시는 맞지 않기 때문인 것으로 판단된다. 그중 동요시에 곡을 붙여 노래하는 백창우의 활동이 주목할 만하다. 김은영, 안학수가 대표적인 작가로 등장했으며 기존의 동시로 그림책을 만드는 기획물이 많이 나오고 있다(대표적으로 창비의 『시 그림책 시리즈』).[24] 이에 비해 동화는 아동문학의 영역이 확대되고 작가의 양식과 기법이 다양해지면서 분류하는 것이 쉽지 않을 만큼 최근 작품의 성격은 다층적인 모습을 띠고 있다. 대부분 아이들이 생활 속에서 벌어지는 갈등과 해결을 그린 것들이 가장 많은 편수를 차지한다. 단순한 에피소드에 머물고 있다는 비판도 제기되고 있다. 또 현실 세계와 구별되는 판타지 세계를 다룬 작품도 많다. 아이들의 일상사를 넘어 고난의 역사 속에서 삶과 현실에 눈

---

24) 김민기의 노래로 권문희의 『백구』, 제주도 꼬리따리 노래로 권윤덕의 『시리동동 거미동동』, 주동민 어린이가 쓴 시로 조은수의 『내 동생』, 윤석중의 동시로 이영경의 『넉 점 반』 등이 이런 책이다.

떠 가는 이야기를 그린 작품도 있다. 옛이야기를 재화, 재창작한 작품, 해외에 거주하면서 그 나라의 문학상을 받은 동포 작가의 문학을 번역한 작품 등이 있다.(뉴베리상을 수상한『사금파리 한 조각』등)

그림책은 최근 가장 빠른 성장세를 보이는 영역으로 기존의 동화나 옛이야기로 그림책을 만드는 기획물이 많이 나온 편이다. 또한 청소년문학이 입시 교육의 영향으로 문학 고전 읽기에서 성장 단계에 걸맞는 동시대 작품 읽기로 옮겨 가고 있다. 초등학생 대상의 작품들 중 중학생에게 소개되는 작품 수가 많아지고 있다. 또한 2000년 이후에는 아동 문학 평론 및 정기간행물이 많이 등장하게 된다. 변화된 시대 환경에 발맞춰 원종찬, 이재복, 김상욱, 김이구, 이지호, 권혁준, 선안나, 정선혜, 김제곤 등이 활동하고 있다. 또한 김경연, 김서정, 최윤정 등과 같은 외국 문학 전공자들이 아동문학에 뛰어들면서 아동문학 이론이 더 정치해졌으며 더 풍성해졌다. 이 시기의 대표적인 아동문학 관련 정기간행물은 『아동문학평론(이재철)』,『아동문예(박종현)』,『어린이문학(김녹촌)』,『창비 어린이(창작과비평사)』,『시와 동화(강정규)』,『동시 문학(박두순)』,『아침햇살(이윤희)』 등이 있으며,『어린이문학』이 폐간되고 『어린이와 문학』으로 복간되었다.

2. 세계 아동문학의 역사

아동문학이 문학의 한 분야로 독립해서 독자적인 발전을 보이기 시작한 것은 17~18세기의 근대 이후가 된다. 그 이전에는 성인 문학과 아동문학이 미분화된 상태로 융합되어 있었다. 그러므로 아동문학의 역사는 신화, 전설, 민담 등 구전문학에서 출발했다고 할 수 있다. 이른바 전승문학이 활자화되어 사람들에게 읽히면서부터 아동문학도 본격적으로 시작되었다.[25]

---

25) 세계 아동문학의 흐름은 다음과 같은 문헌을 참조하여 정리한 것이다.
　　존 로 타운젠드(1996).『어린이 책의 역사 1, 2』. 시공주니어.
　　이재철(1983).『아동문학 개론』. 서문당.
　　신헌재 외(2007).『아동문학과 교육』. 박이정.

1) 19세기 이전의 아동문학

19세기 이전에는 아동을 성인의 축소물로 인식하며 아동의 독립된 인격이나 권리를 인정하지 않았기 때문에 아동을 위한 문학이 별로로 필요하다는 인식 자체가 없었다. 따라서 구전되어지는 신화, 전설, 민담이나 성인을 위한 작품 중에서 아동이 원하는 것을 즐겼다. 중세부터 19세기 이전 아동문학의 가장 큰 특징은 종교적인 색채에서 벗어나지 못한 작품과 구전되어 오는 신화, 전설, 민담을 수집한 작품이 주류를 이룬다는 것이다. 그 밖에 아동에게 알파벳을 학습시키기 위해 만들어진 교습용 책이나 종교적이고 교훈적인 내용이 가득한 교훈용 책이 주류를 이루었다.

(1) 중세 초기의 구전동화와 초기 교과서

인쇄술이 발달하기 이전 중세 시대에는 시골집에 모여 앉아 나눈 이야기들이나 궁전의 홀에서 불렀던 노래 등이 전해졌다. 궁전이나 거대한 영주의 저택에서는 중세의 음유 시인이나 방랑 시인이 고대 영어 서사시의 주인공이나 아더 왕의 영웅적인 설화를 이야기했다. 시골 농부들은 설화나, 늑대, 여우, 암탉에 대한 우화를 이야기했다. 이렇게 입에서 입으로 전해지던 구전동화와 달리 타자기가 발명되기 전 수도사들에 의해 필사된 초기의 교과서는 두 가지 유형이 있었다. 하나는 초기 교과서로 형식적인 면에서 교사와 학생이 묻고 답하는 형식의 대화나 기억하기 쉬운 시의 대구를 이루는 시 형으로 쓴 라틴어 교과서가 16세기 말까지 널리 쓰였다. 또 다른 종류의 책은 백과 사전으로 어린이의 의무와 예절, 자연과학, 종교적인 주제를 다루었다. 이러한 책들은 어린이의 행동과 신념에 대한 원리를 가르치기 위해 썼지만 어린이들은 즐겨 읽지 않았다.[26]

(2) 인쇄기의 발명으로 달라진 어린이 책들

독일에 가서 인쇄 기술을 배운 뒤 영국으로 돌아와 최초로 인쇄를 시작한 윌리엄 캑스턴(William Caxton, 1422(?)~1491)은 전통적인 소설, 문학, 민간 전설, 교과서 종교

---

26) 중세의 원고로 남겨진 것 중 잘 알려진 유일한 작품의 하나로 초서의 『켄터베리 이야기』이다. 1387년에 어른들을 위해 쓴 것임에도 불구하고 이 시대의 어른뿐만 아니라 어린이들에게까지 잘 알려진 소문이나 민간설화로 가득 채워져 있다.(신헌재 외(2007). 『아동문학과 교육』. 박이정, 59쪽.)

서 등을 포함한 106권의 책을 출판했다. 그의 책들은 질이 우수하고 값이 비싸서 어린이들을 제외한 오직 부유한 어른들만이 이용할 수 있었는데, 가정교육에 관한 책으로 어린이를 위해서 『세 살 먹은 영리한 아이』 같은 교훈적인 책도 간행하였다. 그러나 마땅히 읽을거리가 없었던 아동들은 자신들을 위해서 만들어진 교훈적인 책보다는 그가 어른들을 위해 만든 이야기 출판물에 더 관심을 가졌다. 윌리엄 캑스턴이 우화·민간 설화·전설 등 구전으로 전해지던 이야기를 책으로 인쇄한 『여우 레너드』·『이솝 우화집』·『아더 왕 이야기』·『로빈 훗』 등을 결국 자기들의 이야기로 받아들인 것이다. 『트로이 전쟁 이야기(1474)』는 그가 최초로 출판한 책으로 유명하다. 그러나 인쇄술의 발명으로 달라진 최초의 책은 아이들의 교과서인데 프리머(Primer, 입문 독본·기도서)나 혼 북(Horn Book, 알파벳과 기도문이 적힌 입문서)이 나왔다. 특히 교습용 글자판으로 알려진 혼 북은 1440년대에 처음으로 등장한 것으로 책이 아니라 양피지에 가르칠 내용을 써서 나무에 붙인 것이다.[27] 내용은 주로 알파벳 자음과 모음이 연합되어 있는 것에서 시작하여 주기도문으로 끝나는 것이 대부분이었으며 아동에게 문자 학습과 종교 교육을 함께 하기 위한 용도로 쓰였다.

〈그림 7〉 혼북 형태의 책

〈그림 8〉 프리머 형태의 책

(3) 종교적 색체가 강한 작품

17세기에 들어서면서 청교도주의가 전성기를 이루면서 어린이 교육에서조차 극단

---

27) 김현희, 박상희 공저(2003). 『유아 문학 교육』. 학지사, 71쪽.

적인 종교적인 색채가 짙어졌다. 그 당시에는 4~5세에 인생의 모든 것을 아는 조숙하고도 신앙심이 깊은 어린이가 이상적인 아동상으로 묘사될 정도였다. 이런 특징은 당시의 대표적인 여러 작품에 그대로 깔려 있다. 영국의 토마스 제인웨이(Thomas Janeway)의 『아이들에 대한 가르침─일곱 아이들의 고상하고 모범적인 생애와 아름다운 죽음』[28]에서는 부모님을 사랑하고 자신의 영혼을 사랑하고, 죽어서는 지옥의 불길에서 벗어나 천국에 가고 싶다면 책에 나오는 아이들처럼 행동하라고 설교하고 있고, 그 책보다 훨씬 전에 발간된 존 폭스(John Foxe)의 『순교자 이야기(Book of Martyrs, 1563)』에서는 교황주의(Papism)에 대한 신랄한 고발과 끔찍한 죽음에 대한 소름 끼치는 기록이 들어 있다. 그리고 존 번연(John Bunyan)이 『천로역정』이 인기를 끈 다음에 어린이를 위해 특별히 쓴 『성스러운 상징(Divine Emblems, 원작은 1686년에 쓴 소년 소녀를 위한 책이었으나 후에 제목을 바꿈)』[29] 역시 제인웨이를 능가하는 엄격함으로 가득 차 있다.

미국의 아동문학도 영국에서 건너간 청교도주의의 영향을 받은 종교적이고 교훈적인 작품이 주를 이룬다. 목사인 코튼 마더(Cotton Mather)의 『뉴잉글랜드 어린이들을 위한 가르침─죽음 직전에 하나님의 두려움을 깨우쳐 안 아이들의 이야기(1700)』[30] 나 벤자민 콜먼의 『신앙 깊고 사랑스러운 아이들이 일찍 죽는다는 사실에서 드러나는 신의 섭리를 경건하고 숙고한다(1714)』, 그리고 알파벳과 교리 문답이 결합되어 있는 시와 그림 모음집인 『뉴잉글랜드 입문서(New England Primer)』[31] 등이 대표적인 책이었다.

---

28) '이재철(1983). 『아동문학 개론』. 서문당, 232쪽.'과 '존 로 타운젠드(1999). 『어린이책의 역사』. 시공주니어, 18쪽.'에는 같은 작품에 대해 제임스 제인웨이의 『어린이들에게 보내는 선물, 몇몇 어린이들의 회개, 성스럽고 모범적인 생활, 그리고 기쁨에 찬 죽음에 관한 정확한 기록(A Token for Children, being an Exact Account of the Conversion, Holy and Exemplary Lives, and Joyful Deaths of Several Young Children)』이라고 밝히고 있다.

29) 존 로 타운젠드(1999). 『어린이책의 역사』. 시공사, 19쪽.

30) '이재철(1983). 『아동문학 개론』. 서문당, 256쪽.'과 '존 로 타운젠드(1999). 『어린이책의 역사』. 시공주니어.'에는 『뉴잉글랜드의 어린이들에게 보내는 선물, 또는 뉴잉글랜드의 몇 명 지방에서 죽음을 앞둔 어린이들이 하나님을 경외하는 마음을 눈에 띄게 싹틔운 사례들. 다른 어린이들에게 신앙심을 북돋아 주기 위한 기록과 출판』이라는 제목으로 실려 있다.

31) 존 로 타운젠드(1999). 『어린이책의 역사』. 시공사, 21~24쪽.

(4) 옛이야기

구전되어 오던 신화, 전설, 민담을 수집한 작품으로 대표적인 것은 프랑스의 샤를 페로에 의해 쓰인 아동을 위한 세계 최초 동화집으로 『옛이야기 또는 조그만 이야기 (또는 교훈을 곁들인 옛이야기, Histoires ou Contes du temps pass·avec des moralitez, 1697)』이다. 루이 14세 시대에 프랑스 궁정의 학자였던 샤를 페로(Charles Perrault, 1628~1703)는 원래 1695년에 루이 14세의 조카에게 헌정된 『어미 거위의 이야기』에 수록된 「잠자는 숲속의 공주」·「빨간 두건 소녀」·「장화 신은 고양이」·「푸른 수염의 거인」·「요정들」이라는 다섯 편의 전래 동화에다 「신데렐라」·「엄지동자」·「고수머리 리케」라는 세 편의 이야기를 더 추가하여 모두 8편의 프랑스 옛이야기와 교훈을 함께 수록한 동화집이다. 페로의 동화에는 명쾌하고 꾸임 없는 사건의 진행 속에 프랑스 사람의 국민성, 기민한 태도, 기지 등이 잘 나타나 있다.

페로의 이 동화집은 비록 순수 창작이 아니라 민간설화에서 취재한 이야기를 써 놓은 것이지만, 아동문학 사상 세계 최초 아동에게 읽힐 목적으로 쓰였다는 점에서 인정받는 책이다.[32] 페로 동화집이 나온 그 시기를 전후로 하여 당시 살롱문학의 분위기를 여실히 보여 주는 귀족 부인들의 옛날이야기집들이 나오기도 했는데 드노아 백작부인(Mme d'Aunoy, 1650~1705)의 「파랑새」·「금발의 미녀」·「하얀 고양이」 등이 들어 있는 옛이야기집, 보몽 부인(Leprince de Beaumont, 1711~1780)의 「미녀와 야수」·「세 가지 소원」 등이 들어 있는 동화집, 그리고 뮤라 부인의 『새 옛이야기 모음』[33] 등이 프랑스 귀족 부인들이 직접 쓴 대표적인 책이다.

---

32) 옛이야기 또는 조그만 이야기』에 등장하는 「신데렐라」의 경우 우리나라에서는 비슷한 소재를 갖고 있는 다른 나라 이야기보다 가장 잘 알려져 있는 대표적인 작품이다. 하지만 「빨간 두건 소녀」나 「잠자는 공주」의 경우는 일반적으로 우리가 알고 있는 작품의 결말과는 사뭇 다른 형태를 보이고 있다. 예를 들어 빨간 두건 소녀가 늑대에게 잡아먹힌 채 지금까지도 늑대 배 속에서 구출되지 못한다는 것과 저주 때문에 백 년 동안 잠들었다 깨어난 공주에게 자식을 잃었다고 생각하는 아픔을 겪은 다음에서야 비로소 그녀에게 행복한 결말을 주는 경우가 대표적인 예이다. 이는 전래동화집이 발표될 당시의 사회상과 그 이야기들을 계승시켜 온 사람들의 민족성 등이 그대로 작품 속에 담겨 있기 때문에 나타나는 특징이다. 또한 옛이야기를 천박하게 여기던 당시 귀족들에게 옛이야기 속에 담긴 교훈이 어린이 교육에 꼭 필요하다고 알리기 위해 페로는 동화집 속에 등장하는 이야기마다 늘 교훈이 강조하고 있는데 이것 역시 17세기 프랑스의 분위기를 충분히 짐작할 수 있게 한다.

33) 박화목(1982). 「신아동문학론』. 보이스사, 398-399쪽.

(5) 성인을 위한 작품이었지만 아동이 즐겼던 작품

이 시대의 어린이들은 어른들이 주는 것만 받아들이거나 종교 냄새가 짙은 이야기에 만족하지 않고 성인을 위해 쓰인 존 번연(John Bunyan, 1628~1688)의 종교 소설 『천로역정(The Pilgrim's Progress, 1678)』이나 데포(Daniel Defoe, 1661~1731)의 모험 소설 『로빈슨 크루소(1719)』, 스위프트(Jonathan Swift, 1667~1745)의 풍자 소설 『걸리버 여행기(1726)』 등의 작품으로 손을 뻗게 되었다. 영국 문학사에서 3대 소설로도 중요한 위치를 차지하고 있는 이 세 작품은 어린이들이 즐겨 읽었다는 것과 이 책들이 가지고 있는 위험한 여행이나 소인국이나 거인국·말국(馬國)과 같은 상상의 세계, 무인도에서의 생활 같은 주제나 소재가 결코 퇴색되지 않은 채 이후에 만들어진 많은 책에 영향을 주었다는 점에서 아동문학 발전의 뿌리가 되었다.

(6) 아동도서를 최초로 출간한 뉴베리의 작품

본격적으로 어린이를 위한 책이 만들어지고 발전하게 된 것은 18세기 후반으로 영국의 존 뉴베리(John Newbery, 1713~1767)라는 출판인에 의해서였다. 그는 런던에 『성서와 태양』이라는 아동 도서 전문 출판사와 서점을 같이 세우고, 『작고 귀여운 포켓북(1744)』을 시작으로 하여 약 200여 종에 이르는 '챕북(Chap Book)'을 만들어 팔았다. 그가 출판해 낸 『플루타르크 영웅전(1762)』·『영국의 역사(1764)』·『구두 두 켤레씨, 1765)』·『마더구스의 멜로디(Mother Goose's Melody, 1760)』 등은 근대적 아동문학의 시초로서 중요한 의미를 지니고 있다. 어린이는 읽기를 좋아하므로 알파벳을 배우자마자 재미있는 책 읽기로 바로 이끌어 가야 한다는 영국의 철학자 존 로크의 충고를 받아들인 뉴베리는 그림을 사용하고 화려한 외양으로 책을 출판하였다.

또한 그의 출판사에서는 1751년에 어린이를 위한 최초의 잡지인 『난쟁이 나라의 잡지(Lilliputian Magazine(1751~1752)』가 발행되기도 했다. 특히 시인이자 소설가로 유명한 올리버 골드스미스(Oliver Goldsmith)가 썼을 거라고 믿는 『구두 두 켤레씨』는 어린이를 위한 최초의 창작 동화라는 점에서, 『마더 구스의 멜로디』는 옛 동요를 모아서 출판한 최초이면서 가장 권위적인 동요집이라는 점에서 아동 문학사에서 중요한 자리를 차지하고 있다. 존 뉴베리가 만든 아동 도서들은 신대륙으로 건너가 미국아동문학 발전에도 크게 공헌하였다. 이를 인정한 미국 도서관 협회에서는 해마다 가장 우수한 아동문학 작품에 수여하는 상의 이름을 '뉴베리 상'이라고 제정할 정도였다.

　그러나 18세기에는 17세기의 종교적 색채가 완전히 없어지지는 않고 다만 그 색채가 차츰 옅어지면서 대신 도덕적 색채(이 분위기가 19세기 초까지 이어짐)가 아동문학에 드리워졌다. 때문에 이러한 도덕적 성격에 덧붙여 이성적이고 합리적인 사고와 일치하지 않는 터무니없는 상상 이야기는 용납되지 않았다. 그래서 당시 어린이들에게 읽힌 책의 내용은 불쌍한 사람에게는 착하고 관대하고 친절하여야 하며, 부모에게는 복종하고, 새로운 사실을 알기 위해 꾸준히 노력해야 함을 훈계해야 하는 것들이었다. 또한 어린이의 행동이 바르지 못했을 때는 신체적 벌이나 심지어는 죽음을 겪게 되고, 착한 행동을 했을 경우에는 칭찬이나 물질적 보상이 주어지는 등 상과 벌에 기초한 내용들이 실려 있다. 이러한 도덕주의는 모든 어린이들의 마음에 지옥 불에 대한 공포심을 심어 주려고 했던 『페어 차일드가(家) 이야기(1818)』의 작가 셔우드 부인이나 트리머 부인으로 대표되는 여류 작가들에게서 많이 찾아볼 수 있다.[34]

(7) 시

　대부분의 나라에서는 민화나 전설 등 구비문학이 문학의 발전에 큰 영향을 끼쳤는데 프랑스에서만큼은 프랑스 사람들의 기질과 오랜 봉건제도의 영향으로 그것들이 독일의 민화처럼 소박한 형태로 전승되지 않고, 개인적인 행복을 현실 속에서 추구하려는 경향이 두드러지게 나타난다. 이런 경향은 중세의 꽁트나 파블리오(우화시)에 잘 나타나 있다. 라 퐁텐은 1668년에 이어 1678년, 1694년 등 우화 시집을 계속 펴내 약 30여 년을 노력하여 240편의 우화가 실린 12권의 우화 시집을 완성하였다.[35] 이 책은 당시로서는 누구도 손대지 않았던 우화를 새롭고 독창적인 방법으로 다루어 큰 관심을 불러일으켰다. 이 우화 시집 역시 영국에서의 경우처럼 아이들을 위해 쓰인 것은 아니지만, 이 책에 수록된 작품들이 대부분 『이솝 이야기』나 『여우 이야기』 등에서 가져온 동물을 소재로 한 것이라서 아동들의 좋은 읽을거리가 되었다.

---

34) 한국어린이문학교육연구회(1999). 『환상 그림책으로의 여행』. 다음세대, 28쪽.

35) 프랑스에서는 이미 16세기에 라블레(Francois Rabelais, 1495~1553)의 『가르강뛰아(1534)』나 『빵따그뤼엘(1532)』이라는 거인 이야기들이 나왔으나 이것들이 실제로 아이들 몫이 된 것은 19세기이기 때문에 프랑스 아동문학은 대개 라 퐁텐(Jean de La Fontaine, 1621~1695)의 『우화시(1668)』에 그 뿌리를 둔다.

2) 19세기 아동문학

19세기에 들어서면서 아동문학에 새로운 장이 열리기 시작하였다. 전(前) 시대의 잔재인 교훈주의의 영향과 챕북(Chap Book) 식의 안이성이 여전히 남아 있긴 했으나 역량 있는 작가들이 상상과 창조의 세계를 개척하기 시작한 것이었다.[36] 19세기의 낭만주의 사조 출현으로 아동의 권리와 독자성이 인정되면서 아동문학의 탄생이 가능하게 되었다. 특히 루소의 '자연주의 사상'은 아동만의 고유한 권리에 대한 인식과 아동 교육의 성장과 발달에 대한 이해와 존중의 필요성을 제기하였다[37]. 또 다른 배경으로 전래 동화와 전래 동요에 대한 인식의 변화로 동화라는 문학적 형식에 대한 관심과 가치 인식이 고조된 것이다. 특히 독일의 그림 형제는 전래 동화에 대한 학문적 연구 및 재화를 통해 전래 동화를 아동문학의 수준으로 한 단계 높이는 데 많은 공헌을 하였다. 또한 이 시기의 낭만주의 문학은 인간의 자연스러운 본능을 인정하고, 인간의 감정과 감각의 해방을 추구하고 인간 내부의 발현을 통한 자유로운 창작의 기회를 가능하게 해 주었다. 낭만주의라는 문학 사조의 변화는 아동문학에 있어서도 상상과 공상을 바탕으로 한 많은 작품을 출현시키는 중요한 역할을 했다. 근대적 아동문학을 성립한 작가로 안데르센을 들 수 있다. 그의 작품의 상상적이고 공상적인 요소는 상상과 공상을 주제로 한 아동문학을 꽃피우게 하는 중요한 역할을 한다. 영국의 킹즐리나 루이스 캐롤, 이탈리아의 꼴로디, 프랑스의 쥘 베른의 작품은 현대까지도 어린이의 마음을 사로잡는 획기적인 아동문학 작품으로 인정받고 있다.

아동문학 작품은 이제 전문적인 작가뿐만 아니라 부모에 의해 쓰인 동화도 나타나게 되는데 이것은 오늘날의 사실 동화의 모태가 되기도 한다. 예를 들어 정신과 의사였던 독일의 호프만이 자신의 아이를 위해 만든 그림책 『더벅머리 페터』나 미국의 바너만의 『검둥이 삼보』 등이 있다.

(1) 옛이야기

19세기 초인 1812년 세계 아동 문학사에서 '전래 동화의 아버지'로 불리는 그림

---

36) 이재철(1983). 『아동문학 개론』. 서문당, 234쪽.

37) 루소가 제시한 근대적인 아동관은 아동 중심 사상의 중심을 이룬 것으로 근대적 아동문학의 성립을 가능하게 하는 중요한 원동력이 되었다.

형제(Jacop L .K. Grimm, 1785~1863과 Wilhelm K. Grimm, 1786~1859)가 등장하게
된다. 그들은 1807년부터 이야기를 수집하여 1812년에 책으로 만들어 냈는데 그 후로
도 꾸준히 『가정과 어린이의 옛이야기』집을 출판하였다. 이 책들은 주로 독일의 헤센
과 베스트팔렌 지방의 민간설화를 수집하여 정리한 것으로 「빨간 모자」·「백설공
주」·「헨젤과 그레텔」·「개구리 왕자」·「브레멘의 음악대」·「늑대와 일곱 마리 염
소」·「라푼첼」·「재투성이 아가씨」·「잠자는 숲 속의 미녀」·「난쟁이와 구둣방 할아
버지」 등 200여 편이 넘는 작품이 들어 있다. 그림 형제는 옛이야기를 수집하고 기록
하면서 사람들의 입을 통해 전해 내려온 것을 더하거나 꾸미지 않고 그대로 보여 주려
고 했기 때문에 초판에서는 잔인하고 끔찍한 장면도 가감 없이 수록했다. 하지만 막상
주요 독자가 어린이임을 알고 동화집을 펴낼 때마다 교육적인 관점에서 내용에 손질
을 가하고 끔찍한 장면은 삭제했다. 그리고 두운법을 쓰거나 축소형 어미를 써서 낱말
을 귀엽고 사랑스럽게 만들어 옛이야기 본래의 성격을 바꾸지 않고서도 어린이들이
읽기 좋게 만들었다. 그림 형제의 동화집은 언어의 아름다움과 구성의 완전성, 소재의
독창성, 이야기 전개의 자연스러움으로 인해 문학적으로 높이 평가되며 게르만 족의
강인한 민족성의 표출로 그 교육적 가치 또한 높이 인정되어 지금까지 독일어로 쓰인
책 중에서 성경 다음으로 가장 많이 번역되고 인쇄되었다. 이 책은 세계 최초로 민담
을 체계적으로 정리한 작품으로 프랑스의 페로 이후 옛이야기 재화(再話)가 어린이를
위한 문학으로서 확실한 자리를 잡게 했으며, 전 세계 아동문학의 고전이 되었다.

또 다른 옛이야기로 19세기 말에 나온 영국뿐 아니라 전 세계 어린이들의 사랑을
받고 있는 책은 조셉 제이콥스(Joseph Jacobs)가 엮은 『영국 옛날 이야기집(English
Fairy Tales, 1890)』이다. 민속학자이자 역사학자였던 제이콥스는 영국, 아일랜드, 스
코틀랜드, 웨일즈, 인도 등 여러 지역에서 민중들의 입으로 전승되어 온 옛이야기를
수집해서 모두 6권의 옛이야기 모음집을 펴냈다. 그가 펴낸 이야기집 속에는 우리에
게도 잘 알려진 「잭과 콩나무」·「아기 돼지 삼 형제」·「곰 세 마리」·「어리석은 잭」을
포함한 모두 87편의 옛이야기가 들어 있다. 그는 어린이들에게 페로나 그림 형제와
는 다른 즐거움을 주려고 애썼다. 페로나 그림 형제의 옛이야기들에는 교훈적인 메시
지가 많이 담겨 있지만 그는 가급적이면 원래 이야기를 훼손하지 않고 그대로 살리되,
소리 내어 읽기에 알맞고 운율이 잘 살아나는 이야기로 재화하기 위해 노력했다. 즉

리듬감과 생동감을 부여해서 구연의 묘미를 살리고자 했다.[38] 그래서 그의 이야기들에는 가끔씩 방언이나 속어가 그대로 살아 있기도 하고, 같은 문장이 여러 번 반복되기도 한다. 또한 제이콥스의 이야기에는 신데렐라나 백설 공주처럼 무기력한 여주인공이 아닌 독립적이고 강인하면서 지혜롭게 역경을 헤쳐 나가는 여주인공도 등장한다.

(2) 창작 동화-근대적 아동문학의 성립

덴마크 출신으로 창작 동화의 아버지, 근대 아동문학의 아버지로 불리는 안데르센(Hans Christian Andersen, 1805~1875)은 『인어 공주』·『성냥팔이 소녀』·『미운 오리새끼』·『눈의 여왕』·『그림 없는 그림책』·『벌거숭이 임금님』·『엄지공주』·『백조왕자』·『빨간 구두』등 수많은 동화를 발표했다. 그는 1835년에 『어린이를 위한 이야기』를 발표한 초기에는 구전동화를 개작한 작품을 썼으나 제2 동화집부터는 창작적인 요소가 많이 가미된 이야기를 써 갔고, 3집 이후로는 왕성하게 작품을 써내어 1870년까지 146편이라는 방대한 분량의 동화를 발표하였다. 새로운 창작 동화의 창시자인 안데르센의 작품들은 문학적 가치가 높아 동화 작품을 평가하는 척도가 될 뿐만 아니라 독일의 그림 동화와 더불어 세계 아동문학의 고전이 되고 있다. 안데르센의 동화들은 자유로운 상상의 세계가 담겨 있고, 긍정적인 인간관이 깃들어 있다. 단순한 선과 악의 구별이 아닌 인간에 대한 깊은 애정이 표현되어 있을 뿐 아니라 아동에게 삶에 대한 가치와 인류에 대한 이상을 지켜 나가려는 믿음을 심어 준다. 또 간결한 언어와 함축성 있는 용어를 사용하고 있고, 생명이 없는 것에도 생명을 부여해 줌으로써 아이들이 이야기에 더욱 몰입할 수 있게 해 준다. 그리고 우수한 독창성을 지니고 있어 어린이들에게 무한한 상상력을 이끌어 준다. 이러한 점이 기존의 동화와 구분되는 가장 독창적인 면이라고 할 수 있다.

안데르센의 동화 이외에도 영국의 찰스 디킨스(Charles John Huffam Dickens, 1812~ 1870)의 『올리버 트위스트(1838)』, 알퐁스 도데(Alphonse Daudet, 1840~1897)의 『월요 이야기(1873) - '마지막 수업'』, 독일 E.T.A 호프만(Enerst Theodor Amadeus Hoffmann, 1776~1822)의 『호두까기 인형』, 스피리(Johanna Spyri,

---

38) 조셉 제이콥스(2003). 『영국 옛이야기』. 웅진닷컴, 122쪽.

1829~1901)의 『하이디(알프스의 소녀, 1880, 스위스)』 등이 19세기 근대적 아동문학의 성립을 보여 주는 좋은 작품 예이다.

(3) 상상과 공상의 판타지 동화[39]

아동문학에 상상의 세계가 열린 것은 『셰익스피어 이야기(1807)』를 재화(再話)한 매리 램(Mary Lamb, 1764~1847)과 찰스 램(Charles Lamb, 1775~1834) 남매에 의해서였다. 셰익스피어의 극을 소설체로 꾸민 이 책은 당시 굉장한 호평을 받아 램의 생존에 중판을 발행할 정도였는데,『베니스의 상인』이나 『로미오와 줄리엣』은 지금까지도 변함없이 어린이들에게 읽히고 있다. 찰스 램 혼자서 쓴 『율리시즈의 모험(1808)』 역시 호메로스를 어린이용으로 재화한 것으로 당대 작가들에게 큰 영향을 끼쳤다. 이후 킹즐리(Charles Kingsley, 1819~1895)가 그리스 신화의 정신과 영웅성을 충실히 재현한 『영웅 이야기(1856)』를 내놓아 또 하나의 그리스 신화의 재화 작가로 자리 잡게 되었다.

또한 킹즐리는 아동문학의 황금기라고 불리는 빅토리아 시대에 『물의 아이들(판타지 동화의 효시, 1863)』을 내놓음으로써 루이스 캐롤(Lewis Carroll, 1832~1898), 조지 맥도널드(George MacDonald, 1824~1905)와 함께 환상 동화의 3대 거장이라고 불리는 작가가 되었다. 『물의 아이들』은 상반된 두 가지 측면의 평가를 받고 있는 작품이다. 하나는 긍정적 평가로 이 작품이 일반적인 요정 이야기와는 다르게 작가 자신이 직접 창조해 낸 환상적인 세계를 배경으로 한 첫 번째 환상 동화라는 것이다. 다른 하나는 부정적인 평가로 작가 킹즐리가 자신의 종교적 · 사상적 입장을 작품에 뚜렷하게 반영함으로써 교훈적 색채가 짙게 드러나 환상 동화의 순수성을 흐렸다는 지적이다. 루이스 캐롤은 어린이들에게 최고의 판타지 동화로 인정받는 『이상한 나라의 엘리스(1865)』를 선물하였다. 이 작품이 극찬을 받는 까닭은 그 시대의 아동문학 작품에 자주 숨어들던 그 어떤 도덕적인 의도도 들어 있지 않고, 어린이에게 오직 즐거움을 줄 목적만 가지고 썼던 것으로 평가받기 때문이다. 『이상한 나라의 엘리스』는 '판타지 동화의 금자탑'이라는 평가를 받기도 할 만큼 이후의 많은 작가들에게 영향을 끼친 작품이다.

---

39) 19세기 후반의 리얼리즘의 영향을 받아 환상 자체가 리얼리즘의 바탕위에 전개되며 리얼한 수법으로 묘사되었다.

『북풍의 등을 타고(1871)』와 『공주와 고블린(1872)』를 내놓았던 또 한 명의 판타지 동화 작가인 조지 맥도널드는 단순한 재미만을 위해서가 아니라 직접적인 교훈을 주기 위해 작품을 썼다. 그의 판타지 동화는 이전의 킹즐리나 캐롤의 작품들과 종종 비교되곤 한다. 맥도널드는 기독교인으로서 자신의 철학과 종교를 작품에 드러내기는 했지만, 그것을 킹즐리처럼 작품 중간 중간에 설교하듯 드러내지는 않고, 작품의 내용과 흐름에 성공적으로 용해시킴으로써 깊이 있게 도덕적 성격을 견지하였다는 평가를 받는다. 그리고 캐롤이 아이디어보다는 언어적 기술로 평가받는다면, 맥도널드는 뛰어난 상상력으로 평가받는다.[40]

다른 작품으로 이탈리아의 꼴로디(Collodi, 1826~1890)가 쓴 『피노키오의 모험(1880)』을 들 수 있다. 이 작품은 동화적인 상상력을 무한하게 보여 주는 모험과 우스꽝스럽고 기상천외한 상황이 끊임없이 전개하며 기존의 책과는 다른 차별되는 교육성의 개념을 보여 준다. 무한한 환상의 세계에 대한 경험, 신선하고 생동감 넘치는 이야기의 전개, 예술적인 요소, 그리고 교육적인 이야기의 구성을 겸비하고 있다. 교훈을 주기는 하지만 순수한 즐거움을 포함하고 있어 현대까지도 아동들의 마음을 사로잡는 획기적인 작품으로 기억되고 있다. 그 밖에 미국의 첫 번째 판타지 동화로 인정받고 있는 프랭크 바움(Frank Baum, 1856~1919)이 쓴 『오즈의 마법사(1899)』가 있다.

(4) 모험 이야기

빅토리아 시대의 영어권 지역은 남성들의 세상이었다. 어린이 책에서도 소녀들은 온화한 이야기를 즐겨 읽었다면 소년들은 육지나 바다에서 활동하는 '모험 이야기'를 읽었다. 영국의 스티븐슨의 『보물섬』은 해적, 해전, 숨겨진 보물들에 얽힌 걸작으로 아동문학에 낭만적인 모험담의 새로운 분야를 개척하였을 뿐만 아니라 오늘날에도 최고의 걸작이라는 평가를 받고 있는 해양 모험소설이다. 이 책의 가장 두드러진 특징은 엄청난 속도와 색채, 흥미진진함 그리고 생생하게 그려진 등장인물이다. 『보물섬』은 그동안 아동문학의 특성이었던 흑백을 가리는 틀을 짓밟아 다시는 회복하지 못하게 하였다.

---

40) 심성경 외(2003). 『유아 문학의 이론과 실제』. 학지사, 45~46쪽.

미국 문학의 아버지라 불리는 마크 트웨인(Mark Twain, 1835~1910)은 『톰 소여의 모험(1876)』과 『허클베리 핀의 모험(1884)』을 써서 미시시피 강 유역의 소년의 꿈과 모험을 세계의 모든 아이들에게 선사했다. 트웨인의 기질이나 태도는 서부의 개척자 같았고, 유럽풍의 정신과는 달랐다. 트웨인이 보여 주는 모험은 바다나 먼 곳으로 가는 것이 아니라 자기 집 뒤뜰처럼 가까운 곳에 있을 수 있다는 사실과 모험을 향유하는 계층도 상류계급의 영웅들에게서만 일어나는 것이 아니라 허크나 노예인 짐과 같이 평범한 사람들한테서도 일어날 수 있다는 것을 보여 준 작품으로 평가받는다.

(5) 가정 이야기

여류 작가 올콧(Louisa Mary Alcott, 1832~1888)은 그녀 가족이 겪었던 사건을 바탕으로 한 『작은 아씨들(1868~1869)』을 써서 가정 소설의 장을 열었다. 건전한 중류 가정을 배경으로 성격이 다른 네 자매의 생활을 그리면서 가족 간의 사랑과 바른 생활 방법을 제시하고 있다. 이 작품의 특성은 실재 가족의 이야기이기 때문에 친근감, 가족 간의 진실, 따뜻함, 소박함이 담겨 있고 작품 속 어린이들을 선과 악의 표본이 아닌 한 개체로서의 사람을 보았다는 의미에서 가정 소설을 삶에 접근시켰다는 점이다.

(6) 공상 과학소설

프랑스의 쥘 베른이 쓴 『풍선 속의 5주일』은 과학소설의 선구적인 장을 연 작품이다. 이 작품은 순수한 공상적인 소재가 아니라 보다 사실적이고 과학적인 소재에 의해 공상과 모험의 세계를 전개했다는 점에서 기존의 작품들과는 구별된다. 당시 쥘 베른의 작품 속에 나타난 소재들 중 비행기, 잠수함, 텔레비전, 우주 여행 등은 현실화되어 더 이상 이야기 속의 과학적인 소재가 아니라 생활 속에 존재하게 되었다. 쥘 베른의 다른 작품으로는 『달나라 여행』, 『해저 2만리』, 『80일간의 세계 일주』, 『15소년 표류기』 등이 있다.

(7) 사실 동화[41]

독일의 호프만이 쓴 『더벅머리 페터』는 아이들이 자신의 잘못된 습관을 스스로 깨달아 고쳐 나갈 수 있도록 이끌어 주는 사실 동화이다. 오싹한 재미와 잘못된 습관에 대한 따끔한 가르침을 주는 사실 동화가 창작된 지 150여 년이 지난 오늘날까지도 유럽에서 스테디셀러로 꼽히고 있다. 또 다른 작품으로는 미국의 헬렌 바나만 여사의 『꼬마 검둥이 삼보(1899)』로 소박한 그림, 단순한 언어, 운율적인 문장, 그리고 점진적인 반복을 통한 긴장감이 포함된 이야기로 구성된 작품이 있다.

(8) 동물 이야기

영국인 키플링[42](Rudyard Kipling, 1865~1936)은 밀림에 사는 동물들의 생태를 생생하게 그린 작품인 『정글북(1894)』을 썼다. 여류 작가 위다(Ouida, 1834~1903)의 『플랜더스의 개(1872)』, 슈엘(Anna Sewell, 1820~1878)의 『검은 말 이야기(1877)』 등도 동물을 다룬 동물 이야기이다.

(9) 잡지

19세기 후반의 잡지는 아동문학에서 중요한 부분을 차지한다. 초기의 잡지는 주일학교 운동에서 파생된 것으로 표면적으로는 종교적인 성격을 띠었다. 영국 어린이를 위한 진정한 첫 번째 어린이 잡지는 1835년 『cham』이라는 제목으로 발간되었고, 난장이나 요정들 이야기가 있었지만 2년 후에 폐간되었다. 긴 세월 동안 아동문학의 영향을 준 잡지는 프랑스의 피에르 에첼(Piere Etzel)이 51년 동안 월 2회로 펴낸 『르 마가쟁 데뒤가시옹(교육 잡지)』을 꼽을 수 있다. 이 잡지를 발행하면서 어린이 독자에게 맞춘 작품들을 여러 작가들에게 청탁하여 발표하게 하였는데, 그 결과 무명 작가 발굴

---

41) 사실 동화는 창작 동화의 하위 갈래를 구분할 때 가장 많이 적용되는 기준으로 판타지인가 사실적인 이야기인가 하는 것이다. 사실적인 이야기는 주로 어린이들의 생활 이야기를 다룬 것으로 그 명칭에 있어서 사실 동화, 생활 동화가 혼용되어 사용되다가 최근에는 생활 동화라는 명칭보다 사실 동화라는 용어가 일반적으로 사용되고 있다. 생활 동화라는 용어는 일본에서 1939년대 계급주의 아동문학 운동이 본격화되던 때에 쓰이던 명칭이다. 우리나라에서도 1930년대를 전후로 계급주의 아동문학의 고양기에 이르러 어린이의 실생활을 사실적으로 그린 동화를 생활 동화라고 불러 왔다. 이처럼 생활 동화는 어두운 일제 시대의 한 흐름을 반영하는 말이다. 그리고 처음 출발은 아이들의 진실한 실생활을 담아내고자 하였지만 결국 현실에 갇혀 살아가는 아이들의 겉모습만을 그려내는 계몽적 교훈주의 문학으로 치우쳐 동화의 본령에서 멀어졌기 때문에 적합한 명칭이라고 보기 어렵다. 사실 동화의 협소한 관점에서 벗어나야 하고 현실 세계의 문제를 있는 그대로 직시하고 다양한 사람들의 삶을 통해 세상과 인간에 대한 이해의 폭을 넓게 해 주는 '사실 동화'라는 용어가 판타지 동화와 대비되는 동화의 하위 갈래 개념으로 적합하다고 생각한다(신헌재 외(2007). 『아동문학과 교육』. 박이정, 303쪽.)

42) 영국의 키플링은 자신의 끝없는 상상력에다가 인도에서의 풍부한 경험과 인도 민화 지식을 끌어들여 만든 『바로 그런 이야기(Just So Stories, 1902)』로 인해 1907년에 아동 문학가로서나 영국인으로서는 처음으로 노벨상을 수상하여 영국 아동문학의 또 하나의 거성으로 자리 잡게 되었다.

에 큰 공헌을 하였다. 이 잡지를 통해 『15소년 표류기(1889)』·『해저 이만리』·『달 세계의 여행』 등의 쥘 베른(Jules Verne, 1828~1906), 『집 없는 아이(1878)』·『집 없는 소녀(1890)』를 쓴 엑토르 말로(Hector Henri Malot, 1828~1906) 등 아동문학사에서 커다란 비중을 차지하는 유명한 작가들을 배출했다.

미국에서는 19세기 후반부터 20세기에 걸쳐서 많은 종류의 아동 잡지가 출간돼 미국 아동문학의 발전에 큰 공헌을 하게 되는데 그중 더지(Mary Mapus Dodge, 1831~1905)가 편집한 『세인트 니콜라스(성 니콜라스, 1873~1905)』라는 잡지가 가장 주목을 받았다. 『한스 브린커(일명 은스케이트, 1865)』의 작가이기도 한 더지 여사는 자신이 경영하던 『세인트 니콜라스(1873~1905)』지를 통해 올콧 · 트웨인 · 버넷 · 허워드 파일 · 영국 출신의 키플링 등 세계적으로도 널리 알려진 아동 문학가들을 배출시켰다.

(10) 그림책의 등장

삽화 수준의 그림이 아니라 그림이 비중이 큰 그림책이 등장하기 시작한다. 19세기 말에 근대 그림책은 초기 그림책의 황금기라고 할 수 있을 정도로 많은 작가들이 등장한다. 독일의 하인리히 호프만과 영국의 인쇄업자인 에드먼드 에반스로 인해 그림책이 발전하였다. 에반스는 컬러 인쇄를 아름다운 예술로 승화시켰을 뿐만 아니라 다른 그림 작가의 배출에도 힘썼다. 그가 배출한 작가로 월터 크레인과 케이트 그리너웨이, 랜돌프 칼데콧이 있다. 특히 활기차고 생생한 그림을 그렸던 랜돌프 칼데콧은 1870년대 말에 에반스의 제의로 그림책 시리즈를 만들어 유명해졌고 그의 이름을 따 1938년 미국의 칼데콧 상의 제정은 1940년대 이후 미국의 그림책이 세계 최고의 위치로 부상하도록 하는 데 기여했다.

3) 20세기 아동문학

20세기 이후 아동문학의 특징은 여러 나라에서 수많은 명작들이 쏟아져 눈부신 발전을 하고 있다. 또한 사회적인 변화와 대중매체의 영향에 따라 작품의 소재와 도서 유형이 다양화되었다. 기술의 발전에 따라 글로만 이루어진 동화가 아니라 그림, 다양한 매체를 활용한 아동문학이 속속 발표되고 있다. 또한 작가들도 기성세대와는 아동문학 작품에서 다른 자신의 관점에서 작품을 쓰고, 편견과 선입견에서 탈피하고 이혼,

세대차, 성차, 입양, 재혼, 전쟁, 성폭행, 장애, 환경문제, 소수 민족이나 소외된 계층, 다른 나라 문화의 수용과 같은 다양한 소재를 다루고 있다. 20세기 이후의 아동문학의 특징은 환상과 모험을 소재로 한 작품과 그림책의 출간이 성행하였고, 사회 변화에 따른 다양한 소재들을 다루고 있다. 그리고 다양한 소재와 다양한 도서 유형이 출현하게 되었다.

(1) 판타지 동화

20세기에 들어서면서 활발한 양상을 보여 주며 판타지 동화가 발전하였다. 판타지 문학의 본고장인 영국은 『보물 찾는 아이들(1899)』의 작가 네스빗(E. Nesbit, 1858~1924)에 의해 시작되었다. 네스빗은 도덕주의적 관점이나 사회에 대한 성인의 시각에서 벗어나 어린이에게 즐거움을 줄 목적으로 글을 썼다. 특히 그녀가 쓴 환상 동화는 가상의 다른 세계에 의존하는 것이 아니라 19세기 초반 에드워드 시대(1901~1910)의 일상 생활사에 기초하고 있는데 이러한 그녀의 작품 경향은 다른 작가들에게도 많은 영향을 미쳤다.[43] 네스빗과 함께 20세기 초기의 판타지 작가로 유명한 사람은 『피터팬과 웬디(1904년에 초연되어 인기를 끈 희곡을 직접 개작한 동화, 1911)』의 배리(James Mathew Barrie, 1860~1937), 『어린이 시절의 노래(동요집, 1902)』·『공작파이(시집, 1913)』·『원숭이 왕자의 모험(1910)』의 드 라 메어(Walter de la Mare, 1873~1956), 동물 판타지 동화 『버드나무에 부는 바람(1908)』의 케네스 그레이엄(Kenneth Grahame, 1859~1832) 등이 있다. 그 뒤를 이어 밀른의 『곰 푸우님(1926)』, 트래버스의 『메어리 포핀스(1934)』 외 그 시리즈, 『반지의 제왕(판타지 소설)』의 작가 톨킨의 『호비트(1938)』, C. S. 루이스의 『나니아 왕국 이야기(7부작, 1950~1956)』 시리즈, 노튼 여사의 『마루 밑의 난장이들(1952)』을 비롯한 난장이 시리즈, 메인의 『거꾸로의 세상(1954)』, 엘리너 파전의 『보리와 임금님(1955, 제1회 국제안데르센상 수상)』, 피어스의 『한밤중 톰의 정원에서(1958)』, 로알드 달의 『찰리와 초콜릿 공장(1964)』·『제임스와 수퍼 복숭아』 등이 출간되어 어린이들의 사랑을 받았다. 독일의 판타지 동화는 미하일 엔데의 『기관차 대 여행(1960)』·속편인 『짐 크노프와 13명의 해적

---

43) 한국어린이문학교육연구회(1999). 『환상 그림책으로의 여행』. 다음세대, 35쪽.

(1962)』 등의 작품들이 나와 어린이들의 사랑을 받고 있다. 특히 엔데는 『모모(1973)』와 『끝없는 이야기』에서 인간과 생태 파국을 초래하는 현대 문명 사회의 숙명적인 허점을 비판하고 우리 마음속에 소중히 살아 있는 세계, 기적과 신비와 온기로 가득 찬 또 하나의 세계로 독자들을 이끈다. 그리고 『냄비와 국자 전쟁』, 『마법의 설탕 두 조각』 같은 최근 작품은 요즘 어린이들에게 많은 사랑을 받고 있다.

1964년 칼데콧 상을 받은 모리스 센닥의 『괴물들이 사는 나라』는 좀 더 적극적으로 상상의 세계를 표출하게 되었으며 그 형식이나 소재, 내용도 다양해졌다. 레오 리오니의 경우는 그의 작품에서 다양한 동물들을 등장시켜 우화적 환상을 그려냈다. 또한 토미 웅거리는 자신의 작품 속에서 뱀, 사람을 잡아먹는 거인, 달사람 등 다양한 종류의 사람이나 동물을 등장시켜 독특한 환상 세계를 보여 주었다.

(2) 사실 동화

사실 동화는 당대의 사회 문제를 반영한다. 작가들이 우리 사회의 다양한 문제에 대하여 아동문학에서 소재로 다루고 있다. 20세기 중반에 아동문학은 행복한 가족 이야기로 보호받지 못하게 되었다. 어린이들은 자기와 비슷한 문제에서 살아남은 주인공에 대한 이야기를 읽음으로써 주인공의 행동을 따라하게 되었다. 대표적인 작품으로는 린드그렌의 『삐삐 롱스타킹』으로 주인공 삐삐는 발랄하고 강한 여자아이로 모험심이 강하고 독립적인 인물로 묘사되고 있다. 기존의 여자 인물들과는 다른 성차별적 요소에서 벗어난 작품으로 평가된다. 또한 브릭스의 『바람이 불 때』는 핵전쟁의 공포를 소재로 한 작품으로 어두운 현실 속에서도 끝까지 최선을 다하는 노부부의 삶의 모습을 묘사하고 있다.

(3) 어린이 문학상의 제정

1920년대 초 뉴베리 상이 제정되면서 미국 아동문학은 크게 전환, 발전하게 된다. 뉴베리 상은 독서에 대한 어린이들의 관심을 높이고, 아동 문학가들의 창작욕을 북돋우기 위해 제정된 미국의 아동 문학상이다. 18세기 영국의 출판업자와 책 판매업자였던 뉴베리가 만든 책들이 미국 아동문학의 발전에 끼친 공로를 인정하여 그를 기리기 위해 만든 것으로 한 해 동안 미국에서 발표된 작품 중 미국 아동문학에 가장 크게 공헌한 작품을 선정하여 시상을 한다. 이 상은 1921년에 어린이 출판 기획자였던 프레드릭 멜처가 처음 제안하였고 그 이듬해부터 사서들로 구성된 미국도서관협회가 수상작을 선정하는 상으로 미국에서 가장 권위 있는 아동 문학상이면서 전 세계적으로도 잘 알려진 아동 문학상이다. 대상은 소설·시집·논픽션 등이며, 미국 시민이나 미국에 거주하는 사람의 작품에 한한다. 최초의 뉴베리 상 수상작은 영국 출신 작가 헨드릭 윌렘 반 룬의『인류 이야기(The Story of Mankind, 1921)』라는 세계사 이야기다. 뉴베리 상이 제정될 무렵 미국에서는 도서관 운동이 활발해지면서 어린이 도서관이 생겨 아동문학이 본격적인 발전을 보게 되었고, 많은 여류 작가들의 출현과 전기문학·과학소설의 성행, 대학에서의 아동문학 강좌가 개설되는 등 세계 어느 나라에서보다 아동문학이 비약적으로 발전하게 되었다.

1950년에 스웨덴의 린드그렌의『삐삐 롱스타킹』이 미국에 들어가 성공을 거두었고 이것이 아동문학의 국제적 교환의 시작이었다. 국제어린이도서협의회에서 안데르센 상을, 프랑크푸르트의 책 박람회와 이탈리아 볼로냐 아동 도서 박람회를 통해서 발표되는 볼로냐 라가치 상 등이 있다. 영국의 도서관협회에서는 영국에서 출판된 그림책에 한해서 케이트그리너웨이 상을 주는 등 많은 아동 문학상이 만들어지면서 아동문학은 국제적인 성장을 하게 되었다.

제3장 아동문학의 성격

 ## 1. 아동문학의 특성

특성을 이야기할 때 그와 대비되는 것을 설명하면 더 확연해지는 것처럼 아동문학의 특성은 이와 대별되는 일반 문학과 비교하면 더 잘 알 수 있다. 성인들이 즐기는 일반 문학과 가장 큰 차이는 대상이 어린이라는 점이다. 곧 대상이 어린이라는 점이 아동문학의 특성을 담보한다. 아동문학은 문학이라는 보편성을 지니며 아동을 대상으로 한다는 특수성도 함께 가진다.

1) 아동문학의 독자

아동문학은 '아동' 과 '문학' 의 합성어이다. 아동문학이 문학의 한 영역이라는 데에는 누구도 이의가 없다. 그러므로 아동문학을 논할 때 일단 문학이라는 사실을 염두에 두고 문학 정신으로 바라볼 일이지, 교육학이니 심리학이니 문화인류학이니 사회학이니 하는 마음으로 바라볼 일은 아니다. 그런데 아동문학은 문학 가운데에서도 특수하게 어린이에게 주는 어른의 문학임을 상기해야 한다. 어린이가 쓴 글쓰기와 혼동해서는 안 되고, 어린이를 고려하지 않은 문학이 아동문학일 수는 없다. 아동문학은 당연히 '아동관' 과 '문학관' 이 논의의 초점이 된다. 아동문학의 역사를 이야기할 때 중요한 것 중 하나가 아동문학이 무엇인가? 하는 것이다. 왜냐하면 아동문학의 창조자가 누구인가? 어떤 대상을 독자로 인식하고 창작되었는가? 하는 문제는 아동문학과 일반 문학의 구분에 기준으로 삼을 뿐 아니라 아동문학 작품이 갖추어야 할 조건을 규정하는 데 크게 작용하기 때문이다.

일반적으로 아동문학이란 작가가 어린이라는 특정한 대상의 독자에게 읽히기 위한 목적을 가지고 창작한 문학작품을 말한다. 이때 원칙적으로는 독자의 대상이 어린이라는 점을 강하게 의식하면서 창작한 작품들을 아동문학이라고 하여 보통 0세부터 15세까지의 아동을 뜻한다. 작가가 어린이의 생명과 생활을 사랑하고 그들을 성인의 축소판이 아닌 독립된 인격체로서 존중하며 아름답고 참되고 바른 것을 주고자 하는 목적을 가지고 창작한 경우가 여기에 해당한다. 그러나 아동문학도 문학의 외적인 한 분류이기 때문에 일반 문학이 갖추고 있는 형식을 따라 허구성(상상력), 정서성, 표현력, 독창성 등을 갖춰야 한다. 하지만 작가·독자·소재·기능 면에서 그 주체를 언제나 아동과 동심에 두어야 하는 조건을 충족시켜야 한다는 점을 내세워 성인 문학과 구별하여 특수 문학으로 규정하는 견해도 있다. 때문에 아동문학 작품에는 나름대로 갖춰야 하는 조건이 따른다.

2) 아동문학의 형식과 특성

(1) 아동이 이해하기 쉬운 어휘와 간결한 문장

아동이 이해할 수 있는 어휘, 아동의 생활에 관계 있고, 아동이 관심을 가질 수 있는 내용을 가진 문학이다. 아동문학의 대상인 어린이들은 한정된 경험과 지식으로 인해서 이해하는 어휘 범주도 한계가 있게 마련이다. 따라서 아동문학을 그에 맞추다 보니 사용 어휘도 어린이의 어휘 범주를 넘어갈 수 없다. 아울러 어린이가 생각하고 느끼는 바가 비교적 단순하고 그 호흡이 짧기 때문에 이를 표현한 글도 성인을 대상으로 한 글보다 짧고 간결해야 한다. 따라서 간결체 문장은 어린이를 대상으로 한 아동문학의 주요한 특성이다.

(2) 단순한 플롯 구조

아동문학은 일반 문학에 비해 작품의 줄거리와 플롯 구조가 단순하다. 본래 플롯은 작가가 이야기를 서술할 때 사건의 전개 과정에서 치밀한 계산 아래 복선을 깔면서 인과관계에 의한 논리적인 구조를 해 놓음으로 서술의 묘미를 이뤄 내는 기법 중의 하나이다. 그런데 아직 논리적인 사고와 이해력이 미흡한 어린이가 그런 플롯의 묘미를 제대로 맛보기에는 아무래도 한계가 있다. 따라서 아동문학은 비교적 단순한 구조와 복잡하지 않은 사건을 다루고 플롯을 포함한 내용 서술 형식도 단순 명쾌한 것을 선호할 수밖에 없다.

(3) 예상 독자와 실제 독자의 불일치

예상 독자란 작가가 처음 작품을 쓸 때 읽어 주기를 기대하는 독자를 뜻한다. 아동문학의 작가는 대체로 어린이를 예상 독자로 삼고 작품을 쓰는 경우가 일반적이지만 실제 독자는 어린이뿐만 아니라 동심을 가진 어른이거나 부모나 어린이를 지도하는 교사가 될 수 있다. 결국 아동문학은 하나는 어린이를 향하고 또 다른 하나는 어린이 옆이나 뒤에 있는 어른을 무의식적으로 향한다고 볼 수 있다. 반대로 어떤 어린이의 경우는 성인을 대상으로 쓴 성인 문학을 읽고, 즐거움을 느끼며 나름대로 무엇인가를 깨닫는 경우도 있다. 이와 같이 작가가 기대하는 예상 독자와 실제 독자가 불일치하는 현상이 아동문학 분야에서는 특히 많이 나타난다.[44]

3) 내용적인 특성

(1) 교육성

아동문학의 궁극적 목적은 육체적, 정신적, 사회적으로 미성숙한 아동을 건전한 사회적 인간으로 성장시키는 데 있다(이재철, 1971). 아동문학이 목표로 하는 교육은 교육이 목표로 하는 방향과 일치하고 있다. 이러한 기능을 아동문학의 교육적 기능이라고 말할 수 있다.

훌륭한 문학은 모두 교육성과 도덕성을 갖추고 있다(석용원, 1980). 그렇더라도 문학성을 교육성과 대등한 개념으로 볼 수는 없다. 그것은 문학성이 교육성을 포함할 수는 있지만 교육성은 문학성을 보완할 따름이기 때문이다(유경환, 1980). 따라서 문학성과 예술성이 풍부하면 아동들에게 바람직한 영향을 미치며 가장 교육적이라 할 수 있다.[45] 교육성은 아동문학이 심신의 발달단계에 놓인 어린이들의 정신 내용을 풍성하게 하고 확충시키는 역할을 해야 한다고 보는 것이다. 때문에 대부분의 아동문학 작

---

44) 신헌재 외(2007). 『아동문학과 교육』. 박이정, 22-23쪽.

45) 한우리독서문화운동본부. 『독서지도사 양성과정 기본교재 II』. 위즈덤북, 90쪽. -장혜순(1997). 『아동문학론』. 창지사, 재인용.

품에는 어린이의 연령적 단계에 알맞으면서도 올바른 가치관이나 사회 구성원으로서의 중요성, 조국의 미래를 책임질 국민으로 올바른 애국심, 생명과 자연의 소중함 등을 생각하는 인간으로 성장할 수 있도록 하는 교육성이 포함되어 있어야 한다고 보는 것이다. 어린이들이 문학작품을 통해서 예술적 표현의 밑바탕에 깔려 있는 교훈을 절실하게 공감하고 동화될 수 있게 해야 하는 것도 아동문학의 몫이다. 때문에 아동문학 작품들은 교훈 자체가 그대로 노출되어 드러나 보이는 것이 아니라 어린이들의 각 발달 과정에 요구되는 윤리성이나 교육성도 참되게 감동시킬 수 있는 예술성과 미적 표현 위에서 시도되어야 하는 것이다. 아동문학의 정의를 내리는 데 있어서 논란의 대상이 되는 것은 학자에 따라서는 독자의 범주에 어린이뿐 아니라 동심을 가진 성인까지 포함시키고 있다는 것이다. 성인이 아동을 독자 대상으로 인식하지는 않았어도 그 창조된 작품이 결과적으로 아동에게 충분히 이해되며 흥미를 갖게 하는 작품일 경우가 여기에 해당된다. 이는 창작물로써의 문학 자체보다는 독서 측면에서 본 독자를 기준으로 아동문학의 정의에 접근하는 방식을 주장하는 것이다.

이렇게 아동문학 독자층에 동심을 가진 성인을 포함시키는 까닭은 아동문학의 역사를 볼 때 책이 부족하던 시대나 어린이들의 관심을 끌 만한 책이 부족했던 시대, 그리고 아동문학을 따로 분리시키지 않은 일부 국가들의 특성 등으로 인해 어린이들이 일반 소설 작품에 흥미를 갖고 읽기 시작하면서 지금까지 어린이들의 손에서 떠나지 않고 있기 때문이다. 실제적으로 오랜 시간이 흘렀어도 어린이들이 즐겨 읽는 작품들을 어린이를 독자로 지정한 작품이 아니라는 이유로 그들의 품에서 빼앗아 온다는 것 자체가 쉬운 일은 아니다. 하여 어린이들이 즐겨 읽게 된 소설의 경우 어린이들의 정서적인 면이나 성인들의 아동 교육관에 크게 위배되지 않는 경우 그냥 묵인하게 되었던 것이다. 영국의 존 번연의 『천로역정』이나 다니엘 디포의 『로빈슨 크루소』, 스위프트의 『걸리버 여행기』, 프랑스의 생 텍쥐페리의 『어린 왕자』 등이 원래 성인을 위해 쓰였으나 오랜 시간이 흘러도 아동들의 손에서 떠나지 않아 아동 문학사에서 빼놓을 수 없는 작품들로 자리 잡은 예가 된다. 그 이유는 바로 그 작품들이 지닌 매우 짙은 상상적 요소에 아동들의 관심이 쏠렸기 때문이다. 한마디로 말해서 작품들이 보여 주는 모험의 세계가 아동문학의 기본 조건 중 하나인 흥미성 부분을 매우 충족시켜 주었기 때문이다.

(2) 흥미성

아동문학은 흥미를 중요시한다. 아동문학에서 흥미를 중요시하는 이유는 아동은 흥미가 없는 것에는 관심이 없으며 아동의 흥미를 자극하지 못하면 아무런 효과도 기대할 수가 없기 때문이다. 아동의 흥미에는 개인차가 있으므로 아동들의 인지 단계에 맞는 문학작품을 경험시켜야 한다. 그것은 아동들이 그들의 인지 구조에 의미를 줄 수 있는 이야기를 더 좋아하기 때문이다.[46] 아동들은 성인과는 달라서 아무리 좋은 내용의 작품이라 하더라도 흥미가 없으면 관심조차 갖지 않는 특성을 지니고 있기 때문에 환상적(fantasy)인 내용이 가져다주는 흥미성도 갖춰야 한다. 흥미성 역시 아동의 발달에 따라 흥미를 갖게 하는 주제나 소재가 달라질 것이고, 그것을 표현하는 어휘, 문체, 구성 방식 등도 아이들의 성장에 따라 달라져야 한다. 자신들의 수준에 비해 너무 쉽거나 지나치게 어려운 작품은 어린이들로 하여금 흥미성을 잃게 한다.

(3) 환상성

아동문학은 일반 문학에 비해 비현실적인 판타지적 요소를 많이 갖고 있다는 점이다. 원래 어린이는 객관적, 논리적 사고보다는 물활론적 사고를 하고 애니미즘적인 경향을 띤 사고 방식과 개념을 가지고 있어서 동식물이나 사물이 사람처럼 생각하고 말하고 움직이는 것을 자연스럽게 받아들인다. 모든 사물마다 요정들이 숨어 있어서 그들이 노래하고 장난치는 장면이 나와도 아이들은 전혀 이상하게 생각하지 않는다. 이렇게 어린이는 신비의 세계, 몽환적인 세계에 쉽게 빠져드는 경향이 있다. 그러다 보니 그들이 좋아하는 아동문학도 이런 환상성을 지니게 마련이다. 환상성을 통해 현실의 논리와 법칙을 초월한 이상 세계가 펼쳐짐과 더불어 각박한 현실의 어둠을 온정과 정의의 이상이 항상 이기는 이상적 세계, 낭만적 세계가 펼쳐지게 마련이다. 그러다 보니 아동문학에 등장하는 인물은 자기 또래의 어린이가 등장하거나 동식물이 등장한다.

예를 들어 『흥부와 놀부』에서 흥부가 제비 다리를 고쳐 주니 제비가 고마워서 박씨를 물어다 주고 그 박씨 속에 금은보화가 잔뜩 들어 있다는 말에 아이들은 즐거움을

---

46) Elkind, 1979, Smith & Robinson, 1980, 장혜순(1997). 「아동문학론」. 창지사, 재인용.

느낀다. 『콩쥐 팥쥐』에서도 콩쥐가 나무로 만든 호미로 돌밭을 일구다가 호미가 부러지니까 황소가 콩쥐에게 말을 하고 도와준다거나 두꺼비가 나타나 콩쥐를 도와주는 것에 대해 불쌍한 콩쥐를 도와주는 그들이 너무 고맙고 다행이라는 생각을 한다. 우리나라 이야기뿐만 아니라 외국의 동화인 안데르센의 『엄지 공주』에는 엄지손가락만 한 사람이 등장하고, 또 그 사람은 동물들의 말을 알아듣는다는 점도 아이들은 이상하게 생각하지 않는다. 『인어 공주』에서도 반은 사람이고 반은 물고기인 인어 공주가 바닷속 용궁에서 살고, 사람을 사랑하게 된 공주가 자신의 목소리를 주고 마녀를 만나 다리를 얻는 이야기 속에서 아이들은 즐거움을 느낀다.

(4) 예술성

아동문학은 예술 문학이 아니며 성인 문학보다 쉽고 안이한 문학으로 보는 견해가 있다. 동화는 소설을 쓰던 사람들이 편하게 쓸 수 있는 작품이 아니다. 안데르센이 살던 시대에도 이런 견해가 있었던 것으로 나타난다. 안데르센은 "문학이란 부자나 학식이 많은 자들만의 것은 아니다. 가난한 사람들이나 아무것도 모르는 어린이들도 자신만의 문학을 갖고 싶어 한다. 동화란 이런 아이들을 상대로 장난 삼아 쓴 이야기가 아니라 훌륭한 문학이다. 동화가 이제까지 격이 낮은 것으로 취급당해 왔다면 그것을 높은 지위로 끌어올리자."라는 말을 하고 있다. 이것을 보면 알 수 있다. 이재철은, 아동문학 작가는 세련된 기법과 원숙한 필치의 소유자가 다시 어린 시절로 돌아가 좋은 작품을 써야 한다고 말했다. 아동문학의 예술성은 작품을 읽은 것으로 간접적인 경험을 하는 독자의 진실이라고 보며 이러한 진실은 문학작품에서 얻는 감동이라 볼 수 있다.

2. 아동문학의 가치와 효용성

어린이가 성인과 다른 점은 정체되어 있는 것이 아니라 하루하루 성장 발달한다는 것이다. 어린이는 자신의 삶의 영역이 단순하기 때문에 아동문학이 아동의 생활 영역에서 어떤 의미를 지니며 어린이가 성장 발달하는 특성에 따라 아동문학의 가치와 효용성은 크다.

1) 아동문학의 가치
아동문학의 교육적 가치를 살펴보면 다음과 같다.

(1) 즐거움과 호기심 충족
아동문학은 어린이들에게 즐거움과 호기심을 충족시켜 준다. 왜냐하면 문학 속에는 어린이들의 흥취를 돋구는 시적 운율을 맛볼 수 있고, 어린이들이 쉽게 공감하고 자기 동일시하여 상상의 세계에 투영할 수 있는 또 다른 세계를 발견할 수 있기 때문이다. 아동문학은 아름다운 색채와 형상으로 흥미진진한 세상일을 담아내고 있어 어린이 자신의 경험과 직접적으로 관련되어 있고 또한 아름다운 상상 속으로 몰고 갈 수도 있기 때문에 매우 중요하다. 성인은 때로 필요에 의해 책을 읽기 때문에 즐거움과 재미가 없어도 끝까지 책을 읽어야 하는 경우도 많다. 그러나 어린이들은 책 속에서 즐거움과 재미를 찾을 수 없으면 더 이상 책을 보려고 하지 않는다. 책 속에 넌센스와 유머가 있고, 기대하지 않았던 웃음이 있고, 우연한 발견이 있기 때문에 어린이들은 즐거워하고 재미있어하며 책을 읽는다. 이런 즐거움과 재미는 평생 동안 그 어린이의 독서에 대한 취향과 태도를 결정짓는다.

(2) 상상력을 자극하고 사고를 발달
아동문학은 어린이의 상상력을 자극하고 그 결과 사고의 발달을 가져온다. 상상력은 현실적 지각에 기초하지 않은 사물이나 사건의 심상을 마음속에 그리어 미루어 생각할 수 있는 능력이다. 아동문학을 통해 어린이들이 막연하게 상상했던 심상을 그릴 수 있고, 보이지 않는 것을 구체화할 수 있는 능력이 생기게 된다. 아동문학은 과학적 설명과 자연의 법칙이 문제되지 않는다. 시간과 공간과 크기와 모양에 제한을 받지 않으면서 배경, 인물, 시대의 요소들을 잘 활용하여 환상적 세계를 만들어 어린이들은 그것을 믿고 따르며 현실 세계와 상상의 세계를 넘나들며 즐길 수 있다.

(3) 바른 인성과 정서 함양

아동문학은 어린이의 바른 인성과 정서를 풍요롭게 한다. 아동문학은 어린이의 세계를 잘 알고 어린이의 발상이나 기분으로 이야기를 그려낸 책이다. 이야기의 전개 과정에서 어린이들은 주인공과 함께 슬퍼하고, 기뻐하고, 놀라고, 걱정하고, 분노하고, 안도하는 등 동일시를 통해 정서적 경험을 같이 한다. 이런 대리 경험은 마치 어린이들로 하여금 남의 신발을 신고 걸어 보게 하는 것으로 남의 입장이 되어 보고 감정이입하는 능력을 길러 준다. 이로써 어린이들은 역사적 인물과 사건을 좀 더 개인적 수준에서 친근하게 관련 맺게 되고 특정 시대의 상황이나 여건에 의해 제한된 사람들을 이해할 수 있게 된다. 이처럼 문학은 어린이를 도와서 역사를 초월하여 보편적인 인간의 삶에 대한 이해와 공감을 지니게 되고 다문화적이고 국제적인 이해를 위한 기초를 쌓아 주기도 한다.

(4) 자기와 주변 세계에 대한 이해

아동문학은 어린이가 자신의 주변 세계와 이웃들에 대해 이해하도록 돕는다. 그림책은 어린이가 편견 없는 눈으로 자연을 볼 수 있게 해 주고, 자연 안에 있는 그대로를 존중하고 인정하게 해 준다. 그리고 그 자연 속에 있는 인간도 자연의 일부이며, 자연의 일부인 인간은 다른 인간과 더불어 자연을 지키고 보존해야 할 충분한 가치가 있음도 발견하게 해 준다. 그 자연 안에 사는 인간들은 누구나 다 똑같은 존재들이며, 더불어 살아야 하는 존재들이라는 사실도 인식하게 해 준다. 어린이들은 자연스럽게 그림책 속에 사는 나와 비슷한 또 다른 인간이 겪는 문제와 그 문제의 해결 과정에서 겪는 감정들을 살피게 되고 대리 경험하게 되면서 더불어 사는 다른 사람들에 대한 이해를 발전시키게 된다.

(5) 도덕적인 이해와 도덕적 판단 능력 함양

흔히 이야기의 주인공이 도덕적 결단을 내리도록 요구하는 상황에 놓이게 되고 주인공에 감정이입이 된 어린 독자는 주인공과 함께 그 문제를 해결하게 된다. 이때 무엇이 옳고 그른지를 분별하게 되고 나아가 어떻게 해야 할지 숙고하면서 자연스럽게 주인공의 선택과 결단에 동참하게 된다. 이야기가 전개되면서 그 선택의 결말이 드러나면서 자신의 결정 여부가 어떤 궁극적인 결과를 가져오는지 간접 체험을 하게 된다. 어린이들은 독서를 통해서 이런 유형의 이야기들을 지속적으로 경험하면서 차츰 옳고 그름에 대한 개념을 스스로 형성하게 되고 도덕적 판단 능력과 더불어 선과 정의를 지향하는 동기부여도 받게 된다.

(6) 자신감과 자기 통제력(문제 해결 능력)

자신감과 자기 통제력을 갖게 된다. 자신감과 자기 통제력은 지적인 능력과 정서적 안정감이 통합되어 나타난다. 인간은 어떤 사실에 관해 새로운 사실을 알면, 그 앎을 이미 가지고 있는 기존의 지식에다 통합하여 새로운 앎으로 발전시킨다. 어린이들은 책을 통하여 새로운 사람들을 만나고, 새로운 환경을 만나고, 새로운 문제 해결의 방법을 배운다. 이것들은 어린이들이 이미 가지고 있는 지식과 기술들에 합쳐지고, 걸러지고, 변화되어 하나의 새로운 능력으로 통합 발전한다.

(7) 우리 민족의 얼과 정서를 수용

전달 방식은 달라졌지만 옛이야기를 통해 문화적 유산을 체험하게 되고 그 속에 담긴 과거 민족의 얼과 정서를 느끼게 된다. 그래서 우리 민족의 특유한 문화와 그 속에 담긴 민족의 얼과 정서를 받아들여 공감하고 친숙하게 만드는 계기를 가져온다. 예를 들어『팥죽할머니와 호랑이』라는 이야기를 들으면서 예전에 어떤 삶을 살았는지, 의인화된 등장인물을 통해 농경시대에 필요했던 도구들이나 그 당시의 생활상에 대해 이해할 수 있게 된다.

(8) 읽기 능력과 쓰기 능력의 함양

어린이들은 책을 통하여 자연스럽게 언어와 문자를 체득한다. 언어 사용의 가장 기본적인 목적은 의사소통이다. 의사소통은 의미의 구성과 재해석, 즉 의미를 주고받는 일이다. 효율적인 의사소통의 능력은 여러 가지 상황에서 의미를 주고받는 경험의 질과 양에 따라 결정될 수밖에 없다. 책은 여러 가지 가상적 상황에서 의미를 구성하고 재해석해 볼 수 있는 기회를 최대한 제공한다. 어린이는 좋은 문학작품을 지속적으로 읽음으로써 읽기 능력을 향상시키고 언어 발달에 도움을 받는다. 또한 이야기를 많이 들려주면 어린이는 이야기 구조를 알고 특정 인물이 무엇을 할지 예상할 수 있는 단서를 얻게 된다. 그러면서 자기가 읽은 이야기에서 일어날 행위의 전개 과정을 예상하고 그 의미를 확인하는 데 도움을 받는다. 이렇게 문장의 패턴을 이해함으로써 동화나 소설 감상뿐만 아니라 지식과 정보를 알려 주는 설명 글을 이해하는 데도 미친다. 책 읽기는 읽기 능력뿐만 아니라 쓰기 능력도 향상시킨다.

2) 아동문학의 효용성

(1) 언어 능력 발달

아동문학은 언어로 된 예술이다. 문학작품은 작가들이 풍부한 어휘와 능숙한 문장력으로 탁월한 지성과 감성을 가지고 짜 놓은 예술 작품이다. 문학작품은 우선 그 속에 잘 닦여진 풍부한 어휘를 통해 어린이들의 어휘력 발달에 기여한다. 그리고 문학작품에 담긴 잘 다듬어진 표현미와 함축적인 기법을 가지고 어린이들의 언어 사용 능력을 키워 낸다.

(2) 인지 능력 발달

무엇보다도 문학작품들은 자기중심적인 사고방식에서 크게 벗어나지 못하는 어린이들에게 자기와 다른 세계를 형상화하여 보여 주고 또 다른 삶을 사는 주인공을 드러내 보임으로써 어린이들로 하여금 자기중심성에서 벗어나 새로운 안목을 갖게 하고 사고의 폭을 넓힐 수 있는 계기를 줄 수 있다. 제한된 경험의 세계에 갇힌 어린이의 사고를 활성화시켜 주고 추상적인 개념도 이해할 수 있는 인지력을 갖게 할 수 있다.

(3) 정서 발달

아동문학은 어린이들에게 감성 지능을 길러 주고 정서적인 안정감과 흥취감을 주는 데 기여한다. 또 아동문학은 어린이로 하여금 그 안에 담긴 희노애락의 정서를 맛보게 함으로써 감성 지능을 키워 나와 이웃의 감정을 평가하고 표현하는 능력뿐만 아니라 감정을 조절하는 기능과 추론하고 문제를 해결하는 과정에서 적절히 활용하는 능력을 키워 준다.

(4) 사회성과 도덕성의 발달

문학은 작품을 통해 다른 사람들의 살아가는 모습을 보고 간접적으로 체험하도록 도와준다. 어린이들은 이런 간접 체험을 통해 보다 폭넓은 사회의 세태를 배우고 사람이 살아가는 도리를 터득하게 된다. 옛이야기나 인물 이야기를 통해 옛 조상들의 삶을 배우고 사실 동화를 통해 이 시대의 다양한 삶의 모습을 보여 주고 문제 의식을 보여 준다. 그리고 판타지 동화를 통해서는 동심이 꿈꾸는 세계와 비전을 보여 준다. 그 밖에 문학작품 속에 등장하는 등장인물의 다양한 특성을 보면서 자기중심적인 사고를 극복하고 자신과 다른 이웃의 삶의 모습을 보고 공감하는 이해의 폭을 넓히기도 한다. 예를 들어 『핵전쟁 뒤의 최후의 아이들』에서는 핵전쟁의 참상, 그로 인한 처참한 굶주림과 인간의 살육을 그리고 있다. 전쟁에 대한 공포는 겪어 보지 않은 사람이라면 막연하게 인식할 수밖에 없다. 그런데 『핵전쟁 뒤의 최후의 아이들』을 읽으면 그 전율을 그대로 느낄 수 있다. 핵전쟁의 고통을 작품 속에서 경험한 아동이라면 핵전쟁의 위험을 줄이는 데 일익을 담당할 것이라 생각한다. 요즘 사회의 문제 중 하나는 이혼 문제다. 부모의 이혼으로 갈등을 겪는 아동들이 많다. 이런 아이들에게 공지영의 『미미의 일기』를 보여 준다면 마음의 고통을 이기는 데 도움이 될 수 있다. 문제를 접근하는 방법에 부족한 점도 있지만, 이혼 가정의 문제가 나만의 문제는 아니라는 안도감을 줄 수 있다. 아동문학은 아동에게 세상을 보여 주고 알려 주어야 한다. 아이들에게 세상살이의 즐거움과 고단함을 같이 알려 주어서 그것에 대해 생각하고 준비하면서 긍정적으로 극복하는 힘을 길러 주는 일이 필요하다.

3. 아동문학의 범주와 구성 요소

1) 아동문학의 범주

아동문학의 유형을 범주화하는 데 있어 아동 문학가들과 아동문학 교육자들은 서로 다른 방법으로 접근하고 있다. 아동문학을 문학의 본질에 바탕을 두면서 동심을 주제로 어린이를 대상으로 한 특수 문학답게 아동문학의 세부 갈래도 일반 문학의 기본 3대 갈래인 시, 소설, 희곡으로 나눠 문학의 장르별로 분류하려는 경향(표 4. 참고)을 나타내고 있다. 이렇게 보고 범주화하는 사람들은 주로 문학 이론가들 사이에서 흔히 발견된다. 그에 반해서 서구에서처럼 아동 도서 사서나 아동 교육학자들의 관점은 도서 내용의 다양성에 근거하여 구분하고 여기에 그림책과 동물 이야기, 모험담과 과학적인 정보를 주는 논픽션까지 포괄시키는 경향이 있다. 따라서 문학성을 갖춘 글뿐만 아니라 아동을 대상으로 하는 모든 문헌을 포함시킨 탈문학 장르적으로 접근(표 5. 참고)하여 유형을 분류하고 있다.[47] 또는 산문과 운문으로 나누고 산문은 다시 허구와 비허구로 나눠서 내용에 따라 다양하게 범주화시키는 예도 있다. 잣대를 달리한 유형별 접근이므로 어느 쪽이 맞다고 말할 수 없다.

〈표 2〉 문학 장르별 접근 유형 (이재철, 1992)

대분류	중분류	소분류		
시	동요	• 전래 동요	• 구전 동요 • 창작 동요	
		• 정착 동요		
	동시	• 정형시형(정형 동시)	• 서정 동시	
		• 자유시형(정형 동시)	• 서경 동시	
		• 산문시형(산문 동시)	• 서사 동시(동화 시)	
소설	동화	• 전래 동화	• 구전 동요 • 정착 동요	
		• 창작 동화	• 문장 동화 • 구연 동화	• 유년(저학년) 동화 • 소년(고학년) 동화
	아동 소설	• 개작 소설 • 창작 소설 • 실화 소설 (non fiction)	• 소년소설	• 탐정소설 • 모험소설 • 명랑소설 • 과학소설 • 역사소설
			• 소녀소설	• 순정소설 • 서정소설 • 가정소설
희곡	아동 극	• 생활극 • 동화극	• 학교극 • 아동 극단극	
	아동 시나리오(영화, TV, Radio)			

〈표 2〉 탈문학 장르별 접근 유형 (스미스, 1977)

그림책 (piture books)	• 그림 이야기 책
	• 삽화가 그려진 책
• 마더구스 (mother goose)	
• 동물 이야기 (animal books)	
• 유머 이야기(humor books)	
• 시(poetry)	
전래 동화 (folklore)	• 신화
	• 전설
	• 서사시
	• 요정들의 이야기
	• 발라드나 동화시
• 모험담((adventure tales)	
• 신비한 이야기(mystery)	
• 사랑 이야기(romance)	
• 환상적 동화(fantasy)	
• 사실적 동화(realistic fiction)	
논픽션 (non fiction)	• 전기
	• 정보를 주는 책

2) 아동문학의 구성 요소

좋은 아동문학을 이루기 위해서는 여러 가지 요소들이 필요하다. 이것들이 서로 잘 어울려야 가치 있는 작품이 되기 때문이다. 아동문학 작품의 대표라고 할 수 있는 동화의 경우는 등장인물, 플롯, 갈등, 배경, 주제, 문체, 시점, 결말, 그림(삽화), 화소(모티브) 등이 있고, 동시의 경우는 주제, 운율, 어조, 비유, 이미지 같은 요소가 필요하다.[48]

(1) 등장인물

등장인물을 캐릭터(character)란 용어로 설명하는데 캐릭터는 인물과 성격의 두 가지 의미로 사용되고 있다. 전자의 경우에는 작품 속에 등장하는 개개인을 가리키며, 후자의 경우에는 개개인들을 결정하는 관심, 욕망, 정서, 도덕률 등을 혼합한 그 무엇을 가리킨다. 아동문학에 등장하는 인물은 독자에게 자신의 친구, 혹은 역할 모델, 일시적으로 자신의 부모라고 느끼기도 하고, 자신의 모습과도 동일시하는 경우가 있다. 따라서 아동은 인물이 어떻게 묘사되었는지 이야기의 전개 과정에서 등장인물이 어떻게 변화하는지 지대한 관심을 갖는다. 아무리 어린 독자라 할지라도 이야기 속에 등장하는 인물에 공감이 되지 않으면 사건에도 흥미를 갖지 않는다. 따라서 아동문학에 등장하는 인물은 성격화와 일관성에 초점을 두어야 한다. 흔히 성격화는 인물의 신체적 외모와 개성을 묘사하는 방식을 말하는데 인물의 감정적이고 도덕적인 특질을 묘사하거나 다른 인물들과의 관계를 드러내는 방식은 미묘하고 효과적인 기법이다. 이러한 성격화는 독자들이 인물을 파악하도록 도와주며 인물의 신빙성을 이루는 데 필요한 수단이다. 가장 설득력 있는 성격화는 등장인물의 행동이나 대화, 다른 인물이 나타낸 반응, 화자에 의한 설명이다. 아동문학에 등장하는 캐릭터 중 생활 동화에 등장하는 인물들은 사실적이다. 마치 옆집에 사는 이웃과 같이 친근하고 생생하고 무엇인가를 추구하는 모습이 보여야 한다. 만약 등장인물의 성격이 극단적으로 한 가지 측면만을 제시하거나, 생활 속에서의 행동과 감정의 표현이 변화 무쌍하여 예측이 불가능하거나, 동물이나 식물 혹은 판타지 동화에 등장하는 등장인물의 감정과 상황이 인

---

47) 한우리독서문화운동본부. 「독서지도사 양성과정 기본교재 II」. 위즈덤북, 90쪽.

48) 동시의 구성 요소의 경우는 도서 종류별에서 동시의 특성에서 자세히 공부함으로 이곳에서는 산문으로 표현되는 아동문학 작품을 위주로 설명하도록 하겠다.

간 생활의 보편성을 근거하여 실제와 연결되어 묘사되어 있지 않으면 아동인 독자가 쉽게 동일시할 수 없다는 것이다. 예를 들어 생활 동화의 주인공들은 『일기 감추는 날』의 '동민'이나 『짜장짬뽕탕수육』의 '종민'이뿐만 아니라 환상 동화 속의 주인공인 『마당을 나온 암탉』의 '잎싹' 『프레드릭』의 '프레드릭'을 보면 자신의 생각이나 주장이 뚜렷하고 개성이 독특한 인물들임을 알 수 있다.

환상적인 인물이든 현실적인 인물이든 간에 그 등장인물이 행동하고 생각하고 말하는 모든 것들이 자연스럽고 타당하고 일관성이 있기 때문에 아동들은 각각의 인물들이 그들의 나이, 문화, 교육 배경에 합당하게 말할 것이라고 기대한다.

이에 반해 옛이야기에 등장하는 인물은 일차원적이고, 선하든지, 악하든지 분명하게 성격지어진다. 그리고 서술을 통해서 인물의 특징을 선보이는 특징이 있다. 옛이야기에서는 인물이 사건보다 중요시되지 않으므로 생김새, 나이 성격 등도 필수적이지 않으면 언급하지 않고 인물의 개성도 나타나지 않는다. 선, 악, 미, 추 등의 개념이 상징적으로 함축된 분명하고 전형적인 인물이 등장한다. 등장인물의 정형성 문제는 내면의 갈등을 외면적 대립 관계로 파악하고 보여 주고 있는 옛이야기의 특징이다. 예를 들어 『흥부 놀부』에 등장하는 놀부 역시 태생부터 나쁘고 흥부는 착하다. 또 『콩쥐 팥쥐』에 등장하는 콩쥐는 착하고 팥쥐는 나쁘다. 더구나 콩쥐의 계모인 팥쥐 엄마는 모질고 콩쥐는 이미 착한 인물로 설정되어 있어 구태어 착한 행동을 하지 않아도 늘 착하다. 여기에 팥쥐가 망설이거나 고뇌하는 것이 없고 주위 환경의 변화에도 전혀 영향을 받지 않는다. 옛이야기의 인물은 고뇌할 줄도 모르고 아픔을 느낄 줄도 모른다. 예를 들어 『해와 달이 된 오누이』에서 등장하는 엄마는 호랑이에게 팔다리를 떼어 먹히고도 슬퍼하거나 우는 대신 바쁘다는 듯 다음 고개를 향해 간다. 그리고 옛이야기 속에 주인공은 힘없고 어려운 처지에 놓여 있거나 부자의 등쌀에 시달리는 가난한 사람이거나 나쁜 양반들의 횡포에 힘겨워하는 소작농, 호랑이에게 쫓기는 토끼, 힘없는 어린아이 등 옛이야기를 듣는 사람들은 모두 약한 편이 힘센 편을 이기기를 바라며 주인공과 한마음이 되도록 인물의 성질을 뚜렷하게 보여 준다.

(2) 플롯[49](사건 구성)

잘 짜인 플롯은 유기적이고 밀접하게 구성된다. 플롯은 우연과 계획에 의존하기보다 믿을 만해야 하며 사실과 연결되어 있어야 한다. 그것은 평범하고 지루하고 예측 가능하기보다는 독창적이고 신선해야 한다. 좋은 플롯은 독자에게 흥분과 긴장감을 유지시키는 갈등을 조성한다. 플롯은 모든 독자들에게 중요한 요소이지만, 빠른 진행과 흥미진진한 이야기를 즐기는 아동들에게는 특히 중요하다. 잘 구성된 플롯은 이야기를 받아들이고 즐기도록 도와준다. 플롯의 종류는 플롯은 직선적인 플롯, 단속적 플롯, 병렬적 플롯, 이중적 플롯으로 나눌 수 있다. 직선적 플롯은 가장 단순하고도 논리적인 구성 방식으로 사건 전개 과정이 아주 선명하게 표면에 드러나는 반면, 지나친 단순성에 빠질 우려가 있다. 단속적 플롯은 사건들 사이에 다른 사건이 끼어듦으로써 앞뒤 사건의 관계가 완전히 끊어지는 듯하다 다시 이어지는 복잡한 구성 방식이다. 이 방식은 다양한 변화를 제공해 줄 뿐만 아니라 작품의 사실 구조를 획득하도록 하는 데에 효과적이다. 병렬적 플롯은 단순하거나 복잡하게 전개되는 인과관계에 의한 사건의 진행이라기보다는 각기 독립된 여러 사건들을 개별적으로 나열해 가는 구성 방식이다. 이 방식은 각기 독립된 사건의 긴장과 해결에서 오는 단순한 리듬의 반복이 있을 뿐이어서 일관된 성격의 변화나 주제의 발전 및 심화 같은 것은 찾기 힘들다. 이중적 플롯은 작품의 주요 뼈대를 이루는 주된 플롯과 외곽을 이루는 부차적 플롯으로 구성된, 즉 이야기 속에 이야기를 담은 플롯 형식으로 흔히 액자 이야기이다.

서사 텍스트의 주요 뼈대를 이루는 플롯은 인과관계에 의한 사건의 배열이기 때문에 거기에는 논리적인 전개 양식이 필요하게 되어 그 자체의 법칙을 지니고 있다. 플롯은 크게 '발단, 전개, 위기, 절정, 대단원'의 5단계(4단계)로 이루어진다.

플롯은 갈등을 중심으로 일어난다. 갈등은 인물의 내부 혼란이나 그를 둘러싼 외적인 요소와의 심리적 혼란을 말하는데 사건의 필연성을 부여하는 역할을 한다. 기본 갈등으로 주요 인물의 내면에서 일어나는 내적 갈등과 동료들, 형제, 주변 어른 등 다른 인물 간의 갈등, 사회와의 갈등 관계에 있는 주요 인물이 등장하기도 한다. 혹은 주인공과 자연환경과의 갈등을 그리는 이야기도 있다. 예를 들어 창작 동화의 경우 내적

---

49) 플롯이란 용어는 아리스토텔레스가 시학에서 사용한 미토스를 번역한 데서 기인하였다. 그가 사용한 개념은 행동의 모방, 행하여진 것의 결합이라는 고전적인 의미였다. 서사 텍스트에서의 플롯은 인과관계로만 연결된 사건들, 즉 다른 사건들의 직접적인 원인이거나 혹은 결과이며 그것을 생략하면 줄거리의 연결이 단절되어 버리는 사건들만 포함하는 데에 개념이 한정된다. 플롯의 역할과 기능은 인과관계에 의한 사건의 전개, 주제를 구현하는 기법, 서사 텍스트의 예술미를 형성, 논리적 지적인 활동들을 열거해 볼 수 있다.

갈등을 그린 것으로는 『짧은 귀 토끼』의 동동이는 자신의 짧은 귀가 문제가 되고 그것을 해결해 가는 과정을 그리고 있다. 인물 간의 갈등을 잘 나타낸 것은 『나쁜 어린이표』로 건우는 학교에서 일어나기 쉬운 일로 선생님과의 갈등이 잘 나타나 있다. 사회와의 갈등은 『나비를 잡는 아버지』에 등장하는 가난한 소작인의 아들인 바우와 마름의 아들인 경환이의 갈등, 바우와 아버지의 갈등이 잘 나타나 있다. 자연과의 갈등은 『푸른 돌고래 섬』의 추장 딸 '카라나'가 18년 동안 혼자 섬에서 고립되었다가 살아남는 이야기를 통해서 잘 나타나고 있다.

옛이야기의 경우는 사건에 치중되어 있다. 옛이야기의 사건은 어린이를 중심으로 구성되지 않고 성인을 중심으로 구성되는 경우가 많은데 이것은 옛이야기가 설화의 분신으로 어린이들만을 위해 만들어진 것이 아니라 성인들과 공유하기 위해 만들어졌기 때문이다. 옛이야기의 사건은 시간에 따라 단선으로 표시되는 경우가 많다. 따라서 옛이야기의 경우 플롯은 시간의 흐름에 따라 순리대로 펼쳐지고 이는 필연으로 단순하고 간결한 형식미를 얻는다. 오로지 사건에 중심으로 흐르기 때문에 심리 묘사나 장면 묘사가 필요하지 않고, 인물의 심리를 헤아리거나 장면을 떠올리는 것은 독자의 몫으로 돌아간다.

(3) 배경

이야기 속에서 인물이 활동하고 사건을 벌이는 구체적인 시간과 공간 또는 작품이 창작될 때의 시대적, 사회적 배경을 이야기의 배경이라고 한다. 배경은 인물이나 행위와 함께 아동 문학의 중요한 요소를 이루고 있다. 이야기의 사건은 과거, 현재, 미래 혹은 특별한 장소나 대도시, 도시 근교, 시골의 마을, 환상 세계나 막연한 장소에서 일어날 수도 있다. 이야기의 시간과 장소는 사건, 등장인물 그리고 주제에 영향을 미친다. 또한 사회, 시대적 배경이 주제에 미치는 영향 또한 큰데 예를 들어 『몽실 언니』의 경우 1950년 전후의 전쟁으로 인한 사회 모순과 어린이들이 겪는 삶의 비애가 눈물겹도록 나타나고 있다.

이처럼 이야기의 배경이 아동문학 작품의 분위기와 진실성, 그리고 신뢰성을 만드는 측면에서 중요한 부분을 차지한다. 특히 현실의 삶을 정확하게 반영하는 생활 동화의 경우는 현재와 일상의 삶의 공간이 주로 이야기된다. 이에 반해 옛이야기의 경우는 시간적인 배경은 구체적인 시대가 나타나지 않고 막연하게 옛날로 표현되는 것이 대부분이다. 민담 같은 경우는 관용적으로 "옛날 옛날에~"로 시작하고 신화의 경우는 "태초에 세상이~", 전설적인 이야기는 증거물을 가지고 있기 때문에 조금 더 구체적으로 신라 시대, 혹은 조선 시대처럼 왕조명이 나타나기도 하고 "지금으로부터 100년 전" 등으로 표현하는 관용적인 표현으로 대체된다. 공간적인 배경의 경우는 현실계과 비현실계로 나눠 표현되는데 대부분 현실계의 경우는 시골이나 산골, 농촌 등이 대부분이고 가끔 한양이라는 도시가 등장하기도 한다. 비현실계의 경우는 천상계나, 지상계, 수중계의 이야기가 등장하는데 현실에서 이룰 수 없는 것을 꿈꾸거나 상상하는 초현실의 세계를 만든다. 대부분 옛이야기에 등장하는 비현실계는 화려하고 풍요롭고 살기 좋은 곳으로 묘사되고 이야기의 주인공은 이 현실계과 비현실계를 자유롭게 왕래할 수 있도록 구분되어 있지 않다.

(4) 주제

아동문학의 주제는 다양하다. 주제는 아동문학이 말하고자 하는 그 무엇에 해당되는 것이고, 제재의 속성을 일반화, 추상화한 뒤에 얻는 것이라 할 수 있다. 주제는 목적지로 제재는 그 목적지에 닿기 위한 효과적인 수단이나 구체적인 과정으로 비유할 수 있을 것이다. 문학작품의 주제는 이야기의 모든 요소인 인물, 사건, 배경, 문체의 유기적 통합에 의해 이루어진다. 주제는 사실들 가운데 나타나야 하며, 거기에서 주제를 찾아내는 일은 독자들의 몫이다. 주제는 인생의 어떤 양상을 조명해 주거나 해석을 함으로써 작품과는 별도로 그 나름대로의 가치를 지닌다. 그리고 어떤 경험의 의미와 같이 주제는 서사 텍스트의 초점, 통일성, 영향, 요점을 제시하며, 모든 사건과 세부적인 정보들과 관련이 있다. 따라서 주제란 가장 간단한 방법으로 가장 많은 요소들을 구체적으로 설명해 주는 작품의 의미라고 정의할 수 있다.

아동문학의 주제는 어린이들의 관심과 희망, 어려움, 삶에 있어서의 중요한 선택, 친구·가족 간의 관계, 성장, 전통문화나 역사 체험, 자연과 환경문제 등 여러 가지가 등장한다. 또한 현대 아동문학에서는 지금까지 금기시되었던 죽음, 자살, 노화, 이혼, 재혼, 성폭력이나 성폭행, 임신과 낙태, 차별이나 차이, 소수자나 다문화 등을 반영하고 있다.

(5) 문체

문체란 작가가 이야기를 엮어 내려고 어휘와 문장을 쓰는 방식을 말한다. 문체란 문장에 나타난 작가의 개성(style), 즉 문장의 개성적 특성을 말하는 것이다. 다른 문장과의 단순한 차이점이나 특이성만을 의미하는 것이 아니라 그 작가만이 쓸 수 있는 완성된 품격으로서의 개성적 특성을 의미한다. 문체는 제재를 구체적으로 형상화하여 주제를 암시하는 방편이다. 방대한 제재와 뛰어난 기법에 의해 위대한 사상을 형상화하려 해도 문장으로 표현하지 않고서는 불가능하다. 그러므로 문체[50]는 주제와 잘 어우러져야 한다. 예를 들어 이혼이라는 무거운 주제를 풀어 나갈 때는 오히려 경쾌하고 생동감 넘치는 문체로 아이들이 술술 읽을 수 있도록 하고 주인공의 심리를 알아가는 과정에서는 일기체를 통해 자기 고백적인 느낌을 들게 한다거나 작품에 따라 시나 그림을 그리듯 한 문체로 쓴다면 글의 묘미를 살릴 수 있을 것이다. 아동은 너무 감상적으로 흐르는 것도 싫어하고 도덕적이고 잔소리 같은 이야기도 싫어하기 때문에 이를 고려하여 이야기가 자연스럽게 읽히고 또 세부적인 묘사보다는 비유적 표현으로 중요한 이미지를 파악할 수 있어야 한다. 그리고 대화의 흐름이 자연스럽게 이어지도록 문장 패턴과 식화 등을 잘 처리해야 한다. 좋은 문체는 줄거리, 주제, 등장인물, 이야기의 분위기를 잘 표현한다. 생생한 표현, 탄탄한 대사, 유용한 상징, 다양한 표현법 등의 표현 기술은 상황과 인물을 깊이 있게 이해하는 데 도움을 준다.

---

50) 문체의 유형을 살펴보면 (1) 간결체 : 언어가 서로 긴밀하게 짜여져 압축되어 표현되는 글로 나타내고자 하는 내용에 비하여 적은 어휘로써 표현하기 때문에 긴축미가 있고, 선명한 인상을 주는 효과가 있다. 대체로 문장의 길이가 짧고, 어미나 조사가 많이 생략되는 글이다. (2) 만연체 : 표현하려는 내용에 비해 많은 어휘를 사용하여 자세하게 표현하는 글. 간결체가 짧게 쓰는 단문이라면 만연체는 문장의 길이가 길다. 나타내고자 하는 내용을 자세하게 전달하기 위하여 관형어와 부사어를 많이 사용하여 표현하기 때문에 자세하고 생생하게 전달할 수 있다는 장점이 있다. 그러나 어떤 면에서는 긴장미가 떨어지며 중언부언 잔소리 때문에 맥 빠진 글이 되기도 한다. (3) 건조체 : 부사어, 관형어 등의 수식어를 거의 쓰지 않고 중심 내용·어구만으로 간단 명료하게 표현하는 글이다. 내용 전달을 위주로 하는 지적인 글로서, 내용을 축약해서 표현하므로 글의 내용을 파악하는 데는 좋으나, 이런 글을 오래 읽다보면 무미건조하여 딱딱한 느낌을 받는다. (4) 화려체 : 미사여구(美辭麗句)를 동원하여 글을 아름답게 꾸미는 데에 정성을 쏟는 글이다. 따라서 동사, 형용사, 관형어, 부사어를 주로 동원하여 화려하게 표현하며, 비유나 수식이 많고 색채감이 짙으며, 회화적인 느낌이 강하게 나타난다. 미묘하고 아름다운 정감을 드러내는 데는 효과적이지만 자칫하면 겉만 번지르르하고 속이 비었다는 비난을 받을 수 있다. (5) 강건체 : 강한 남성미를 느낄 수 있는 글로 주로 연설조의 논설문에 많이 나타나는 문체로서 한자어가 많이 사용되고 호소력이 강하다는 특성이 있다. (6) 우유체 : 글의 흐름이 부드럽고 우아하며 섬세한 느낌을 주는 글로서 여성다움을 느낄 수 있는 글. 그래서 독자에게 여유와 친밀감을 준다.

(6) 시점[51]

시점이란 이야기의 서술 방식을 말하는 것으로 동화 속에 나오는 인물, 사건, 행위 그리고 배경 등을 제시하기 위해 작가가 설정한 시각 혹은 관점을 말한다. 다시 말하면 누구에 의해서, 어떤 방식으로 동화가 서술되어 나가는가, 즉 서술자가 어떤 위치에서 사건을 서술하고 있는가를 말한다. 이때 서술자는 독자에게 이야기를 건네는 인물로 작중의 인물일 수도 있고 그렇지 않을 수도 있다.

시점의 종류는 일인칭 주인공 시점, 일인칭 관찰자 시점, 삼인칭 관찰자 시점, 전지적 시점이 있다. 일인칭 주인공 시점은 '나' 라는 주인공이 있어서 '나는 이것을 보았다, 나는 이렇게 했다, 나는 이렇게 느꼈다.' 는 식으로 이야기를 서술해 간다. 물론 여기에서 독자는 '나' 란 인물이 허구적인 인물임을 알지만 '나' 라는 주인공이 실제 사실을 말하는 것처럼 듣는다. 독자들은 작품을 읽으면서 '이것은 진실한 이야기야.' 라는 문학적 묵계에 의해서 나의 이야기를 받아들인다. 일인칭 주인공 시점은 주동인물의 내면 세계를 제시하는 데 효과적이며 독자와 주인공의 심적 거리가 가깝다. 그래서 주체가 어린이인 사실 동화는 일인칭 주인공이라는 서술 방식을 많이 활용한다. 예를 들어 『나쁜 어린이표』의 건우가 자신의 기분이나 생각을 효과적으로 드러내고 있다.

옛이야기의 경우는 대부분 언제나 주인공에게 머물러 있다. 이야기를 향유하는 사람들은 이야기가 진행되는 동안에 주인공의 눈으로 세상을 본다. 예를 들어 『선녀와 나무꾼』에서도 날개옷을 되찾은 선녀가 아이들과 함께 하늘로 올라간 뒤에도 이야기의 관심은 나무꾼과 함께 땅에 머물러 있다. 이야기를 듣는 사람들은 이야기를 들으면서 주인공과 자신을 동일시하기 때문에 만약 시점이 다른 인물에게 옮아 간다면 그 순간 동일시는 깨진다. 주인공과 함께 태어나 주인공의 눈으로 세상을 바라보고 주인공과 함께 사라지는 것이 옛이야기이다.[52]

---

51) 시점은 작품의 사건들을 인식하는 의식의 관점을 일컫는 용어이다. 시점의 문제는 작품 분석의 유일한 길잡이가 된다. 대상 작품에 따라 우리는 거기에 등장하는 인물이나 사건에 대해 여러 가지 상이한 위치와 관계를 맺는다. 한 인물의 눈을 통해 사건을 바라볼 수도 있고, 여러 인물의 눈을 통해 차례로 바꾸어 가면서 바라볼 수도 있다. 혹은 인물의 내부에서 관찰할 수도 있고, 혹은 외부에서 관찰할 수도 있으며 인물들과 정서적으로 관련될 수도 있고 분리될 수도 있다. 시점은 임의대로 설정된 것이 아니고 작품마다 모종의 필연성을 내포하고 있다. 작품을 제대로 이해하려면 독자는 무엇보다 '누가 보고 있는가?'를 명확하게 파악해야 한다.

52) 신헌재 외(2007). 『아동문학과 교육』. 박이정, 174쪽.

일인칭 관찰자 시점은 서술자가 이야기 속에 등장하지만 자신의 이야기가 아닌 다른 사람의 이야기를 하는 방식이다. 즉, 작품 속에 등장하는 '나'는 관찰자이며 주인공의 이야기를 서술한다. 작중의 부인물이 주인물에 대하여 독자에게 이야기하는 서술 형태이다. 서술자는 관찰자 이상의 역할은 없으며 초점은 주인공에게 주어진다. 따라서 서술 방식은 일인칭으로 되어 있고 주된 이야기는 관찰자의 눈에 비친 바깥 세계이다. 이 경우 주인공의 모든 것을 관찰자가 표현하기 때문에 작가는 객관성을 유지하지만 관찰자 '나'를 통해 서술하는 초점에 전이현상이 일어난다. 이것은 작가가 주인공에 대한 관찰을 직접 하는 것이 아니라 중간자를 통하는 형식을 취함으로써 주인공의 어떤 측면을 좀 더 객관화시켜 드러낼 수 있게 하자는 의도에서 이루어진 시점인 것이다. 그러나 관찰자가 관찰의 기회가 제한되어 있고 또 서술자는 일종의 해설자가 되어 작품을 설명할 수밖에 없다는 한계점이 있다. 예를 들어 『내 짝꿍 최영대』의 경우 나는 짝꿍인 영대의 이야기를 관찰자 입장에서 이야기를 하고 있다. 이것은 독자가 전적으로 그 인물의 사고를 이해하도록 하고 흔히 그 성격과 강한 동일시를 야기하도록 만든다.

삼인칭 관찰자 시점은 서술자(작가)가 외부 관찰자의 위치에서 이야기를 서술하는 시점을 말한다. 삼인칭 관찰자 시점 혹은 삼인칭 제한적 시점이라고도 한다. 서술자가 작품 속에 등장하지 않고 사건에 관계된 인물들을 관찰함으로써 이야기가 전개된다. 서술자는 주관을 배제하고 객관적인 태도로 외부적인 사실만 관찰하고 묘사한다. 그래서 시점 중에서 가장 독자와 거리가 멀고 인물의 심리를 전혀 알 수 없다는 단점이 있다. 그저 보고 있는 것처럼 관찰만 가능하다. 황순원의 『소나기』나 이주홍의 『메아리』등이 이러한 시점으로 되어 있다.

전지적 작가 시점의 작가는 바로 신과 같은 존재의 입장에서 이야기를 전개한다. 앞으로 일어날 일들이나 등장인물의 심리 상태, 등장인물의 속마음을 모두 작가가 알고 있다는 전제 하에 이야기를 풀어 나간다. 장점은 시간과 공간, 사건과 배경 등이 구애 없이 서술될 수 있고 등장인물들의 내면 심리묘사나 과거의 이야기 등을 자유롭게 서술할 수 있다. 단점은 객관성을 유지하며 개별성에 따라 개성을 살려 표현하기가 어렵다는 것이다. 작가의 인생관이나 세계관, 그리고 문체적인 특성에 따라 등장인물의 직분이나 성격에 따라 달라져야 하나 작가의 행위나 말투가 자연스럽게 소설 속에 표출되게 된다. 작가의 생생한 경험이 담겨 있는 『괭이부리말 아이들』이 전지적 화자의 입장에서 초등학교 5학년 주인공을 중심으로 가난한 달동네의 구석구석을 착실하게 그려 내고 있다.[53]

(7) 그림, 삽화

그림은 어린이에게 뿐만 아니라 어른에게도 시각적 각성의 효과가 뛰어나고 글자라는 기호를 해독하는 데 필요한 노력을 줄여 주기 때문에 정보를 전달하거나 정서적 울림을 주려는 목적을 달성하기 위해 널리 사용되고 있다. 따라서 글자를 익히기 전의 어린이들에게는 그림이 어느 매체보다 친근하고 중요하게 받아들여지고 있다. 이것은 아동문학에서 아동의 특성과 그림책의 비중이 커지면서 그림이나 삽화는 중요한 위치를 차지한다. 글이 독자적인 서사 구조를 진전시켜 나가면서 그림은 글이 펼쳐 나가는 이야기를 도와주는 역할에 그친다면 여기서의 그림은 삽화에 지나는 부차적인 기능만을 하는 그림을 가리키는 것이다.[54] 그러나 그림책처럼 그림의 비중이 커지면서 그림은 아동문학을 이해하는 새로운 키워드로 작용한다고 볼 수 있다. 대표적인 예로 권정생의 『강아지똥』을 들 수 있다. 처음엔 창작 동화로 발표되었지만 별다른 반응이 없었는데, 그림책으로 재구성되면서 글로 제시되었던 장면이나 분위기가 화가의 풍부한 상상력과 표현력에 힘입어 훨씬 생동감 있고 풍부한 그림으로 제시됨으로써 새로운 느낌을 주는 이야기가 되었기 때문이다. 또한 아동문학은 아직 글을 읽는 데 부담을 느끼는 어린이들도 즐기는 것이므로 세상의 아름다움과 이야기를 흥미 있게 만나게 하는 매개체 역할을 할 수 있다.

(8) 화소(motif)

화소는 이야기의 최소 단위로 이야기를 이루는 핵이며 특이하고 인상적인 내용을 말한다. 옛이야기의 내용이 문학적으로 형상화하는 과정에서 필요한 화소가 선택되고 이 화소를 핵으로 플롯이 작용하여 하나의 유형이 되는 것이다. 옛이야기에서 화소

---

53) 신헌재 외(2007). 앞의 책. 307-316쪽 발췌 인용.
54) 신헌재 외(2007). 앞의 책. 217쪽.

는 반복되는 등장인물을 통해 알 수 있는데 학대받는 소녀, 악독한 계모, 꾀 많은 소년, 신선, 무서운 괴물, 초자연적인 힘과 도구 등이 옛이야기의 대표적인 모티브를 만들어 낸다.

① **마법적인 힘**: 옛이야기 속의 사람이나 동물 등에게 자주 주어진다. 마법의 재능을 주는 인물은 '노파', '할머니', '늙은 아낙네'나 혹은 동물이나 노인에게 맡겨지기도 한다. 예를 들어 『신데렐라』에서 마법의 힘을 준 요정의 이미지와 『인어 공주』가 사람이 되기 위해 마법사 할머니에게 간다는 모티브가 그것이다.

② **마술 도구**: 선한 주인공의 용기와 현명함을 증대시키고 어려움을 극복하는 데 사용되며, 부와 행복의 원천이기도 하지만 욕심을 부리거나 악한 사람에게는 오히려 재앙을 가져오는 것을 말한다. 예를 들어 도깨비방망이나 감투, 맷돌, 부채, 옥피리, 주머니, 보자기, 샘물 등이 그것이다. 『흥부와 놀부』는 박이고, 『도깨비가 준 보물』에서는 보자기, 당나귀, 방망이이고, 『젊어지는 샘물』은 샘을 마시고 젊어지기도 하고 욕심을 부려 아기가 되기도 한다.

③ **변신**: 사람이 동물로 변하거나 동물이 사람으로 변하는 이야기들이 있다. 예를 들어 『반쪽이』, 『소가 된 게으름뱅이』, 『구렁덩덩 신선비』, 『미녀와 야수』, 『개구리 왕자』 등은 마법에 걸려 동물로 변한 사람이 다시 사람으로 되돌아온다는 이야기로 잘 알려져 있다.

④ **소원**: 현명하지 못하게, 혹은 악한 사람이 탐욕을 목적으로 하는 소원들은 이야기 속에서 유명무실해지거나 벌을 받게 된다. 『세 가지 소원』, 『욕심 많은 어부의 아내』, 『혹부리 영감』, 『이상한 맷돌』 등의 이야기에서 우연히 얻은 이익이나 탐욕을 경계하는 화소로 작용한다.

⑤ **속임수**: 옛이야기에서 사람과 동물은 친구나 이웃, 악한 사람들을 속인다. 거북이는 토끼를 속이지만, 토끼는 용왕과 거북이, 사냥꾼, 독수리 등을 속인다. 또한 사람

이 도깨비나 호랑이를 속이기도 한다. 상대방을 속이려다가 오히려 당하고 만 『혹부리영감』이나 눈이 먼 마법사를 속이려고 말라비틀어진 나뭇가지를 내보이는 『헨델과 그레텔』에서도 속임수 화소를 사용한다.

❻ **탐색**: 결여된 사물을 찾기 위해 갖가지 시련을 극복해야만 하는 여행을 가리키는 설화학의 용어이다. 탐색담은 일반적으로 보통 '영웅이 결실물을 찾아 여행하는 도중 시련을 겪게 되나 원조자의 도움으로 성공하는 것'으로 진행되며 '출발 – 입문 – 귀환'의 화소를 가진다. 헤라클레스, 페르세우스, 오딧세이 등의 그리스 로마 신화는 대부분 탐색 화소를 가지며, 여자로서 탐색의 과정을 겪는 인물은 '프쉬케, 바리데기 공주' 등이다. 신화 이외에도 옛이야기 속에서도 주로 사용되는 화소로 온갖 시련을 물리치고 황금으로 빛나는 요술적인 물건(열쇠)를 찾아 돌아와 왕의 딸과 결혼하는 이야기 등이 있다.

❼ **금기**: 보통 신적 존재나 비범한 인간이 평범한 인간에게 '하지 마라'는 명령이나 권고를 나타낸다. 옛이야기 속의 금기는 무수히 많이 나타나는데, 『선녀와 나무꾼』의 나무꾼, 『돌이 된 며느리』의 며느리는 착한 인간이지만 금기를 깨뜨렸을 때 올 수 있는 비극을 그렸다. "저승문을 떠날 때까지 아내를 보지 말라."는 금기를 어긴 오르페우스, 자신을 보지 말라던 에로스의 얼굴에 촛농을 떨어뜨려 미쳐 버린 프시케 등 신화 속의 이야기는 '금기'가 얼마나 강력한지 보여 준다. '금기'의 화소는 신적 존재와의 약속이 얼마나 중요한 것인지를 알려 주는 것으로 외부 세계의 경이감에 대한 인간의 두려움이 잘 드러난다. 금기 화소는 옛이야기 속뿐만 아니라 사람들의 삶에도 영향을 미쳐 관혼상제나 인간의 태어남에서 죽음까지 삶을 규정한다.[55]

---

55) 신헌재 외(2007). 『아동문학과 교육』. 박이정, 174-178쪽 발췌 인용.

제4장 아동문학 교육 이론[56)]

문학 교육은 문학과 교육의 합성어이다. 따라서 문학 교육 이론에도 문학(텍스트) 중심에서 바라보는 문학 교육 이론과 교육(학습자) 중심에서 보는 두 가지 접근법[57)]으로 나누어 살펴보겠다. 하나는 문학(텍스트) 중심의 문학 교육 이론으로 무엇을 가르칠 것인가에서 파악되는 문학 교육 이론이며 이것은 교육 내용적 성격을 띤다. 다른 하나는 학습자 중심의 문학 교육으로 문학을 어떻게 가르칠 것인가에서 파악되는 문학 교육 이론이며 이것은 교육 내용적 성격을 띤다.[58)]

1 문학 중심의 아동문학 교육 이론

문학중심의 문학교육은 에이브럼즈(M.H.Abrams)의 비평론을 근거로 하고 있다. 에이브럼즈는 예술작품이 지닌 작가, 작품, 세계, 독자의 네 요소가 예술 비평의 뼈대를 이루어 표현론, 반영론, 존재론, 효용론을 발전시킨다고 보았다.[59)]

1) 표현론적 관점의 문학 교육 이론

작품을 작가와 관련시켜서 설명하는 방법으로 작품이 작가의 체험이나 사상, 감정 등 전지적 사실과 관련된다고 보는 입장이다. 문학은 작가의 자기 표현이라고 보는 관점이다. 따라서 작품을 올바로 이해하기 위해서는 작품을 지은 작가의 의도를 아는 일이 필요하다고 보아 작가가 의식적으로 전달하고자 한 내용 외에도 작가의 무의식이

---

56) '한철우, 김명숙, 박영민(2001). 『문학 중심 독서 지도』. 대한교과서주식회사, 2–55쪽.'과 '서정숙, 남규(2005). 『그림책으로 하는 유아 문학 교육』. 창지사, 20–26쪽.'과 '차호일(2003). 『현장 중심의 문학 교육론』. 푸른사상, 78–89쪽.'을 발췌 인용.

작용했을 가능성도 고려해야 한다는 입장이다. 이 관점에서 작품을 이해하기 위해서는 작가의 창작 의도와 작가의 가족 관계, 성장, 배경, 학력, 직업, 교우 관계, 취미, 사상, 종교 등에 대해서 알아보아야 한다. 작품을 작품 외적인 요인과 연결시킨다는 점에서 외재적 방법을 사용하고 있으며 역사주의 비평이나 심리학적 비평과 매우 밀접한 관계가 있다.

만일 『피터 팬』을 읽는다면 이 문학작품을 쓴 작가 J. M. 배리에 대한 이해가 필요하다는 것이다. 다시 말해 배리가 어린 시절에 어떤 책을 읽었는지, 어떤 놀이를 했는지, 가족 관계는 어땠는지를 알면 그가 쓴 『피터 팬』을 더 잘 이해할 수 있다. 배리는 어릴 때 『산호섬』이라는 모험 이야기를 즐겨 읽고는 그 섬을 피터 팬의 네버랜드로 삼았다는 것, 형이 있었는데 어릴 때 사고로 죽는 바람에 그의 형이 그때 모습 그대로 영원히 머릿속에 남아 피터 팬의 모델이 되었다는 점, 친구들과 즉석 연극을 하면서 놀던 세

---

57) 텍스트 중심의 문학 교육에 영향을 미친 문학 이론은 영미권의 신비평 이론(뉴크리티시즘), 러시아의 형식주의, 프랑스의 구조주의인데, 이 중 우리나라 문학 교육에 직접적으로 많은 영향을 미친 것은 신비평 이론이다. 그리고 학습자 중심의 문학 교육에 영향을 미친 문학 이론은 독일의 수용 미학(수용 이론), 미국의 독자 반응 이론이 대표적이다. 문학을 더 잘 이해하기 위해서 필요한 것이 문학 비평이다. 문학 비평은 문학작품을 해석하고 그 가치를 평가하는 것이다. 따라서 문학작품을 판단하는 기준은 문학의 본질과 연계되어 하나의 객관적인 기준만 존재할 수는 없다. 문학이란 무엇인가? 문학의 기능은 무엇인가에 대한 물음은 복잡다단한 것이기 때문에 어떤 특정한 이론만을 비평의 객관적 기준으로 내세울 수가 없는 것이다. 따라서 비평의 기준과 방법은 다양하고 그 유형도 다양할 수밖에 없다. 간단하게 비평의 유형을 살펴보면 다음과 같다. (1) 역사주의 비평 : 역사주의 비평은 문학 작품을 역사적 산물로 보는 데서 기인한다. 문학작품이 산출된 원인이 된 시대나 작가와 분리하여 평가할 수 없다는 관점이다. 역사주의 비평은 문학은 역사적 산물이라는 관점에서 문학작품은 고립된 존재가 아니라 문학이 처한 외적 조건들에 의해서 파악될 수 있다고 본다. 따라서 문학작품과 관계되는 모든 정보를 가능하면 관점 수집하여, 그 자료를 바탕으로 비평하는 것이다. (2) 형식주의 비평 : 형식주의 비평은 문학 작품이 산출된 원인이 된 시대나 그것을 창작한 작가와 분리하여 작품 자체의 형식적 요건들, 즉 작품 각 부분들의 배열관계나 전체 관계를 분석, 평가하는 것으로 역사주의 비평과는 대척 지점에 놓인다. (3) 심리주의 비평 : 심리주의 비평은 문학작품에 대한 인간 심리 분석을 통하여 접근하는 것이다. 문학작품은 인간 심리현상의 표현으로 정신적 산물이기 때문이다. 작품에 대한 심리주의 접근은 작품 이면에 감추어진 주제나 상징적 신비를 해석해 내는 데 심오한 단서를 제공한다. 심리주의 비평은 인간의 내면 세계를 분석함으로써 작가와 작품의 세계를 효과적으로 해명할 수 있다. (4) 신화 비평 : 신화 비평(mythopoeic criticism)은 신화가 문학작품의 원천이라고 본다. 신화 비평은 문학작품 속에서 신화의 원형을 찾아내고, 그것이 어떻게 재현되고 재창조되었는가를 살피게 된다. 따라서 신화 비평은 일명 원형 비평(archetypal criticism)이라고도 한다. (5) 구조주의 비평 : 구조주의 비평은 20세기 후반에 나타난 새로운 비평론인 것이다. 구조주의 비평은 작품의 구조를 탐구하는 것이다. 문학작품을 텍스트로 보고 그 구조를 분석한다. 문학작품을 이루는 각 요소가 독립된 개체로 존재하는 것이 아니라 상호 유기적 관계 속에서 의미를 지니는 것이다. 따라서 작품 구성 요소들의 관계 체계를 중시한다. (6) 포스트구조주의 비평 : 구조주의는 큰 반향을 일으키며 1960년대에 등장했지만 구조주의는 스스로 해체요인을 안고 있었다. 포스트 구조주의는 구조주의의 문제점을 비판하면서 등장하였다. 구조주의자가 기표(signifiant)와 기의(siginfie)의 관계가 자의적이지만 이 둘이 통일된 전체를 형성하여 의미의 특정한 정체성을 갖는다고 믿는 것에 대해, 포스트 구조주의자는 기의란 하나의 기표에 확고하게 부착되어 있는 의미로 존재할 수 없다고 인식한다.(독서지도사 교재편찬위원회(2004). 『독서 지도의 이론과 실제』. 이화, 113~115쪽.)

58) 차호일(2003). 『현장 중심의 문학 교육론』. 푸른사상, 78쪽.

59) M. H. Abrams, "The Mirror and the Lamp", London, Oxford Univ.Press, 1971, 6쪽 재인용. 차호일, 전개서, 78쪽.

탁소 건물은 웬디를 위해 아이들이 지어 준 오두막의 모델이 되었다는 점 등등 많은 부분이 있다. 국내 작가 중에서도 『아주 특별한 우리 형』을 쓴 작가 고정욱은 장애를 가지고 있으므로 그가 쓴 장애의 작품을 작가의 삶과 연관시켜 이해하는 것, 김소월의 시도 시인의 불우했던 삶과 연관시켜서 이해하는 것, 또 이광수의 『무정』이나 마해송의 『바위나리와 아기별』을 작가의 전기적 사실이 투영된 작품으로 이해하는 것 모두 이 관점에서 선 아동문학의 이해이다.

2) 반영론적 관점의 문학 교육 이론

작품을 현실과 관련시켜 파악하는 방법을 말한다. 작품은 현실 세계의 반영이라고 보고 작품을 이해하기 위해서는 재현의 대상이 된 현실과 작중 현실을 비교해서 검토해야 하며, 사회적 요인이 작품의 형성에 관여한 내용을 파악하여야 한다고 주장한다. 따라서 작품이 재현 대상이 된 현실을 얼마나 진실하게 반영하고 있는가 하는 문제가 작품의 가치를 평가하는 척도가 되며, 작중 사건의 개연성과 필연성의 문제, 사회 발전의 합법칙성 구현 여부의 문제가 중요한 논의 내용이 된다.

문학이 단순한 상상력의 소산이라고 보는 관점을 거부하고 작가의 세계관과 현실 인식의 타당성이 작품의 높은 성취에 관건이 된다고 보는 입장이다. 작품을 외적 요인과 관련시키는 외재적 비평 방법으로 문학이 자연의 모방이라고 본 아리스토텔레스의 관점이 대표적인 사례이며 현대의 리얼리즘 이론도 이 관점과 매우 긴밀한 관계가 있다. 염상섭의 『만세전』이 식민지가 된 조선의 참상을 진실되게 묘사하고 있으며, 권정생의 『몽실 언니』나 이원수의 『골목대장』 등은 한국전쟁 전후의 어두운 현실을 재현하고 있다는 분석 등은 이 관점과 연관된다.

3) 존재론적 관점의 문학 교육 이론

문학작품을 독립된 하나의 실체로 보아 작품의 외부 요소와 결부시키지 않고 그 자체의 구조를 탐구하려는 방법이다. 작품의 구조를 중시한다는 점에서 구조론적 방법이라고 하며 다른 관점들이 외재적 요인을 중시하는 데 비해 내부 요인을 중시한다는 점에서 내재적 비평이라고 한다. 작품을 이해하는 데 참조할 수 있는 것은 작품밖에 없으며, 작품 안에 작품을 해명할 수 있는 요소는 모두 갖추어져 있다는 입장이다. 따라서 작품 형성에 관여된 작가나 현실 시대 환경 등은 고려의 대상이 되지 않으며 작품이 독자에게 끼친 효과도 작품에 대한 평가에는 크게 영향을 주지 않는다. 작품의 언어, 구조, 부분과 전체의 유기적 관계 등이 중심적인 탐구 대상이다. 주로 형식의 탐구에 치중하기 때문에 형식주의로 불리기도 한다. 시의 운율이라든가 비유, 상징, 구조에 대한 정치한 분석에 많이 쓰인다.

4) 효용론적 관점의 문학 이론

작품이 독자에게 주는 감동의 내용을 작품 평가의 척도로 삼으려는 관점이다. 작가가 작품을 쓰는 것은 일차적으로는 독자에게 미적 쾌감을 불러일으키고, 궁극적으로는 인생에 대한 교훈을 주려는 데 목적이 있다고 보는 입장에서, 작품이 독자에게 일으킨 감동의 효과를 통해 문학의 성질을 검토한다. 즉, 독자의 감동을 불러일으키는 작품의 성질은 무엇이며 그것은 작품의 어떤 요인에게 유발되었는가를 설명하려는 방법이다. 아리스토텔레스가 "비극은 연민과 공포를 통해 감정의 카타르시스를 행한다."라고 한 것은 대표적인 효용론의 관점이다. 작품을 독자라는 외적 요인과 결부시켜 설명한다는 점에서 외재적 방법이라고 할 수 있으며, 종종 반영론적 관점과 결합되기도 한다. 독자의 감동을 중시한다는 점에서 자칫 인상비평에 빠질 수도 있으나, 문학의 사회적 기능이라는 측면을 해명하기 위해서는 문학에 대한 논의에서 빠트릴 수 없는 관점이다. 문학의 이데올로기성이나 외설성에 대한 논의들도 이 관점과 연결된다.

5) 소통론적 관점의 문학 교육 이론

그러나 문학작품을 위 네 관점(표현론, 반영론, 존재론, 효용론) 중에서 어느 하나에만 집착하여 바라본다면 작품의 부분적 의미에 머무를 수 있다. 소통론적인 관점의 문학이론은 작가와 독자 간의 소통 관계를 중심으로 문학을 설명하는 입장이다. 다시 말해 작품 그 자체 또는 작품과 작가, 현실, 독자 등의 관련 양상에 주목하여 문학을 이해했던 것과 달리 작품이 소통되는 맥락을 중시하는 접근 방법이다. 이는 대화 이론의 범주에 접근한 방법으로 볼 수 있는데 발신자로서의 작가, 메시지로서의 텍스트(작품), 수신자로서의 독자, 작품이 소통되는 맥락(관습 습관) 등이 텍스트의 의미 형성에 다층적으로 작용한다고 보는 관점이다.

이상을 그림으로 나타내어 보면 다음과 같다.

〈문학 쪽에서 바라본 문학 교육 이론〉[60]

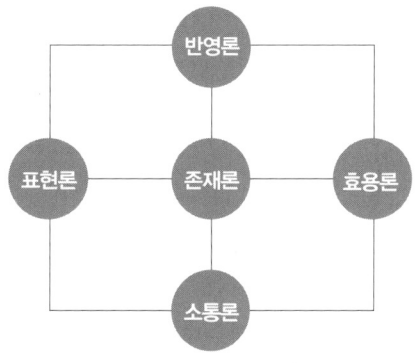

2. 교육 중심의 문학 교육 이론[61]

1) 교육의 성격에 따른 관점

문학을 어떻게 교육하느냐, 즉 교육의 성격에 따라 실체 중심, 속성 중심, 활동 중심의 세 가지로 구분할 수 있다. 첫째, 실체 중심의 문학 교육 이론은 객관적으로 존재하는 사물로서의 작품을 중심에 두고 작품과 그 관련사항들을 체계적으로 이해하는 것을 문학 교육의 주요 실천 이론으로 삼는다. 따라서 문학 교육의 대상인 문학에 대한 객관적이고 체계적인 지식을 갖게 하는 것을 목적으로 삼는 만큼 목적, 과정, 방법 등에서 확실하다는 장점을 갖는다. 그리고 문학에 대한 지식 자체는 학습자가 학문과 실용 어느 방향으로 나아가든 학습자에게는 유용한 것이기 때문에 분명한 의의가 있다. 아울러 역사적으로 존재했던 주요 작품들을 익숙하게 이해시킴으로써 학습자가 교양인의 자질을 갖추게 하는 것도 장점이다. 이 이론은 문학에 대한 학문적 연구 성과를 교육의 내용으로 삼은 것으로 주로 학문 중심 교과 과정에서 채택된 이론이라고 할 수 있다.

둘째, 속성 중심의 문학 교육 이론은 문학작품을 구성하는 요소와 자질이나 문학을

60) 차호일(2003). 『현장 중심의 문학 교육론』. 푸른사상, 82쪽.
61) 교육의 입장에서 바라본 문학 교육의 경우를 세 가지 관점인 교육의 성격, 교육의 객체와 주체에 따라 구분할 수 있다.

둘러싸고 있는 맥락, 요인들을 이해하는 것을 문학 교육의 주요한 내용과 방법으로 삼는 이론을 말한다. 예를 들어 시 수업을 할 경우에 시의 율격, 음악성에 중점을 두고, 소설의 경우는 소설의 플롯, 인물의 성격 등에 대한 이해는 고급한 문학의 이해와 감상을 가능케 한다. 아울러 문학과 세계의 맥락을 주목하여 작품 속의 특정한 시대의 삶의 가치나 의의를 분석하고 평가하는 것도 수준 높은 문학의 이해와 감상이 된다. 문학을 지식의 대상으로 여기지 않고 문학성을 감상하고 평가하는 것도 중요하다고 보는 이 이론은 학습자로 하여금 문학에 대한 수준 높은 감수성이나 안목을 갖게 하는 장점이 있다.

세 번째는 활동 중심의 문학 교육 이론이 있다. 인간의 활동이라는 특성에 중점을 두고 문학을 설명하는 관점을 말한다. 즉, 문학다움을 문학작품 자체에 찾는 실체 중심의 문학관이나 문학의 본질에 중점을 두는 속성 중심의 문학관과는 달리 활동 중심의 문학관은 어떻게 활동함으로써 문학이 성취되며 그것이 인간에게 어떤 의의를 지니는가를 살핌으로써 문학의 특성을 설명하는 관점이다. 이와 같이 문학을 활동이라는 관점에서 바라보고 문학 교육을 설계하게 되면 그 교육의 내용과 방법은 자연스럽게 활동 그 자체에 모아지게 된다. 따라서 문학 활동이라는 경험을 쌓아 감으로써 구체적이고 실제적인 지식을 습득하게 된다는 점이 활동 중심 문학관의 가장 큰 장점이 되는 셈이다. 특히 실체 중심의 문학관의 경우와 달리 문학의 이해뿐만 아니라 말하기와 글쓰기 등의 표현 활동으로 자연스럽게 이어지게 함으로써 이해와 표현의 양면을 아우르는 균형적인 교육으로 발전하게 해 준다는 점도 주목된다. 실체 중심의 문학 교육은 사실적 지식을 함양하고 속성 중심의 문학 교육은 개념적 지식, 또는 명제적 지식을 길러준다. 여기에 활동 중심의 교육은 할 줄 아는 방법적 지식을 길러 준다. 이 세 가지 지식은 상호 보완적이면서 그것이 다 갖추어짐으로써 비로소 유기적이고 유용한 지식이 될 수 있다.

2) 교육의 객체에 따른 관점

텍스트를 중심으로 삼아 교육할 것인가 컨텍스트를 중심으로 삼아 교육할 것인가에 따라 텍스트 중심의 문학 교육 이론, 컨텍스트(맥락) 중심의 문학 교육으로 나눌 수 있다.

첫째, 텍스트 중심의 문학 교육 이론은 문학의 내적인 규칙성을 텍스트 차원에서 발견하며 문학 텍스트를 작가의 산물로 여기지 않고 감상을 목적으로 창조된 예술 작품으로 본다. 따라서 문학 텍스트의 감상은 개별 문학 텍스트에 대한 해석과 평가를 의미한다. 개별 문학 텍스트의 구조를 분석하고 그 결과를 바탕으로 텍스트가 주는 의미와 심미적 구조를 받아들이는 것이다. 그러나 텍스트 중심 문학 교육론은 텍스트를 감상하고 즐기기보다는 분석의 대상으로 삼아 학문화하는 경향 때문에 독자의 상상력을 자극하는 문학의 힘이 발휘되지 못했다. 자연 비판의 대상이 되지 않을 수 없었다. 이 이론에서는 텍스트에 중심을 두는 바람에 교사의 주입식 학습법이 중심을 이룬다.

둘째, 컨텍스트(맥락) 중심의 문학 교육 이론은 문학 의미 구성에 있어서 사회적 맥락을 강조하는 문학 교육 이론을 말한다. 이것은 사회구성주의 대화주의의 시작과 함께 시작되었다. 사회구성주의의 비고츠키는 인간의 고등 정신은 본래 사회적이며 타자와의 상호 작용을 통하여 학습되며 고등 정신 기능은 언어와 같은 기호 체계의 사용으로 중재된다는 것이다. 대화주의의 바흐친은 의사소통 행위와 의사소통 맥락을 정신 발달에 중요한 관점으로 보면서 말의 의미는 사회적 맥락에서 구성되며 상호 작용은 특정 담화 양식이나 담화 장르 내에서 일어난다는 점을 말하였다. 이것은 학습자들이 사회 맥락 속에서 실세적 수행에 참여함으로써 학습의 성과를 이룰 수 있다는 것을 말해 주고 있다. 텍스트와 실체를 중심으로 하는 교육 방향은 쉽게 말해 작품이라는 문학적 또는 언어적 사실 자체를 중시하는 것이며 컨텍스트와 속성을 중심으로 하는 교육론은 그러한 사실에 내재된 보편적 속성이나 소통 과정의 의미 양상을 중시하는 것이라고 할 수 있다.

그러나 사실 이 두 방향은 대립적 관계에 있는 것이 아니라 상보적인 관계에 있는 것으로 간주할 필요가 있다. 예를 들어 한용운의 시 「님의 침묵」은 텍스트 자체로 보면 아름다운 이별의 정한이 나타난 시이고 시어 '님'은 사랑하는 사람이 된다. 하지만 컨텍스트로 볼 때는 '님'은 조국이나 절대자가 되는 것이다.

3) 교육의 주체에 따른 관점

교육 주체에 따라서는 교사 중심 문학 교육 이론과 학습자 중심의 문학 교육 이론으로 나눌 수 있는데, 여기서는 학습자 중심에 따른 관점만 살펴볼 것이다. 학습자(학생)가 중심이 될 경우에는 학습자의 요구와 반응에 따라 이루어질 것이다. 학습자 중심의 관점에서 본다면 독자 반응 이론에 대한 이해가 필요할 것이다. 교육 주체에 따른 독자 반응 이론은 수용 미학이나 독자 반응 이론 모두 독자를 중심으로 하는 비평 이론으로써, 문학작품의 이해와 연구에서 독자의 중요성을 강조하는 이론이다. 1920~1930년대에 미국에서도 문학작품의 이해에서 독자의 중요성을 인식하는 독자 반응 이론(reader-response theory)이 발전되었다.

로젠블렛은 독자 반응 이론을 문학교육에 적용한 학자로서, 상호 교류 이론(transactional theory)을 펼쳤다.[62] 이 이론에 기초하면 문학은 아는 것이 아니라 겪는 것이다. 문학은 교사가 아는 것, 교과서에 있는 것을 학습자에게 주는 것이 아니라 학습자에 의해 만들어지는 것이다. 1990년대부터 우리나라 문학 교육에서는 총체적 언어 이론의 소개와 함께 학습자 중심의 독자 반응 이론에 기초한 문학 교육 접근법이 많은 관심을 끌고 있다. 독자 반응 이론은 문학을 더 이상 교사가 정해진 답을 학습자에게 일방적으로 가르쳐 주는 것이라고 보지 않고, 학습자의 반응을 통해 완성되는 것이라는 견해를 제공해 줌으로써 아동이 문학작품을 적극적으로 구성할 수 있는 가능성을 열어 준 문학 교육 접근법이라 할 수 있다.

또한 독자인 아동의 능동적이고 주관적인 반응을 중시함으로써 문학을 아동의 생활과 유리된 것이 아닌 아동의 생활과 문화로 자리 잡을 수 있게 하는 데 기여하고 있다고 본다. 그러나 독자 반응 이론은 독자의 주관적 반응과 인식을 중시함으로써, 문학의 개념이나 문학의 가치에 대한 객관적인 규명이 어렵고, 독자의 의식 상태를 객관적으로 도출하기가 어렵다는 한계가 있다. 그러므로 앞으로 아동문학 교육은 독자 반응 이론에 기초하여 아동의 개별적 반응과 문학적 경험을 중시하는 동시에 작가, 작품, 아동의 상호 교류가 보편성을 갖고 이루어질 수 있도록 보완되어야 할 것이다. 이것이 가능할 때 공유하는 문화로서의 문학의 의미를 갖게 될 것이기 때문이다.

이렇게 각 관점에서 문학 교육을 살펴보았다. 결국 문학 교육이란 문학 교육 현상, 즉 텍스트 상황, 독자(학습자) 상황, 사회 문화적 상황 등이 복합적으로 얽혀 있는 것임을 알 수 있다. 이러한 통합성을 반영하여 문학 교육 현상을 텍스트 현상과 학습 현상으로 대별하고 그것들을 둘러싼 사회 문화적 맥락까지 고려해야 한다. 이것은 문학이 인간과 유리된 자족적인 구조물이 아니라 역사, 사회, 문화 등과 상호 작용하면서 이루어 내는 인간 행동 영역과 관련된 분야라는 것을 새삼 일깨워 준다.

문학작품을 읽는다는 것은 학생들이 자발적 동기와 흥미 없이는 결코 이루어질 수 없는 것이다. 어린이들이 독서의 경험을 통해 만족감을 얻게 되고 장기적으로 문학작품을 읽으려는 태도를 고양하게 될 것이다. 문학 교육의 목적과 부합되는 의미 있는 방법론과 이론을 토대로 독서지도사로서 문학작품을 어떻게 읽고 학생들에게 교육할 것인지에 대해 생각해 볼 필요가 있다.

---

62) 로젠블렛이 상호 교류 이론을 전개하면서 사용한 용어들을 살펴보는 것은 그녀의 이론을 이해하는 데 도움이 될 것이다. 1) 교류(transaction)와 상호 작용(interaction) : 독자와 텍스트와의 관계를 교류라는 개념을 통해 설명한 바 있다. 그녀는 교류가 상호 작용과는 다른 개념이라면서, 상호 작용이 단지 기계론적 입장에서 분리된 요소들 간에 서로 영향을 주는 것이라면 교류는 독자와 텍스트를 이루고 그것과 관련 요소들까지 포함하여 그것들이 서로 연계되어 읽기에 영향을 미치는 것이라고 하였다. 본문이 갖고 있는 모든 요소들과 독자가 갖고 있는 개인적, 사회 문화적 맥락의 모든 요소들이 서로에게 작용을 하는 총체적 과정이 교류인 것이다. 교류의 개념에서 보면 읽기란 독자가 종이 위에 쓰인 상징을 의미로 전환시키는 과정인 동시에 독자와 본문 사이의 살아 있는 회로에서 창조되는 하나의 사건(event)이다. 독자는 자신이 갖고 있는 과거의 경험이나 본문에 대한 사전 지식, 독서 목적 등에 따라 선택적 관심을 갖게 되고 이런 선택적 관심은 본문을 읽을 때 본문 속에 포함된 여러 요소와 혼합되거나 종합되어 의미를 구성하게 된다. 문학작품은 고정된 의미를 담고 있는 저장고가 아니라 과정 속에서 만들어지는 것(lived though process)이기 때문이다. 2) 본문(text)과 작품(work) : 본문은 언어적 기호들의 집합으로 작가가 창작한 상태의 것을 말하고 작품으로 독자가 그 본문으로 교류하는 동안 만들어 낸 것을 말한다. 교류 과정에서 독자는 각자의 배경에 따라 작품을 만들어 내므로 작품은 매우 능동적인 과정의 결과물이라고 할 수 있다. 3) 환기(evocation)와 반응(response) : 환기는 독자가 본문을 읽으면서 심미적 교류를 하는 동안 자신의 언어적 문화적 맥락적 삶의 과거 경험에서 생긴 아이디어, 감각, 느낌, 이미지를 선택하여 그것을 새 경험인 작품으로 종합하는 과정이다. 그러므로 이 빛에는 에드뻔 에)라 본문에 대한 정신적 재창조 과정이 포함된다. 본문과의 교류 과정에서 독자에 의해 아이디어나 이미지들이 환기되는 것이라면, 그 환기된 것들에 대해 생성되는 것이 반응이다. 반응은 독가가 본문에 포함된 경험을 간접적으로 경험하고 등장인물과 동일시하거나 본문 속에 들어가 등장인물들과 갈등이나 느낌을 나누는 것이다. 4) 심미적 읽기(aesthetic reading)와 정보 추출적 읽기(efferent reading) : 심미적 읽기는 '느끼다(to sense)', '지각하다'(to perceive)라는 의미의 그리스 어 aesthetic에 근원을 두고 있고, 정보 추출적 읽기는 라틴 어 가져가다'(to carry away)에 근원을 두고 있다. 이 둘은 사람들이 어떻게, 그리고 왜 읽느냐를 설명하는 연속선상의 양 끝이다. 사람들은 어떤 것에 대한 정보를 알고자 할 때 대개 비허구적인 본문을 찾는다. 새로운 음식을 하기 위해 요리책을 읽고, 자전거를 조립하기 위해 매뉴얼을 읽으며 새로 갖게 된 강아지를 기르는 법을 알기 위해 개에 대한 책을 읽는다. 로젠블렛은 이것을 정보 추출적 읽기라고 하였다. 이것은 마치 교과서를 읽을 때처럼, 본문으로부터 지식을 얻겠다는 실제적인 목적을 갖고 읽는 것이다. 그런데 이야기와 시는 다른 식, 다른 목적의 읽기 자료이다. 로젠블렛은 이런 종류의 읽기를 심미적 읽기라 하였다. 심미적으로 읽는다는 것은 등장인물과 동일시하고 이야기 세계에 참여할 뿐 아니라, 본문의 감정과 본문의 소리를 인식하는 것과 관련된다. 이것은 이야기에 대한 실제적인 경험이라 할 수 있다. 심미적으로 책을 읽는다는 것은 독자가 이야기 세계에 나타난 감정, 행위, 결정들을 평가할 수 있는 정서적인 여지를 가짐으로써 자신의 개인적 가치를 구성하는 것을 말한다. 그런데 심미적 읽기와 정보 추출적 읽기는 서로 반대되는 것이 아니다. 이 둘은 연속선상의 양 끝에 존재함으로써 대개의 읽기에는 이 두 가지가 적당히 섞여 나타난다. 정보 추출적 읽기는 주로 의미의 인지적인 면이나 일반적인 면과 관련되고 심미적 읽기는 주로 의미의 정의적인 면, 사적인 면, 실제 삶 속에 나타나는 경험과 관련된다. 서로 다른 장르의 글은 독자에게 뚜렷한 입장을 나타내기는 하지만, 어느 입장을 택하느냐는 독자의 읽기 목적에 달려 있다. 예를 들면, 요리책은 정보 추출적 입장을 갖고 있는 책이다. 요리하는 방법에 대한 정보가 책 속에 들어 있는 것이다. 그러나 어떤 독자는 아주 매력적인 요리책을 선택하여 그것을 심미적으로, 즉 순수하게 즐거움을 얻기 위해서 읽을 수도 있다. 그래서 그는 다양한 요리의 맛을 상상하면서 그리고 어떤 요리가 어떤 요리와 잘 어울릴까를 생각하면서 읽을 것이다. 또 다른 독자는 음식의 아름다운 사진을 즐길 수도 있다. 그러므로 어떤 입장을 취하느냐는 독자의 읽기 목적에 달려 있다. 교사가 읽기 자료를 제공할 때 학습자에게 읽기의 목적을 명확하게 제시할 필요가 있다고 주장한다. 특히 문학작품을 정보 추출적 입장에서 읽는 것에 대해 경계하면서 교사가 문학작품을 제공할 때는 학습자에게 심미적 읽기를 격려해야 한다고 하였다. 심미적 읽기를 하는 경우 독자는 그것이 사실적이든 환상적이든 등장인물에게 관심을 갖고 몰입함으로써, 즉 읽고 이야기 세계 속에 자신이 있는 것처럼 느끼는 가운데 이야기를 경험함으로써 이야기와 자신을 관련시킬 수 있게 된다.(서정숙, 남규(2005). 앞의 책. 창지사, 23-26쪽.)

| 생각해 볼 문제 |

1. 존 뉴베리가 아동 문학에 끼친 영향에 대해 생각해 보자.

2. 그림 형제가 아동문학계에 어떤 영향을 미쳤는지 그들의 업적을 통해 생각해 보자.

3. 1990년대 이후 한국 아동문학의 특징과 변화를 생각해 보자.

4. 고학년이 읽을 만한 아동문학 작품 중 한 작품을 읽고 문학의 구성 요소(인물, 배경, 주제, 플롯, 문체)가 어떻게 표현되었는지 살펴보자.

5. 현대 한국 아동문학 작가 중 한 사람을 선택하여 그의 작품들의 특징을 설명해 보자.

참고 문헌

- 강정규 외(2002). 『아동문학 창작론』. 학연사.

- 김세희(2001). 『유아 문학 교육』. 양서원.

- 김현희, 박상희 공저(2003). 『유아 문학 교육』. 학지사.

- 독서 지도사 교재편찬위원회(2004). 『독서 지도의 이론과 실제』. 이화.

- 릴리언 스미스 저, 박화목 역(2008). 『아동문학론』. 새문사.

- 박화목(1982). 『신 아동문학론』. 보이스사.

- 서정숙, 남규(2005). 『그림책으로 하는 유아 문학 교육』. 창지사.

- 신헌재 외(2007). 『아동문학과 교육』. 박이정.

- 심성경 외(2003). 『유아 문학의 이론과 실제』. 학지사.

- 유창근(2001). 『현대 아동문학의 이해』. 동문사.

- 이재철(1983). 『아동문학개론』. 서문당.

- 이재철(1984). 『아동문학의 이론』. 형설출판사.

- 임원재(2000). 『아동문학 교육론』. 신원문화사.

- 조셉 제이콥스(2003). 『영국 옛이야기』. 웅진닷컴.

- 존 로 타운젠드 저, 강무홍 옮김(1996). 『어린이책의 역사 1, 2』. 시공주니어.

- 차호일(2003). 『현장 중심의 문학 교육론』. 푸른사상.

- 페리 노들먼 저, 김서정 역(2001). 『어린이 문학의 즐거움 1, 2』. 시공주니어.

- 한국어린이문학교육연구회(1999). 『환상 그림책으로의 여행』. 다음세대.

- 한우리독서문화운동본부. 『독서지도사 양성과정 기본교재 II』. 위즈덤북.

- 한철우, 김명숙, 박영민(2001). 『문학 중심 독서 지도』. 대한교과서주식회사.

02

도서 선정 원리

독서의 최종 목표는 '능숙한 독자'가 되는 것이고 독서 교육의 최종 목표는 '능숙한 독자' 양성에 있다. '능숙한 독자'란 자기에게 필요한 자료를 잘 선택할 수 있고, 그 선택된 자료의 종류에 따라 읽는 방법을 달리해 원하는 정보를 찾을 수 있는 사람을 말한다. 즉, 자료 선택과 정보 취득에 능숙한 사람이 고급 독자이며 창의적인 독자인 것이다. 여기서 자기에게 필요한 자료를 선택할 수 있는 능력인 자료 선택의 능력이 바로 도서 선정 능력이다. 그러므로 도서 선정 능력은 독서지도사라면 반드시 갖추어야 할 능력이라고 할 수 있다. 독서지도사는 아이들을 책으로 이끄는 안내자의 역할을 하는 도서 선정자이며 '좋은 책'을 보는 안목을 키워 아이들에게 맞는 올바른 책을 선정해 줄 수 있어야 한다. 독서지도사의 전문성은 쏟아져 나오는 많은 책들 가운데 우리 어린이들에게 정말 읽혀야 할 책, 그 시기에 맞는 최선의 책을 고르는 안목에 있다.

책이 넘쳐 나는 세상에서 '좋은 책'을 찾아내는 능력은 대단히 중요하다. 아이들이 스스로 '좋은 책'을 골라 효과적으로 읽어 낼 수 있는 능력을 길러 주는 것이 바로 독서지도사의 역할이다. 독서지도사가 좋은 책을 골라 주는 것도 중요하지만 아이들 스스로 '좋은 책'을 고르는 안목을 길러 주는 것이 더 중요한 일이다. 따라서 독서지도사가 먼저 책을 선정할 수 있는 안목과 능력을 길러야 한다. 독서 자료는 독자의 능력 또는 흥미와 요구에 맞을 때 비로소 그 가치가 발휘된다. '좋은 책'이란 책 자체가 지니고 있는 가치도 중요하지만 독자의 요구를 충족시키는 것이 우선되어야 한다. 따라서 독서지도사가 아이들이 읽을 책을 골라 주거나 아이들이 스스로 책을 선정해야 할 때 선정 기준이나 조건을 아는 것은 매우 중요하다. 「도서 선정 원리」에서는 '책'에 관련된 다양한 정보와 도서 선정의 기준이나 방법, 실제에 대해 알아본다. 양서와 적서를 선정하는 데 많은 도움을 받을 수 있을 것이다.

제1장

도서 자료의 이해

1. 책의 정의 및 명칭
2. 책의 특징과 기능
3. 책의 역사
4. 책의 구성과 제작 과정

제2장

도서 선정의 이해

1. 도서 선정의 개념
2. 도서 선정의 목적
3. 도서 선정 방법
4. 도서 선정 기준

제3장

도서 선정의 실제

1. 한국 십진 분류법(KDC)
2. 월별 도서 선정
3. 상황별 도서 선정
4. 독서 흥미 발달 단계별 도서 선정
5. 도서 종류별 도서 선정

- 생각해 볼 문제
- 참고 문헌

제1장 도서 자료의 이해

 1. 책의 정의 및 명칭

1) 책의 정의

『동아 새국어사전』에서는 책을 "어떤 생각이나 사실을 글이나 그림으로 표현한 종이를 꿰맨 물건을 통틀어 이르는 말"이라고 정의하고 있다. 그리고 『출판 비평론』에서는 "책은 문자나 어떤 사실, 혹은 사상의 기록을 많이 인쇄하여 등 한 곳을 고정시켜 보기에 편하게 함은 물론 그 내용을 오래 보호하기 위하여 표지를 씌운 것"이라고 정의하고 있다.[1] 유네스코(UNESCO:국제연합교육과학문화기구)에서는 책을 "표지를 제외한 면의 수가 최소한 49쪽이 되는 정기 간행물이 아닌 인쇄물"이라고 규정하고 있다.

책의 제외 항목은 광고를 목적으로 하거나 글이 주목적이 아닌 것, 일시적 목적, 즉 세미나 자료집 등이다. 이러한 것은 책의 형태를 갖추었다 하더라도 책이라고 하지 않는다.

2) 책의 명칭[2]

(1) 동양의 명칭

동양에서 서적의 처음 명칭은 책이었으며, 다음으로는 전(典), 서(書), 죽백(竹帛), 지(志), 기(記), 본(本), 전(傳), 서적(書籍), 전적(典籍), 도서(圖書), 문헌(文獻) 등으로 다양하게 불렸다.

---

1) 안춘식 외(1990). 『출판 비평론』.보성사. (신헌재 외(2003). 『독서 교육의 이론과 방법』. 박이정. 37쪽 재인용.)
2) 직지. 고인쇄박물관. www.jikjiworld.net.

책(册)은 고대의 주된 서사 재료였던 죽간을 엮은 모양을, 전(典)은 책상 위에 책을 올려놓은 모양 또는 책을 두 손으로 받쳐 든 모양을 상형한 것이다. 기록류의 통칭인 서(書)는 원래 '서사하다'라는 동사의 개념이었으나 후에 죽백에 쓴 것을 가리켰고, 서적의 범칭으로 사용된 것은 늦어도 전국시대 초기부터였다.

죽백(竹帛)도 고대 기록류의 명칭으로 죽은 죽간을 뜻하는 것이었으며, 백은 견직물로 의복을 만들 수도 있고 글을 쓸 수도 있었다. 지(志)는 기록을 의미하며 선인들은 이를 항상 서적의 통칭으로 사용하여 왔다. 기(記)는 지(志)와 뜻이 통하므로 서적을 '지'라고도 하고 '기'라고도 하였다. 오늘날 본(本)을 서적의 범칭으로 사용하고 있는 나라는 일본뿐이다. 우리나라와 중국에서는 주로 특정한 서적을 표현하는 합성어로 쓰이고 있다.

전(傳)은 본래 '경(經)을 해석한 것'을 의미하는 것으로 행실을 기술한 글도 전이라 하였으나, 이는 진·한 이래의 개념이며 그 이전에는 전으로써 서적을 통칭하였다. 고문헌을 통하여 볼 때 가장 빈번하게 나타나는 것으로 일찍부터 일반적 용어로 사용되어 왔는데, 고려 시대에 서적의 간행과 유통을 맡은 기관의 명칭까지도 서적점, 서적포, 서적원 등으로 일컬어졌다는 사실에서도 알 수 있다.

전적(典籍)은 서적의 다음으로 많이 쓰인 용어로 늠름하고 품위 있게 만든 과거의 귀중한 서적을 의미한다. 전(典)이 소중한 서적이라는 것은 유교와 불교에서 경서를 경전이라 일컬은 점에서도 알 수 있다. 도서(圖書)는 본래 그림과 글씨가 담겨진 것을 일컬은 데서 비롯되어 다양하게 쓰이다가, 현대적 도서관이 생기고 그 활동이 활발하게 전개되자 도서가 서적을 대표하는 범칭으로 등장하게 된 것이다.

문헌(文獻)은 문과 헌의 합성어로서 본래는 전적(典籍)과 현자(賢者)를 의미하는 것이었으나, 후에 문은 역사적 사실에 대한 기록, 헌은 역사적 사실을 기억하고 있는 사람을 의미하게 되었다. 문은 문구, 문장, 학문, 서책, 문자, 기록, 선, 미, 덕 등의 다양한 의미를 가지고 있으나, 기록류를 의미하는 경우가 많다. 헌은 헌상하다, 바치다, 상주하다, 선, 현인 등의 의미를 가지고 있으나, 고대에는 현인이라는 의미로 사용된 예가 많았다. 따라서 문헌의 문은 기록 정보(Recorded Information)를 의미하고, 헌은 구술 정보(Oral Information)를 의미하는 것이라고 볼 수 있다. 그러나 현재 문헌은 일반적으로 문물 제도의 전거가 되는 기록, 학술 연구의 자료가 되는 문서 또는 옛날의 문물과 제도의 연구 자료가 되는 서적 등의 개념으로 통용되고 있다.

(2) 서양의 명칭

서양에 있어서 서적의 명칭은 파피루스(papyrus), 비블리온(biblion), 리버(liber), 북(book), 부흐(buch), 리터리처(literature) 등으로 통칭되어 왔다.

파피루스는 이집트의 나일 강 유역에 무성했던 동양의 왕골처럼 생긴 풀의 이름이다. 기원전 3000년경에 이집트 사람들은 이 풀 줄기의 속대를 얇게 쪼개어 세로와 가로로 엇갈리게 펴고 눌러 말려서 파피리(papyri, 파피루스의 복수)라고 하였는데, 이를 서사의 재료로 사용하였기 때문에 기록류의 통칭이 되었다.

비블리온은 그리스 말의 비블로스(biblos)에서 전용된 것으로 이 용어도 파피루스에서 유래된 말이다. 이집트에서는 한때 파피루스가 양산되었는데, 당시 지중해 연안의 상업국이었던 페니키아(phoenicia) 사람들이 파피루스를 수입하여 다시 비블로스(Byblos) 항구를 통해서 그리스로 수출했다. 그리스 사람들은 그것이 비블로스 항구에서 온 것이라고 하여 비블로스라고 부르기 시작했고, 이 비블로스에 글을 쓴 것을 비블리온 또는 그 복수로 비블리오(biblio)라고 했으며, 이것이 서적을 의미하는 용어로 사용되었다.

리버는 라틴어계의 말로서 수피(樹皮)를 의미하는데, 고대 로마에서는 전통적으로 이 리버를 말려서 서사 재료로 사용했기 때문에 이것이 직접 서적을 의미하는 말로 통용되었다.

북과 부흐는 현대 영어의 북과 독일어의 부흐의 동일한 어원을 가진 튜톤(Teuton)계의 낱말에서 유래한 것으로서, 북은 고대에는 하나의 저작(a writing), 하나의 기록 문서(a written document), 토지가 양도되는 증서 등의 의미로 사용되었다. 16세기와 17세기에는 하나의 기록된 설화나 이야기, 어록, 리스트 등의 의미로 사용되었다. 현재는 일반적으로 '필사되었거나 인쇄된 하나의 논저나 일련의 논저로서 여러 장으로 된 종이나 기타의 물체가 하나의 전체적인 자료를 구성하도록 함께 매어진 것'을 의미하는 것이다.

리터리처는 본래 'late-ratour'에서 'litterature(혹은 lytteratur)→literatur(uir)→literature'로 변화한 말로서 14세기부터 19세기까지는 주로 학문이나 서적에 대한

지식, 순수 학문 또는 인문적 학문, 학문 배양이라는 의미로 사용되었다. 18세기 말부터 19세기 말까지는 주로 학문적 저작, 학자의 활동이나 전문성, 학문 영역 등의 의미로 사용되었다. 19세기 이후로는 주로 특정 국가나 시기에 있어서의 전체적인 문학적 저작, 혹은 일반적으로 세계에서 저술된 기록류의 총체의 의미로 사용되었다.

 ## 2. 책의 특징과 기능

1) 책의 특징[3]

다른 매체와 비교해서 책은 다음과 같은 특징을 갖고 있다.

첫째, 반영구적 특질이 있다. 출판물은 보존성이 강한 인쇄 수단에 의하여 좀 더 긴 생명을 가진다.

둘째, 문화의 보호성과 전달성 및 창조성을 지니고 있다. 출판 활동을 통하여 훌륭한 작품들이 창작되고, 이들 작품들은 연극·영화 및 방송용으로 재창작됨으로써 문화 발전에 크게 기여할 수 있다.

셋째, 도달 범위가 가장 넓은 커뮤니케이션의 하나이다. 번역과 중판 등의 기능적 확장성과 도서관 등을 통해 계속 회람되는 수단을 가짐으로써 대중매체로서의 광포성을 발휘할 수 있다.

2) 책의 한계[4]

다른 매체와 비교해서 책은 다음과 같은 한계를 갖고 있다.

첫째, 출판의 도박성이 있다. 책은 다수의 독자에게 대량 공급과 전달이 가능하지만, 그것의 구입 행위는 독자에 의해서 선택된다는 개별적인 측면이 강하다. 따라서 적정량의 출판 부수를 예측하기 어렵다.

---

3) 신헌재 외(2003). 『독서 교육의 이론과 방법』. 박이정, 38-39쪽.
4) 앞의 책.

둘째, 독서 시간의 감소 현상이 발생하고 있다. 전자 매체의 발달에 따라 끊임없이 대중 매체의 영역이 다양화됨으로써 수용자들이 책을 이용하는 시간이 점차 감소되고 있다.

셋째, 신속성과 현장성이 부족하다. 도서 출판은 제작 기간이 길어 전달 기능에 있어서 다른 매체보다 즉시성, 신속성이 결여되어 있다.

넷째, 커뮤니케이션 형태의 단면성이 있다. 독자가 저자의 생각과 요구를 검증할 방법이 없어 저자의 생각만을 단면적으로 받아들일 수밖에 없는 한계를 지니고 있다.

3) 책의 기능

박수자는 독서 행위의 결과에서 드러난 책의 기능성을 지식 축적의 기능성, 가치와 규범의 정착 기능, 과거와 현재를 연결시키는 기능, 현실을 발전시키는 기능, 사회 교육과 통합적 기능, 정보화 기능, 분석과 비판적 사고의 기능, 사회화 기능[5]으로 정리하고 있다.

다른 매체와 비교해서 책은 다음과 같은 기능을 갖고 있다.

첫째, 정보와 지식을 획득할 수 있다. 책을 통해 수많은 정보와 다양한 지식을 쉽게 얻을 수 있다.

둘째, 경험의 깊이를 확대시키고 시야를 넓혀 준다. 직접 체험하기 어려운 일이나 상황을 책을 읽으며 경험할 수 있고 그렇게 쌓인 경험들은 세상을 사는 지혜와 안목을 길러 준다.

셋째, 인간 내면의 사고를 깊이 있게 해 준다. 책을 읽을 때 겉으로 드러나는 행위는 평온하지만 인지의 과정은 매우 복잡한 사고의 과정을 거치기 때문에 독서를 함으로써 내면의 사고가 깊어진다.

넷째, 정서를 풍부하게 한다. 특히 문학작품은 인간의 희로애락을 모두 담고 있으므로 책을 읽으면 정서가 풍부해지며 다른 사람의 마음을 깊이 있게 이해하게 해 준다.

다섯째, 기쁨과 즐거움을 준다. 책을 통해 느낄 수 있는 기쁨과 즐거움은 다른 매체가 주는 그것에 비해 더 깊고 오래 지속되는 효과가 있다.

---

5) 박수자(2005). 『읽기 지도의 이해』. 서울대학교 출판부, 376-377쪽.

3. 책의 역사

인류 역사의 발전에서 큰 획을 그은 발명품은 책이라고 할 수 있다. 책은 문자 언어와 인쇄 기술의 소산이며 인간의 지식의 양과 질을 획기적으로 증대시킴은 물론 보존이 가능하게 해 주었다. 책은 현존하는 매체 중 가장 오래된 매체이다.[6] 그러나 현재 존재하는 책의 형태를 갖기 이전부터 인류는 다양한 재료를 이용한 다양한 형태의 책을 사용해 왔으며 문자가 생기기 이전부터 정보를 공유하고 문화를 보존 전달하는 역할을 하는 것이 계속 있어 왔다.

사람의 '말' 이 책의 역할을 대신한 구전 시대 이후 물건 문자 시대와 그림문자 시대를 거쳐 문자가 탄생되었다. 그 후 다양한 책 재료의 변천을 거쳐 종이가 탄생되었고 금속활자 발명을 통해 책은 대량생산되어 대중화되었고 현재는 전자책이 등장하는 시대가 되었다.

1) 구전(口傳) 시대[7]

수천 년 전 문자가 탄생되기 전에는 기억력이 좋은 사람들이 '살아 있는 책' 의 역할을 했다. 나이 든 사람들은 오랜 옛날부터 전해 내려오는 재미있는 이야기를 머릿속에 저장해 두었다가 들려주었다. 그러한 이야기는 계속 되풀이되며 조금씩 변화되어 구전되었다. 그리스 사람들은 이야기를 아름다운 노래로 부르기도 했는데 트로이 전쟁 이야기인 『일리아스』와 『오디세이아』는 글로 옮겨지기 전까지 주로 노래를 통해 전해졌다.

'살아 있는 책' 과 함께 '살아 있는 도서관' 도 있었는데 예전 로마에서는 손으로 베껴 쓴 책이 있었지만 노예들에게 책의 내용을 외우게 했다가 잔치가 벌어지면 노예들에게 암송하게 했다. 당시에 이러한 '살아 있는 도서관' 은 아주 인기가 높았지만 사람이 책 역할을 하다 보니 아프기도 하고 외운 내용을 잊는 경우도 있었다.

---

6) 앞의 책 369쪽.

7) 미하일 일리인. 박수현 엮음(2003). 『백지위의 검은 것』. 아이세움, 참조.

2) 물건 문자 시대[8]

말로만 이야기를 전하던 시대에는 그 내용이 변하기도 하고 기록으로 남지 않아 기억하지 않으면 없어지는 단점이 있었다. 이러한 단점을 보완하기 위해 문자가 탄생하여 사용하기 전에는 여러 가지 다양한 물건을 이용하였다.

(1) 매듭 문자(kuvipa)

페루의 매듭 문자

옛날 중국이나 페르시아, 멕시코 사람들은 매듭을 이용해서 기록을 했는데 특히 남아메리카의 페루 사람들은 매듭 문자를 만드는 솜씨가 아주 뛰어났다. 잉카 제국에서 사용하던 매듭 문자인 '퀴푸'는 매듭을 어떻게 맺느냐에 따라 각각 다른 수를 나타내며 색깔에 따라 다른 뜻을 전달했다. 매듭 문자는 막대기에 온갖 색실로 물들인 끈들을 묶은 다음 매듭을 만들고 중요한 뜻을 전달했다. 검은색 매듭은 죽음을 뜻하고 흰색 매듭은 은이나 평화를 상징했다. 붉은색은 전쟁, 노란색은 황금, 녹색은 곡물, 전혀 색깔이 없는 매듭은 숫자를 뜻했는데 홑겹 매듭은 10, 이중 매듭은 100, 삼중 매듭은 1,000을 가리켰다. 그러나 그 뜻을 미리 정해 놓았다고 해도 매듭 문자를 해독하는 건 쉬운 일이 아니었으며 끈의 굵기, 매듭의 형태, 매듭의 나열 상태를 주의 깊게 살펴야 했다.

(2) 조개 문자(wampum)

북아메리카 원주민 부족 중 하나였던 휴런 족이나 이로쿼이 족은 갖가지 색깔로 물들인 조개껍데기 염주를 문자로 사용했다. 검정색은 즐겁지 못한 일, 곧 죽음, 불행, 두려움을 뜻했고 흰색은 평화, 노란색은 황금이나 공물, 붉은색은 전쟁이나 위험을 뜻했는데 그 색깔들이 나타내는 의미는 오늘날까지 살아 있다. 하지만 매듭 문자처럼 색깔

---

8) 위의 책 참조.

조개도 정확하게 읽어 내기는 어려운 일이어서 해석하기에 따라 전혀 다른 뜻으로 읽힐 수도 있었다. 따라서 완벽한 문자의 역할을 했다기보다는 사람의 기억력을 도와주는 도구였다고 할 수 있다.

(3) 칼자국 문자

나무 막대기에 칼자국을 새긴 것으로 가축 무리 가운데 섞여 있는 양의 마릿수나 밀가루 포대 수를 계산하기 위해 사람들은 막대기에 칼자국을 냈다. 세르비아 농부들은 지금도 장부책이나 계산서 대신 나무토막을 사용한다고 한다. 이러한 방법은 로빈슨 크루소가 무인도에서 사용한 달력과 똑같은 종류라고 생각할 수 있다.

(4) 활과 창 또는 담배와 파이프

여러 가지 사건을 기록으로 남기거나 통신을 보내기 위해 매듭이나 조개 외에 다른 물건을 이용하기도 했다. 어떤 부족이 다른 부족에게 선전포고를 할 때는 창 한 자루나 화살 한 개를 보냈고 강화(講和), 곧 휴전을 의논하고 싶을 때는 담배와 파이프를 보냈다. 북아메리카 원주민 부족들 사이에서 파이프는 평화를 뜻했기 때문이다.

3) 그림문자 시대

선사시대의 기록 수단은 그림이었다. 선사시대의 동굴벽화 중 가장 유명한 것은 프랑스의 라스코 동굴과 에스파냐의 알타미라 동굴 벽화(2만 2000년 전, 인류 최초의 기록)이며 우리나라에는 경북 울주군에 있는 반구대 암각화가 있다. 그러나 그림에는 한계가 있었다. 여러 사람이 똑같은 뜻으로 이해하기 힘들고 그

슈페리어 호수 근처에서 발견된 그림 편지

림을 그리는 데 시간이 너무 많이 걸렸다. 그래서 모든 사람이 똑같은 뜻으로 이해할 수 있는 기호를 만들었는데 그것이 바로 그림문자이다. 동굴 그림은 주술적인 의식을 위해 그리기도 했지만 뭔가 이야기를 나타내기 위해 그린 문자 같은 것도 있었다. 아주

오랜 옛날에 그린 그림문자가 오늘날까지도 전해지고 있다.[9] 그림문자는 눈에 보이는 물건들을 모두 그림으로 나타내고 그림으로 나타내기 어려운 바람이나 생명도 그림으로 나타낼 수 있었다. 뱀은 생명을 뜻하고 사자, 독수리는 용기, 거북은 행복, 부푼 돛은 바람을 나타냈다.

4) 문자의 탄생

수메르 문자는 기원전 4000년대 중반에 나타났고, 이집트의 가장 오래된 문자는 기원전 3000년대에 나타났다고 한다. 문자로 기록된 책 자체의 역사는 기원전 2000년경이라고 보는데 고대 메소포타미아의 진흙판에 새겨진 문자들이나 고대 이집트의 파피루스에 쓰인 문자를 일종의 책의 시초라고 보면 그렇다. 원시 고대 문명의 인간들은 가장 기본적인 그림이나 설형문자, 상형문자 등을 사용하여 동굴 벽이나 점토판 등에 기록을 남기고 있다.[10]

(1) 고대 이집트의 상형문자[11]

고대 이집트에서 사용한 새나 짐승, 사람이 모양을 본뜬 기호들을 '상형문자'라고 하는데 상형문자 안에는 이집트 사람들의 몇 세기에 걸친 역사, 풍속, 습관이 담겨 있다. 수많은 학자들이 오랫동안 애를 썼지만 상형문자의 뜻을 풀지 못했는데 1799년 나폴레옹의 프랑스 군대가 로제타 시 근처에

이집트의 상형문자

서 발견한 평평한 돌을 발견하면서 그 비밀이 풀리게 되었다. 그리스 어와 이집트 문자로 새겨진 '로제타석'은 상형문자의 비밀을 푸는 열쇠가 되었다. '로제타석'이 발견된 지 25년 후 프랑스 학자 샹폴리옹에 의해 이집트의 상형문자는 해독되었는데 파이트 섬에서 역시 두 나라 말로 비문을 새긴 거대한 기념비인 오벨리스크가 발견되면서 해독되었다.

---

9) 앞의 책.
10) 박수자. 앞의 책 369쪽.
11) 미하일 일리인. 앞의 책 참조.

(2) 고대 페르시아의 설형문자[12]

페르시아의 설형문자

페르시아 사람들은 점토판 위에 갈대나 조그만 나뭇조각을 사용해서 문자를 썼는데 글자체가 쐐기 모양이어서 이 문자를 '쐐기문자'라고도 부른다. 이 문자를 읽어 낸 사람은 독일의 학자 그로테펜트였다. 쐐기문자의 해독은 이집트의 상형문자의 해독과는 달리 두 나라 말로 새겨진 비문을 갖고 있지 못했기 때문에 무척 어려운 작업 기간을 거쳐야 했다.

(3) 중국의 상형문자

고대 중국에서 거북 등딱지나 짐승의 뼈에 새긴 상형문자(사물의 형상을 본떠서 만든 문자)는 대표적인 표의문자이다. 나타내려는 뜻이 많을수록 글자 수도 많아지고 배우기도 어려운 단점이 있다. 현재 표의문자인 한자를 쓰는 중국에서 아직까지 문맹률이 아주 높은 이유가 되고 있다.

중국의 상형문자

(4) 마야 문자

마야 문명에서 쓰던 문자로 아직 해독 방법이 밝혀지지 않고 있으며 날짜를 나타냈을 것이라고 추측하고 있다.

(5) 알파벳[13]

이집트 사람들은 문자는 사용했지만 알파벳을 고안해 내지는 못했다. 알파벳을 발명한 것은 이집트의 적이었던 셈 족이었다. 약 4,000년 전 이집트는 셈 족의 하나인 힉소스 족에게 정복당했고 힉소스의 왕들은 약 200년 동안 이집트를 지배했다. 그사이에 이집트 사람들이 사용하던 문자 쓰는 방법을 배웠는데 이집트의 상형문자들 중

---

12) 앞의 책.
13) 앞의 책 참조.

에서 약 스무 개를 골라 알파벳을 만들었다. 그로부터 200년이 지난 후 이집트 사람들은 '지배자'였던 힉소스 사람들을 쫓아냈고 힉소스 인들이 구성한 나라는 없어졌지만 그들이 만든 알파벳은 이집트에서 지중해 연안에 있는 나라들로 건너갔다.

셈 족 가운데 하나인 페니키아 인들은 그리스 연안, 사이프러스 섬들로 다니며 무역을 하면서 알파벳도 함께 전했다. 이집트 문자는 페니키아, 그리스, 로마를 거쳐 러시아, 이탈리아까지 전해졌고 다양한 모양으로 바뀌어 가며 알파벳이 되었다. 그렇게 전파된 알파벳을 기본으로 하는 영어, 프랑스 어, 독일어 등 현대 문자의 대부분은 표음문자이다.

(6) 한글

1443년 세종대왕과 집현전 학자들에 의해 훈민정음이 창제되었다. 한글은 몇 개의 문자를 조합하여 무한대의 단어를 만들 수 있다. 자음 14자, 모음 10자 모두 24자의 자모로 영어보다 훨씬 더 효율적으로 글자를 만들어 낼 수 있으며 소리와 문자가 일대일 대응을 이루는 유일한 문자이며 대표적인 표음문자이다. 유네스코에서 가장 과학적이고 아름다운 글로 선정되었으며 이러한 한글의 과학적이고 간결한 체계로 인해 우리나라의 문맹률은 1%에도 못 미치고 있다. 유네스코는 9월 8일을 '세계 문맹 퇴치의 날'로 정하고 문맹 퇴치에 기여한 개인이나 단체에 수여하는 상을 '세종대왕 문해상'으로 지정하고 있다. 그리고 2009년 8월에 한글이 처음으로 해외 소수민족의 공식 문자로 채택되었다. 현재 인도네시아 술라웨시 주 부톤 섬 바우바우 시에 거주하는 찌아찌아 족은 독자적인 언어는 있으나 표기할 문자가 없었는데 한글로 된 교과서를 통해 민족 언어를 배우고 그들의 문화와 전통을 이어나갈 수 있게 되었다.

5) 재료에 따른 책의 역사

'책' 하면 종이를 떠올린다. 하지만 종이책이 발명된 서기 105년 이전에는 다양한 재료를 사용하여 기록을 하였다. 그 재료를 살펴보면 거북의 등, 짐승의 뼈, 돌, 쇠붙이, 흙, 나무, 파피루스, 양피지 등이 책의 재료로 사용되었음을 알 수 있다.

(1) 돌 책

함무라비법전

4,000년 전 이집트 사람들이 묘지나 사원 벽에 새겼다는 이야기가 전해 내려온다. 고대 이집트의 사원 입구에는 하나의 거대한 암석으로 만든 기둥으로 기둥의 사면에는 주로 태양의 신에게 바치는 종교적 헌사나 왕의 생애를 찬양하는 내용을 담은 상형문자가 새겨져 있다. 돌에 글자를 새긴 것으로는 한국의 경우도 고구려의 광개토태왕릉비, 신라의 진흥왕순수비같이 역사적 자료로서 중요한 가치를 지닌 것들이 있다.

돌 책은 모든 책 중에서 가장 수명이 긴 책이다. 그러나 단단한 돌에 글자를 새기기가 힘들고 너무 무겁다는 단점이 있다. 함무라비법전도 돌에 새긴 돌 책이었다.

(2) 진흙 책

기원전 3000년경, 메소포타미아 지역에서 사용하던 진흙 책에는 쐐기문자가 기록되어 있다. 진흙판을 적당한 크기와 두께로 만들어 양면이 굳기 전에 뾰족한 나뭇조각으로 문자를 새기고, 햇빛에 말리고, 불에 구어 단단하게 만들었다. 불에 타거나 물에 젖을 염려는 없으나 부서질 수는 있었다. 아시리아의 옛 도시 니네베 도서관에서 진흙 책 3만 개가 발견되었는데 아시리아 사람들은 원통 모양의 도장을 만들어 진흙판 위에 그 무늬를 찍기도 했다. 글자를 모르는 사람은 점토판에 서명 대신 표지를 남겼는데 이것이 도장의 시작이라고 할 수 있다.

(3) 종이의 원조 파피루스

기원전 2500년경 이집트에서 파피루스에 문자를 기록하였다. 나일 강변에서 자라는 줄기가 단단한 늪지 식물인 파피루스는 대나무 비슷한 식물로 줄기를 쪼개서 평평한 판으로 만들어 서로 연결시켜 만들었다. 싸고 풍부하다는 장점이 있지만, 습기에 약하고 한 번만 접어도 잘 부러지는 단점이 있다. 책의 어원

이집트의 상형문자와 파피루스 문서

은 파피루스의 수출 중심지인 비블로스(Byblos)에서 유래되었다. Byblos-biblion(그

리스 어로 책이란 뜻)-biblio-book. 영어 '페이퍼'는 바로 파피루스에서 나온 단어이다 (papyrus-paper).

파피루스로 만든 책은 매우 얇고 약해서 찢어지기 쉬웠기 때문에 찢어지지 않도록 막대기에 감아 두루마리로 만들어 사용했다. 페니키아 인들을 통해서 이집트와 그리스 사이에 무역이 시작되어 글을 쓰는 데 필요한 파피루스가 이집트에서 그리스로 수입될 수 있었던 것은 기원전 7세기 중엽으로 알려지고 있다. 그리스·로마 시대가 되면 도시 문명의 발달과 더불어 책의 생산도 활발해져서 제법 규모가 큰 책 제작소가 설립되고, 많은 교양 있는 노예들이 고용되어 책을 베껴 쓰는 일에 종사하게 된다.[14]

파피루스 책으로 유명한 것은 『사자(死者)의 서(書)』로, 기원전 1250년경의 것으로 추정한다. 이것은 죽은 사람과 함께 매장되었던 파피루스 두루마리 책으로 죽은 사람이 안전하게 내세에 갈 수 있도록 안내해 주는 내용을 담고 있다.

(4) 갑골문자 책

기원전 1200년 이전의 중국 은나라에서 거북의 등과 짐승의 뼈에 글자를 새겨 사용했다. 거북의 등이나 짐승의 뼈에 문자를 썼으며 주술의 의미가 있었다. 갑골(甲骨)은 곧 거북의 등과 짐승의 뼈를 말한다. 갑골문자는 중국 은나라 때의 글자로 은허에서 출토되었으며, 한자의 가장 오래전의 형태로 보고 있다.

(5) 죽간(竹簡)과 목독(木牘)[15]

중국에서 사용한 죽간(竹簡:대나무 조각)과 목독(木牘:나뭇 조각)은 대나무나 나무의 조각에 문자를 새기거나 붓으로 글씨를 쓰고 가죽 끈으로 엮어 만든 책을 말한다. 죽간은 대나무를 불에 구운 다음 쪼개 평평하게 깎고, 일정한 길이로 만든 다음 글을 쓰는 데 사용했다. 나뭇 조각 책(목독)은 30cm 정도의 정방형으로 되어 있는데 '임금님

---

14) 안춘근. 윤형두 편저(1998). 『눈으로 보는 책의 역사』. 범우사, 298쪽.

15) 男兒須讀五車書(남아수독오거서): "남자는 모름지기 다섯 수레 정도의 책은 읽어야 한다."는 뜻으로 책을 다독(多讀)할 것을 일컫는다. 당나라 두보의 시에 나오는데, 원래는 장자가 친구 혜시의 장서를 두고 한 말이다. 다섯 수레에 책을 가득 실으면 대체 얼마나 될까? 당시는 글을 죽간에 썼으므로 다섯 수레에 가득 채운다 해도 고작 몇백 권을 넘지 않았을 것이다. 그러나 당시의 상황에서 그 정도의 책이면 그때까지 문자로 남은 지식의 총량에 가까운 분량이었을 것이다. 요즘의 책 권수와는 비교가 어렵다.

나뭇 조각에 글씨를 쓴 목독

의 칙서를 적기도 하고, 관청의 명령을 기록하거나 일반인들의 편지에 쓰였다. 대나무와 나무의 조각은 종이의 발명에 앞서 약 2,000년 동안 보편적으로 사용된 책의 재료이다. 대나무는 재질이 치밀하고 견고하여 내구성이 강하면서 중량이 가벼워 가지고 다니기 쉽고 관리하기 편리할 뿐만 아니라, 손쉽게 구할 수 있어 경제적이어서 많이 사용되었다.

죽간은 '책(册)'이란 한자의 유래가 되었다. 책의 한자어 '책(册)'은 대나무나 나무의 조각을 엮은 모양을 나타내고 있다. 고사성어에 '위편삼절(韋編三絶)'이란 말은 공자가 죽간 목독을 가죽으로 엮어 만든 『주역』이란 책을 3,000번 읽는 동안 세 번 끊어졌다는 데에서 유래된 말이다. '위편'은 책을 꿰어 매는 가죽 끈을 말한다. 진시황의 분서갱유(焚書坑儒) 때에 불타 버린 책도 죽간과 목독이었다.

(6) 밀랍 책

베스비오 화산 폭발로 묻혀 버린 폼페이 유적지에서 주로 발견되었다. 나무판 가운데를 파내고 밀랍을 넣어 그 위에 쇠꼬챙이로 긁어서 글씨를 썼다. 밀랍을 넣어 굳힌 후 다시 쓸 수 있어서 1800년대까지도 학생들의 연습장으로 사용되었다. 밀랍 책에 글씨를 쓸 때 사용하는 쇠꼬챙이(stylus)에서 문체를 뜻하는 'style'이 유래되었다. 우리나라 서당에서는 나무 판자에 백랍을 올려서 만든 '분판'에 붓글씨 연습을 하고, 물로 닦아 다시 썼다.

(7) 짐승 가죽 책(양피지)

기원전 2세기에 알렉산드리아 도서관(50만~70만 권)을 능가하려는 그리스의 페르가뭄 도서관을 견제하고자 이집트에서 파피루스 수출을 금지하자, 이를 대신할 양가죽(parchment)과 송아지 가죽(vellum)을 개발했다. 파피루스는 한쪽 면에만 글씨를 썼지만 양피지는 양면을 다 쓸 수 있다는 장점이 있었다. 파피루스처럼 찢어질 염려도 없고 더 질기고 좋은 재료로, 접어서 꿰맨 최초의 진짜 책의 형태였으며 튼튼하여 오래 보존하기에 좋았다. 양피지로 만든 책은 파피루스로 만든 책과는 달리 현재의 종이책과 같은 형태의 책이었다. 파피루스는 갈대 펜을 써서 잘 부러졌지만, 양피지는 깃털로 만든 펜을 썼으며, 양피지 전용 잉크를 사용하였다. 양피지는 책을 만들기에 좋은 재료이지만, 한 마리의 양에서 적은 분량의 용지가 만들어져 비용과 노력이 많이 들었다. 양피지본 성경 한 권을 만들기 위해서는 양 170

양피지

마리가 필요했다고 한다. 장식품과 표지가 아름다운 책이 많았으며 왕이나 왕족을 위한 책은 더 사치스러웠고 비싸서 일반 사람들은 소장하기 어려웠다. 유럽에 종이가 전파된 후에도 양피지 책은 오랫동안 사용되었다.

(8) 나뭇잎, 나무껍질 책

동물을 신성시한 인도, 파키스탄에서는 양피지 대신 넓은 나뭇잎에 꼬챙이로 글자를 쓴 후 먹물을 칠해서 글자가 드러나도록 했다. 경전을 기록하는 데 종려나무 잎을 이용하기도 했다.

(9) 종이책

세계에서 최초로 만들어진 종이책은 진나라의 진도가 베껴 쓴 『삼국지』이다. 이 책은 1924년 중국 신강의 신선현에서 출토되었고, 모두 80행이며 글자 수로는 1,900여 자가 기록되어 있다. 종이는 서기 105년, 중국에서 채륜(蔡倫)이 그 시대에 퍼져 있던 종이 제작 과정을 체계적으로 수집하여 정리하였다. 이것은 지금부터 약 2,000년 전으로 서양에서는 파피루스를 쓰고 있던 시기였다. 채륜은 낡은 어망이나 나무껍질을 이용하는 방법을 고안해 제지 기술 발달에 큰 업적을 남겼다. 이들 종이의 원료로는 거의 폐물을 이용했기 때문에 종이의 값도 쌌고, 무엇보다도 다량생산을 할 수 있는 이점이 있었다.[16]

중국에서 채륜이 완성한 제지법은 4세기경 우리나라에 불교가 전해질 때 불교의

---

16) 안춘근. 윤형두 편저. 앞의 책, 302쪽.

포교를 위해 들어온 책과 함께 전해졌다. 국립경주박물관에 보존되어 있는 범한다라니 1매가 신라 시대의 종이로 판명되었고, 이것이 현존하는 가장 오래된 종이이다. 종이 제조 기술은 고려 시대에 더욱 발전하여 11세기 후반 이후부터는 중국에까지 종이가 수출되기에 이르렀다. 일본의 종이 제조 기술은 한국의 귀화인들에 의해 전래된다. 『일본서기』에 의하면, 고구려의 승려 담징이 610년에 종이 제조 기술을 일본에 전수하였다고 기록되어 있다.

종이 제조 기술은 서양에는 훨씬 늦게 전파되었다. 서기 751년 중국의 당나라와 사라센이 아시아의 패권을 놓고 중앙아시아 파미르 고원에서 전쟁을 벌인다. 이 전쟁에서 중국이 패하고, 포로로 잡힌 많은 당나라 군인들 중에 종이 제조 기술자들이 포함되어 있어, 그들이 아라비아인들에게 종이 만드는 기술을 전파하였다.

751년에 사마르칸트에 제지 공장이 생겼다고 한다. 서기 798년에는 페르시아의 바그다드에, 900년에는 이집트에, 11세기에는 아프리카의 북부와 지중해 연안에까지 제지 공장이 생겼다. 유럽에서는 1150년 스페인에 처음으로 제지 공장이 생겨나면서 잇달아 전 유럽 지역으로 제지 기술이 퍼져 나갔다. 프랑스(1189년), 벨기에, 독일, 이탈리아, 영국(1490년), 러시아(1566년), 노르웨이(1650년), 미국(1690년), 캐나다(1803년) 등 전 세계로 전파되었다. '종이의 천 년 여행' 이라는 말은 서기 105년 채륜의 종이 발명에서 1150년 스페인의 제지 공장이 생길 때까지의 과정을 말한다. 13세기에 유럽의 주요 지역에 제지 공장이 들어섰으며, 1445년 구텐베르크의 금속활자 발명에 힘입어 빠른 속도로 서적이 출판되었다.

(10) 금속활자 발명

문자와 종이가 만들어지면서 사람들은 알고 있는 지식을 효과적으로 책에 담기 시작했다.

그러나 일일이 손으로 글씨를 쓰고 종이를 묶어야 했기 때문에 쉬운 일이 아니었고 가격도 높아 일반인이 책을 갖기는 힘들었다. 그래서 한동안 책은 신분이 높거나 힘이 있는 사람들의 독점물이었다. 더 편한 방법으로 더욱 많은 책을 한꺼번에 만들 수 있는 방법을 생각해서 나온 것이 활자였으나 책이 일반 사람들에게 널리 보급될 수 있게 된 것은 금속활자가 발명된 후였다.

르네상스 시기의 유럽은 책에 대한 수요가 점점 늘고 있었다. 손으로 직접 쓴 필사본밖에 없어 책이 늘 부족한 상태였는데 금속에 문자나 그림 등을 새기는 금은 세공사였던 구텐베르크는 값싼 책을 대량 간행할 목적으로 활자 인쇄 방법을 생각하게 되었다. 금속활자를 만들어 인쇄하는 연구를 시작한 구텐베르크는 1450년 첫 작품으로 '42행성서'를 인쇄하는 데 성공하였다. 금속활자의 발명으로 종이의 인기는 점점 높아졌다.

종이, 문자, 인쇄의 발명은 인류 정신문화에 큰 영향을 끼친 3대 발명이다. 그중에서 인쇄술의 발달은 1517년 마틴 루터의 종교 개혁에 영향을 미쳤고 종교 개혁 운동은 유럽 전체에 산업 혁명이 일어나는 원동력이 된다. 산업 혁명으로 부를 축적한 상인 등이 대학을 세우고 새로운 사상이 싹트기 시작하여 결국 인쇄술의 발전이 민주주의를 가져온 셈이다.

우리나라에서는 고려 성종 14년(995년) 때 송나라에서 관판본 대장경을 얻어 14년에 걸쳐서 간행했다. 현종 2년(1011년)에도 대장경의 출판이 기획되어 64년에 걸쳐 완성하였는데 몽고군의 침입으로 불타 버렸기 때문에 고종 23년(1236년) 세 번째 출판이 기획되어 16년에 걸쳐 완성했다. 이것이 곧 『팔만대장경』이다.[17] 11세기 중엽부터 국가기관이 인쇄 및 출판 업무를 담당하였는데 고려 시대에는 서적점, 서적포 및 서적원 등, 조선 시대에는 주자소, 교서관, 정음청, 실록청, 조지서 같은 국가기관이 종이 제작 및 인쇄, 출판 및 서적 보급을 담당하였고 근대에는 1883년 수동식 활판 인쇄기를 도입한 박문국이 우리나라 최초의 신문인 『한성순보』를 발간했다.

세계 최초의 금속활자는 우리나라의 금속활자인 '직지'이다. 금속활자로 인쇄된 '직지' 즉, '직지심체요절'은 독일의 구텐베르크가 발명한 금속활자보다 훨씬 앞서 나온 것으로 고려 말(1377년) 청주 흥덕사에서 간행된 두 권짜리 불서이다. 본 이름은 '백운화상초록불조직지심체요절'이며 고려 말의 백운 스님이 역대 스님들의 좋은 말을 뽑아서 엮은 것이다. 현재 프랑스 국립 도서관에 소장되어 있으며 유네스코 세계 기록유산으로 지정되어 있다.

---

17) 앞의 책 313–314쪽.

(11) 전자책(e-book)[18]

전자책은 기존의 종이책과는 달리 파일로 된 출판물의 내용을 전용 뷰어(viewer)를 통해 컴퓨터나 전용 단말기로 읽는 디지털 출판물을 말한다. 따라서 전자책은 PC로 파일을 다운로드 받아 전용 뷰어로 보는 형태와 전자책 전용 단말기(device)로 볼 수 있는 디지털 출판물을 말한다. 즉, 전자책은 종이가 아닌 디지털 형태로 전달되는 새로운 형태의 매체이다.[19]

도서로 간행되었거나 간행될 수 있는 저작물의 내용을 디지털 데이터를 이용해 전자 기록 매체·저장 장치에 수록한 뒤, 유무선 정보 통신망을 통해 컴퓨터나 휴대 단말기로 그 내용을 읽고 보고 들을 수 있도록 한 디지털 도서를 총칭한다. 종이책에 비해 가격이 저렴하고, 온라인 구매로 시간을 절약할 수 있으며, 필요한 부분만 별도로 구입할 수 있다. 전자책은 독서를 하면서 동영상 자료를 보거나 배경음악을 들을 수 있으며, 수백 권의 책을 휴대 단말기에 저장해 언제 어디서나 쉽게 원하는 책을 찾아볼 수 있다. 단지 내용만 받아 보는 것뿐 아니라 책갈피에 북마크를 표시하기도 하고 밑줄도 그을 수 있는 기능도 있어 종이책을 읽는 것과 같은 느낌을 받을 수도 있다. 또한 종이책을 읽을 때는 불가능한 동영상이나 소리 기능이 첨가되기도 한다. 아직까지 일반화되어 있지 않지만 개발비나 기계 값을 제외하면 인쇄나 제본, 유통 비용이 전혀 들지 않아 전자책 시장의 규모는 갈수록 커지고 있는 추세이다. 지금의 추세로 볼 때 미래의 책은 전자책 형태가 될 가능성이 높다. 그러나 언제 어디서나 공감하면서 읽을 수 있는 종이책의 장점과는 비교할 수 없다.

---

18) 광의의 전자책(electronic book)은 모든 전자적인 매체로서 OFF-line 형태의 CD-Rom이나 ON-line 형태의 전자책과 PC 통신을 비롯한 출판을 포괄하는 개념을 말한다. 좀 더 세부적으로 진정한 의미의 협의의 전자책은 기존의 종이책 대신 인터넷의 표준 언어인 HTML(Hyper Text Markup Language)과 HTML을 이을 차세대 표준으로 인정받고 있는 XML(Extended Markup Language)을 응용하여 만든 디지털화된 책을 자신의 PC나 전용 Reader기에서 독서용 S/W를 이용하여 읽는 것으로 최첨단 정보 통신 기술이 낳은 디지털 출판의 형태를 말한다. (이기성(2002). 『전자출판-4』. 서울출판미디어, 78쪽.)

19) 성대훈(2004). 『디지털 혁명, 전자책』. 이채, 27쪽.

20) 직지. 고인쇄박물관. www.jikjiworld.net.

<표 1> 세계 인쇄 문화 연표[20]

시대 구분	한 국	세 계
BC 4000		BC 4000년경. 메소포타미아 설형 문자로 새긴 책 만듦
BC 3000		BC 3500~3000년경. 이집트 파피루스로 쓴 책 만듦
BC 2000		BC 1700년경. 페니키아 민족 알파벳 문자 개량
BC 1000	BC 85년경. 점제현신사비 세워짐.	BC 100년경. 중국 한나라에서 문자 사용
AD	414년. 고구려 만주 집안현에 광개토대왕 비 세움	105년. 중국 채륜 제지법 개량함
500	610년. 고구려 승려 담징 일본에 채색법, 제지법, 제묵법 전함 751년. 목판본 『무구정광대다라니경』을 간행하여 불국사 석가탑에 봉안함	770년. 일본 『백만탑다라니경』 인출 794년. 바그다드에 제지 공장 설립됨 956년. 오월국에서 『보협인다라니경』 간행
1000	1007년. 총시사에서 목판본 『보협인다라니경』을 간행하여 탑에 봉안함 1011년. 『고려초조대장경』의 판각이 시작됨 1091년. 의천이 동양 최초의 교장인 『속장경』 간행에 착수함	
1200	1200년 초. 『남명천화상송증도』가 금속활자로 간행됨 1234~1241년. 『상정예문』 금속활자로 28부 인출	1298년. 원나라 왕정 목활자로 『정덕현지』 인출
1300	1377년. 청주 흥덕사에서 금속활자로 『불조직지심체요절』 인출 1395년. 서적원에서 서찬이 목활자로 『대명률직해』 100부 인출 1300년 후. 고려 복활자 · 전활자 주조	1300년. 원나라 석활자 인쇄를 시도하였으나 실용화에 실패함
1400	1403년. 계미자 주조 1447년. 초주갑인자 병용 한글 활자를 주조하여 『석보상절』과 『월인석보』 인출 1450년. 경오자 주조 1461년. 을해자 병용 한글자 주조	1455년. 독일 구텐베르크 연활자를 이용한 활판 인쇄술 발명 1456년. 독일 구텐베르크 활판 인쇄술로 『36행 성서』 인출 1490년. 명나라 동활자를 만들어 서적 인출
1500		1592년. 일본이 우리나라 인쇄술 도입 1593년. 일본이 우리나라에서 약탈해 간 동활자로 『고문효경』 인출 1596년. 일본이 우리나라 활판 인쇄술을 배워 목활자로 서적을 인출
1800	1833년. 박문국에서 신연활자로 『한성순보』 인출	

4. 책의 구성과 제작 과정

1) 책의 구성

모든 책은 크게 나누어 앞면, 본문, 뒷면, 부속물로 이루어져 있다.

(1) 앞면 : 표지, 면지, 속표지, 머리말, 일러두기(범례), 차례(목차), 중간 제목지
(2) 본문 : 제목, 인용문 주(두주, 할주, 각주), 도표, 삽화, 도판
(3) 뒷면 : 색인(찾아보기), 참고 문헌, 후기, 판권
(4) 부속 : 간지(속지), 정오표, 띠지, 커버, 책갈피 끈

〈그림 1〉 책을 구성하는 요소

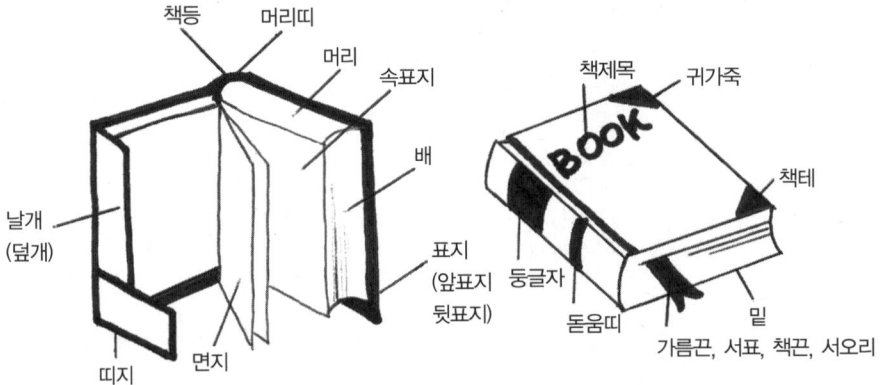

---

21) 국립중앙도서관 한국문헌번호센터(http://www.nl.go.kr/isbn_issn/isbnissn.php).

〈참고 자료 1〉

국제 표준 도서 번호(ISBN : International Standard Book Number)[21]

국제적으로 표준화된 방법에 따라 전 세계에서 생산되는 도서에 부여된 고유 번호이며, 책에 대한 국제적인 주민 등록 제도라고 할 수 있다. 항상 ISBN이라는 문자 뒤에 국가, 발행자, 서명을 식별하는 번호 13자리와 5자리의 부가 기호로 구성된다. 국별 기호는 국제 ISBN 관리 기구가 국가 ISBN 관리 기구에 배정하며, 발행자 번호는 국가 ISBN 관리 기구가 발행자에게 배정한다. 국제표준도서번호는 1967년 영국의 J. Whitaker & Sons사와 1968년 미국의 R. R Bowker사에 의해 국제표준도서번호 시스템이 개발되어 알려지게 되었고 현재 160개국 이상에서 사용되고 있으며 우리나라는 1992년부터 시행하고 있다.

전 세계에서 간행되는 각종의 도서에 고유 번호를 주어 개별화시킴으로써 문헌 정보와 서지 유통의 효율화를 기하는 제도이다. 종래의 코드와는 달리 도서 관리 시의 실무 면이나 국제적인 교류 시 편리하다. 출판업계의 유통 개선을 위해 컴퓨터화와 정보, 관리의 일원화를 목표로 하고 있다. 한국의 고유 번호는 89이다.

2007년 1월 1일부터 ISBN은 전 세계적으로 978, 979를 넣어 13자리를 사용한다. 1970년대 ISBN 시스템이 도입된 시점에 예상했던 것보다 인쇄 출판물 및 전자 출판물 등 출판량의 급증으로 기존 10자리 ISBN으로는 한계에 달하여 추가 번호가 필요하게 되었다. 이에 국제 ISBN 관리 기구는 2004년 11월 ISBN 국제회의를 통해 2007. 1. 1.부터 전 세계적으로 ISBN 13자리로 확장하기로 결정·공표하였고, ISBN 관련 국제 규격(ISO2108) 및 한국 산업 규격(KSX6004)도 모두 13자리로 개정되었다.

예 국가 표준 도서 번호

ISBN 978 - 89 - 89767 - 29 - 9 14020

접두부 국별번호 발행자번호 서명식별번호 체크기호 부가기호

9 788989 767299
ISBN 978-89-89767-29-9

순서	ISBN	설명
1단계	978	국제상품코드관리협회(EAN International)가 부여하는 3자리 숫자로 978, 979가 있다.
2단계	89	우리나라 국별 번호는 89이다.
3단계	발행자 번호 (2~6자리)	한국문헌번호센터에서 발행자에 부여한 번호이다.
4단계	서명 식별 번호	서명 식별 번호는 발행자가 출판물 발행 시 순차적으로 부여하는 번호이다.
5단계	체크 기호	체크 기호는 ISBN의 마지막 한자리 숫자로 ISBN의 정확성을 자동으로 점검할 수 있는 기호이다.
6단계	부가 기호	1행-독자 대상 기호 (독자 대상 기호표에서 선택) 2행-발행 형태 기호 (발행 형태 기호표에서 선택) 3행~5행-내용 분류 기호 (내용 분류 기호표에서 선택)

2) 책의 제작 과정

한 권의 책을 만들기 위해서는 반드시 일정한 과정을 거쳐야 한다. 대체로 책은, 쓰는 사람(필자) – 만드는 사람(출판사) – 파는 사람(서점) – 읽는 사람(독자)으로 하나의 고리, 하나의 사슬로 연결되어 있다. 책의 제작 과정은 주로 '필자와 출판사' 사이에서 이루어진다.

(1) 기획

무슨 책을 어떻게 만들 것인가를 결정하는 일로, 출판에 있어 가장 중요한 단계이다. 출판하고자 하는 책에 대해 전반적으로 검토해 본다. 기획 단계에서는 대체로 다음과 같은 사항들을 검토한다.

① 출판하고자 하는 책이 자사, 즉 자기 출판사의 성격에 맞는가?

② 출판하고자 하는 책이 어느 정도의 독자층을 형성하고 있는가?

③ 출판하고자 하는 책의 내용의 정도와 수준은 어느 정도로 할 것인가?

④ 저자, 즉 그 책의 필자는 누가 가장 적합하겠는가?

⑤ 책의 제목은 어떤 것이 좋겠는가, 그리고 편집의 체제는 어떻게 꾸밀 것이고, 원고의 분량은 어느 정도가 좋겠는가?

⑥ 이 책의 정가는 어느 정도가 적정한가?

⑦ 발행 부수, 즉 몇 부를 찍을 것이며, 펴내는 시기는 언제가 좋겠는가?

(2) 필자의 선정 및 집필

상세한 기획이 입안되면 제일 먼저 원고를 쓸 필자(저자)를 결정해야 한다. 책의 내용을 결정하는 가장 중요한 열쇠는 곧 필자에게 달려 있다.

(3) 출판 계약

원고를 집필할 필자가 정해지면 출판사와 필자 사이에 출판 계약을 체결한다.

(4) 원고 수정(교열)과 편집

완성된 원고는 출판사 편집부에 넘겨져 검토·수정·교열 단계를 거친다. 원고의 내용이 처음 의도한 대로 쓰였는가, 문장의 서술 표현은 적절한가, 맞춤법과 체제는 정확하고 통일이 되어 있는가 등을 세밀히 살펴본다.

이렇게 원고의 내용과 형식에 대한 검토와 수정이 끝난 원고는 인쇄소에 넘기기 위한 편집(레이아웃) 과정을 거친다.

(5) 조판·교정

인쇄소에 넘겨진 원고는 컴퓨터를 이용한 편집 과정을 통해 교정 작업이 뒤따른다. 교정은 대체로 초교, 재교, 삼교 등의 과정을 거쳐 내용의 오류를 바로잡는다.

(6) 본문 인쇄

교정이 완료되면 인쇄를 한다.

(7) 표지 장정

본문이 인쇄되는 과정과 함께, 책의 표지를 제작한다. 표지는 책의 얼굴로 독자들이 책을 선택하는 데 있어 무시할 수 없는 결정 요인이다. 표지 장정은 '북 디자인(book design)'의 개념에 속하는 것이어서 대부분 전문적인 디자이너에게 의뢰하여 만든다.

(8) 제본

인쇄된 본문과 표지, 기타 책을 만드는 데 필요한 부속품 일체는 책을 싸서 꿰매는 제본 단계로 넘겨진다. 제본은 책의 페이지를 순서대로 접어서 맞추어 최종적으로 마무리 손질하는 과정을 밟는다.

이렇게 하여 제본이 완료된 책들은 발행 부수의 검인, 검사를 거쳐 출판사 창고에 입고됨으로써 세상에 태어나기 직전의 과정이 마무리된다.

컴퓨터를 이용하여 출판행위를 하는 것이 전자출판이다(CAP). CAP는 컴퓨터에 의한 출판 (Computer Aided Publishing)이란 뜻으로 전자출판을 말한다. 전자출판은 그 최종 출력물을 기준으로 종이책 전자출판(paper book CAP)과 비 종이책 전자출판(non–paper book CAP) 으로 구분한다. 비 종이책 전자출판에는 디스크 책 전자출판(disk book CAP)과 통신만을 사용하는 화면 책 전자출판(network screen book CAP)이 있다.

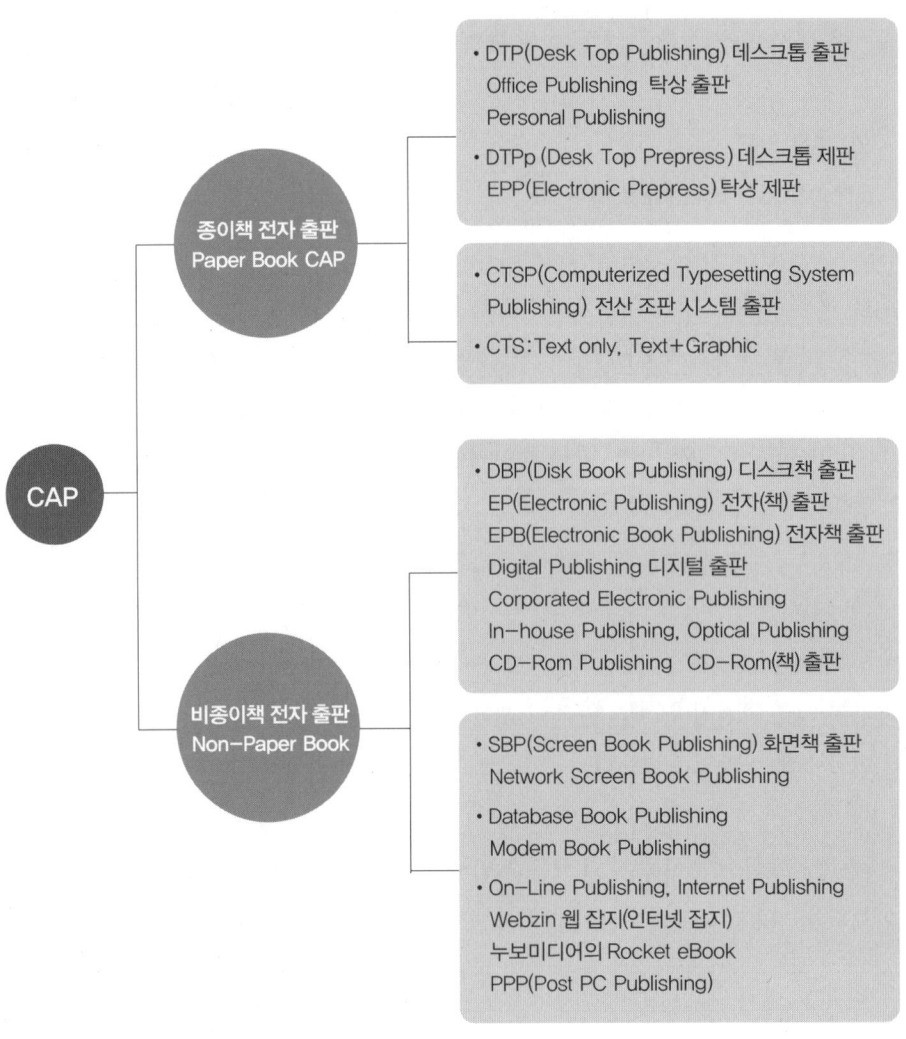

CAP

종이책 전자 출판
Paper Book CAP

- DTP(Desk Top Publishing) 데스크톱 출판
  Office Publishing 탁상 출판
  Personal Publishing
- DTPp (Desk Top Prepress) 데스크톱 제판
  EPP(Electronic Prepress) 탁상 제판

- CTSP(Computerized Typesetting System Publishing) 전산 조판 시스템 출판
- CTS:Text only, Text+Graphic

비종이책 전자 출판
Non–Paper Book

- DBP(Disk Book Publishing) 디스크책 출판
  EP(Electronic Publishing) 전자(책) 출판
  EPB(Electronic Book Publishing) 전자책 출판
  Digital Publishing 디지털 출판
  Corporated Electronic Publishing
  In–house Publishing, Optical Publishing
  CD–Rom Publishing CD–Rom(책) 출판

- SBP(Screen Book Publishing) 화면책 출판
  Network Screen Book Publishing
- Database Book Publishing
  Modem Book Publishing
- On–Line Publishing, Internet Publishing
  Webzin 웹 잡지(인터넷 잡지)
  누보미디어의 Rocket eBook
  PPP(Post PC Publishing)

22) 이기성(2002). 『전자출판-4』. 서울출판미디어, 13-15쪽.

1. 도서 선정의 개념

출판되어 있는 수많은 책들 가운데 특정한 책들을 선택하는 것을 도서 선정이라고 할 수 있다. 도서 선정을 하는 이유는 다양하겠지만 가장 큰 이유는 좋은 책을 아이들에게 읽혀 바람직한 영향을 끼치게 하려는 데 있을 것이다. 그런 이유로 현재 교육계나 출판계 등 여러 곳에서 좋은 책을 선정해 권장 도서 목록[23]이라는 이름으로 아이들에게 책을 선정해 주고 있다.

아이들 책뿐 아니라 성인들의 책도 선정의 과정을 거치게 되는데 아이들 책 선정과 성인의 책 선정은 한 가지 중요한 차이점을 가지고 있다. 그것은 성인의 책 선정이 독자적인 결정에 따르는 일이 많다면 아이들의 책 선정은 대부분 아이들 스스로의 결정보다는 주변 어른의 결정으로 선정된다는 것이다. 아이들의 책 선정에 아이들의 의견보다는 어른의 결정이 지배적인 이유는 아이들이 발달해 가는 과정에 있기 때문이다. 그래서 아이들의 책은 성장에 도움을 주는 교육적이고 교훈적인 내용의 책이 많은 비중을 차지하고 있다. 또 다른 이유는 아이들이 스스로 책을 선정할 능력을 갖추지 못하고 있다고 생각되기 때문이다.

노들먼은 "많은 어른들은 어린이들이 읽어야 하는 책보다 읽지 말아야 하는 책을 정하는 데 더 관심을 갖고 있다. 어른들이 생각하는 좋은 책이란 지나치게 추상적인 생각, 잠재적인 나쁜 메시지, 용납할 수 없는 행동의 묘사, 악몽을 꾸게 할 수 있는 무서운 장면을 담고 있지 않은 책이면 된다. 가끔 우리는 어린이에게서 그런 책을 빼앗

---

23) 권장 도서 목록이란 학교, 연구회, 교육업체, 출판업체 등에서 주제별이나 연령별로 읽으면 좋을 책들을 선정해 놓은 목록으로 추천 도서 목록, 선정 도서 목록이라고 호칭되기도 한다.

는 과정을 아주 점잖게도 '권장 도서 선정'이란 이름으로 부른다."[24] 고 아이들의 책을 선정하는 어른들의 행동에 대해 비판적인 견해를 피력하고 있다. 따라서 도서 선정은 매우 중요한 일임과 동시에 어려운 일이기도 하다.

아이들은 지적 능력이나 관심과 흥미가 저마다 다르기 때문에 독서 능력에 대해 단호하게 선을 긋는 것은 위험한 일이며 따라서 좀 더 효과적인 책 읽기를 위해서는 아이들 개개인의 성향과 독서력, 관심사 등을 반영[25]하여 책을 선정해 주어야 한다. 도서 선정을 할 때는 선정 목적과 기준이 명확하게 마련되어 있어야 하며 그렇게 선정된 도서는 아이들의 정서적, 신체적 성장에 많은 영향과 도움을 줄 것이다.

2. 도서 선정의 목적

읽을거리가 쏟아져 나오고 있다. 어린이 책[26]은 지난 2008년 한 해에 발간된 신간 발행 종수가 8,417종에 이르고 있다[27]. 이러한 책의 홍수 상황에서 이제는 무조건 책을 많이 읽히는 것이 아니라 골라서 읽혀야 하는 시대가 되었다. 다독보다는 정독의 중요성이 강조되는 때이며 좋은 책을 반복해서 천천히 음미하며 읽는 것이 더 효과적일 수 있다.

독서 지도를 하는 데 있어서 책을 전략적으로 읽을 수 있는 방법이나 훌륭한 독서 지도법의 개발은 중요한 일이고 꼭 필요한 일이다. 그러나 독서 지도에서 '어떻게'보다 먼저 우선되어야 할 것은 '무엇을'이다. 독서 지도 방법이 아무리 우수해도 그 바탕이 되는 자료가 문제가 된다면 그 우수한 방법은 효과를 보기 어렵고 효율적인 독서의 질은 약화될 것이다. 이렇듯 독서 교육의 기본은 올바른 도서 선정에 있다고 할 수 있다.

---

24) 페리 노들먼(2006). 『어린이 문학의 즐거움』. 시공주니어, 172쪽.

25) 조월례(2005). 『아이 읽기, 책 읽기』. 사계절, 13쪽.

26) 어린이를 독자 대상으로 하여 만든 책을 말하며 아동 도서와 같은 뜻의 용어로 쓰인다.

27) 대한출판문화협회의 신간 발행 종수 통계에 의하면 아동 도서는 8,417종으로 2007년의 7,307종에 비해 15.2%의 증가율을 보이고 있다.

좋은 책은 아이들의 생각과 가치관을 바꿔 놓을 수 있다. 좋은 책은 즐거움을 주고 유용한 정보를 제공하며 언어 성장과 발달에 기여하고 학생들이 더 좋은 독자와 작가가 되도록 도와주며 독서를 사랑하도록 이끈다.[28] 아이들이 어떤 책을 읽느냐에 따라 그 개인의 성장과 발전에 엄청난 영향을 끼친다. 아이들의 성장과 발전에 변화를 미친 책들은 아이들이 살아갈 미래 사회도 변하게 하고 인류의 역사에 큰 영향을 끼치게 된다.

현대는 정보의 홍수 시대라 할 만큼 셀 수 없이 많은 책들이 출판된다. 이제는 책을 골라 읽어야 한다. 읽을거리가 넘쳐 나는 이 시대에 어린이는 물론 어린이 책에 관심 있는 어른들도 그 많은 책들을 모두 읽은 후에 고를 수는 없다. 어떤 책이 좋은 책이고, 어떤 책을 읽혀야 하는지 분별해 내는 방법과 기준을 갖고, 어린이들에게 꼭 읽혀야 하는 책인지 살펴야 한다.

책을 고르는 기준으로 대표적인 것이 양서(良書)[29]와 적서(適書)[30]로, 곧 좋은 책과 적절한 책이라고 할 수 있다. 여기서 좋은 책이 그 내용상과 주제, 세부 표현에 이르기까지 잘 구성된 책을 가리킨다면, 적절한 책이란 읽는 어린이에게 알맞은 수준의 책을 말한다. 우리는 책의 내용적인 면과 함께 책을 읽을 어린이의 개성과 발달에도 알맞은 책을 골라야 한다.

그동안의 권장 도서 선정의 방향은 적서(適書)보다 양서(良書)에 그 초점이 맞춰져 있었다. 이제 책을 읽을 수용자를 중심으로 선정 기준의 축을 양서(良書)에서 적서(適書)로 옮겨야 할 때이다. 말 그대로 '좋은 책'이 정말 '좋은 책'의 역할을 다하려면 수용자의 독서 능력이나 관심, 흥미에 맞는 '적합한 책'이어야 할 것이다. 수용자에게 '적합한 책'을 선정하려면 수용자의 개인차, 개별차를 인정하고 다양성에 초점을 두어야 가능한 일이다. 권장 도서를 바탕으로 수용자에 맞는 적서(適書)를 선정하여 학생들에게 자신에 맞는 '적합한 책'을 읽을 수 있는 환경을 만들어 주는 것이 중요하다.

무엇보다 중요한 것은 책을 읽을 대상이 어린이라는 점을 간과해서는 안 된다. 책을 선정할 때는 책을 읽을 수용자에 맞는 책 선정이 중요하다. 도서 선정 기준은 책을

---

28) 김시내(2003). 「권장 도서의 선정 현황과 특성 분석」. 성균관대학교 석사 학위 논문, 9쪽 재인용(Cullinan & Galda, 2002).

29) 양서(良書)란 좋은 책, 즉 책 자체에 가치가 있는 책, 내용과 주제, 세부 표현이 잘 구성된 책을 말한다.

30) 적서(適書)란 독자의 상황이나 독서 수준에 적합한 책, 읽는 어린이의 개성과 발달에 알맞은 책을 말한다.

읽을 독자를 중심으로 하여 선정되어야 한다. 특히 어린이 도서의 선정인 경우에는 발달 단계에 있는 어린이들의 특성상 어린이들을 중심으로 선정하기보다는 책을 고르고 선택하는 부모나 주변 어른(교사, 도서 전문가 등)이 자신의 생각을 중심으로 선정하게 되는 경우가 많으므로 주의해야 한다. 김은하는 권장 도서 목록을 보면 책 읽기의 주체인 아이들의 반응보다 반드시 읽히겠다는 어른들의 의지가 앞서는 것 같고 권장 도서 목록 작성에 참가한 사람들에 대한 정보와 책을 고르는 과정을 독자에게 자세히 밝혀야만 목록이 지닌 장점과 한계를 감안하며 올바르게 사용할 수 있다고 말하고 있다.[31]

대부분의 어른들은 '책은 지식이다.' 라고 생각해서 책과 교과서를 동일하게 생각하는 경향이 있다. 학습, 공부와 책을 연결하려 하는 습성 때문에 교육적이고 교훈적인 내용을 권해 주는 경우가 많으나 어린이들은 재미가 없으면 책을 읽으려 하지 않는다. 책을 읽을 독자인 어린이들이 책을 선택하는 기준과 읽는 이유는 '재미' 라는 것을 잊어서는 안 된다. 책이 아무리 교육적이고 훌륭한 내용을 담고 있어도 아이들이 읽지 않으면 아무 소용이 없는 일이다. 우선 재미가 있어야 흥미가 생기고 흥미가 있어야 책에 담긴 내용에도 관심을 갖고 기억할 수 있기 때문이다.

미국도서관협회의 권독 기준은 '적서(適書)를 적시(適時)에 적자(適者)에게(The right book for the right person at the right time.)' 이다. 개개인에게 의미 있는 책이 되기 위해서는 시기에 맞는 책, 다양한 수준과 개성에 맞는 책을 골라 읽도록 해야 할 것이다.

3. 도서 선정 방법

1) 독서 계획의 수립

효과적인 독서를 하려면 우선 독서 계획을 수립해야 한다. 독서 계획에서 가장 먼저 할 일은 독서의 목적을 설정하는 것이다. 왜 책을 읽히려는지 그 목적이 뚜렷해야

---

31) 김은하(2000). 『우리 아이 책날개를 달아 주자』. 현암사.

독서 계획을 잘 세울 수 있다. 독서 계획은 장기 계획과 단기 계획으로 나눌 수 있는데 학교 교과와 연관해서 생각하는 것이 좋다. 교과서를 참고해서 그 시기에 읽혀야 할 책을 선정하는 것이 중요하다. 독서 계획을 수립하고 나면 계획에 맞는 독서 자료를 수집하고 가장 효과적인 독서 방법을 결정한다.

2) 도서 정보 활용

독서 자료를 선정하려면 독서를 권장하기 위하여 작성된 각종 추천 도서 목록, 필독 도서 목록 등을 이용하고 신문이나 잡지에 게재된 도서 소개나 독서와 관련된 기사 및 출판 광고를 활용한다. 도서 소개나 출판 광고를 활용할 때는 비판적인 시각이 필요하며 도서 선정의 안목을 길러 무조건적인 수용은 지양하도록 한다. 또한 주위 사람들과 독서에 관한 정보를 교환하거나 TV, 라디오의 책 정보를 이용한다. 서점과 도서관에 자주 들러 출판 도서의 동향이나 흐름을 파악하고, 책에 대한 안목을 넓히는 것도 중요하다. 인터넷 서점은 효율적인 면에서 장점이 많다. 직접 서점에 나가지 않더라도 인터넷으로 '펼쳐 보기'까지 할 수 있기 때문에 자세히 살펴볼 수 있으나 인터넷 서점에서 설정해 놓은 학년별 분류는 좀 더 신중하게 고려할 필요가 있다. 각종 어린이 도서 관련 상 수상 작품들도 살펴보도록 한다.

3) 도서 자료 선정 시 고려할 사항

도서 자료를 선정할 때는 먼저 독서 목적에 맞게 도서 자료를 선정해야 한다. 이는 독서 목적에 부합하는 책을 읽어야만 달성하고자 하는 독서 효과를 얻을 수 있기 때문이다. 둘째, 독자의 독서 능력과 성장 단계에 맞아야 한다. 지나치게 어렵거나 쉬운 자료를 골라서는 독자에 맞는 도서 선정이라고 할 수 없다. 독자의 독서 능력에 맞지 않는 책을 선정하면 쉽게 흥미를 잃게 되기 때문이다. 셋째, 적절한 분량의 도서 자료를 선정해야 한다. 욕심이 지나쳐 너무 많은 분량의 책을 선정하면 책을 읽는 일에 대해 부담감이 커질 수 있기 때문이다. 넷째, 도서 자료 가운데 양서를 선정해야 한다. 베스트셀러라고 해서 모두 좋은 책은 아니며 소문에 치우쳐 읽을 책을 선택하는 것은 효율적인 도서 선정이라고 보기 어렵다. 다섯째, 편향성을 배제해야 한다. 깊이 있는 사고와 대화를 위해서는 다양한 독서 체험을 하는 것이 필요하다. 특정 분야, 혹은 특정 이

넘에 치우친 도서 자료만 읽는다면 독자의 경험 영역은 그만큼 축소될 수밖에 없다. 그러므로 고전과 신간 서적, 다양한 장르의 도서를 고루 읽는 것이 좋다. 끝으로 도서 자료 선정 시 잊지 말아야 할 것은 독자의 흥미와 요구에 맞아야 한다는 것이다. 책을 읽을 실제 수용자의 관심사나 수준, 상황을 고려한 도서 자료 선정은 독서 효과를 높이는 데 매우 중요하다.

4) 도서 목록 활용 시 유의점 및 올바른 활용

좋은 책을 선정하는 데 기준이 되는 '권장 도서 목록'이 가지고 있는 문제점을 간과해서는 안 된다. 먼저 선택의 문제를 생각할 수 있는데 도서 선정자의 선택을 과연 모두 믿을 수 있느냐의 문제와 또 많은 책들 중에서 특정한 책을 선정하므로 해서 배제되는 그 많은 책들 중에는 좋은 책이 없느냐 하는 문제이다. 좋은 책을 권해 주려는 의도에서 시작된 일이 더 많은 좋은 책을 읽을 수 있는 기회를 놓치게 하는 원인이 될 수도 있는 것이다. 그리고 좋은 책을 선정하는 데 있어서 선정자와 책을 중심으로 목록을 만들다 보면 그 책을 읽어야 할 수용자에 대한 배려가 부족할 수 있는 것 또한 문제이다. 잘못하면 선정을 위한 선정이 될 수도 있다.

권장 도서 목록의 또 다른 문제점은 아이들의 개인차를 인정하기 어렵다는 것이다. 아이들은 발달 단계뿐만 아니라 관심사나 그 아이가 처해 있는 환경에 따라서도 독서 능력의 차이를 보일 수 있다. 어떤 아이에게는 굉장히 감동이 깊고 좋은 영향을 주는 책이라도 또 다른 아이에게는 아무런 영향도 주지 못하거나 어쩌면 나쁜 느낌을 주는 책일 수도 있다. 전문가가 권해 주는 책이라고 모든 아이에게 좋은 책은 아닐 수 있다. 이렇다 보니 좋거나 나쁘다는 것의 개념이 주관적일 수밖에 없다. 권장 도서 목록이 아이들의 개인차나 개별차를 인정해서 도서를 선정하기가 어려운 이유이기도 하다.

따라서 도서 목록을 활용할 때는 맹신은 금물이며 도서 자료 선정이나 독서 계획의 참고 자료로 활용하는 것이 바람직하다. 또한 권장 도서 목록에 있는 책만 읽으면 충분하다는 생각은 버린다. 목록에 선택되지 않은 책 중에도 좋은 책은 있을 수 있기 때문이다. 그리고 부모가 먼저 읽어 보고 자녀의 특성에 맞는 책을 고르는 것도 올바른 활용 방법이다. 부모의 도서 관심도에 따라 아이들의 책에 대한 흥미도가 달라지기 때문이다. 가족의 독서 생활화가 중요하다. 또 목록을 활용해 책에 대한 부담을 줄일 수 있도록 나이보다 낮은 단계의 권장 도서를 읽게 할 수도 있다.

4. 도서 선정 기준

노들먼(Nodelman)은 "실제 세상에서 모든 어린이들이 일반적으로 규정된 집단적 성격을 갖는 일은 극히 드물다. 각각의 어린이들은 각각의 인물이며 개별적인 존재이다. 그리고 그들의 가치와 능력은 전통과 환경의 영향을 받으며 모든 여섯 살짜리들의 유사성에 대한 가설을 만들면 문학적 반응 과정에 나타나는 개인차라는 중요한 점을 놓치는 것"이라고 주장하고 있다.[32] 그의 의견은 어린이 책을 선정하는 데 또 다른 기준이 될 수 있을 것이다.[33]

1) 학자들에 의한 기준

(1) 모티머 애들러(Mortimer J. Adler)

모티머 애들러는 『독서의 기술』이라는 책에서 좋은 책이 갖추어야 할 조건 6가지를 제시하고 있는데 다음과 같으며, 이러한 조건은 어린이들의 도서를 선정하는 데 중요한 기준으로 작용할 것이다.[34]

① 좋은 책은 가장 널리 읽히는 책으로 오랜 시간 꾸준하게 읽히는 책이다.

② 좋은 책은 어렵지 않고 누구나 쉽게 읽을 수 있다. 어떤 분야의 책이든 대개는 교수나 학자 같은 전문가가 아니라 보통 사람들을 위해 쓰이며 훌륭한 책은 어떤 주제

---

32) 페리 노들먼(2006). 『어린이 문학의 즐거움』. 시공주니어, 155쪽.

33) 신헌재 등은 위의 항목들을 도서내용–형식적 측면과 독자의 수용적 측면, 저자 출판 관련성의 측면으로 나누어 도서 선정 기준으로 설정 정리하였다. 신헌재 외(2003). 『독서 교육의 이론과 방법』. 박이정, 49쪽. 정양순은 그의 논문에서 독서 자료 선정 기준을 정하는 데 있어 독자를 중심으로 하여야 한다고 말하고 있다. 독서 자료 선정 기준을 크게 일반적인 면과 내용적인 면으로 나누고 일반적인 면에는 저자 요인, 출판 요인(활자, 인쇄, 삽화 문장, 분량, 표지, 제본), 독자 내적 요인(독서 흥미, 독서 능력), 교육과정과 관련성의 요인 등으로 분류하고, 내용적인 면에는 글의 주제요인, 글의 소재 요인, 어휘 요인, 주인공과 등장 인물 요인, 번역 요인으로 분류하였다. 1)정양순(2000). 『초등학교에서의 효율적인 독서 자료 선정과 활용 방안 연구』. 한국교원대학교 석사학위논문, 52~53쪽.

34) 모티머 애들러. 민병덕 옮김(1986). 『독서의 기술』. 범우사.

이건 기본을 다루고 있다. 물론 과학책 가운데 읽기 어려운 것도 많으나 이런 경우는 수준에 맞추어 차근차근 읽어 나가면 된다.

❸ 좋은 책은 언제나 현대적이다. 언제나 현대적인 책이란 오랜 시간이 흐르고 사람들 생각이 바뀌어도 여전히 남아 의미 있는 것을 말한다.

❹ 좋은 책은 아무리 읽어도 싫증이 나지 않는다. 읽을 때마다 그 안에서 새로운 뜻을 찾을 수 있고 읽는 사람의 수준에 따라 여러 가지로 해석될 수 있기 때문이다. 예를 들어 『걸리버 여행기』는 어린이들은 그 안에서 재미난 모험담을 발견하고 어른들은 유쾌한 사회 풍자를 읽는다.

❺ 좋은 책은 가장 유익하다. 좋은 책은 다른 책에서 찾아볼 수 없는 독창적인 생각을 담고 있다. 이런 책은 인류의 발전에 큰 공헌을 하고 읽는 사람에게 큰 영향력을 발휘하고 또 그 사람은 다른 많은 사람들을 변화시킬 수 있기 때문이다.

❻ 좋은 책은 좀처럼 풀리지 않는 문제들을 다루고 있다. 좋은 책은 끊임없는 호기심으로 풀리지 않는 문제들에 도전할 수 있게 해 준다.

(2) 폴 아자르(Paul Gustave Marie Camille Hazard)

프랑스의 폴 아자르는 다음과 같이 도서 선정 기준을 제시하고 있다.[35]

① 예술의 본질을 충분히 갖춘 책이라야 한다.
② 현실적인 내용이 아닐지라도 어린이들의 머릿 속에 즐겨 그려질 수 있는 책이라야 한다.
③ 쉽게 눈물을 흘리는 감상이 아니라 감수성을 눈뜨게 하는 책이라야 한다.
④ 용기를 존중하고 놀이의 소중함을 인정하는 책이라야 한다.
⑤ 지식을 주는 책이라야 한다.
⑥ 높은 도덕성을 지닌 책이라야 한다.

---

35) 송광택(1999). 『좋은 독서 가족 만들기』. 도서출판 줄과추, 41쪽.

(3) 프랭클린 월터(Framklin B. Water)

미국의 프랭클린 월터는 일반적인 독서 자료 선정 기준으로 열네 가지 항목을 들고 있는데 이것이 주로 학교의 언어 교육을 위한 교과서 선정에 한한 경우라 해도 선정 기준의 상세화와 체계화에 시사점을 준다. 내용은 다음과 같다.[36]

① **총합적 목적성:** 학습의 각 과정에 적합해야 하고 지역 교육 관계자들의 교육 철학이 반영되어야 한다.

② **학생들의 요구:** 학생들의 개별적 특성과 발달 단계에 있어서의 신체적, 정서적 성숙도 등을 고려해야 한다.

③ **교사들의 필요:** 교사의 교수 방법, 취향, 선택의 우선권 등과 배치되지 않아야 한다.

④ **다원적이고 성차별을 두지 않는 대표성:** 다양한 사회의 원만한 상호 의존성을 반영해야 한다.

⑤ **권위:** 저자 · 기획자 · 출판사의 배경, 교육 정도, 경험, 명성, 경력 등을 고려해야 한다.

⑥ **출처의 명확성:** 독서 자료는 타당하고 신뢰성과 완결성이 있으며 대상이 뚜렷해야 한다. 최근의 저작권과 발간 날짜도 명시되어 있어야 한다.

⑦ **범위:** 주제의 측면에서 내용의 깊이와 폭이 적절해야 하고 해당 학년과 연령의 수준에 알맞아야 한다.

⑧ **체제와 기술적인 질:** 제본이 잘되어 내구성이 있고, 활용과 보관이 편리해야 한다. 활자도 선명하고 편집도 균형미를 갖춰야 한다.

⑨ **내용상의 논리와 형식의 정제성:** 내용의 계열성을 살려 논리적이고 빈틈없이 조직되어 있으며 적절한 형식을 갖춰 정리되어 있어야 한다.

⑩ **미학적 고려:** 예술적 · 사회적 가치를 지니고 학생들의 상상력과 감성, 지성에 호소하는 것이어야 한다.

⑪ **구입 비용:** 대상 도서에 대한 필요성과 잠재적 활용성에 합치되는 예산상의 고려가 필요하다.

⑫ **논의의 공정성이 있는 내용:** 반대 의견의 개진이 가능하며 모든 이데올로기, 철학, 종

---

36) 임영규(2008). 『독서 자료 선정과 활용』. 박이정, 62–63쪽 (권혁준 외(2002). 『독서 교육의 이론과 방법』에서 재인용).

교, 정치적 관점이 편견 없이 다루어져야 한다.

⓭ **자료원의 공유** : 욕구와 활용의 빈도 등의 측면에서 학교와 지역 사회의 자료 공유성이 탐색되어야 한다.

⓮ **지향성** : 현재와 장래에 걸쳐 교사와 학생의 상호작용을 통하여 효과와 유용성을 증가시킬 수 있는 교육적, 사회적, 기술적인 지향성을 지녀야 한다.

(4) 책으로 따뜻한 세상 만드는 교사들

'책으로 따뜻한 세상 만드는 교사들' 은 '좋은 책' 의 판단 기준을 다음과 같이 제시하고 있다.[37]

① **충실성** – 여러 가지 차원에서 얼마나 충실한 책인가?

충실성이란 무엇보다도 내용이 얼마나 풍부하냐와 직결되며 편집과 장정의 완결성도 충실성을 가늠하는 한 요소라 할 수 있다.

② **가독성** – 청소년이 읽기 쉬운 책인가?

가독성의 기준은 크게 내용 자체의 난이도와 내용을 전달하는 표현 방식으로 구분해 볼 수 있다. 책을 판단할 때는 청소년들이 이해하기 쉬운 문장을 구사하고 있는가, 정확한 문장을 구사하고 있는가 따져 보아야 한다.

③ **진솔성** – 바람직한 삶의 가치와 의미를 담고 있는가?

청소년기에 꼭 익혀야 할 가치인 창의적 사고력, 문화 향유 능력, 문화 창출 능력 들을 키워 주는 책인지 살펴보아야 한다.

(5) 한우리독서문화운동본부

한우리독서문화운동본부에서 설정해 놓은 도서 선정 기준은 기본 원칙과 주제 및 내용적인 기준, 형식 및 물리적인 기준으로 나누어 설정하고 있고 독서 흥미 발달 단계와 장르별로 도서 선정 기준을 제시하고 있다.[38]

---

37) 책으로 따뜻한 세상 만드는 교사들(2005). 『책따세와 함께 하는 독서 교육』. 청어람미디어, 34–39쪽 참조.
38) 한우리 도서선정위원회(2009). 『아이들에게 이런 책을 골라 주세요』. 한우리독서문화운동본부.

자세한 사항은 다음과 같다.

〈기본 원칙〉

❶ 작가, 내용, 출판사를 두루 살펴 어린이 · 청소년들의 지적 · 정서적 발달에 도움이 되는 좋은 책을 가리되, 편향되지 않은 보편적 기준을 갖고 선정한다.

❷ 내용과 편집, 제본 상태를 함께 살펴 정성껏 잘 만들어진 책을 선정한다.

❸ 독서 흥미의 발달 단계 및 성장 단계에 적합한 책을 연령별로 선정한다.

〈주제 및 내용적인 기준〉

❶ 착한 마음, 굳세고 올곧은 정신을 길러 주는 책

❷ 상상력과 창의력을 키워 주는 책

❸ 높고 큰 꿈을 키워 주는 책

❹ 과학적 사고를 키워 주는 책

❺ 자아와 인간에 대한 이해를 돕는 책

❻ 자연환경을 아끼는 시민으로 자라게 해 주는 책

❼ 이웃과 사회를 이해하는 데 도움이 되는 책

❽ 역사 의식을 길러 주고, 전통문화에 대한 이해를 높여 주는 책

❾ 인류의 삶의 질을 높이는 데 기여한 인물을 알게 하는 책

❿ 내용 및 표현이 연령 및 독서 흥미 발달 단계에 맞고, 생활 경험에 비추어 잘 소화할 수 있는 책

〈형식 및 물리적인 기준〉

❶ 문장은 이해가 쉽고 간결하게 표현되어야 한다.

❷ 오자나 탈자가 없고, 띄어쓰기와 철자법이 정확해야 한다.

❸ 저자, 편자, 역자, 감수자 등이 그 분야의 전공자로서 어린이를 위한 저작물을 잘 이해하고 있는지 살핀다.

❹ 삽화는 내용과 부합되고 이해를 돕고 있는지, 인쇄는 선명한지 살핀다.

❺ 번역서의 경우 원문의 의미를 정확하게 전달하되 자연스러운 우리말 표현으로

매끄럽게 번역되었는지 살핀다.

⑥ 장정과 표지는 견고하고, 제목과 표지가 도서의 성격을 잘 드러내고 있는지 살핀다.

⑦ 활자의 크기와 행간은 적당한지 살핀다.

⑧ 용지는 백색 또는 엷은 황색으로 광택이 나지 않고 이면이 많이 비치지 않는지 (눈의 보호를 고려) 살핀다.

⑨ 믿을 만한 출판사에서 좋은 출판 의도로 발간된 책인지 살핀다.

⑩ 대상에 대한 충분한 이해를 바탕으로 정성껏 기획, 제작된 책인지 살핀다.

2) 독서 자료 선정 기준

위의 다양한 독서 자료 선정 기준을 정리하면 도서를 선정하는 데 있어서 일반적인 측면과 내용적인 측면, 형식적 측면, 성장 단계별 특성에 따른 측면으로 나눌 수 있다.[39]

(1) 일반적인 측면

일반적인 측면은 저자, 배경, 문장, 용이성, 교육 과정과의 관련성을 살펴볼 수 있다. 먼저 저자는 학문 활동과 출판사의 권위가 뚜렷한 작품이어야 한다. 배경은 작품이 쓰인 연대나 시대적 배경이 뚜렷한 작품이어야 한다. 독자의 연령에 따라 장소 및 시간적 배경의 변화의 폭이 적당한지를 살펴보아야 한다. 문장은 문장 구성이 간결하고 학년 수준에 알맞은 작품이어야 한다. 문장의 발달은 어휘 사용과 밀접한 관계를 갖고 발달하게 되는데 연령의 증가와 함께 어휘량도 꾸준히 증가하고 그 형태 또한 단순 간결한 문장에서 다양하고 복합적인 문장으로 발달하므로 구체적으로 살펴 판단해야 한다. 용이성은 적극적인 독서와 습관을 위해서 반드시 고려해야 할 사항으로 흥미가 있고 가급적 쉽게 입수할 수 있는 도서이어야 한다. 교육 과정과의 관련성은 독서 지도를 교과 과정 속에서 체계적으로 지도하기 위해서는 국어과 교육 과정을 독서 지도와 연계할 필요가 있어 교과 학습과 관련이 있고 교육 목적 및 목표에 상응하는 것이어야 한다.

---

39) 강향옥(2001). 「초등학교 저학년 권장 도서 선정에 관한 연구」. 전남대학교 석사 학위 논문, 56–62쪽.

(2) 내용적인 측면

내용적인 측면은 창의성, 확산성, 사고성, 교육성, 흥미성, 건강성, 문예성, 정체성, 다양성, 지향성을 살펴볼 수 있다. 창의성은 진리를 탐구하는 마음을 길러 주고 아동들의 무궁무진한 상상력과 창의력을 길러 주는 작품이어야 하며, 확산성은 다양한 세계의 경험을 통해 나와 다른 삶과 문화가 있음을 알려 주고 꿈과 희망을 갖게 해 주는 작품이어야 한다. 사고성은 이해하고 감동하며 비판적 사고를 함양하는 작품이어야 하고, 교육성은 인간적 감동으로 바람직한 심성을 기를 수 있고 지나치게 교훈만을 강조하지 않는 작품이어야 한다. 흥미성은 성인의 입장과 아동의 입장에서 본 흥미성의 차이의 이해, 너무 감성적이거나 지나치게 의도적이며 교육적인 것은 지양하는 것이 좋다. 건강성은 선의에 찬 밝은 내용일 것, 부정적인 요소나 잔인성, 난폭성의 내용은 피하고 어른으로 성장하고 건강한 시민이 되는 데 도움을 주는 것이어야 하며, 문예성은 인생의 보편적인 사실을 긍정적으로 생생히 표현하고 문학성, 예술성과 지식성이 있어야 하며 섬세한 미적 감수성을 길러 주는 작품이어야 한다. 정체성은 자신이 속한 집단의 이해관계를 넘어 보다 보편적인 가치가 있음을 경험하게 하고 공동체의 일원으로서 정체감 확립에 도움을 주는 작품이어야 한다. 다양성은 정의적·인지적 조화를 위한 문학, 역사, 철학, 사회과학, 자연과학 및 예술 등 다양한 분야의 작품을 선정해서 읽도록 권해야 한다. 지향성은 취급된 지식은 시대 감각에 맞고, 진실하고 신뢰감이 있어야 하며 등장인물의 바른 인간상을 지향하는 내용이어야 한다.

(3) 형식적 측면

형식적 측면은 표지, 어휘의 난이도, 문장의 간명, 활자 및 인쇄, 교정, 색채와 삽화, 여백의 중시, 지질, 포장 및 제본, 크기, 내용의 분량을 살펴볼 수 있다. 표지는 책의 내용이나 분위기를 짐작하게 하는 단서가 되므로 책의 내용을 잘 함축하고 책을 가장 잘 대표할 수 있어야 한다. 어휘의 난이도는 아동이 한 문단을 읽기 전에 모든 어휘를 다 알 필요는 없으며 새로운 어휘의 의미는 문맥 안에서 추론할 수 있기 때문에 한 쪽당 아동이 모르는 어휘의 수가 2~4개가 적당하다.[40]

---

40) 김형경(1998). 「초등학교 독서 자료 선정 기준 설정 및 그 적용에 관한 연구」. 대구교육대학교 석사 학위 논문, 52쪽.

문장의 간명은 문장이 지나치게 복잡한 도서는 피하고 간결한 문장이 좋다. 활자 및 인쇄는 글자의 크기를 결정하는 기준이 객관화되어 있지 못하여 연구자마다 다른 결과가 나왔으나 초등학교 교과서 수준 또는 그 이상 글자가 비치지 않고 선명하게 인쇄된 도서이어야 한다. 교정은 오자, 탈자가 없어야 하고 띄어쓰기가 잘되어야 하며 부호가 알맞은 자리에 있어야 한다. 글씨의 크기도 일정한가 보아야 한다.

색채와 삽화는 창의적이고 정확 간결하고 가능하면 아동화를 전문으로 하는 사람의 그림이면 더욱 좋으며 아동 도서의 삽화는 이야기의 테마와 그 분위기가 조화를 이루어야 할 뿐만 아니라 그림 자체로서도 뛰어난 것이어야 한다. 여백의 중시는 적당한 여백이 있어야 하며 지면에 글자가 가득 찬 것은 아동들에게 중압감을 느끼게 해 독서 흥미를 떨어뜨리므로 피하는 것이 좋다.

지질은 너무 희거나 반사된 종이는 눈을 피로하게 해 독서에 지장을 주므로 백색 또는 연한 황색이나 미색의 광택이 나지 않는 질긴 서적지가 적당하다. 포장 및 제본은 오래 사용하여도 책장이나 표지가 떨어져 나가지 않고 변형이 되지 않도록 견고하게 제본되어야 한다. 크기는 대체적으로 어린 아동들에게 작고 가벼운 책이 취급하기 쉽기 때문에 국판이나 4·6배판 크기가 적당하다. 반면에 큰 책은 여러 명의 어린이들 앞에서 책을 읽거나 동화 들려주기와 같은 행사를 할 때 적합하다. 내용의 분량은 너무 짧은 이야기는 어린이에게 지적인 호기심을 충족시켜 준다든가 성취욕을 채워 주기에 부족할 수도 있고 분량이 많은 도서는 읽기도 전에 심리적인 부담을 줄 수 있으므로 책의 내용이나 주제, 어린이의 발달 단계에 따라 적절하게 선정해야 한다.

(4) 성장 단계별 특성에 따른 측면

성장 단계별 특성에 따른 측면은 독서 능력 발달과 독서 흥미 발달을 살펴볼 수 있다.[41] 이재철은 학생들의 발달 단계에 따라서 즐겨 읽는 읽을거리들이 달라진다고 하였다.[42] 에릭슨, 피아제, 콜버그 등의 발달심리학자들은 인간의 전 생애를 몇 개씩의 발달 단계로 구분 짓고 있는데 독서 흥미나 독서 능력도 마찬가지라고 본다. 학생들은

---

41) 독서 능력 발달은 「아동 발달과 독서 교육」 과목에서 자세하게 다루고 있으므로 여기서는 독서 흥미 발달 단계에 대해서만 서술하고자 한다.
42) 이경화(2004). 「읽기 교육이 원리와 방법」. 박이정, 167쪽. (이재철. 1986. 재인용)

자기 발달 단계에 맞는 책에 흥미를 느끼고 자기 독서 능력에 따라 독서 활동을 전개해야 더 효과적인 결과를 얻을 수 있을 것이다.

독서 흥미의 발달 단계를 살펴보면 학자마다 그 단계를 나누는 의견을 조금씩 달리하고 있다.

Terman과 Lima는 독서 흥미의 발달 단계를 ① 6~7세 : 옛날이야기기, ② 8~10세:동화기, ③ 11~14세:소설기로 크게 3등분으로 구분하고 나이별 특징을 밝혔으며, 김효정 등은 어린이 성장 과정에 맞추어 독서 흥미의 발달 단계를 초현실적 반복 이야기기(2~6세), 옛날이야기기(4~6세), 우화기(6~8세), 동화기(8~9세), 이야기기(10~12세), 전기기(12~14세), 문학기(14세~), 사색기(17세~) 등 8단계로 나누었다. 그리고 이경미는 독서 흥미 발달 단계를 우화기(1~2학년), 동화기(3~4학년), 소설기(5~6학년)로 나누었다.[43] 이경화는 독서 흥미 발달 단계를 옛이야기 시기(4세~유치원), 환상 동화 시기(초등1~2학년), 역사 이야기 시기(초등 3~4학년), 지식과 논리의 시기(초등 5~6학년), 모험·탐정의 시기(중학교 시기)로 나누고 각 시기마다 흥미 도서와 특성을 설명하고 있다.[44]

이상과 같이 독서 흥미의 발달 단계를 살펴보면 성장 과정에 따라 독서 흥미가 변화하는 체계적인 양상을 볼 수 있다. 초기에는 단순한 구조를 선호하지만 성장하면서 복잡한 구조로 변화하고 개인적 내용에서 사회적 내용으로, 구체적 현상에서 추상적 내면으로, 가볍고 즐거운 내용에서 심오하고 의식 있는 내용으로 발달한다.

독서 흥미는 연령에 따라 변화한다. 독서 흥미가 변화해야 독서 능력도 발달하게 될 것이다. 어린이들이 발달 단계에 따라 즐겨 읽는 책이 달라지고 책을 읽는 방법도 발달해 가므로 독서 능력 발달과 독서 흥미 발달 단계에 맞는 책을 선정해 주어야 효과적인 독서와 독서 지도가 될 것이다.

---

43) 이경미(2006). 「초등학생의 독서 성향 분석을 통한 바람직한 독서 지도의 방향」. 대구교육대학교 석사 학위 논문, 10-15쪽.
44) 이경화(2004). 위의 책(167-170쪽).

제3장 도서 선정의 실제

 ## 1. 한국 십진 분류법(KDC)

책은 일반적으로 이용의 편의, 활용의 편의, 찾아보기의 편의를 위해서 분류 진열되는 것이 원칙이다. 한국에 있어서의 모든 도서의 분류는 '한국 십진 분류법(韓國十進分類法:Korean Decimal Classification, 약칭 KDC)'을 표준으로 삼고 있다.

KDC는 도서관에서의 도서의 체계적인 관리, 이용을 위해 1964년 5월 31일 한국도서관협회가 제정한 표준 분류법이다. 이 KDC는 세계적으로 널리 통용되고 있는 듀이 십진 분류법(Dewey Decimal Classification:DDC)을 바탕으로 하여 우리 실정에 적합하게 만들어진 것이다.

KDC는 모든 도서관이나 자료실은 물론이고 출판 통계를 집계하는 데 있어서도 기본적인 근거가 되고 있다. 일반 서점도 기본적인 분류는 KDC에 바탕을 두고 이를 적절히 응용하는 것이므로 KDC의 대강을 알아 둘 필요가 있다.

〈표 2〉 한국 십진 분류표

유형별	주　　제
000(총류)	서지학, 도서관학, 정보 과학, 백과사전, 연감, 사전, 신문, 논문집, 컴퓨터(소프트웨어), 향토 자료 등
100(철학)	형이상학, 동양 철학, 서양 철학, 논리학, 심리학, 윤리학 등
200(종교)	비교 종교학, 불교, 기독교, 도교, 천도교, 회교, 기타 종교 등
300(사회 과학)	통계학, 경제학, 사회학, 사회 문제, 정치학, 법학, 교육학, 풍속, 민속학, 국방, 군사학 등
400(순수 과학)	수학, 물리학, 화학, 천문학, 지학, 광물학, 생명 과학, 식물학, 동물학 등
500(기술 과학)	의학, 농업, 농학, 일반 공학, 공업, 건축 공학, 기계 공학, 전기 공학, 전자 공학, 화학 공학, 제조업, 가정학, 가정생활 등
600(예술)	건축술, 조각, 공예, 서예, 회화, 사진, 음악, 연극, 오락, 운동 등
700(언어)	한국어, 중국어, 일본어, 영어, 독일어, 프랑스 어, 스페인 어, 이탈리아 어, 기타 언어 등
800(문학)	한국 문학, 중국 문학, 일본 문학, 영미 문학, 독일 문학, 프랑스 문학, 스페인 문학, 이탈리아 문학, 기타 문학
900(역사)	아시아, 유럽, 아프리카, 북아메리카, 남아메리카, 오세아니아, 양극 지방, 지리, 전기 등

〈표 3〉 분류 체계의 비교[45]

베이컨의 분류(1605)	해리스의 분류(1870)			DDC(1876)	KDC(1964)
	과학	1	과학	000 총류	000 총류
		2- 5	철학	100 철학	100 철학
		6-16	종교	200 종교	200 종교
[original]		17-31	사회학, 정치학	300 사회 과학	300 사회 과학
역사(歷史)		32-34	언어학	400 언어	400 순수 과학
시학(詩學)		35	자연 과학, 기술	500 순수 과학	500 기술 과학
과학(科學)		36-40	수학	600 기술 과학	600 예술
		41-45	물리학	700 예술	700 언어
		46-51	박물학	800 문학	800 문학
[inverted]		52-58	의학	900 역사	900 역사
과학(科學)		59-63	기술		
시학(詩學)	예술	64	예술		
역사(歷史)		65	미술		
		66-78	문학		
	역사	79-97	역사		
	부록	98-100	잡문		

---

45) 김정현(2001). 『문헌 분류의 실제』. 태일사, 27쪽.

2. 월별 도서 선정

각 달마다 특별한 날이나 기억해야 할 날이 있다. 예를 들면 명절과 국경일, 기념일 등이다. 그날에 관련된 참고할 만한 책을 선정해 주고, 어린이들에게 그날의 의미에 대해 함께 이야기를 나누고 토의해 볼 수 있는 책을 읽어 본다. 월별로 도서 선정을 하는 이유는 특정한 달이나 날에 맞게 책을 선정해서 독서 활동을 하는 것이 책에 대한 흥미나 독서하고자 하는 동기 유발에 효과적이고 책과 관련한 체험 학습을 하기에도 더 좋기 때문이다. 또한 각 달마다 교육청이나 학교에서 주관하는 행사의 일정에 맞춰 도서를 선정하게 되면 독서 목적이 뚜렷하기 때문에 높은 독서 효과를 볼 수 있다. 또한 학생들이 독서가 학교 학습과 직접적으로 연계될 수 있다는 생각으로 더 열심히 책을 읽는다는 이점이 있다.

1) 1~2월

1월 1일 신정과 설날(음력 1월 1일), 정월 대보름(음력 1월 15일)에 관한 명절의 유래와 우리나라 전통문화에 관련된 책을 골라 준다.

2) 3월

봄이 되면 모든 것이 새로워지고 겨우내 움츠렸던 생명들이 꿈틀대는 시기이다. 물의 날(3월 22일)과 기상의 날(3월 23일)이 있으므로 자연에 대한 사랑과 생명의 소중함을 알려 주는 책을 골라 준다.

3) 4월

과학의 달이지만, 과학의 날(4월 21일) 이외에도 기억해야 할 날들이 많은 달이다. 식목일 및 한식(4월 5일), 4·19혁명 기념일(4월 19일), 장애인의 날(4월 20일), 법의 날(4월 25일), 충무공 탄신일(4월 28일) 등이 있다. 특히 더불어 사는 의미를 알 수 있도록 장애인을 이해할 수 있는 책을 골라 준다.

4) 5월

어린이날, 어버이날이 있는 가정의 달이다. 가족 간의 사랑, 형제간의 사랑을 그린 책을 골라 준다.

5) 6월

호국 보훈의 달(6월 6일 현충일, 6·25 전쟁일)이며, 환경의 날(6월 5일)이 있으므로 물의 순환이나 자연에 관한 과학책, 동화, 소설, 시를 골라 준다.

6) 7~8월

제헌절(7월 17일), 광복절(8월 15일)에 관련된 책이나, 여름방학을 이용하여 여행지에 관한 역사 또는 그 지역을 배경으로 하는 동화나 소설을 골라 준다.

7) 9~10월

10월은 문화의 달이며 우리 민족 고유의 명절 추석(음력 8월 15일)이 있는 달이다. 문화와 예술에 관련된 책을 골라 준다.

8) 11~12월

겨울에 관련된 책이나 크리스마스에 맞추어 이웃과의 사랑에 관한 책을 골라 준다.

 ## 3. 상황별 도서 선정

독서 상황이란 "어떤 사람이 책을 읽거나 읽고자 할 때 처해 있는 정신 및 신체적 상태나 조건, 혹은 사회적인 입장이나 여건을 말한다."[46]고 정의할 수 있다. 상황별 도서 목록이 기존의 추천 도서 목록이나 양서 목록, 혹은 선정 도서 목록 등과 가장 크게 차이가 나는 것은 독자의 상황을 우선적으로 고려하고 있다는 점이다. 다시 말하면 기

---

46) 한윤옥 외(1999). 『상황별 독서 목록(아동·청소년 편)』. 한국도서관협회.

존의 추천 도서 목록들이 독자와는 상관없이 일률적으로 책이 좋은지 나쁜지만을 생각하고 작성된 것이라면, 상황별 도서 목록은 독자의 입장이나 형편을 먼저 고려한 후 그것에 맞는 도서를 추천하고 있다는 점이 다르다고 볼 수 있다.[47]

상황별 도서 선정의 분류 기준을 보면 다음과 같다.[48]

1) 심리 상태나 욕구에 따른 상황

주관적이고 개별적으로 발생하는 현재 상황이다. 무엇을 하고 싶거나, 느끼고 싶을 때 등 현재 발생하는 감정의 변화와 심리적 측면을 말한다.

(1) 심심할 때

(2) 불안할 때

(3) 즐거울 때 / 기분 좋을 때

(4) 공부(또는 숙제)가 하기 싫을 때

(5) 우정의 소중함을 느끼고 싶을 때

(6) 우울할 때

(7) 무서울 때

(8) 기분 나쁠 때

(9) 짜증날 때

(10) 부모님의 사랑 / 소중함을 느끼고 싶을 때

(11) 형제와 싸웠을 때

(12) 힘들고 어려울 때

(13) 외롭고 쓸쓸할 때

(14) 지루하고 따분할 때

---

47) "책을 읽는 것은 어떤 목적이나 기대가 있기 때문이다. 실제적인 도움을 얻기 위해서 읽는 책이 아닐 때에도 다름 아닌 '바로 그 책'이 필요한 순간들이 있지 않던가. 우울할 때나 기쁠 때, 낙심한 때나 새 희망을 품을 때, 사랑에 빠졌을 때나 실연을 당했을 때, 우리는 각각의 시기마다 '바로 그 어떤 책'을 찾아 읽기 위해 헤매지 않았던가. 지금 이 순간에 내게 필요한 책이 무엇인지 모를 때조차도 말이다."(허병두(2004). 『푸른 영혼을 위한 책읽기 교육』. 청어람미디어, 76~77쪽.) 이렇듯 상황에 맞는 도서 선정은 책의 수용자의 입장에서 매우 의미가 있는 일이다.

48) 한윤옥 외(1999). 『상황별 독서 목록(아동 · 청소년 편)』. 한국도서관협회.

(15) 의욕이 없고 피곤할 때

2) 시간과 공간적 외부 환경에 따른 상황

객관적이고 보편적으로 발생하는 상황으로서, 내부적 심리보다는 외부적 환경 요소에 따라 책을 읽고 싶다고 생각하게 되는 상황이다.

(1) 잠이 오지 않을 때

(2) 잠자기 전

(3) 한가할 때 / 시간이 날 때

(4) 시험이 끝난 후

(5) 학교에서 쉬는 시간에

(6) 혼자 있을 때

(7) 친구와 싸웠을 때

(8) 부모님과 갈등을 겪었을 때

(9) 가을에

(10) 평소에 아무 때나 - 일상적인 삶의 이야기를 다룬 도서

3) 지적인 관심, 호기심과 관련된 상황(학습적 측면)

지적인 관심거리나 호기심, 사회적 갈등이나 역사적 관심거리, 인류 문화 차원에서의 탐구 문제 등을 추구하고 싶을 때 발생하는 독서 상황이다.

(1) 공부에 도움을 받기 위해

(2) 역사에 대해 알고 싶을 때

(3) 무언가에 대해 궁금증이 생길 때

(4) 위인의 삶을 배우고자 할 때

(5) 독후감, 일기, 글쓰기 등에 도움이 필요할 때

(6) 다른 나라와 외국 아이들이 궁금할 때

(7) 상상력을 기르고 싶을 때

(8) 똑똑해지고 싶을 때

(9) 우리나라 전통문화와 명절, 풍습을 알고 싶을 때

4) 자아, 성숙, 고민 해결과 관련된 상황(교훈적 측면)

자아의 고민이나 성장에 따른 변화에서 오는 고민이나 갈등 상황으로 반드시 해결책을 요구하고 제시해야 되는 상황이다.

(1) 삶의 교훈을 얻고 싶을 때

(2) 용기와 희망, 자신감이 필요할 때

(3) 다른 사람을 배려하는 마음을 배우고자 할 때

(4) 생명과 자연환경의 소중함을 깨닫게 될 때

(5) 따돌림당할 때 / 왕따 현상을 볼 때

(6) 자신이 불만족스러울 때

(7) 참된 효도를 배우고자 할 때

(8) 노력과 끈기가 필요할 때

(9) 지혜가 필요할 때

상황별 도서 선정은 삶의 보편적 주제나 다양한 교과, 주제별 상황 등을 다루고 있으므로 '주제별'로 분류해도 무방하다. 추천 도서 목록이나 권장 도서 목록에 수록되어 있는 책들이 전문가들이 선정해 놓은 양서의 목록이라면 독서지도사가 책을 읽으면서 주제별로 분류해 놓은 선정 목록은 독자의 입장이나 상황, 형편을 먼저 고려하여 분류 선정한 것이기 때문에 책을 읽는 수용자의 입장에서도 더 의미가 클 것이다.

다음은 책을 주제별로 분류할 때의 예를 제시한 것이다. 비어 있는 도서 목록 칸은 책을 읽어 나가면서 스스로 선정하여 채워 가면 자신의 주제별 분류를 완성할 수 있을 것이다.

〈표 4〉 도서 목록 주제별 분류 예시

주제	내용	도서 목록
가족	가족 간의 사랑, 가족의 소중함, 다양한 가족 형태, 가족 간 문제 해결, 역할 분담	
우정	관계 맺음, 배려, 갈등을 푸는 지혜	
늙음과 죽음	죽음도 삶의 한 부분, 자연의 질서	
가치관, 정체성	삶의 가치, 존재의 의미	
따돌림	따돌리는 아이, 따돌림받는 아이	
평화	전쟁의 참상, 평화의 중요성 인식	
장애	함께 살아가는 사회의 구성원, 편견에서 벗어나기	

책을 상황별 또는 주제별로 선정해 놓으면 아이들과 독서 지도를 하거나 아이의 상황에 맞는 도서 선정이 필요할 때 유용하게 사용할 수 있다. 책을 주제별로 선정하여 자신만의 목록을 만들려면 카드를 작성해 놓는 것이 좋다.

다음은 주제별 도서 선정을 위한 독서 카드 작성의 예이다.

〈그림 2〉 주제별 도서 선정을 위한 독서 카드 작성의 예

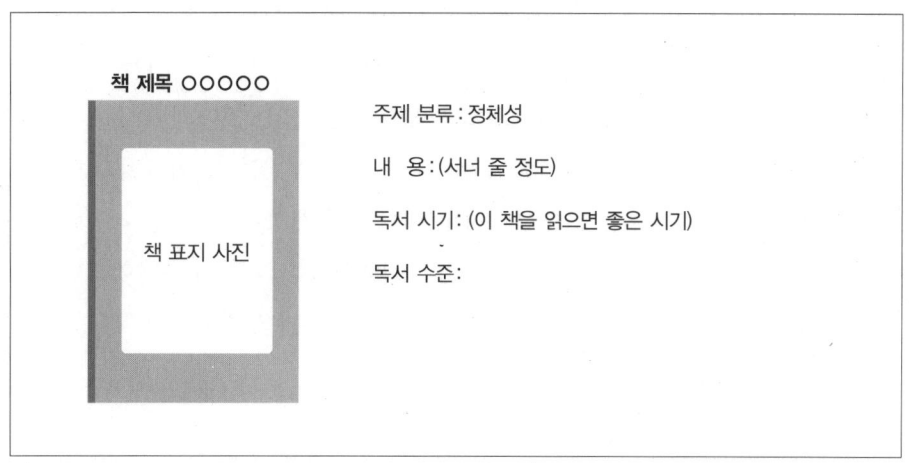

위와 같은 독서 카드 목록은 독서지도사에게 꼭 필요한 것이며 독서 지도를 하는 데 매우 유용한 재산이 된다. 독서 카드 목록을 많이 소장할수록 추천 도서 목록에 의존하지 않고 독자의 상황에 맞는 책을 선정할 수 있는 자신감과 전문성을 갖춘 독서지도사 역할을 할 수 있을 것이다.

물론, 위에 제시한 주제별로 설정할 때의 주제나 독서 카드 목록은 예시에 불과하다. 독서지도사가 현장에서 독서 지도를 하면서 본인의 편의나 필요에 맞게 활용하면 더 좋은 독서 자료와 목록이 될 수 있다.

 ## 4. 독서 흥미 발달 단계별 도서 선정

여러 학자들의 독서 흥미 발달 단계의 공통된 부분을 참고, 종합하면 연령별 도서 선정은 다음과 같이 할 수 있다.

1) 4~5세

어른이 읽어 주는 그림책을 감상하며 책에 관심을 갖기 시작하는 시기이다. 단수 개념이 발달하는 시기이므로 정보를 자연스럽게 전달할 수 있는 그림책이 좋다. 수를 세기 시작하고 글자를 이해하기 시작하므로, 그림과 글자가 명확해야 한다. 이야기에 대한 감이 발달하므로 단순하고 구조화된 줄거리로 사건을 예측할 수 있는 것이 좋다. 단어, 구, 문장이 반복되어 운율이 느껴지면 더욱 흥미를 느끼며 이야기에 관심을 갖는다. 유머를 즐기는 시기이므로 유머러스한 내용을 담고 있는 것이 좋다.

피아제의 발달 단계상 전 조작기의 물활론적 사고와 꿈의 실재론이 적용되는 시기이므로 상상력을 키워 줄 수 있는 그림책이 좋다. 자아 개념이 발달하는 시기이므로 '능력', '자존감', '가치' 등을 주제로 하는 그림책이 좋다. 언어가 양적으로 발달하는 시기이므로 여러 형태의 문장이 있는 그림책이 언어 발달을 촉진시켜 준다.

2) 6~7세

단순 반복 구조의 그림책을 스스로 읽으며 자신감을 갖는 시기이다. 날마다 일어나는 일상의 경험을 내용으로 하고 있고, 나이가 비슷한 또래가 주인공으로 나오는 책이 좋다. 줄거리가 간단하고, 분량이 너무 많지 않은 책이 좋다. 그러나 표현은 풍부하고 동작 묘사가 많아야 한다. 운율을 충분히 느낄 수 있는 동시나 동요를 읽히는 것도 좋다. 재미있는 동물 이야기나 유머러스한 상황을 그린 이야기가 좋다.

특히 주인공이 걸핏하면 실수를 저지르는 이야기나 유머가 풍부한 이야기들은 정서를 안정시키고 자신감을 기르는 데 도움이 된다. 후렴구가 있거나 흉내말을 효과적으로 사용한 시나 이야기가 좋다. 자주 반복되는 말이 들어가 있으면 흥미를 느끼면서 계속 읽으려고 한다. 옛날이야기와 동물 이야기를 좋아하는 시기이다.

이 나이에 독서력에 차이가 생기는 이유는 지능의 차이가 아니고 언어 발달의 차이 때문이며, 부모가 얼마만큼 책을 읽어 주느냐에 따라 달라지기도 한다. 부모가 책을 읽어 줄 때는 자녀의 능력보다 좀 어려운 책, 새로운 어휘가 많이 나오는 책을 읽어 주면 독서 수준을 높일 수 있다. 그러나 이 나이는 책을 사랑하고 독서에 취미를 붙이기 시작하는 나이이기 때문에 혼자서 읽게 할 때는 부모가 읽어 주는 책보다 독서 수준이 좀 낮은 책을 읽히는 것이 현명하다. 쉬운 책도 많이만 읽으면 어휘력을 높일 수 있다. 이때 중요한 것은 지적인 발달만 생각해서 지식을 주입하려 하지 말고, 책 읽는 일을 즐겁게 느끼도록 해 주어야 한다는 점이다.

책을 어떻게 다루어야 하는지 알고, 또 이야기에 익숙한 어린이는 책에 대한 경험이 전혀 없거나 조금밖에 없는 어린이에 비해 좀 더 빨리 글을 읽게 된다. 독서의 기초를 잘 닦을 수 있도록 지도해야 다음 단계의 독서로 무리 없이 진행할 수 있다는 점에 유의해야 한다.

3) 8~9세(초등학교 1, 2학년)

책을 통해 환상과 꿈을 키우며 지혜롭게 자라나는 시기이다. 독서 습관 형성기이므로 부모의 역할이 가장 클 때이다. 책을 읽고 하는 아이의 반응에 재미있게 받아주어야 한다.

문장이 아무리 길어도 가장 중요한 뜻이 담겨 있는 낱말이나 구절이 있게 마련이다. 이 나이의 어린이들에게는 주요 낱말이나 구절이 여러 번 반복되는 책이 이해력을 기르는 데 도움이 되기 때문에 좋다. 또한 이야기가 전개되기까지 발단 부분이 지나치게 길면 흥미를 잃어버릴 수 있으므로 도입부가 짧은 책이 좋다. 간단한 설명에 따라 무엇을 만들 수 있도록 된 책이 좋다. 이 나이 때에 흔히 경험하는 두려움이나 불안 같은 정서적인 면을 다룬 책에 쉽게 공감하는 시기이다.

이 시기에는 무엇보다도 혼자서 책을 읽을 수 있는 습관을 길러 주어야 한다. 어린이가 무엇에 흥미를 느끼는지 알아낸 다음 관심이 있는 분야의 책으로 시작해서 점점 독서에 흥미를 갖도록 유도한다. 어렸을 때 부모가 읽어 주었던 책 중에서 어린이가 특별히 좋아하는 책이 있으면 이번에는 혼자서 읽게 한다. 한 번 읽었던 책을 여러 번 읽는 것은 어휘 익히기에 가장 효과적인 방법이다.

4) 10~11세(초등학교 3, 4학년)

역사와 위인들의 삶에 관심을 갖기 시작하는 시기이다. 독서량이 많아져 다독을 할 시기이므로 이때는 아이가 원한다면 동화류나 인물 이야기 등의 전집물을 구입해 주는 것도 좋다. 이 시기에는 신화와 전설이 담긴 책이 좋으며 위인들의 이야기나 다양한 인물 이야기를 읽히기에 적합하다. 현실성 있는 이야기를 좋아하게 되어 역사 속에 실제 했던 인물 이야기에서 기쁨을 느끼며 영웅 이야기를 좋아한다. 풍속사나 생활사 중심의 역사 관련 책을 접하게 하여 본격적인 역사책을 읽기 위한 준비를 할 수 있는 시기이다. 또한 이 시기는 또래의 우정을 그린 이야기에 공감하여 잘 읽으며 모험의 세계가 담긴 책에 관심을 갖기 시작한다. 동정심을 유발하는 주인공이 등장하는 책에 빠져들기도 한다.

이 시기에는 현실과 공상을 구별할 줄 알기 때문에 오히려 현실을 초월한 상상력이 가득한 이야기에서 기쁨을 얻을 수 있다. 즉, 가공의 이야기를 즐기기 때문에 『아라비안 나이트』나 『걸리버 여행기』 같은 책들을 많이 읽히는 것이 좋다. 또한 자신들의 주변 생활을 그린 생활 동화에도 점점 흥미를 갖기 시작하는 나이이다. 특히 이야기의 주인공이 자신과 관련이 있을 때 흥미는 더욱 커진다.

이 시기에는 도덕적 가치를 내면화할 수 있으며 생활을 지배하는 규칙을 점검하는 데 흥미를 갖는다. 그러나 생활 면에서는 서서히 노는 데에 눈을 뜨기 시작하는 나이이므로 다루기가 어려워진다. 그러나 본격적으로 사춘기에 접어든 것은 아니기 때문에 어떻게 지도하느냐에 따라 독서에 취미를 붙이게 할 수도 있다.

5) 12~13세(초등학교 5, 6학년)

감정이 성숙되고 지식과 논리력이 확장되는 시기이다. 어떤 책도 소화할 수 있는 시기로 다양하고 재미있는 책을 많이 읽고 독서력의 향상과 감성이 발달하는 독서 황금기이다.

지적 욕구를 만족시켜 주는 지식이나 정보가 담긴 책이 좋다. 또한 이성, 외모, 학업 문제 등 자신의 생활, 관심, 심리 변화와 관계 있는 책을 좋아한다. 정서 문제를 깊이 있게 다루어 자아와 인간에 대한 이해를 돕는 책이 좋다. 모험, 탐정 이야기, 추리 소설류 등 논리력과 상상력을 자극하는 책에 관심이 높은 시기이다. 감상적인 이야기인 서정 문학으로 본격적인 문학작품을 읽기 위한 감상 태도를 키워 주는 책이 좋다. 과학 이야기나 발명, 발견 이야기, 공상 과학 소설에 대한 관심도 높아지는 시기이며 인간의 역사에 흥미를 느껴 지나간 역사와 다가올 미래를 준비하는 역사 소설을 좋아하는 시기이다. 가정의 세계로부터 독립하려는 정신적 이유기로 부모보다 친구를 중요시하게 되며 우정, 의리를 다룬 장편 소설에 깊이 빠져들어 읽는 시기이다.

이 단계는 친구 간의 적응이 발달 과정의 중심이므로 우정이나 사회적 책임을 중시하고, 집단적 행동이나 자치적 활동에 관심을 가진다. 지적인 면에서는 과학적인 흥미가 높아진다. 다독과 난독을 많이 하는 시기이며 독서 자료의 종류도 다종다양하게 분화한다. 또한 다른 사람의 입장을 고려할 수 있는 능력이 발달하므로 문학적인 상황과 등장인물에 대하여 상호작용하는 것을 격려하는 것이 좋다.

그리고 지금까지 독서 활동을 어떻게 해 왔느냐에 따라 독서 성향이 현격하게 달라지는 시기이다. 책 읽기를 스스로 좋아하는 어린이와 책을 안 읽으려는 어린이들이 있으므로 알맞은 방법으로 지도를 해야 한다. 독서 속도나 독해력에도 개인차가 많이 나는 시기이므로 개인차를 잘 파악해서 지도해야 한다.

연령별, 학년별 도서 선정은 독자인 어린이에게 긍정적인 영향을 주지만 부정적인 영향도 미친다. 먼저 긍정적인 영향은 책 고르는 수고를 덜 수 있으며 학년별 교과서에 나오는 문학작품의 원작을 읽어서 학습에 도움을 받을 수 있다는 것이다. 또한 자녀의 독해 능력을 가늠해 볼 수 있어 수준에 맞는 독서 계획을 세울 수 있는 장점이 있다. 하지만 부정적인 영향으로는 독서 자료의 학년별 분류는 일반화되어 있어 개인차가 고려되어 있지 않기 때문에 자녀의 학년 이하로 적힌 책은 잘 읽게 하지 않을 수 있다는 점이다. 또한 부모는 권장 도서 목록으로 자녀의 독해 능력을 시험하려 하기 때문에 독서를 기피하는 현상이 나타날 수 있고 독서 부진아[49]를 만들 수도 있다. 연령별 도서 선정은 아이들의 개별성과 특수성을 감안하여 융통성 있게 적용하는 것이 바람직하다.

 ## 5. 도서 종류별 도서 선정

1) 문학 도서

(1) 그림책

그림만 보아도 그 책의 내용을 이해할 수 있는 것이어야 한다. 다음 장으로 넘어갈 때, 그림과 그림이 이어지면서 이미지가 연속되고 일관성이 있어야 하며 세부 묘사가 잘된 것이어야 한다. 글에서 표현하지 못한 부분을 그림에서 형상화시켜 주제를 더욱 효과적으로 표현한 것이어야 한다.

이야기의 전개, 등장인물의 움직임을 통해 어린이가 주제를 포착할 수 있는 것이어야 하며 의성어, 의태어, 반복되는 어휘나 문장을 사용하여 리듬감을 주는 것이어야 한다. 모든 장면의 등장인물이 동일하고 일관성 있는 것이어야 한다.

시각예술로서의 미적 가치가 있고 작가의 철학이 녹아 있는 그림이 감동을 준다. 글은 구체적이고 간결한 문학성을 갖춘 글로 표현되어 있고 아이들 입장에서 잘 표현되어야 한다. 단편적 지식 전달이 먼저가 아니라 가치관 형성에 도움을 주며, 주제가 분명하고 이야기 속에 자연스럽게 녹아 있어야 한다. 책 크기와 모양, 글자 모양과 배치, 표지, 면지, 속표지 등이 전체적으로 조화로운 그림책이 좋다.

---

49) 읽기 부진아란 대개 지능은 거의 정상인데 신체적인 요인이나 학습 결손 등의 요인으로 읽기 학업 성취 수준이 정상적인 읽기 발달에 비추어 볼 때 최저 학업 성취 기준에 도달하지 못하는 학생을 말한다. 즉, 읽을 잠재 능력을 가지고 있으면서도 해당 학년의 평균 수준에 도달하지 못한 학습자라고 정의할 수 있다(이경화,2004:191-192).

(2) 옛이야기

조상들의 생활 풍속과 사상을 이해할 수 있는 것이어야 한다. 옛이야기의 가치는 편안한 이야기 속에서 삶의 지혜와 가치를 주고자 하는 것에 있으며 이것이 옛이야기가 현재까지 남아 전래되는 이유이다. 조상들의 멋과 지혜, 꿈과 소망, 웃음과 재치, 해학과 풍자가 잘 드러나는 것이어야 한다. 어려움을 극복하는 의지와 용기를 담고 있고 효도, 우애, 신의, 협동이란 주제나 교훈이 묻어 나오는 이야기가 좋다.

입말로 쓰인 이야기가 들려주기 편하고 읽기에도 좋다. 의성어와 의태어가 생생하고, 우리말의 아름다움과 재미를 느낄 수 있는 것이 좋다. 삽화는 우리나라의 자연과 풍속을 사실적으로 표현하고, 한국적인 선과 색채가 살아 있는 그림이어야 하며 재미와 교훈이라는 두 축이 든든한 것이어야 한다.

(3) 창작 동화(국내 창작, 외국 창작)

동화를 통해서 더 넓은 세상을 간접적으로 체험하고 인류의 보편성과 다양성을 이해할 수 있는 것이어야 한다. 어린이가 처한 현실의 고통을 정신적으로 해결해 주고 용기를 북돋아 주며, 진지함과 열린 가능성으로 자신을 만들어 가는 데 도움을 주는 동화가 좋다. 아이들이 주변에서 실제로 겪을 수 있는 문제 또는 아이들 세계에서 일어날 수 있는 절실한 문제를 다루는 것이 좋다.

어휘와 표현이 단순 명쾌한 것이어야 한다. 은유, 상징, 아이러니, 역설과 같은 문학의 표현적 특성이 잘 처리된 것이어야 한다. 인간과 자연, 현실에 대한 올바른 이해를 갖게 하고 어린이에게 진취적이고 건강한 삶의 생명력을 불어넣어 줄 수 있는 것이어야 한다. 교훈이나 겉치레가 아닌 진실과 감동에 의한 공감적 감응을 유발하는 작품이어야 하며 삽화가 적절하게 배치된 것이어야 한다. 너무 모범적인 주인공은 독자에게 공감받기 어려우므로 등장인물도 중요하다.

(4) 동시

기쁨 또는 즐거움, 속상함 등 어린이의 마음이 솔직히 드러나고 리듬, 운율 또는 반복이 있어 읊조리거나 노래를 유발하며 행마다 구체적인 사물이나 사건이 떠올라 상상력을 키워 주는 시가 좋다. 압축된 언어와 리듬감 있는 문장으로 아이들의 삶을 노래하고 자연과 세상을 노래하는 시가 좋다. 어린이들의 생활과 심리를 그리고, 어린이들이 관심을 가질 수 있는 내용과 어린이들의 발달 수준에 맞는 어휘와 표현이 담긴 시이어야 한다. 어법과 맞춤법에 어긋나지 않고 연 나누기와 줄 바꾸기가 적절하며 제목이 시의 내용과 조화를 이루고 있는 실감 나고 가슴에 와 닿는 '살아 있는 시'가 좋다.

(5) 세계 명작

어린이를 위해 원작의 줄거리를 요약해서 나온 다이제스트나 중역본은 피하고 완역본을 읽히는 것이 좋다. 축약해 놓은 책은 완역본에서 느낄 수 있는 글의 향취나 주제 의식 등을 그대로 전달받지 못하는 경우가 많기 때문이다. 또한 명작 동화는 배경설명이 필요하다. 세계 명작이라고 이름 붙여진 책들은 서양 중심으로 기술되어 있는경우가 많아서 문학작품은 서양이 우수하다고 오해할 수 있으므로 세계 명작에 배경이 되는 그 시대 상황이나 배경 지식을 알려 줄 필요가 있다. 전집으로 나온 경우 번역자, 출판사, 편집자를 밝힌 것이 좋다. 성 문제나 가치관 및 도덕성에 문제가 없는지 살펴본다. 어린이들의 현실 생활과 동떨어지거나 가치관에 혼란을 주는 것은 피한다.

(6) 탐정 소설

문제나 사건을 해결하는 과정이 과학적이고 논리적인 것이어야 한다. 어린이들이 읽을 수 있는 건전한 탐정 소설은 두뇌가 명석한 탐정과 형사들의 활약이 중심이 되는 것이 좋다. 어린이가 주인공이 되어 기발한 아이디어로 문제 해결에 도움을 주는 것이 좋으며 이상 심리 또는 병적인 사건을 다룬 책은 피한다.

(7) 고전(Classic)

고전이란 '오랜 세월 동안 가치나 감동이 영원히 변하지 않는 책'을 말한다. 고전이라면 보통 낡은 진열장 속의 골동품을 연상하지만 '인간이 성장하는 시기에 반드시읽어야 할 책'이 바로 고전이다. 그 까닭은 어린 시절에 읽은 것을 나이가 든 후에 다시 읽으면 고전은 낡았다는 느낌을 주지 않고 오히려 새로운 느낌과 깨달음으로 다가오기 때문이다. 고전을 현대에 되살리기 위해서는 고전을 고전으로 고이 간직할 것이아니라, 시대의 사상에 맞추어 재해석하는 것이 올바른 고전의 현대화라 할 것이다.

현대인이 고전을 읽어야 하는 이유는 옛것을 알아야 지금의 것을 알 수 있기 때문이다(溫故知新). 또한 고전은 인간 사회의 중요한 경험들이 담겨 있어 한 번 읽고 끝낼 책이 아니라 되새김질이 필요한 책이다. 오로지 승리하는 것만이 미덕인 급박한 현실 속에서 고전은 우리 삶의 방향을 잡아 주는 나침반 역할을 해 준다. '고전의 고전성'으로 오랜 시간 살아남아서 '탕진되는 법 없는 통찰과 지혜'이며 고전은 지식의 보고가 아니라 지식의 장수 유전자이다. 지식은 한 분야에만 쓰이지만 지식의 유전자는 모든 분야에 응용될 수 있는 융통성이 있다.[50]

요즘의 학생들이 고전을 읽지 않는 이유는 고전이 재미가 없다고 느끼기 때문이다. 또한 현실을 파악하는 사고방식의 변화도 그 원인이며 요즘 아이들은 긴 호흡보다는 짧은 호흡에 익숙해 있기 때문이다. 따라서 시대와 호흡하는 고전 읽기를 위한 방법으로는 우리 시대를 이야기하는 현대 고전을 먼저 권하고 학생들이 소화할 수 있는 새로운 고전 목록을 다시 정할 필요가 있다. 그리고 서유럽 중심의 고전 목록에서 벗어나 다양한 문화권의 도서를 목록에 포함시키며 교사는 교육적인 준비를 철저히 해야 한다.

〈참고 자료 3〉 정전(canon)

> 정전이란 말은 측정의 도구로서 사용된 '갈대'나 '장대'를 의미하는 고대 희랍어 kanon에서 유래한 것으로서 그 후 '규칙' 혹은 '법'이라는 의미를 갖게 된 말이다. 정전은 그 사용자들에게 어떤 작가나 텍스트가 다른 어떤 것들보다 더 보존할 가치가 있다고 생각할 수 있는 선택의 원칙을 암시해 준다. 이와 같이 정전이란 가장 넓은 의미에서는 한 문화권 내에서 상대적으로 높은 가치를 부여 받고 보존되는 텍스트들을 총칭한다.[51]
> 정전은 고전이라는 말과 비슷한 뜻을 가진 말로 그 개념도 매우 비슷하다. 거의 같은 개념으로 혼용되어 왔으나 요즘 들어 정전이라는 말을 고전과 조금 분리하여 표현하는 경우가 나타나고 있다. 정전(正典)은 글자 그대로 올바른 책이라는 뜻으로 그 내용이나 주제, 문체 등이 바르고 바람직한 책을 지칭한다고 의미할 때 양서의 개념과도 비슷하다고 할 수 있다.

---

50) 정과리(2004. 9. 11). 「고전을 읽어야 할 절박한 이유」. 『조선일보』.
51) 정재찬(1997). 「문학 정전의 해체와 독서 현상」. 『독서연구』 제2호, 104쪽.

2) 비문학 도서

(1) 과학 도서

과학 도서는 과학 동화와 과학 상식책 등이 있으므로 책을 다양하게 골라 줄 필요가 있다. 단편적인 지식이 아니라 총체적으로 생각하는 태도를 키울 수 있는 것이어야 한다. 새로운 사실이나 과학에 대한 상식, 지식과 정보가 정확한 것이어야 하므로 절대 오래된 책이면 안 된다. 과학 동화의 경우에는 정확한 사실을 바탕으로 어린이들의 정서를 풍부하게 해 줄 수 있는 것이 좋다.

명확하고 생동감 있게 쓰여 있어서 어린이들이 이해하기 쉽고, 즐겁게 읽을 수 있는 것이어야 한다. 부분적이고 개별적인 사실에서 원리적인 개념을 이해할 수 있는 태도를 길러 주는 책이 좋다. 새로운 탐구 정신이 자연스럽게 생기도록 하는 책이어야 한다. 대상 연령에 맞게 재미있게 이해할 수 있도록 구성된 책이 좋다.

(2) 생태·환경 도서

생태계의 구조와 원리를 알기 쉽게 알려 주는 책이 좋다. 자연 친화적이어서 정서적인 면을 추구하는 것이어야 한다. 같은 소재라도 우리나라에서는 볼 수 없는 외래종만을 소재로 한 책이 아니라 우리 자연에서 직접 관찰할 수 있는 생물 종이 담긴 책이 좋다.

환경 도서는 자연과 동식물에 대한 사랑을 담고 있는 책이 좋다. 환경에 대한 올바른 지식과 가치관을 심어 주고, 환경보호의 중요성을 담고 있는 책이 좋다. 환경 파괴의 실태만 알리는 것이 아니라 사람과 자연이 조화를 이루며 살아가는 조화, 극복의 태도를 다룬 것이 좋다.

다양한 생물들에 대해 알려 주고 아름다운 환경이 훼손되므로 해서 수난당하는 동물과 식물의 위험한 상황, 환경보호를 위한 실천 방법, 환경을 살리기 위해 애쓰는 사람들, 파괴되는 환경을 살려 건강한 지구를 후손에게 물려주고자 하는 정신을 심어 주는 책이 좋다.[52]

---

52) 조월례(2005). 『아이 읽기, 책 읽기』. 사계절, 116쪽.

(3) 역사 도서

우리 역사를 우리 눈으로 바라보고 쓴 책이 좋으며 식민 사관에서 벗어나지 못한 책은 피한다. 예를 들면 안중근 의사의 순국을 사형으로 표현하거나 조선을 이조로, 명성왕후를 민비 등으로 용어 사용의 오류가 없는지 살펴야 한다. 시대에 대한 정확하고 검증 가능한 사실과 사진이나 그림을 제공해야 한다.

역사 도서는 기본적인 역사적 지식과 문화 전통을 이해하는 데 도움을 준다. 역사 도서를 선정할 때는 우리 전통과 문화의 특수성을 파악할 수 있고, 과거에 대한 성찰을 통해 미래를 설계할 수 있는 도서가 좋다. 역사적 사실에 기인하므로 지나치게 저자의 주관이나 상상력이 개입된 것은 제외시킨다. 또한 문화재에 대한 올바른 정보를 제공하고, 그에 얽힌 전설이나 신화를 통해 아동의 흥미를 증가시킬 수 있는 것을 선정한다. 그리고 역사적 사실이나 문제가 오늘의 문제를 이해하고 해결하는 데 도움을 주는지를 살펴본다. 우리 문화의 전통과 특수성을 파악하고 우리 문화와 민족사의 발전상을 이해할 수 있는 책이어야 한다.[53]

(4) 인물 도서

아이들이 쉽게 공감할 수 있도록 각 분야에서 최선을 다한 사람들을 선택해 다양한 분야의 인물 이야기를 읽히는 것이 좋다. 고대 인물이나 일제 강점기 때의 인물뿐 아니라 현대 인물도 선택하여 현대의 가치관에 맞는 인물과 내용도 접하게 한다. 주인공을 전지전능한 인물로 가정한 인물 도서는 피한다. 지나치게 미화된 인물은 아이들에게 열등감을 심어 줄 수 있다. 태어나는 인물보다 만들어지는 인물에 초점을 맞추고 자기의 약점이나 한계를 극복하여 장점을 개발한 인물이 좋다. 저학년의 독서 자료는 인물의 일화를 중심으로 쓰인 것이 좋으며 고학년의 독서 자료는 위인의 업적이나 일생을 알 수 있도록 쓰인 것이 좋다. 인물이 살았던 사회의 시대적 배경과 특색이 나타나 있고 내용 전개는 흥미로워야 하며 교훈과 설교는 피하는 것이 좋다.

인물 이야기는 아동에게 모방 심리를 자극하는 데 효과가 크다. 한 인물의 삶은 그 시대의 역사적 사실과 밀접히 관련을 맺으므로 역사적 인물이 역사적 사실에 부합되

---

53) 이경희(2007). 「사회 교과 학습 독서를 위한 도서 선정과 활용에 관한 연구」. 서울교육대학교 석사 학위 논문, 31쪽.

는지, 지나치게 인물의 비범함을 강조하지는 않는지 등장인물이나 배경에 대한 묘사가 사실적인지 확인해야 한다.[54]

(5) 경제 도서

경제의 기본적인 개념과 원리를 쉽고 재미있게 배울 수 있는 책이어야 한다. 경제 문제의 원인과 해결책을 제시한 것이 좋다. 어려운 경제 용어를 쓰지 않더라도 경제의 흐름을 알 수 있는 책이어야 한다.

생활 속에서 경제의 기본 원리인 최소의 투자, 최대의 효과를 체험하고 실천할 수 있는 길을 열어 주는 책이 좋다. 어린이 스스로 계획을 짜고 달성하기 위해 노력하는, 자기 주도적인 아이로 키울 수 있는 책이 좋다. 경제에 대한 합리적인 시각을 심어 주고, 바람직한 소비자 교육을 균형 있게 전달하는 책이어야 한다.

3) 기타

(1) 만화

만화의 종류에는 역사 만화, 시대 만화, 액션 만화, 스포츠 만화, 순정 만화, 학교 만화, 공상 과학 만화, 명랑 만화, 판타지 만화, 시사 만화 등이 있다. 만화는 재미있어서 전달하고자 하는 메시지를 쉽게 전달할 수 있다. 줄글 독서의 징검다리 역할을 하며 역사·과학 등 어린이들이 이해하기 어려운 내용을 쉽게 이해할 수 있도록 하는 순기능을 가지고 있어서 아동들에게 친숙하다. 그러나 내용이 선정적이거나 폭력적인 것은 피한다. 어순이나 문법에 어긋난 구어체로 뜻을 전달해야 되기 때문에 약어, 은어, 속어 등이 많이 쓰이는 문제점이 있다. 어린이의 상상력과 창의력을 길러 주는, 재미있으면서 감동과 교훈을 주는 것이 좋다. 이야기가 짜임새 있게 전개되고, 전달하고자 하는 메시지가 담겨 있는 책이 좋다.

---

54) 앞의 논문, 32쪽.

(2) 백과사전

어린이들을 위한 백과사전은 어려운 용어보다 화보를 곁들여 쉽게 풀이한 것이 좋다. 어느 출판사의 백과사전인가보다는 일정한 기준을 갖고 고르는 것이 중요하다(화보가 많은 어린이용 백과사전, 가나다순의 백과사전, 학문 분야별 백과사전). 별자리나 식물, 전래 놀이, 자동차 등 주제별 백과사전도 좋다.

(3) 베스트셀러(best seller)

'베스트셀러'라는 말은 1895년 『북맨(Bookman)』 편집장 해리 펙(Harry Peck)이 처음 사용하였다. 학원사의 『백과사전』에서는 베스트셀러를 "어떤 기간 중 잘 팔리는 책, 그러나 유명한 사전이나 수험 참고서처럼 장기간에 걸쳐서 팔리는 책은 이에 속하지 않는다. 어떤 기간 중 평판이 높아서 많이 팔리는 것이 조건이 되고 있다."라고 정의하고 있다.

브리태니커 백과사전(1985)은 "어느 기간 동안 다른 책보다 월등히 많이 팔린 책, 또는 대중의 독서 기호나 판단을 위해 목록을 보여 주는 명칭이다. 문학과 비평에 관한 잡지인 『북맨(Bookman)』은 발간되던 해인 1895년부터 베스트셀러 목록을 싣기 시작했다."라고 소개하고 있다.

독일의 베스트셀러 연구가인 파울스티히(Faulstich)는 개념적 정의와 조작적 정의로 나누어 정리하고 있다.[55] 개념적 정의는 베스트셀러란 베스트셀러 리스트를 말하며 가장 많이 팔리는 책으로 특정 지역, 특정 기간, 최고의 문학작품이고 서적 시장의 한 현상이다. 조작적 정의는 베스트셀러는 광고를 통한 조작적 성공 도서이며 독자에 대한 속임수, 두드러진 문화 서적 사업이다.

베스트셀러의 긍정적인 면은 독자들에게 유익하고 좋은 도서를 선택하는 데 유용한 정보의 통로 구실을 하며 양질의 도서 생산에 자극제가 될 수 있다. 그리고 출판계에 종사하는 사람들, 특히 기획자와 편집자들의 위상 정립에 결정적인 영향을 미칠 수 있으며 사회 전반에 걸친 건전한 가치관의 정립에 기여할 수 있다.

---

55) 김선남(2002). 『독서 문화와 베스트셀러』. 일진사, 63쪽. (이임자(1998). 『한국 출판과 베스트셀러(1883-1996)』. 경인문화사.)

반면에 베스트셀러의 부정적인 면은 출판 산업의 무분별한 상업화가 촉진될 수 있고 출판 유통 구조의 구조적 모순을 심화시킬 수 있다. 기획의 다양성이 저해됨으로써 출판물의 외형이 획일화될 수 있으며 편향된 독서 습관을 부추길 우려가 있다.[56]

(4) 스테디셀러(steady seller)

스테디셀러는 꾸준히 팔린다는 뜻으로 '장기간 잘 팔리는 책'의 개념이다. 우리나라에서는 '오랫동안 계속 팔리고 있는 책'이란 뜻으로 사용되고 있으며 양서라고 말할 수 있는 책이다. 『조선일보』(1991. 7. 21)에서는 이 개념을 '광복 이후 지금까지 독서계를 장기 집권하고 있는 책'으로 정의하면서 최인훈의 『광장』, 박경리의 『토지』, 황석영의 『장길산』, 김주영의 『객주』, 조세희의 『난장이가 쏘아올린 작은 공』, 이문열의 『사람의 아들』, 이청준의 『당신들의 천국』, 조정래의 『태백산맥』 등 8권을 소개한 바 있다. 양서라고 말할 수 있는 책이다.

(5) 롱 셀러(long seller)

오랜 기간을 두고 지속적으로 팔리는 책의 개념으로 스테디셀러와 거의 비슷하다. 한태석(1971)에 의하면[57] 롱 셀러는 단기간에 대량 부수를 판매하는 베스트셀러에 비하여 장기간에 걸쳐 계속적으로 다량이 팔리는 책으로서, 수명의 장기성, 거기에 따르는 불후의 가치로 하여 고전이 차지하는 비율이 높다.

(6) 밀리언 셀러(million seller)

단번에 수백만 권이 팔리는 것으로 베스트셀러와 거의 비슷한 개념이다. '엄청나게 많이 팔린' 책을 표현할 때 쓰는 말로 센세이셔널한 면을 강조한다.

---

56) 김선남(2002). 『독서 문화와 베스트셀러』. 일진사, 67~68쪽. (김기태(1996). 『베스트셀러, 향기의 이름 혹은 악취의 이름』. 한국출판연구소.)
57) 한태석(2000). 『책의 세계』. 교학사.

(7) 빅 셀러(big seller)

대체로 밀리언 셀러보다 조금 낮은 정도를 가리킬 때 사용하는 용어로 주로 광범위한 지역에서 팔려 나간 경우에 사용한다.

(8) 톱 셀러(top seller)

특정 분야에서 그 무렵에 가장 상위권에 오르는 책들을 지칭할 때 사용하는 용어이다.[58]

(9) TV 셀러(TV seller)[59]

TV의 영향력에 의해 베스트셀러가 된 책이다. TV+best seller의 합성어 또는 그러한 사회 현상을 가리키는 신조어로, 방송 프로그램이나 신문의 출판면 등에 소개된 도서가 잘 팔리거나 베스트셀러가 된 경우에 사용한다.

---

58) 김선남(2002). 『독서 문화와 베스트셀러』. 일진사, 64–65쪽.
59) (재)한국출판연구소 편저(2002). 『출판 사전』. 범우사, 436쪽.

| 생각해 볼 문제 |

1. 책 재료의 변천 과정을 볼 때 인류는 편리성의 기준으로 책의 재료를 선택해 왔고 오늘날 종이책을 계속 사용하고 있다. 그러나 현대는 전자책이 급속한 발전과 대중화를 통해 각광을 받고 있는 실정이다. 종이책과 전자책의 향후 미래 전망에 대해 생각해 보자.

2. 요즘 출판 경향을 보면 어린이 판타지 동화가 활발하게 출간되고 있는 실정이다. 이러한 사실은 어린이들이 판타지 동화를 즐겨 읽는다는 반증이라고 볼 수 있다. 그렇다면 어린이들에게 판타지 동화를 선정해 줄 때 고려해야 할 기준과 주의점에는 어떤 것이 있는지 생각해 보자.

3. 책에는 전혀 관심이 없고 게임과 TV만 즐기는 초등학교 4학년 어린이에게 어떤 책을 골라 주어야 책과 가까운 아이로 인도할 수 있을지 생각해 보자.

4. 책을 읽다 보면 자신의 가치관이나 관점에 커다란 변화를 주거나 삶의 방향을 바꾸는 계기가 되는 책이 있게 마련이다. 특히 '정전(正典)'이나 '고전(古典)'은 한 사람의 삶에 지대한 영향을 미치게 된다. 자신의 인생에 전환점이 되거나 삶의 목표를 심어 준 '내 인생의 정전'을 꼽으라면 어떤 책이 있을지 생각해 보자.

참고 문헌

- 강향옥(2001). 「초등학교 저학년 권장 도서 선정에 관한 연구」. 전남대학교 석사 학위 논문.

- 김기태(1996). 『베스트셀러, 향기의 이름 혹은 악취의 이름』. 한국출판연구소.

- 김선남(2002). 『독서 문화와 베스트셀러』. 일진사.

- 김시내(2003). 「권장 도서의 선정 현황과 특성 분석」. 성균관대학교 석사 학위 논문.

- 김은하(2000). 『우리 아이 책날개를 달아 주자』. 현암사.

- 김정현(2001). 『문헌 분류의 실제』. 태일사.

- 김형경(1998). 「초등학교 독서 자료 선정 기준 설정 및 그 적용에 관한 연구」. 대구교육대학교 석사 학위 논문.

- 모티머 애들러, 민병덕 옮김(1986). 『독서의 기술』. 범우사.

- 미하일 일리인, 박수현 엮음(2003). 『백지 위의 검은 것』. 아이세움.

- 박수자(2005). 『읽기 지도의 이해』. 서울대학교 출판부.

- 성대훈(2004). 『디지털 혁명, 전자책』. 이채.

- 송광택(1999). 『좋은 독서 가족 만들기』. 도서출판 줄과추.

- 신헌재 외(1993). 『독서 교육의 이론과 방법』. 박이정.

- 안춘근 · 윤형두 편저(1998). 『눈으로 보는 책의 역사』. 범우사.

- 안춘식 외(1990). 『출판 비평론』. 보성사.

- 신헌재 외(1993). 『독서 교육의 이론과 방법』. 박이정.

- 이경미(2006). 「초등학생의 독서 성향 분석을 통한 바람직한 독서 지도의 방향」. 대구교육대학교 석사 학위 논문.

- 이경화(2004). 『읽기 교육의 원리와 방법』. 박이정.

- 이경희(2006). 「사회 교과 학습 독서를 위한 도서 선정과 활용에 관한 연구」. 서울교육대학교 석사 학위 논문.

- 이기성(2002). 『전자출판-4』. 서울출판미디어

- 이삼형 외(2003). 『독서』. (주)한국교육미디어.

- 이임자(1998). 『한국 출판과 베스트셀러(1883~1996)』. 경인문화사.

- 임영규(2008). 『독서 자료 선정과 활용』. 박이정.

- 정양순(2000). 「초등학교에서의 효율적인 독서 자료 선정과 활용 방안 연구」. 한국교원대학교 석사 학위 논문.

- 정재찬(1997). 「문학 정전의 해체와 독서 현상」. 『독서연구』 제 2호.

- (재)한국출판연구소 편저(2002). 『출판 사전』. 범우사.

- 조월례(2005). 『아이 읽기, 책 읽기』. 사계절.

- 책으로 따뜻한 세상 만드는 교사들(2005). 『책따세와 함께하는 독서 교육』. 청어람미디어.

- 최성일(2003). 「어린이 추천 도서, 어떻게 볼 것인가」. 『창비어린이』 2003 가을호.

- 페리 노들먼(2006). 『어린이 문학의 즐거움』. 시공주니어.

- 한우리 도서선정위원회(2009). 『아이들에게 이런 책을 골라 주세요』. 한우리독서문화운동본부.

- 한윤옥 외(1999). 『상황별 독서 목록(아동 · 청소년 편)』. 한국도서관협회.

- 한태석(2000). 『책의 세계』. 교학사.

- 허병두(2004). 『푸른 영혼을 위한 책 읽기 교육』. 청어람미디어.

도서 종류별 독서 지도

유능한 독자는 모든 글을 다 같은 방식으로 읽지 않는다. 즉, 동화를 읽을 때와 전기문을 읽을 때 그 방법을 달리하고, 동시를 읽을 때와 그림책을 읽을 때도 역시 방법을 달리한다. 왜 그럴까 생각해 보면 글의 종류가 서로 다르고 교육적 효과 역시 다르기 때문이다. 도서 종류별 독서 지도 강좌에서는 종류별로 어떻게 책을 읽어야 하는지 모든 종류의 책을 다루기보다 초등학교 학생들이 자주 접하는 동시, 창작 동화, 전래 동화, 전기문, 그림책, 과학 동화 지도법에 대해 공부하고자 한다. 도서 종류별 독서 지도 강좌에서는 독서지도사가 이와 같은 종류의 책을 독서 지도를 할 때 무엇을 준비해야 하며, 어떻게 지도해야 하는지 전략을 배워 유능한 독자를 만드는 것이 강의 목표라 할 수 있다.

제1장
동시 지도

1. 동시의 특징
2. 동시의 교육적 효과
3. 동시 낭송법
4. 동시 지도 방법과 유의점
5. 동시 지도 시 활동

제2장
창작 동화 지도

1. 창작 동화의 특징
2. 창작 동화의 구성 요소
3. 창작 동화와 혼동하여 사용되는 문학 갈래
4. 창작 동화의 교육적 가치
5. 창작 동화의 지도 방법

제3장
옛이야기 지도

1. 옛이야기의 특징
2. 옛이야기의 종류
3. 옛이야기와 창작 동화의 차이점
4. 옛이야기의 교육적 가치
5. 옛이야기 지도 방법

제4장
전기문 지도

1. 전기문의 특징
2. 전기문의 종류
3. 전기문의 교육적 가치
4. 좋은 전기문의 조건
5. 전기문 지도 방법

제5장
그림책 지도

1. 그림책의 특징
2. 그림책의 교육적 가치
3. 좋은 그림책의 조건
4. 그림책 지도 방법
5. 그림책 지도 시 활동

제6장
과학 동화 지도

1. 과학 동화의 특징과 가치
2. 과학 도서의 분류
3. 좋은 과학 도서의 조건
4. 과학 동화 지도 방법

−생각해 볼 문제
−참고 문헌

제1장 / 동시 지도

동시를 잘 지도하기 위해서 독서지도사는 어떤 노력을 해야 할까? 무엇보다도 동시에 대해 잘 알고 있어야 한다. 아이들에게 가르치는 역할을 하는 교사는 무엇보다 그 분야에 대한 전문적인 지식을 갖추고 있어야 한다. 따라서 독서지도사가 동시를 지도하기 전에 교과서에는 어떤 동시가 실려 있는지, 동시에 대한 아이들의 생각은 어떠한지, 만일 아이들이 동시를 좋아하지 않는다면 그 이유가 무엇인지, 어떻게 하면 동시를 좋아하게 만들 수 있으며, 아이들과 동시를 수업할 때 유의해야 할 점은 무엇인지 등등 알아야 할 것들이 많다. 특히 동시를 지도할 때 중요한 것은 독서지도사가 동시에 대해 긍정적이며 좋아해야 한다. 만일 지도할 교사가 동시에 대해 부정적이거나 싫어한다면 아이들과 수업을 재미있게 한다는 것은 거의 불가능하다. 오히려 아이들에게 동시에 대해 부정적인 경험과 인식을 심어 주어 역효과를 나타낼 수 있다. 이제 동시에 대해 하나씩 알아보기로 하자.

1. 동시의 특징

동시는 어린이를 위해 쓴 시이다. 어른에게 즐거움을 주기 위한 것이기보다 어린이에게 즐거움을 주고 감동을 주기 위한 시이다. 따라서 동시 속에는 어린이들의 생활이 있고, 그들의 감정이 담겨 있어야 한다. 또한 어린이의 수준에 맞는 어휘와 표현이 갖추어져 있어야 한다. 만일 어른의 생활과 감정을 읊고 어른의 눈으로 본 객체를 그린 작품이라면 어린이에게 공감을 주기 힘들다.[1]

동시는 동심의 시이다. 동심이 없는 동시는 동시라고 할 수 없다. 그러므로 동시는 동심을 바탕으로 쓰인 동심의 시라고 할 수 있다. 어린이들은 동시를 읽으면서 동심을 오랫동안 간직할 수 있으며, 잃었던 동심을 회복하게 되기도 한다.

동시는 소리 또는 운율에 따른 음악성이 있다. 그래서 동시를 특별히 낭송이라고 한다. 즉, 노래를 부르듯 리듬을 살려 분위기에 어울리게 읊조리는 즐거움을 느끼게 된다. 동시는 노래로도 만들 수 있다. 동시의 원시적 모체는 동요이기 때문이다. 그러나 동시는 노래가 될 수 있지만 모든 동요가 다 동시가 되는 것은 아니다.

동시는 함축적인 글로 이루어져 있다. 순간적인 감정을 얼마나 잘 포착하느냐에 따라 좋은 동시가 될 수도 있고 그 반대일 수 있다. 따라서 어린이들이 동시를 잘 쓰기 위해서는 순간적으로 떠오르는 생각이나 감정을 메모해 두는 것도 한 가지 방법이 될 수 있다. 동시를 쓸 때는 자세하고 구체적으로 표현하면 오히려 시가 되지 않는다. 그 이유는 사물이나 느낌에 대해 설명하듯 표현하면 동시의 함축성이 떨어져서 좋은 시가 되기 어렵기 때문이다. 동시에 비유와 상징이 많이 포함되어 있는 것은 동시가 이런 특징을 갖고 있기 때문이라 할 수 있다.

 ## 2. 동시의 교육적 효과

유치원에서 어린이들이 반드시 공부하는 것 중의 하나가 바로 동시이다. 물론 국어 시간에 동시를 공부하는 것과 같은 방법으로 어린이들이 접하는 것이 아니라 동시 외우기와 읊조리기를 주로 한다. 그 이유는 무엇일까? 동시는 리듬을 갖고 있기 때문에 읊조리는 맛이 있다. 즉, 동시의 리듬과 운율을 통하여 감각적인 혀와 귀의 즐거움을 경험하게 할 수 있다. 아이들은 태어날 때부터 리듬을 가지고 태어난다고 한다. 아이들이 태어날 때 타고난 리듬과 동시가 갖고 있는 리듬이 서로 잘 어울려 아이들은 동시를 좋아한다고 한다. 동시를 어렸을 때 경험함으로써 유아들의 감정 세계를 보다 풍부하게 할 수 있다. 따라서 어렸을 때 동요나 동시를 읽는 목적은 단순히 정서 함양에

---

1) 이노국은(2005) '어린이글쓰기와 독서지도법'에서 어른 시와 어린이시의 차이점은 예술성이다. 어른 즉 동시인이 쓰는 시는 문학예술이다. 그러므로 시로 성공하기위한 형식과 내용이 잘 짜여져 있다. 하지만 아이들이 쓰는 시는 글짓기이다. 겪은 일을 통해서 자기 마음속에 일어나는 생각이나 느낌을 쓰는 글이다. 둘 다 감동을 주지만 어른이 쓴 시는 예술이 주는 감동이지만 어린이 시가 주는 감동은 아이 삶이 주는 감동이다.(1-92쪽)

만 있는 것이 아니라, 인간 교육의 기초로서 필요하다고 할 수 있다. 동시를 쓰는 전문 문인은 어린이를 위해 가장 정선된 시어를 선택한다. 어린이들은 이를 통하여 언어의 신비스러운 기능을 체득하게 된다. 따라서 동시는 모국어의 아름다움을 느낄 수 있게 하는 가장 적절한 매체이다. 동시를 자주 읽거나 외우면 아이들이 사물에 대한 올바르고 날카로운 직관력, 관찰력을 기르는 데 도움이 된다. 사물에 대한 관찰력이 없으면 동시에 나오는 표현을 이해할 수 없고 관찰력과 직관력이 없이 동시를 잘 쓸 수도 없다. 게다가 동시에는 진정성이 있기 때문에 동시를 읽으면 어린이들은 자신의 감정을 자연스럽고 솔직하게 표현할 수 있는 능력이 길러진다. 세밀히 느낀다는 것, 심정을 말로 적절히 나타내는 것은 어린이들의 국어 생활을 윤택하게 해 주며, 우리가 살아가는 데 있어서 솔직하게 표현하는 버릇을 기를 수 있게 해 준다.[2]

3. 동시 낭송법[3]

동시는 리듬이 있기 때문에 낭송의 맛을 살려 읽을 수 있다. 즉, 낭송미를 살릴 수 있다. 어떻게 하면 낭송미를 극대화할 수 있는지 알아보자. 무엇보다 먼저, 동시는 낭송에 적합한 작품 선택이 제일 중요하다. 형식과 내용면에서 알아보면 아래와 같다.

〈형식〉
❶ 행과 연의 끝이 명사로 끝나는 경우가 적은 시
❷ 행과 연의 끝이 모음이나 '-다' '-요'로 끝나는 경우가 많은 시
❸ 길이가 짧고 일정한 운율을 갖춘 시

〈내용〉
❶ 이미지가 서경보다는 서정성이 있는 시
❷ 시의 내용을 들으면 그 정황이나 상황을 쉽게 상상할 수 있는 시

2) 이원수(2002). 『아동 문학 입문』. 한길사, 269쪽.
3) 다음 카페 권오삼 동시마을.

③ 시의 내용이 비약이 심하거나 사고를 필요로 하는 것보다는 들으면 직감적으로 이해할 수 있는 시

④ 아이들의 감정이나 정서, 생활과 밀착된 시

⑤ 생활 속에서 건전 소재로 쓴 시라면 - 되도록 재미가 있는 시

두 번째, 낭송하는 사람은 낭송하고자 하는 작품을 충분히 소화해야 한다. 작품을 감상한 뒤에 그 작품이 가지고 있는 의미와 주제가 듣는 이의 가슴에 충분히 가 닿을 수 있도록 낭송하는 이가 그 작품에 감동되어 자기 작품처럼 소화해야 한다. 세 번째, 장소는 실외보다는 실내가 좋고 산만하지 않아야 한다. 낭송 시간을 너무 길지 않게 잡는다. 마지막으로, 낭송하는 작품은 듣는 사람의 수준을 고려하여 선택하여 동시의 분위기에 알맞은 크기의 목소리로 천천히 읽는다.

4. 동시 지도 방법과 유의점

동시를 잘 지도하면 여러 가지 교육적 효과가 드러나지만 지나치게 교사 위주로 지도하는 것은 오히려 지도하지 않는 것만 못할 수도 있다. 따라서 동시를 지도할 때 교사는 우선 동시를 지도하는 목적이 무엇인지 알아야 한다. 동시가 정서 전달의 글이므로 동시를 지도하는 목적은 기본적으로 정서를 전달하기 위함이다. 즉, 작가가 작품에 담고 있는 정서를 독자인 어린이들도 공감하도록 지도하는 것이 역할이다. 공감한다는 것은 작품에 담긴 정서를 독자인 어린이가 작가와 같거나 비슷한 정도에 이르렀다는 것이며, 감동을 받았다고 생각해도 된다. 그러나 감동의 정도는 어린이의 성향이나 기질에 따라 차이가 날 수 있다. 따라서 교사는 좋은 작품을 선택해야 한다. 작품을 잘 선택한다는 것은 어린이들로 하여금 독서가 재미있다는 것으로 인식하게 해 주는 요소이다. 그러면 좋은 동시는 어떤 것인지 알아보자. 먼저 사랑의 마음이 담겨져 있는 작품을 말한다. 어린이들은 동시를 읽으며 사람과 사물에 대해 사랑의 마음을 배우기 때문이다. 또 동시를 읽으며 아이들은 상상하는 즐거움을 느끼므로 독창적이며 상상력이 풍부한 작품을 골라야 한다. 동시 속의 말이 살아 숨쉬는 듯하며 구체적이고 생

생하며 이미지가 선명하고 생동감이 넘치는 작품 역시 좋은 작품이다. 어린이들이 동시를 쉽게 즐길 수 있도록 상쾌한 음악적 리듬이 있어 낭송하기 알맞고 외우기 좋은 작품을 골라야 하며, 그들의 생활과 경험이 일치하여 '아하, 그래 나도 그런 일이 있어.' 하고 공감하는 작품이 좋은 작품이다. 어린이들은 짧고 쉬운 작품을 좋아하므로 그들이 좋아하는 내용과 이해 가능한 표현이 갖추어져 가슴에서 우러나오는 진실과 진정성이 있는 작품을 골라야 한다. 흔히 시인을 "사물을 새롭게 바라보는 시각을 가르쳐 주는 사람"이라고 표현한다. 이는 동시가 갖고 있는 독창성과도 관련이 있는 부분이라 할 수 있다. 즉, 좋은 동시는 미처 깨닫지 못한 새로운 사실을 깨우쳐 주고 발견하게 해 준다. 그러나 좋은 작품에 대한 이론적 지식만으로 작품을 잘 고르기는 쉽지 않다. 그 이유는 아마 전문 문인이 동시를 썼기 때문이 아닐까 한다. 만일 좋지 못한 작품을 골라낼 수 있다면 좋은 작품을 고르기가 더 쉽지 않을까 하여 아래에 이준관 선생님의 의견을 정리하여 보았다.

〈좋지 못한 동시의 다섯 가지 유형〉[4]
첫째, 상식적이고, 상투적인 동시는 자신의 생각과 느낌이 없이 남의 생각을 흉내 내는 작품이다. 상투적인 생각으로 가득 찬 이러한 동시는 어디서 많이 본 듯한 인상을 주는데, 꼼꼼히 읽어 보면 다른 작품의 모작이거나 표절이 대부분이다. 이것은 사물을 구체적이고 자세히 보지 않고 '수박 겉 핥기' 식으로 대충대충 보기 때문이다.

둘째, 장식적인 작품은 어린이들은 착하고, 곱고, 귀엽고, 예쁘기 때문에 동시도 곱고 귀엽고 예뻐야 한다는 생각으로 쓰인 작품이다. 이런 생각을 가진 사람들은 동시를 쓸 때 공연히 곱고 아름다운 말로 영롱하게 다듬어 꾸미려 든다. 그러나 이런 작품은 참된 느낌을 담지 않았기 때문에 실감이 나지 않는다. 말만 수다스럽고 영롱하게 꾸미려 들었지 정작 자신만의 생각과 느낌의 진정성이 없다.

셋째, 추상적인 작품이다. 어린이들은 막연하고 추상적이고 개념적인 것을 싫어한다. 그 대신 구체적이고 내용이 풍부하며 생동감 있는 것을 좋아한다. 대체로 추상적인 작품은 무엇을 쓰겠다는 구체적인 생각 없이, 그야말로 준비 없이 막연하게 쓰는

---

4) 강정규, 박상재 외(1999). 『아동 문학 창작론』. 학연사. 111-114쪽.

경우가 대부분이다.

넷째, 기계적인 작품이다. 이러한 작품은 눈에 보이는 풍경을 그대로 옮겨 놓은 경우이다. 시에서 대상을 본다는 것은 마음의 눈으로 본다는 것이지, 카메라 렌즈처럼 기계적으로 본다는 뜻이 아니다.

마지막으로 추가한다면 회고적인 작품 역시 좋은 작품이라 보기 힘들다. 회고적인 작품은 글의 소재가 주로 고향, 향수, 그리움, 어머니, 추억과 같은 것들이다. 어린이들은 이와 같은 글의 소재를 별로 좋아하지 않는다.

그러면 어린이들이 좋아하는 시의 내용은 어떤 것인가 살펴보자.

유치부에서 초등학교 1학년 어린이들은 주로 동물에 관한 시나 자기 자신에 관한 내용을 담은 시를 좋아한다. 초등학교 2학년과 3학년 어린이는 요정이나 선녀 등이 나오는 환상적인 동시를 좋아한다. 즉, 상상적인 내용의 시를 좋아하며, 초등학교 고학년, 즉 4~6학년 어린이들은 모험에 대한 시나 과학에 대한 시 혹은 일상생활에서 일어나는 일의 내용을 좋아한다. 물론 이 구분이 절대적인 것은 아니며 일반적으로 가장 단순하게 구분한 경우이므로 참고로 쓸 만하다.

동시를 지도할 때 독서지도사가 유의해야 할 점은 무엇일까? 독서지도사는 동시를 지도할 때 지나치게 분석적이며 지식 위주로 지도하지 않도록 주의한다.

이원수 선생님은 "동시를 이해하는 방법으로써 우선 작품을 읽어 보는 것은 이론을 캐는 것보다 유효할 것이며, 동시인들의 작품들을 읽어 보고 그 작품이 쓰인 동기나 소재와 형식의 관계나 그 동시의 가치를 살펴보고 생각해 보는 가운데서 동시가 가지는 예술적 가치 및 창작 방법까지도 자연히 터득하게 되지 않을까 생각한다."고 했다.[5]

코울리지는 "시는 일자일구를 독해했을 때보다 전체로서 알았을 때가 많은 기쁨을 준다."고 말하였다.[6] 따라서 문법 위주의 학습은 결정적으로 시에 대한 아동들의 흥미를 잃어버리게 한다는 것을 알 수 있다. 최근 일간지에 실린 인터뷰 기사를 참고해 보자.

〈자료 1〉

이처럼 시나 동시를 지도할 때는 지식 전달이 주목적이 아니라 감상을 잘 지도하는

---

5) 이원수(2002). 『아동 문학 입문』. 한길사, 270쪽.
6) 코울리지 글, 김요섭 역(1996). 『아동 문학론』. 교학연구사.

것이 중요하다는 것을 알 수 있다. 또한 독서지도사는 어린이들의 흥미를 자극하고 이

최승호 시인 "내 시가 출제됐는데, 나도 모두 틀렸다"

최승호(55·숭실대 문예창작과 교수·사진)[7] 시인이 "내가 쓴 시가 나온 대입 문제를 풀어 봤는데 작가인 내가 모두 틀렸다"고 18일 말했다. 그가 풀어 본 문제는 2004년 출제된 수능 모의고사 문제였다. 최씨의 작품 '북어', '아마존 수족관', '대설주의보' 등은 수능 모의고사 등에 단골로 출제돼 왔다. 그는 "작가의 의도를 묻는 문제를 진짜 작가가 모른다면 누가 아는 건지 참 미스터리"라며 쓴소리를 했다. 그는 인터뷰에서 아래와 같이 답했다.

(질문 1) 자신이 쓴 시가 나온 문제를 틀린다는 게 이해가 안 된다.
"언젠가부터 내 시가 교과서나 각종 수능 모의고사에서 나오고 있다더라. 그런데 나는 다 틀린다. 그래서 지금은 안 풀어 본다. 시를 몸에 비유해 보자. 시의 이미지는 살이고 리듬은 피요, 의미는 뼈다. 그런데 수능 시험은 학생들에게 살과 피는 빼고 숨겨진 뼈만 보라는 것이다. 그러니 틀리는 게 아닌가 싶다."

(질문 2) 무슨 말인지.
"예를 들어 내가 쓴 '너구리, 너 구려. 너 구린 거 알아'라는 시를 보자. 이게 모국어의 맛과 멋이다. 그런데 이 시의 주제가 뭐냐, 시의 사조(思潮)가 뭐냐, 시인은 어느 동인 출신이냐 묻는 게 수능 시험이다. 그런 가르침은 '가래침' 같은 거다."

(질문 3) 시 교육의 목표는 무엇이어야 하나.
"웃는 것, 안목을 높여 주는 것이다. 더 좋은 작품을 감상해 나갈 수 있는 능력, 그래서 더 행복하게 살 수 있는 안목을 길러 주는 것이다. 그리스 철학자는 같은 강물에 두 번 발을 담글 수 없다고 했다. 이 시간은 다시 돌아오지 않는 것이다. 인생은 지금 여기 경험의 총체이니 그 경험을 최대한 느끼도록 도와주는 것이면 좋겠다. 어린이가 덜 자란 어른인 게 아니라 어른이 계속 자라나는 어린이일 뿐이다."

를 계속 유지하기 위해 노력을 몇 가지 명심해야 한다. 예를 들면, 몇 편의 동시를 기억해 두었다가 시간이 날 때마다 이를 낭송해 준다거나 암기를 시킬 때는 자발적으로 하게 해야지 과제로 부과해서는 안 된다. 또 독서지도사 자신이 좋아하는 동시를 어린이들에게 감상하도록 일방적으로 강요해서도 안 된다.

---

7) 『중앙일보』, 2009년 11월 21일자.

5. 동시 지도 시 활동

독서지도사가 어린이들과 동시 수업을 할 때 마무리 활동으로는 무엇을 할 수 있는 가 살펴보자. 많은 사람들이 동시 쓰기를 한다고 하여 좋은 활동 지도라 할 수 없다. 좋은 마무리 활동인가 아닌가는 수업한 내용의 마무리나 심화의 역할이 되어야 한다 는 것이며 특히 수업한 어린이들의 흥미를 잃게 하거나 힘들게 하는 것이라면 차라리 하지 않는 쪽을 택하는 것이 현명하다. 왜냐하면 어린이들은 독서지도사의 가르침을 통해 독서가 더 재미있고 다시 수업을 기다리게 되어야 성공적인 수업이라 할 수 있기 때문이다. 그래야만 어린이들은 흥미를 잃지 않고 습관으로 이어져 나갈 수 있다.

동시 쓰기는 어린이들이 시를 좋아하여 시를 써 보겠다는 자발성을 나타낼 때 적절 한 활동이다. 동시뿐만 아니라 모든 글은 쓰고 싶을 때 가장 잘 쓸 수 있다. 동시 역시 어린이들이 쓰고 싶은 상황을 만들거나 순간을 놓치지 않고 독서지도사가 이끌어 나 가는 것이 필요하다.

시화 그리기도 권할 만하다. 시화 그리기는 어린이들이 쉽게 할 수 있는 활동으로 독서지도사가 정해 주기보다는 어린이 자신이 좋아하는 시를 골라 시화 그리기를 해 보도록 지도하는 것이 바람직하다. 어린이들은 본인이 수업 시간에 많이 참여할수록 더 기뻐하며 만족감을 느낀다. 단, 독서지도사는 어린이의 수준에 맞는 질문과 활동을 선택하는 노력이 필요하다.

여러 가지 방법으로 낭송하는 것도 권할 만하다. 같이 낭송하는 것 외에 책상을 두 드리며 낭송하거나 손뼉을 치며 낭송하거나 음악을 깔아 주며 낭송하게 하는 등의 방 법이 있다. 그러나 고학년의 경우는 국어 지식적인 면도 필요하다. 지적 활동을 통해 동시 감상의 수준을 더 높일 수 있다면 금상첨화이다. 예를 들면, 작가의 의도를 파악 할 때 무조건 강요할 것이 아니라 시 제목을 보고 내용을 추측하게 하거나, 시인이나 시의 배경에 대하여 조사한 후 어린이에게 알려 주고, 각 연에서 말하고자 하는 바를 살펴보게 한다. 또 시의 리듬과 압운 지도하기, 시어 지도, 표현력 지도, 시에 쓰인 표 현과 전체적인 분위기를 알아보기, 시를 읽으며 자연스럽게 떠오르는 장면, 생각을 정 리하기 등 다양한 방법들이 있다.

제2장 창작 동화 지도

동화는 어린이에게 읽히기 위하여 쓰인 이야기의 문학이다. 때로는 동심을 사랑하는 어른이 즐겨 읽기도 하지만 기본적으로 동화는 어린이를 위한 문학이다. 어린이들이 동화 작품을 읽으며 그들의 꿈을 키우고 건강하게 살아갈 수 있도록 독서지도사는 좋은 작품을 골라서 제대로 읽을 수 있도록 도와주는 것이 필요하다.

 1. 창작 동화의 특징

창작 동화는 동심을 바탕으로 한 자아와 판타지와 리얼리티가 조화된 세계의 대립을 시적 산문으로 표현한 문학이다.[8]

창작 동화는 근대에 와서 아동 문학 작가에 의해 아동을 위해 창작된 동화를 의미한다. 근대에 와서 아동기의 중요성에 대한 인식과 아동기의 발달적 특성에 대한 이해가 커지면서 전문 아동 문학 작가에 의해 의도적으로 아동을 대상으로 한 아동을 위한 동화가 창작되기 시작하였는데, 이것을 창작 동화라고 부른다.

현대의 창작 동화들은 전래 동화처럼 반드시 비현실적이거나 상상적 판타지를 포함하지는 않는다. 그러나 동화는 아동을 위한 작품이므로, 아직 어떤 것에 대하여 고정관념화가 되어 있지 않는 창의적이며 상상력이 풍부한 아동들의 발달적 특성을 고려하기 때문에 여전히 상상적인 소재와 내용을 많이 포함하고 있다.

대표적인 작가로는 안데르센을 들 수 있다. 창작 동화의 선구자로 인정받는 그는 『미운 오리 새끼』, 『인어 공주』 등의 걸작을 남겼다. 우리나라 최초의 창작 동화로는

---

8) 양점열(1994년). 「창작 동화의 문학적 교육적 가치와 지도 방안에 관한 연구」. 한국교원대학교 석사 논문, 16쪽.

마해송의 『바위 나리와 아기 별』이 있다.

판타지(fantasy)는 추상의 세계에서 생명을 창조하는 힘이다. 다시 말하면 보이지 않는 깊이까지 들어가, 일반 사람들은 들여다볼 수 없는 신비한 것을 꺼내 와 보통 사람들에게 이해될 수 있게 보여 주는 일이다. 결국 작가의 독창적인 상상력에 의하여 미분적 상상의 세계와 현실을 논리적 질서로 창조해 내는 생명력이다.

리얼리티(reality)는 모든 문학에서 필수적인 것이다. 판타지가 이 리얼리티의 뒷받침 없이는 그 생명력을 잃어버린다. 리얼리티는 논리성이고 이 논리성이 있으므로 해서 전체적인 작품의 통일을 이룰 수 있다는 것이다. 이 논리적 질서는 성인들의 사고에 이미 형성되어 있는 것들이 아니라 어린이의 발달 단계에 맞아야 한다. 새가 어린이와 말하는 것은 과학적 질서에 어긋나지만 중학년 단계 이하의 창작 동화에서는 작품 내의 구성 질서에 의하여 긴밀하게 짜여져 있다면 논리적 질서가 타당성을 갖게 된다.

동심이 창작 동화에서 빠진다면 생명력을 잃어버리는 것이다. 동심은 어린이의 마음이다. 어린이의 마음은 순수하고 진실한 마음으로 진선미에 근접되어 있다. 동심은 아동 문학의 원동력이요, 생명력이다. 동심이란 사람들의 마음에 있는 인간 본연의 마음이다. 즉, 신이 인간에게 준 최초의 아름답고 순수한 마음인 것이다. 인간 본연의 마음을 되찾게 해 주는 것 중의 하나가 창작 동화인 것이다.

시적 산문 역시 창작 동화의 특징 중 하나이다. 창작 동화는 산문의 특성을 가지고 있는 반면, 그 산문의 표현 방식이 시적이어야 한다. 여기서 시적이란 말은 반드시 '시'와 같이 나타내라는 말이 아니다. 시가 가지고 있는 언어의 함축성, 은유, 상징성, 호흡 등이 반영된 산문을 이야기한다. 또 한편으로는 문장 전체에서 풍기는 시적 분위기를 이야기하기도 한다.

주제는 명료해야 하지만 노출되어서는 안 된다. 교육성이 있고, 예술적으로 표현된 것이면 어느 것이나 주제가 될 수 있다. 주제는 작품의 밑바닥에 스며들어 교육적 기능을 강하게 발휘하는데, 훈화적으로 다룬다거나 무엇을 나타내는지 알 수 없을 정도로 주제 의식이 희미한 창작 동화가 창작되어서는 안 된다.

2. 창작 동화의 구성 요소

창작 동화는 서사 문학이 가지고 있는 구성 요소들을 가진 한편, 많은 제약이 뒤따른다. 교육적 측면에서는 자아와 세계의 대립에서 자아의 승리를 강조하거나 새로운 질서의 창조를 요구한다. 예술적 측면에서는 어느 한쪽의 우위보다는 자아와 세계가 끊임없이 대립 관계로 존속되는 것을 원한다. 이러한 창작 동화의 구성 요소에는 다른 서사 문학과 마찬가지로 인물, 배경, 사건, 문체, 시점이 있다.[9]

1) 인물

창작 동화의 인물에는 제한이 없다. 누가 인물이 되든 그 인물은 보편적이면서 개별적이어야 하고, 전형적인 인물이어야 개성이 뚜렷한 인물로 사건을 이끌어 갈 수 있다. 창작 동화에서 인물이 중요시되는 것은 어린이의 발달 단계상 모델화 경향이 뚜렷하기 때문이다. 특히 중학년 단계의 어린이들은 창작 동화 속 인물의 성격을 모방하여 자기화하는 특성이 강하다.

2) 배경

창작 동화의 배경은 무한하다. 그러나 배경의 구체적 제시는 뚜렷해야 한다. 그렇다고 하여 리얼리티를 무시하고 시공간을 초월하여 배경을 제공하는 것은 바람직하지 못하다.

3) 사건

창작 동화의 주된 내용은 역시 이야기이다. 사건은 기승전결의 일반적인 원칙을 중심으로 전개된다. 여기에는 설명과 묘사, 대화의 처리가 적절하여야 하며 주제에서 벗어나지 말아야 한다. 또한 사건의 전개 방식에 있어서는 복선보다도 단선 스토리가 아이들의 심리 상태에 더 적합하다.

---

9) 앞의 논문, 34–35쪽 재인용.

4) 문체

우선, 간결, 간명해야 한다. 어린이 독자의 감각에 호소하는 표현이 좋으며 어린이 중 누가 읽든지 공통적으로 흥미를 느낄 수 있어야 한다. 또 글의 실마리에서 너무 설명적인 군더더기 말이 나오지 말아야 한다. 어린이의 일상생활에서 쓰는 낱말을 주로 사용하여야 하며 문장의 길이는 짧고, 반복의 효과를 살리는 것이 좋다. 상상과 연상을 불러일으키기 위하여 적절한 비유법을 쓰는 것이 좋다. 삼인칭 대명사는 되도록 피하며, 어린이들의 정감과 심리에 맞도록 적당한 리듬, 템포, 어조를 유지하는 것이 좋다. 표준어 중심으로 사용하되 부득이한 경우에는 사투리를 써서 효과를 낼 수 있다.

5) 시점

시점이란 누구의 눈을 통하여 제시되느냐 하는 행위자에 관한 문제이다. 시점에는 일인칭 시점과 삼인칭 시점으로 나눌 수 있으나 일원적 시점과 다원적 시점으로 대별할 수도 있다. 창작 동화에서의 시점은 모든 서사 문학에서 사용되는 시점이 다 사용될 수 있다.

3. 창작 동화와 혼동하여 사용되는 문학 갈래[10]

창작 동화의 개념과 혼동하여 사용되는 문학 갈래들이 있다. 창작 동화와 다른 문학 갈래와의 개념 혼동의 원인은 두 가지이다. 그중 하나는 창작 동화를 일반 문학의 갈래에 따라 구분하지 않고 아동 문학이라는 특수 문학만을 대상으로 하였기 때문이다. 다른 하나는 교육 과정에서 동화와 우화, 소설 등을 모두 이야기 제재로 묶어 지도하도록 한 것이다. 따라서 창작 동화와 비슷한 유형으로 사용되는 전래 동화, 소설, 생활 동화, 우화와의 개념을 정리해 보자.

---

10) 앞의 논문, 19-21쪽.

1) 창작 동화와 아동 소설

흔히 아동을 대상으로 한 소설을 소년 소설이라고 한다. 용어의 사용에 대해서는 소년 소설, 소년 소녀 소설, 아동 소설, 소설이라는 말을 함께 사용한다. 이재철은 소년 소설을 아동 소설이라 하면서 강한 소설적 구성을 통하여 사회성, 인간성 탐구와 독자적인 인생관·사회관을 연령적으로 동화에서 성인 소설로 들어서는 아동들에게 간접 경험을 줌으로써 보다 넓은 현실적 체험을 갖도록 한다고 하였다.[11] 창작 동화와 아동 소설을 비교해 보면 창작 동화가 전통에 바탕을 두고 창작되었다면 아동 소설은 현실적·구체적 문학이라 할 수 있다. 창작 동화가 시적 산문 형식의 문학이라면 아동 소설은 산문 문학이다. 창작 동화가 미분적 상상과 리얼리티의 조화로 이루어진다면 아동 소설은 리얼리티가 강하다. 창작 동화가 동심을 바탕으로 한다면 아동 소설은 인물의 성격이나 디테일까지도 진실을 그려야 한다. 창작 동화가 소박하게 요약된 미적 표현으로 인간 일반의 보편적 진실을 그린다면 소설 갈래에서 아동을 대상으로 한 특수 문학이라고 할 수 있다. 창작 동화와 아동 소설의 공통점은 자아와 세계의 상호 우위에 입각한 대립에서 쉽사리 결판을 이룰 수 없다는 것이며, 큰 차이점은 판타지가 있느냐의 문제이다.

2) 창작 동화와 생활 동화

이재철은 생활 동화의 출현에 대하여 다음과 같이 설명하였다.

생활 동화가 동화가 갖는 시적이고 환상적인 성격이 현대에 접어들자 보다 과학적이며 합리적인 것을 요구하는 아동의 욕구에 전적으로 흡족한 것이 되지 못하여 생활 동화가 출현하게 되었다.

동화의 생명력은 판타지이다. 판타지가 없는 동화는 이미 동화의 가치를 잃어버린 것이다. 그렇다면 생활 동화의 위치는 분명한 것이다. 단순히 소재의 형식과 방법에서 생활 동화를 인정한다는 것은 동화의 본질을 외면하는 것이다. 어린이들의 생활을 소재로 하였더라도 그것이 동화가 되기 위해서는 판타지를 내포하고 있어야 한다. 그렇지 못하였다면 그것은 소설의 특성을 지니게 된다. 또한 소재 면에서 생활 동화라는

---

11) 이재철. 「아동 문학 개론」. 개문사. 182-183쪽.

용어를 썼다면 모든 소재들에 따라 환경 동화, 과학 동화, 체육 동화 등 동화의 갈래는 수없이 늘어날 것이다. 생활 동화를 리얼리티 중심으로 쓴 동화라는 말도 문제가 있다. 앞서 말한 대로 창작 동화는 판타지와 리얼리티의 조화로 이루어진 문학이기에 리얼리티만 존재하는 문학이라면 그것은 소설이 되어야 한다. 여기서 동심의 문제가 제기 되기도 하지만 모든 아동 문학이 모두 다 동심을 전제 조건으로 한다는 것을 생각하면 판타지가 없는 생활 동화는 소설로 가야 한다. 그렇지 않으면 판타지를 포함시켜 창작 동화로 가든지 하여야 한다.

따라서 생활 동화에 동화의 특성인 판타지와 리얼리티, 시적 산문 등이 내포되어 있고, 소재만을 어린이의 생활에서 선택되었다면 생활 동화는 창작 동화에 포함되어야 한다. 그렇지 않다면 생활 동화는 소설에 포함되어야 한다.

3) 창작 동화와 우화

우화(fable)는 주로 동물을 빌어 인간성을 풍자하거나 교화하려는 짧은 이야기이다. 우화는 처음에 어른들을 위해 쓰인 문학인데 점차 어린이들의 문학으로 변해 가고 있다. 우화는 특정한 교훈을 줄 것을 노린 지적인 이야기이므로 그 교훈성을 빼 버리면 문학의 영역에서 벗어나 버린다. 우화가 가진 또 하나의 특징은 우화의 교훈성을 상징성이란 예술로 덮고 있다는 것이다. 고도의 상징성은 시에서도 찾을 수가 있고, 창작 동화의 요소이기도 하다. 예술적 상징성의 표현에 있어서는 창작 동화와 공통점이 있기는 하지만 우화와 창작 동화는 분명히 구분되어진다. 그것은 우화의 상징성과 교훈성을 창작 동화는 모두 가지고 있지만 창작 동화가 가지고 있는 판타지, 리얼리티, 구성, 시적 표현들을 우화는 가지고 있지 않기 때문이다.

4. 창작 동화의 교육적 가치

성인을 대상으로 하는 문학은 그 실험 정신 또는 선택하는 내용 면에 있어서 아무런 구속적 제한을 받지 않지만, 아동 문학은 주 대상이 아직 미숙한 어린이이기 때문에 어린이의 삶을 생각하는 어떤 가치 판단이 전제되지 않으면 안 된다. 창작 동화만큼 어린이들의 인격 형성에 밀접한 영향을 끼치는 문학은 없다. 그 이유는 어린이들이 이야기를 좋아하기 때문이다. 창작 동화는 소설의 특징인 리얼리티와 전래 동화의 특징인 미분적 상상을 모두 가지고 있기에 문학적 재미성과 함께 교육적 가치도 높다. 아래에 교육적 가치를 여섯 가지로 정리하여 보았다.[12]

첫째, 창작 동화는 상상력을 길러 준다. 모든 문학이 상상력의 소산인 것처럼 창작 동화도 작가의 상상력에 의하여 창작된 것이다. 어린이들은 상상력의 소산인 창작 동화를 읽음으로써 상상력을 배우게 되고, 자신의 인지적 구조에 그 상상력을 받아들여 새로운 상상력을 창조해 나가기 때문이다.

둘째, 창작 동화는 어린이들의 발달 단계를 바르게 성장시켜 준다. 사람은 일정한 발달 단계를 거치면서 성장한다. 사람의 발달 단계는 사람들의 개인차에 따라 그 속도가 다르다. 그러나 어느 한 발달 단계를 거치지 않고 다음 발달 단계로 발전한다면 결코 바람직한 발달 과정이라 할 수 없다. 창작 동화는 어린이의 발달 단계에 맞게 판타지의 세계를 설정하고 리얼리티를 뒷받침시키기 때문에 어린이들의 발달 단계를 돕는 데 귀중한 가치가 있다. 어린이들은 자신의 발달 단계에 맞는 창작 동화를 선정하여 읽으면서 튼튼한 발달 단계를 거치고, 자신들의 발달 단계의 속도를 향상시킬 수도 있다.

셋째, 창작 동화는 어린이들의 도덕성을 발달시킨다. 창작 동화는 예술성과 함께 교훈성을 내포하고 있다. 이 교훈성은 주제를 중심으로 작품 속에 스며들어 있는 도덕적 가치에 의한다. 전래 동화에서 나타나는 권선징악형 주제를 비롯하여 창작 동화의 다양한 주제들이 제시하는 도덕적 가치들은 어린이들의 도덕적 판단력을 향상시켜 준다. 어린이들은 이 도덕적 판단력에 의하여 벌을 피하거나 상을 받기 위한 전 도덕적 단계에서 타인의 기준에 따르는 인습적 역할 순응의 단계를 거쳐 자기 수용의 원리를 깨닫는 단계로 도덕성을 발달시킨다.

넷째, 창작 동화는 어린이의 인격 형성에 중요한 역할을 한다. 어린이들에게 창작 동화에 나타난 인물들은 바로 동일시의 대상이 된다. 창작 동화 속의 인물과 인물의 관계에서 벌어지는 사건은 자기중심적 역할 수용에서 사회적 인습적 체제의 역할 수용으로 사회적 역할 수용을 발달시키기도 한다. 더 나아가 인물들이 전개시키는 사건과

---

12) 양점열(1994). 「창작 동화의 문학적 교육적 가치와 지도 방안에 관한 연구」. 교원대학교 대학원 석사 논문, 61–63쪽.

행동은 어린이들에게 새로운 삶을 경험시켜 그들의 인격 형성에 밑거름이 되게 한다.

다섯째, 창작 동화는 지적 발달에 도움을 준다. 즉, 사고력의 발달에 도움을 준다는 이야기이다. 이때 사고력을 언어 사고력이라고 한다. 어린이들은 창작 동화 속의 시적 산문으로 표현된 풍부한 언어 진행과 표현 방법에서 정확한 말을 배우고 사용하게 된다. 또한 작품 속의 다양한 언어활동을 통하여 자기중심적 언어에서 사회적 언어로 그 기능을 발달시켜 간다.

이런 언어 발달은 사고의 발달과 관계가 깊다. 사고는 자극에 대한 단순 반응의 초보적인 지각적 사고와 과거의 경험을 재생시켜 나가는 연상적 사고, 비판적 사고, 나아가서는 창의적 사고가 있다. 창작 동화를 읽으면서 어린이들은 이 네 단계의 사고를 단계별로 또는 동시에 거치게 되는데 이는 주로 언어활동으로 이루어지기 때문이다.

여섯째, 창작 동화는 바른 독서 습관을 형성시켜 준다. 발달 단계에 맞는 이야기로 어린이들이 책에 대한 흥미를 갖게 한다는 것. 판타지와 동심을 바탕으로 한 강한 호기심과 시적 산문에서 얻는 상징성과 그 속에 담긴 가치들, 빠른 이야기 전개에서 얻는 재미성 등은 어린이들에게 올바른 독서 습관을 형성시키는 데 귀중한 역할을 한다.

5. 창작 동화의 지도 방법

한 편의 창작 동화 속에는 생생한 삶과 상상력 등 많은 문학적·교육적 가치들이 들어 있다. 이러한 가치들은 교수·학습 과정을 통하여 어린이들에게 새로운 심미적 경험을 가져다준다. 문학 교육의 교수·학습 모형에는 여러 가지가 있지만 창작 동화가 문학 제재이므로 수용자인 어린이들의 실제적 자아의식과 생체험의 질과 양이 내면화 과정의 큰 변인이 된다. 이는 문학 텍스트를 수용자들에게 효과적으로 내면화시키는 방법이 중요하다는 의미이다. 문학 텍스트의 내면화 과정에 대한 여러 문학 수업 모형들을 크게 분류하면 텍스트 중심의 학문 중심 수업 모형들과 독해 중심의 기능 중심 수업 모형들, 수용자의 내면화 과정을 중시하는 반응 중심 수업 모형으로 나뉜다. 학문 중심 교육 과정에서의 문학 교재는 지식을 잘 전달할 수 있도록 조작하여야 하고, 텍스트 자체의 정독과 분석에 방법의 초점을 두어야 한다. 기능 중심 수업 모형들은 읽기를 독자와 텍스트를 연결하는 소통 행위로 보고, 지식의 구조를 강조하는 스키마 이론과 문자 기호의 번역 및 표상화에 큰 관심을 보이는 텍스트 분석 이론으로 크게 부상되어 문학 연구와 문학 교육에 수용되어 왔다.

1) 창작 동화 지도 시 활용할 수 있는 수업 모형의 예

(1) 인지적 수업 모형[13]

인지적 수업 모형은 읽기 학습이 주를 이룬다. 이는 정의적 영역의 가치들에 대한 것에는 관심을 두지 않고 인지적 학습에만 초점을 두고 있는데 이런 읽기 수업 모형 중에서 서구의 가장 대표적인 읽기 수업 모형은 DRA(Directed Reading Activity)이다. 물론 이 외에도 독서 지도에 참고할 만한 여러 가지의 모형이 있으나 여기에서는 DRA(Directed Reading Activity)만 소개하고자 한다. 이 수업 모형은 모든 학생이 지정된 같은 교재를 읽는 것을 전제로 다음 다섯 단계로 실시된다.

① 동기 유발 및 배경 지식 – 경험의 계발을 위한 준비 단계
- 학생들이 책을 읽었는가 사전 경험 조사
- 가치 나열표에 표시하기

② 사전 – 사후의 질문 활동을 곁들인 읽기 단계
- 어려운 단어 풀이
- 전문 용어 조사
- 읽기 안내를 위한 약간의 선행 질문하기

③ 주요 독해 기능의 인지 단계
- 선정된 교재 읽기

---

13) 앞의 논문, 88–92쪽.

④ 주요 독해 기능의 연습 단계

- 내용 파악을 위한 직접 서술 수준의 질문하기
- '추리' 사고 기능을 위한 질문하기
- '일반화하기' 사고 기능을 위한 질문

⑤ 강화 학습 단계

- 극화
- 쓰기

(2) 정의적 수업 모형[14]

정의적 특성이 내면화되는 과정을 나타내는 수업 모형은 수용자의 반응을 중요시한다. 여기에는 동기가 있어야 하고, 반응을 위한 단서, 강화 등이 있어야 한다.

① 1단계 : 텍스트와 학생의 거래(반응의 형성)

- 작품 읽기 : 작품에 대한 방해 요인 제거. 파악 심미적 거래 촉진
- 반응의 기록 : 짝과의 교환 반응
- 반응에 대한 질문 : 반응을 명료히 하는 탐사 질문. 거래를 입증하는 질문. 반응의 반성적 질문. 반응의 오류에 대한 질문

② 2단계 : 학생과 학생의 거래(반응의 명료화)

- 반응에 대한 토의나 역할 놀이 : 짝과의 의견 교환, 소그룹 토의. 전체 토의
- 반응의 반성적 쓰기 : 반응의 자유 쓰기. 자발적인 발표

③ 3단계 : 텍스트와 텍스트의 상호 관련

- 두 작품의 연결
- 텍스트와 상호성의 연결

---

14) 경규진(1993). 「반응 중심 문학교육의 방법 연구」. 서울대학교대학원 교육학 박사논문, 168~169쪽.

제3장 옛이야기 지도

 1. 옛이야기의 특징

옛이야기는 전승 문학의 한 유형으로 모든 전승문학과 마찬가지로 처음부터 문장으로 기록된 것이 아니라 사람들의 입에서 입으로 전해 내려오다 근대에 와서 수집되고 문헌으로 기록된 것을 말한다. 그러므로 옛이야기는 전승 이야기라고도 불린다. 전승 이야기는 어떤 특정한 세대만의 소유물이 아니라 남녀노소를 불문한 모든 사람의 소유물이었다. 언제, 어디서, 누구에 의해 이야기되기 시작하였는지는 알 수 없지만, 서민들에 의하여 소유되고 사용되며, 소중히 여겨져 왔다.[15]

옛이야기의 특징은 여러 가지 측면에서 살펴볼 수 있지만, 전반적인 의견을 참고로 정리하면 다음과 같다.[16]

① 줄거리 중심으로 이야기가 전개되어 있다.
② 산문 형식을 띠고 있다.
③ 주인공이나 등장인물의 성격 묘사가 거의 없다.
④ 동화가 발생한 당시 그 지역 민족의 생활과 이상, 종교, 미신 그리고 미래를 향한 의지가 반영되어 있다.(민족적이며 민중적인 것이다.)
⑤ 소박한 도덕적 윤리적 교훈이 포함되어 있다.(단순하고 보편적인 것이다.)
⑥ 문장 또는 단어의 반복이 있어 읊조리기에 좋다.

---

15) 전승 이야기들은 본래 대부분이 성인들을 위한 것이었으나 어린이를 대상으로 읽힐 수 있는 것들을 분류하여 동화라고 부르게 되었다. 그러므로 전래 동화는 전승되어 오던 이야기들을 어린이의 발달적 수준을 고려하여 이에 적합하게 고쳐 쓴 개작(각색) 동화가 주류를 이룬다. 따라서 이러한 것들은 전래 동화 또는 전승 동화라 부른다.
16) 강문희, 이혜상 공저(1999). 『아동문학 교육』. 학지사. 122-123쪽.

⑦ 시간과 장소에 대한 구체적인 묘사가 없다. 즉, '옛날 옛날 어떤 마을에 한 사람이 살았는데'로 시작하여 '오래오래 행복하게 살았습니다'로 끝난다.
⑧ 구전되어 왔다.

2. 옛이야기의 종류

옛이야기는 신화, 우화, 전설, 민담, 설화 등을 아우르는 개념이다.

신화[17]는 국가나 민족 단위의 옛이야기이며, 그리스 어에서 유래된 것으로 '이야기'를 의미한다. 신화는 가장 원초적인 문학 형태로서 대부분이 저자가 없이 입에서 입으로 전해 내려왔다. 신화의 주인공은 신이고 그 증거물은 포괄적이며 자연의 소산물이다. 이 신화는 각 민족 사이에서 전승되어 그 생명력이 길다. 신화는 아무런 의심 없이 그 자체를 신성시하며 그대로 진실하다고 믿는다.

전설[18]은 구체적인 사물과 관련이 있는 이야기이다. 이야기를 증거할 만한 사물이나 사건을 가지고 있다. 예를 들면 바위, 고목, 강, 절, 연못, 섬 등이 있다. 또 사람들이 이야기 내용을 사실이라고 믿고 있는 경향이 있으며 종교와도 관계가 있다. 연대와 주인공이 있으며 이야기의 전개법이 일정하지 않고 다양하다. 동화화되었을 때, 인물이나 내용이 반 정도는 사실에 근거하고 반 정도는 허구로 바뀐다. 이야기를 할 때 이야기하는 사람에 따라 신축성 있게 할 수 있다.

민담은 근거가 없고 가공적이며 허무맹랑한 이야기이다. 이야기의 시간과 장소가 애매하고 사실성이 없다. 민담의 주인공들은 대개 일상적인 인간들이다. 또 우리 조상들의 꿈과 낭만, 웃음과 지혜, 교훈, 역경을 이겨내는 지혜 등이 문학적으로 잘 형상화되어 있다. 사람들이 이야기의 내용을 사실로 믿지 않는 경향이 있다. 반드시 해피엔딩으로 끝난다.

---

17) 이노국(2005), 『글쓰기와 독서 지도법』에서는 신화는 신에 관한 이야기로 초자연성, 인격화성, 공생성, 종교성, 불합리성이 특성이다.(2-37쪽)
18) 앞의 책에서 인용. '전설은 진실성, 역사성, 체험성, 설명성, 비약성이 특성이다.'

우화는 주로 동물을 의인화시켜 인간성을 풍자하거나 교화하려는 이야기로서 우스운 이야기에 가깝다.

신화, 전설, 민담의 비교하면 아래 표와 같다.

〈표 1〉[19]

	신화	전설	민담
전승자의 태도	신성하다고 믿음 – 신성미	진실하다고 믿음 – 진실미	흥미롭다고 믿음 – 흥미위주
시간과 장소	아득한 옛날(태초) 신성한 장소	구체적인 장소와 시간	뚜렷한 장소와 시간이 없음
증거물	포괄적(우주, 국가 등)	개별적(바위, 개울 등)	보편적
주인공과 그 행위	신적 존재, 초능력 발휘	비범한 인간, 비극적 결말	평범한 인간, 운명 개척
전승 범위	민족적 범위	지역적 범위	세계적 범위

3. 옛이야기와 창작 동화의 차이점

옛이야기와 창작 동화의 다른 점을 비교해 보면 아래와 같다.

〈표 2〉[20]

구분	옛 이야기	창작동화
작가와 때	모름. 예부터 구비 전승	최근 동화작가, 예술적 창작 행위
내용	조상의 공통적 가치관과 정서	작가의 상상적 체험, 개인적 정서
표현	줄거리 중심, 사건이 단순, 명쾌 → 구비문학	정경, 성격 묘사 많음, 사건 복잡 → 기록문학
구성	상상 위주, 우연의 일치, 천우신조, 불가사의한 인과관계, 인물, 장소 시간 추상적	상상력 바탕, 리얼리티 가미, 장소, 시간, 인물 설정 구체적
주제	권선징악	폭넓음
대상	어린이, 청소년, 어른	어린이

4. 옛이야기의 교육적 가치

옛이야기는 원래 교육을 위해 창작된 것이 아니다. 그런데도 옛이야기가 학교 교육이 시작되면서부터 교과서의 일부 제재로 선정되었다. 구비 전승되어 오던 옛이야기가 문자화되어 국어과 교육에 활용하게 된 까닭은 무엇일까? 최초로 만나는 문학인 옛이야기는 어린이들에게 큰 영향을 미치기 때문이다. 따라서 창작 문학과 달리 옛이야기는 인간 일반의 보편적 진실을 중시하는 시적인 산문 문학인 동시에 조상의 문화를 체득할 수 있고, 도덕적 교훈성을 갖는 이야기로 국어 사용 능력 향상의 기능보다는 가치관 교육인 인간 형성에 도움을 주는 교육적 측면이 강하다. 그 교육적 가치를 살펴보면 먼저, 옛이야기는 상상력의 소산이므로, 옛이야기를 듣는 사람이나 읽는 어린이들은 이를 통하여 상상력을 기를 수 있다. 상상력은 현실에서 경험할 수 없는 것들을 경험하게 함으로써 해방을 맛보게 해 주고, 보상적 만족을 주며, 새로운 창조를 가능하게 하는 중요한 사고 능력이다. 둘째, 옛이야기는 청자나 독자들에게 흥미를 불러 일으켜 즐거움을 줌은 물론이거니와 동시에 교훈을 준다. 그러므로 옛이야기의 청자나 독자는 이를 통하면서 즐거움과 함께 충·효·우애·신의 등의 윤리적인 교훈을 얻을 수 있고, 인생이 무엇이며, 다양한 주인공들의 삶을 간접 체험하면서 어떠한 삶을 살아야 하나를 배우게 된다. 특히 옛이야기의 주인공들은 대부분 평범한 인물들로 여러 가지 어려움을 극복하고 행복을 획득해 간다. 옛이야기의 이런 구성은 아동들에게 고난 극복의 의지를 가지고 적극적 삶을 살아가도록 가르쳐 준다. 셋째, 옛이야기 속에는 우리 조상들이 겪어 온 삶의 다양한 체험, 사상, 감정, 지혜, 용기, 가치관 등이 녹아 있는 조상들의 문화유산이다. 그러므로 옛이야기의 청자나 독자는 이를 통하여 문학적 체험을 풍부히 하고 한국인다운 삶의 여러 방식을 배우며, 옛이야기 속에 녹아들어 있는 조상들의 정서와 가치관을 함양하고 심화시켜 나갈 수 있게 된다. 넷째, 옛이야기는 구연을 통하여 전달되는 경우가 많으므로 청자와 독자는 이를 통하여 언어

---

19) 앞의 책, 2-38쪽.

20) 강문희 이혜상 공저(1999). 『아동문학교육』 121쪽.

능력을 기를 수 있다. 특히 말하기와 듣기 능력 신장에 중요한 몫을 한다. 다섯째, 옛이야기 속에 녹아 있는 조상들의 풍속이나 생활·사상·신앙 그리고 꿋꿋한 힘과 슬기, 빛나는 지혜, 소박한 꿈 등을 어린이들은 전래 동화를 읽고 들음으로써 전통문화를 계승·발전시켜 나갈 수 있을 것이다. 여섯째, 옛이야기는 화자와 청자의 대면이 필수적인 구연을 통하여 전달되는 경우가 많다. 옛이야기의 이러한 전달 과정에서 화자와 청자의 인간관계가 깊어진다. 어린이들은 할아버지, 할머니, 아버지, 어머니를 비롯한 가족, 선생님, 친척, 친구, 친지 등과 옛이야기를 주고받으며 이들과의 따뜻한 사랑과 훈훈한 정을 느낄 수 있게 된다. 따라서 옛이야기를 잘 가르치기 위해서 교사는 먼저 좋은 이야기를 많이 읽고 이야기를 고를 수 있어야 한다. 좋은 옛이야기를 고르기 위해서는 첫째, 전해 오는 이야기의 본모습이 온전하게 살아 있는 것인지를 살펴보아야 한다. 둘째, 이야기 속에 들어 있는 생각이 민중들의 것인지 살펴보아야 한다. 셋째, 아이들의 마음을 다치게 하지 않는 이야기를 골라야 한다. 넷째, 재미와 교훈이라는 두 개의 축이 튼튼한 이야기를 골라야 한다. 옛이야기는 동심을 바탕으로 지은 이야기로서 조상들의 지혜와 꿈, 슬기와 교훈을 이어받아 삶을 살아가는 중요한 가치관도 심어 줄 수 있는 만큼 교사는 좋은 동화를 선정하여 잘 지도해야 한다.

5. 옛이야기 지도 방법

1) 들려주기(구연)

옛이야기는 구비문학 작품이므로 구연이 필수적이다. 구연에 의해 아동들은 이야기의 내용을 보다 흥미롭고, 생동감 있고, 감동적으로 이해하게 된다. 또한 말하기와 듣기의 언어 교육에도 영향을 주며 구연자와의 인간관계가 더 돈독해지는 효과가 있다.

2) 읽히기에 의한 지도

옛이야기는 청자나 독자들에게 흥미를 불러일으켜 즐거움을 줌을 물론이거니와 동시에 교훈을 준다. 그러므로 옛이야기의 청자나 독자는 이를 통하면서 즐거움과 함께 충·효·우애·신의 등의 윤리적인 교훈을 얻을 수 있고, 인생이 무엇이며, 다양한 주인공들의 삶을 간접 체험하면서 어떠한 삶을 살아야 하나를 배우게 된다. 특히 옛이야기의 주인공들은 대부분 평범한 인물들로 여러 가지 어려움을 극복하고 행복을 획득해 간다. 옛이야기의 이런 구성은 아동들에게 고난 극복의 의지를 가지고 적극적 삶을 살아가도록 가르쳐 준다. 또 옛이야기 속에는 우리 조상들이 겪어 온 삶의 다양한 체험, 사상, 감정, 지혜, 용기, 가치관 등이 녹아있는 조상들의 문화유산이다. 그러므로 전래 동화의 청자나 독자는 이를 통하여 문학적 체험을 풍부히 하고 한국인다운 삶의 여러 방식을 배우며, 옛이야기 속에 녹아들어 있는 조상들의 정서와 가치관을 함양하고 심화시켜 나갈 수 있게 된다. 따라서 옛이야기는 무엇보다 독자의 반응을 잘 끌어내는 것이 중요하다. 즉, 동기가 있어야 하고, 반응을 위한 단서, 강화 등이 있어야 한다. 그래야만 독자들이 내면화를 잘할 수 있기 때문이다.

제4장 전기문 지도

전기문은 역사적 사실을 바탕으로 하여, 교훈을 줄 목적으로 특정한 인물의 생애, 업적, 일화 등에 대하여 기록한 글이다. 일반적으로 역사적으로 공로가 큰 인물에 대해 쓰이는 것이 보통이며, 인물의 출생에서 사망까지의 이야기가 시간 순으로 쓰여지는 경우가 많다. 그 때문에 흔히 위인 전기로 불린다. 이런 제약으로 어린이 독자들에게 흥미가 없어지는 경우도 있다.

1. 전기문의 특징

(1) 사실성 : 전기문은 어떤 인물의 일생을 다루는 글이기 때문에 허구적인 소설 문학과는 달리 사실과 진실이 중요하고 객관성과 사실성이 강조되는 글이다. 하지만 지은이의 주장이 강하게 드러나 대상 인물에 대해 지은이의 독단에 빠지기도 한다. 전기문은 쓰는 사람의 생각이 중요한 것이 아니고, 대상 인물의 행동과 그런 행동을 하게 한 그 인물의 사상이 주제가 된다.

(2) 교훈성 : 경험이 적은 어린이들에게 풍부한 인생 경험을 제공해 주어 인생을 이해하고, 인생을 슬기롭게 값지게 사는 태도와 건전한 가치관 함양 등에 교육적 효과가 큰 글이다.

(3) 문학성 : 전기문은 사실의 기록이지만, 인물·배경이 있으며 사건이 전개되므로 구성이 문학작품인 소설과 비슷하고, 서술·묘사·대화 등의 문학적인 표현 방법을 사용한다.

2. 전기문의 종류[21]

(1) 전기(傳記) : 좁은 뜻의 전기문으로서, 한 인물의 일생 또는 그 일부를 기록한 글이며 사실성을 바탕으로 소설적 형식으로 처리한 글.

(2) 자서전(自敍傳) : 자기 일생에 관한 내용을 자신이 쓴 글. 물론 요즘 돈 있는 사람들은 불러 준 내용을 전문 작가를 시켜 그럴싸하게 포장하기도 한다.

(3) 회고록(回顧錄) : 자신의 생애 중에서 사회적으로 특히 중요한 활동을 한 시기에 대해 기록한 글이다.

(4) 평전(評傳) : 작가가 역사적 자료를 선정하고 해석하여 정리한 비평적 전기로서, 어떤 인물의 역사적, 사상적, 문학적 업적 등에 대한 작가의 평가가 주요 내용을 이룬다.

5) 열전(列傳) : 여러 사람의 전기를 한데 모아 차례로 기록한 글. 역사적으로 같은 계통이나 비슷한 일을 한 사람들의 업적이나 일화를 적은 것이다.

6)수기(手記) : 어떤 사건에 초점을 맞추어 자신의 체험을 기록한 주관적인 글.

(7)행장(行狀) : 죽은 이를 추모하여 쓴 전기. 어떤 사람이 죽은 뒤에 그와 관련이 있는 사람이 그 평생의 일을 기록한 글이다. 주로 고인을 추모하려는 의도에서 기술되기 때문에 찬미적 성격을 띤다.

3. 전기문의 교육적 가치

전기문은 어린이들에게 본보기 인물을 보여 준다. 어린이와 청소년의 건전한 발달에 동일시 또는 모식화는 중요한 뜻을 갖는다. 동일시란 다른 사람이 가지고 있는 감정, 생각, 행위들과 같은 성향의 특징이나 지위, 소속, 집단의 특징을 모방함으로써 자신의 성향과 상황의 특징으로 간주하거나 인정하는 학습 과정이다. 동일시는 정신분

---

21) 이영애(2005). 『전기문 지도 방안 연구』. 부산교육대, 12-13쪽.

석에서도 다른 사람의 동기나 심리의 특징을 자신의 것으로 받아들임으로써 자신의 좌절된 동기나 결핍을 경험하고 있는 심리의 좌절을 줄여 나가기 위한 방어기제의 하나로 중요한 것이다.

브루너는 인간이 사회 활동을 학습하게 되는 것은 관찰 학습에 따른 모식화라고 하였다. 인간 교육은 늘 훌륭한 사람들을 본보기로 해서 그들의 성격과 행동을 은연중에 모방하는 과정을 통하여 훌륭한 사람들을 탄생시켰다.

전기문은 아동들에게 역사를 바로 알게 한다. 역사는 전기문의 대상 인물과 같은 위대한 사람들이 주로 이끌어 나간다. 따라서 전기문을 바르게 이해하는 것은 역사를 바르게 이해하는 길이다. 전기를 읽고 그 시대의 배경이나 사회 환경이나 사상을 알면 바른 역사 인식에까지 이르게 된다. 또 전기문은 학생들이 인물의 삶과 자신의 삶을 관련지어 심미적 상상력과 건전한 심성을 계발하고 바람직한 인생관과 세계관의 형성에 도움을 준다. 글을 단순히 읽는 것에 그치지 않고 글에 나타난 인물에 대한 생애를 바탕으로 자신을 반성하고, 미래를 설계하여 자신의 지식을 쌓아 가는 것이 전기문 교육의 한 방편이다. 그러므로 전기문을 많이 읽으면 아이들은 근시안적으로 인생을 보는 사고를 교정한다. 자신이 처한 상황을 좀 더 멀리 바라볼 수 있는 시각을 갖게 된다. 또한 다양한 사람들의 삶을 접함으로써 인생 경험을 넓혀 주며 균형 잡힌 사고를 갖게 한다. 전기문은 삶에 대한 상상력을 풍부하게 하고 어린이들에게 삶에 대한 희망과 경쟁력을 높여 준다.

4. 좋은 전기문의 조건

어린이의 발달 단계에 따른 독서 취향을 보면 전기문은 10살에서 12살 사이의 어린이들에게 적합한 이야기이다. 이 시기의 어린이들에게 설득력 없는 책이나 지루하게 느껴지는 인물은 되도록 피해야 한다. 어린이들은 생각하는 영웅보다 행동하는 영웅의 전기를 좋아하기 때문이다. 그런데 이제까지 출판된 많은 '전기문'의 주인공들은 대부분 태어날 때부터 남다른 '영웅적'인 면을 갖추고 있어서 오히려 어린이들에게 부담감을 갖게 했다. 게다가 우리나라의 전기문은 거의가 일제강점기 때 인물이거나 나라에 충성하고 부모에 효도하는 전통적인 덕목을 주제로 담고 있어 21세기를 사는 어린이들이 흥미를 갖기 힘들었다. 따라서 전기문을 고를 때는 아래와 같은 점을 고려할 필요가 있다.[22]

첫째, 현대의 가치관에 맞는 인물과 내용이어야 한다. 시대에 따라 가치관이 달라지고 인물상이 달라지기 때문에 너무 오래된 인물은 새로운 미래상을 제시하는 데 한계가 있다.

둘째, 만들어져서 태어나는 인물보다는 만들어지는 인물이어야 한다. 태어날 때부터 비범한 요소를 가진 인물보다 자기 분야에서 최선을 다해 살아간 모습을 그린 책이 좋다. 누구나 위인이 되기 위해서 살아가는 것이 아닐뿐더러, 자신의 신념에 따라 살아가는 것이 더 소중하기 때문이다.

셋째, 인간적인 약점과 한계를 극복하고 진실되게 살아가는 동안 차곡차곡 쌓인 훌륭함이 느껴져야 한다.

넷째, 내용이나 그림이 사실과 맞는지 살펴본다. 전기문은 역사서이기도 하므로, 시대상을 제대로 그리지 않으면 어린이들에게 잘못된 지식을 전할 수 있다.

다섯째, 글쓴이를 분명하게 밝힌 책을 골라야 한다. 지은이가 분명하지 않고 '편집부'라고 모호하게 표시된 것은 내용에 책임을 지지 않겠다는 말이다.

여섯째, 모든 책이 그렇겠지만 특히 어린이 책은 쉽고 명쾌하고 편안한 문장을 갖추고 있어야 한다. 역사책이면서 문학책이기도 한 전기문의 문장도 마찬가지이다.

이와 같이 전기문은 생생한 움직임과 분명한 가치와 호소력, 흥미를 끌 만한 낱말로 쓰되, 지나친 과장은 하지 않아야 한다. 문장은 너무 길거나 복잡하지 않아야 하고 이야기의 진행 속도는 되도록 빨라야 하며 행동, 분위기, 인물의 성격 묘사가 잘 되어 있어야 한다.

아이들은 전기문의 특징이 분명하고 재미가 있으며 아이들이 주저하지 않고 동일시 대상으로 받아들일 수 있는 인물이어야 한다.

---

22) 조월례(2005). 「아이 읽기, 책 읽기」. 사계절출판사, 49~59쪽.

5. 전기문 지도 방법

(1) 인물에 대한 사실적 정보를 이해한다. 어느 시대 사람인지, 인물이 살았던 시대의 역사적 특성과 사회적 풍토, 사상의 흐름 등을 알아본다.

(2) 국가와 민족을 위한 인물을 다룬 전기의 지도에서는 애국심의 발로가 특정 시대나 특정 인물에게만 한정된 특별한 것이 아니라 끊임없이 이어 내려오는 전통임을 깨닫게 한다.

(3) 인물을 이해한다. 인물이 한 말이나 행동, 성장 과정 속에서 그 인물의 성격이나 인격, 사상을 알아본다. 전기문에 나오는 위인들을 보고 '주인공들도 그렇구나! 나 아닌 내가 지금 보고 있는 그 사람도 나와 같은 갈등을 겪고 지냈네!' 라는 동질감을 느끼는 것이다. 이런 과정을 거치면서 독자들은 자신감과 성취감을 가질 수 있다. 실존했던 사람들의 삶을 통해 그들의 지식과 이해를 키워 나가며 그들이 어떠한 어려움 속에 그 어려움을 어떻게 헤쳐나간 것에 대한 이해를 한다. 또한 팽배한 자기 중심적 사고를 벗어나 모두가 하나라는 공동체의 인식으로 올바른 인격 형성을 할 수 있는 것이다.

(4) 인물의 성격 형성과 업적을 이루는 배경인 개인적, 사회적 환경이 지도되어야 한다.

(5) 인물의 활동이 사회와 국가 및 인류에게 어떤 공헌을 했는지 알아본다.

(6) 본인(독자)의 생활, 의지, 사고방식과 비교하며 읽는다. 본인(독자)과 통하는 점이 무엇인지 알아본다.

(7) 본인(독자)과 다른 점(역사적·문화적 배경, 환경, 가치관 등)을 찾아본다.

(8) 작품 속의 인물이 살아 있을 때와 오늘날을 비교하면서 무엇이 달라졌는지 생각하면서 읽는다.

(9) 전기문 학습의 최종 목표는 자신의 올바른 가치관의 형성에 있다. 최종 목표를 향해 바르게 가기 위해서는 인간적인 갈등이 진실성 있게 그대로 그려져야 한다. 본받을 점을 찾아본다.

1. 그림책의 특징

그림책이란 글과 그림이 서로 어울려 표현하고자 하는 내용을 단순한 플롯의 형태로 표현하며, 어린이들에게 풍부한 상상의 세계를 제공하는 것이라 할 수 있다.

그림책은 글과 그림으로 내용을 전달하는 시각적 형상을 충분히 활용할 매체이다. 글과 그림이 조화를 이루어 만들어진 그림책은 딱딱한 말의 의미가 시각화하여 나타난다. 때문에 아직 글을 읽지 못하는 유아들이라 할지라도 그림을 보며 내용을 추측하여 이해할 수 있다. 유아들이 특별한 약속이나 교육이 없이도 직감적으로 내용을 이해할 수 있는 것은 충분한 시각적 요소의 학습이 가능하기 때문이다. 인물의 동작과 동작하는 인물이 처한 공간과 시간의 관계가 그림을 통하여 충분히 형상화될 수 있다는 점은 그림책의 가장 중요한 특성이다. 이처럼 그림책에서 그림은 글을 대체하거나 확장하고 명확하게 하고 보충한다. 또 그림책에서는 시간의 흐름과 변화를 그림 속의 색감이나 크기로 표현할 수 있다.

또 그림 동화는 그림의 비중에 따라 형식적인 면과 어떤 내용을 담고 있는지 내용에 따라, 창작 방법에 따라 다음의 세 가지 유형으로 분류해 볼 수 있다.[23]

(1) 그림의 비중별 유형(형식적인 면) – 글 없는 그림 동화, 그림의 비중이 큰 동화, 글의 비중이 큰 동화

(2) 그림 동화의 내용에 다른 유형 – 가족 이야기. 일상생활, 다양한 문화 체험기, 어린이 자연 세계, 의인화된 동물, 현대 민족 설화 양식, 상상과 유머, 사회적이고 환경

---

23) 남명희(2007). 「그림 동화 읽어 주기를 통한 창의성 신장 방안 연구」. 대구교육대학교 대학원 초등교육 전공.

적인 염려 등

(3) 창작 방법에 따른 유형 – 글과 그림을 한 작가가 창작한 그림 동화, 글 작가와 화가가 공동 창작한 그림 동화, 기존의 동화에 그림이 빈자리를 채워 더 풍성해진 동화

그림 동화는 글과 그림을 함께 읽는 책이므로 다양한 연령대의 사람들이 함께 즐길 수 있으며 독서 수준이 다른 아동들도 함께 즐거워할 수 있다. 그림 동화는 글 없이 그림으로만 이야기가 전개되기도 하고, 그림과 글이 함께 어우러져 또 다른 이야기를 만들어 내기도 하므로 글 읽기에 서툰 아이들도 글을 유창하게 읽는 아이들에게도 쉽게 다가갈 수 있는 매력적인 소재이다. 또한 영상 매체에 익숙해져 있어 글 읽기를 매우 힘들고 지루하다고 생각하는 아동에게도 그림 동화는 그런 편견을 없앨 수 있게 도와줄 수 있다.

2. 그림책의 교육적 가치

그림책은 어린이들이 가장 먼저 만나는 책이며 세상이기도 하다. 어렸을 때 보았던 한 권의 책은 그 선명한 이미지가 마음에 자리 잡아 더 읽고 싶다, 더 알고 싶다는 생각으로 연결되기 때문에 독서의 즐거움을 느끼게 하는 중요한 역할을 한다. 그것은 곧 어린이 삶을 통해 독서에 대한 흥미를 가질 수 있는 열쇠로서 그 역할을 그림책이 담당하고 있다.

그림책은 어린이의 발달 단계와 흥미, 지적 능력 등을 고려하여 작가와 화가가 함께 창작한 것으로 작가의 문학적인 독창성과 화가의 스타일과 구성, 재료 등이 개성 있고 다양하게 표현된 예술품으로 아직 미성숙한 단계에 있는 어린이들을 주독자로 하기 때문에 교육적 가치를 가지고 있다.

그림책은 즐거움을 준다. 그림책은 일러스트레이션을 담고 있기 때문에 다른 스토리텔링 형식과는 다른 즐거움을 준다. 그와 마찬가지로 거기에는 이야기가 담겨 있기 때문에 다른 시각적 예술 형태와 다른 즐거움을 준다.

또 어린이의 정서 발달에 도움을 준다. 어린이들은 그림책을 통해 자신의 삶과 자

신을 둘러싼 세상을 자연스럽게 배우게 되며, 무엇이 소중하고 아름다운지를 무의식적으로 깨닫게 된다.

그림책을 읽으면 어린이의 인지 발달과 언어 발달이 향상된다. 그림책을 통해 낱자와 소리의 관련을 배워 나가고 언어가 사용되는 상황을 그림을 통해 익히게 됨으로써 단순한 사물을 지칭하는 어휘들만이 아니라 사용되는 실제 상황을 함께 알게 된다. 나아가 이들 말과 말이 이어져 하나의 이야기를 구성하는 이야기의 문법도 익히며 세상을 마주하는 시야를 열어 나가게 된다.

그림책을 많이 읽으면 상상력의 발달을 돕는다. 그림책의 그림은 글만으로 표현하기 부족한 공간과 이미지의 형상을 제공해 주어 상상력을 풍부하게 할 뿐 아니라 현실적으로 존재하지 않는 사물이나 시간을 마음속에 그려 보고 구체화하는 데 도움을 준다.

어린이들은 그림책을 읽으면서 바른 인성을 갖게 된다. 그림책이 다루는 삶의 다양한 소재와 주제에서 어린이는 자신을 둘러싸고 있는 세상을 자연스럽게 배우게 되며 무엇이 소중하고 아름다운지를 무의식적으로 깨닫게 된다. 이것은 참되고 바르게 성장해 가는 밑거름이 되어 어린이의 삶을 견고하게 지탱해 줄 수 있는 힘을 줄 것이다.

그림책은 어린이들의 감상 능력을 발달시키는 데 도움을 준다. 그림 동화의 다양한 양식을 접함으로써 어린이들은 시각적인 성숙을 꾀하고 감상 능력을 발달시킬 수 있다.

3. 좋은 그림책의 조건

유아기와 유년기의 아이들은 책을 읽을 때 글자보다 그림을 읽는다. 그러므로 그림만으로도 이해가 가고 재미있게 느껴지는 그림책이 좋은 책이다. 좋은 그림책은 풍부한 감성을 키워 주며 우리의 문화와 정서를 느끼게 한다. 또 사물의 본질에 가까운 색으로 색에 대한 감각을 키워 주고 감흥을 준다.

아이들은 책 속에서 자기와 비슷한 모습을 발견하면 즐거워한다. 그들은 등장인물 중 자신과 비슷한 인물과 동일시하면서 즐거움을 느끼게 된다. 그러므로 글의 소재 역시 친숙한 것이 좋다. 예를 들면 탈 것, 동물, 음식, 색깔 등은 아이들이 관심을 갖는 소재이다.

주제 면에서도 보편적인 주제를 다룬 책을 좋아한다. 친구, 엄마, 동생 사이에서 일어난 일이나 혼자 고민했던 일이 나오면 그 책이 더 좋아진다. 또한 유머와 재치가 있는 그림이 들어 있고, 문장은 단순하면서도 뚜렷한 것이 좋다. 문장이 복잡하고 너무 길면 내용이 애매모호해지며, 단조로운 이야기보다는 극적인 서사 구조를 가진 책이 좋다.

아이들의 연령을 고려해 보면, 0세~2세의 아이들에게는 정확하고 사실적으로 그려진 사물 그림책, 자장가 등 장난감처럼 가지고 놀 수 있는 책이 좋다. 예를 들면, 보림 출판사의 『까꿍 놀이』나 보리 출판사의 『보리 아기 그림책』이 있다. 3세~5세의 아이들에게는 생활 습관을 기르고 색깔, 모양, 비교, 동물, 탈 것, 가족 등을 소재로 한 이야기가 한두 문장으로 인지할 수 있는 책이 좋다. 비룡소 출판사의 『삐뽀삐뽀 불자동차』나 크레용하우스의 『색깔 나라 여행』을 예로 들 만하다. 6세~7세의 아이들에게는 언어능력과 상상력이 급증하는 시기이므로 스토리가 있고 뛰어난 언어와 그림이 뒷받침 해 주는 책이 좋으며 보리 출판사의 『팥죽 할멈과 호랑이』가 그 예로 들 수 있다. 8세~9세의 어린이는 그림책과 그림 이야기책으로 옮겨 가는 시기이므로 생활 속에서 일어날 수 있는 이야기와 삽화가 뛰어난 책을 권하는 것이 좋으며 그 예로 재미마주 출판사의 『세상에서 가장 힘센 수탉』이 있다. 10세~12세의 어린이에게는 깊이 있는 주제를 함축적인 글과 그림으로 그려낸 책이 좋다. 길벗어린이 출판사의 『폭죽 소리』나 보림 출판사의 『백두산 이야기』가 예이다. 물론 중고생뿐 아니라 어른들도 그림책을 즐길 수 있다. 다만 편의상 초등학년을 대상으로 분류해 보았음을 밝힌다. 또한 추천한 책도 특정한 출판사의 책을 고르기보다는 일반적으로 많이 읽는 책 중에서 일부만 골라 본 것임을 밝힌다.

그러면 어떤 그림책은 아이들에게 좋지 않을까? 먼저, 주제가 애매한 것은 피한다. 이야기의 초점이 명확하지 않아 무엇을 이야기하는지 모르는 경우를 말한다. 이런 경우 책 제목과 내용이 안 맞는 경우도 있다. 둘째, 교훈이 지나치게 노출된 것을 피한다. 성격 개조나 교육을 목적으로 만들어진 책은 오히려 반감을 산다. 마지막으로, 어른들 취향이 드러난 책을 피한다. 그림만 아름답거나 시적인 문장이 들어 있는 그림책은 아이들이 감상하기에 힘들다.

4. 그림책 지도 방법

한 권의 그림책이 어린이의 성장에 미치는 가치 있는 내용은 그 그림책으로 인해 어린이가 얼마만큼 기쁨을 느꼈느냐에 달려 있다. '아, 정말 재미있다.' 라고 어린이가 마음으로부터 부르짖을 때 그 한 권의 책은 그의 인간 형성에 무엇인가를 보태 줄 때 그 어린이는 그 그림책으로 말미암아 지금과는 다른 새로운 느낌과 생각하는 방법을 터득하게 된다. 그리고 그것은 또 다른 새로운 경험으로 인도한다. 이제 그 어린이는 빼앗기지 않는 영원한 것을 획득한 것이다[24].(리리언 스미스의 말)

아이들은 글 없는 그림책이나 글이 있는 그림책 모두 글자를 읽는 것이 아니라 그림을 읽는다. 그러므로 어린이들이 책을 충분히 즐길 수 있도록 지도하는 것이 중요하다. 무엇보다 그림책은 많이 읽어 주는 것이 가장 좋은 지도법이다. 읽어 줄 때는 꾸며서 내는 목소리보다 정성이 담긴 자연스러운 목소리로 읽어 준다. 그림책은 어린이의 것일 뿐만 아니라 어른과 아이가 공유하는 책이다. 부모 자녀 간의 마음의 교류가 있고 즐거움을 함께 가질 수 있게 하는 것이 그림책이다. 그림책을 반복해서 듣고 있으면 어린이는 '이야기의 세계'에 깊이 빠져들어 가는 체험도 반복해서 느끼게 된다. 책은 글과 그림으로 표현되어 있지만 본질적으로 그것은 '언어의 세계'이다. 그림책의 그림도 모두 언어라고 할 수 있다. 어린이는 그림책의 그림을 보는 것이 아니라 그림을 읽는다. 왜냐하면 그 그림은 언어를 색이나 형태를 통해 시각적으로 표현한 것이기 때문이다.[25]

또 글자를 짚어 가며 읽어 주지 않는다. 일찍 글자를 깨우치면 독서력이 길러지고 책을 좋아하게 되리라는 생각은 어른들의 오해와 착각에 지나지 않는다. 어린이가 독서력을 갖기를 원한다면 그림책과 옛날이야기 동화책을 읽어 주어야 한다. 여러 번 읽어 주는 것이 좋다. 비록 어린이가 혼자서 책을 읽을 수 있다고 해도 부모가 계속해서 그림책을 읽어 주는 일이 중요하다. 그러나 주의할 것은 설명을 덧붙이거나 귀찮은 질

---

24) 마쓰이 다다시 원저, 이상금 박사 엮음. 2003, 『어린이 그림책의 세계』. 한림출판사, 27쪽 재인용.
25) 앞의 책, 29-30쪽.

문을 하는 일은 절대로 하지 말아야 하며, 그림을 충분히 볼 수 있도록 천천히 읽어 주되 문장 변형과 생략은 하지 않아야 한다. 읽어 주는 동안 아이는 그림을 꼼꼼히 감상하며 잘못 읽거나 생략하면 금방 알아챈다. 특히 학습을 위한 내용 확인 질문이나 느낌을 강요하지 않아야 한다.

5. 그림책 지도 시 활동

그림책은 그림 감상에 더 초점을 맞추어야 하며 이야기보다는 장면들이 머릿속에 남아 있어야 한다. 그런 다음 독후 활동을 하는 것이 좋다.

(1) 이야기 나누기 – 뒷이야기 상상하기와 주인공 입장 바꾸어 생각하기
(2) 그림으로 생각 표현하기 – 가장 오래 남는 장면 그리기와 상상해서 자기 생각 표현하기를 하되 그림을 잘 그리는 것보다 생각을 그림으로 표현하는 데 초점을 맞춰야 한다.
(3) 역할극 하기 – 등장 동물이나 인물을 만들어 각자의 역할을 나누어 놀이처럼 극을 꾸며서 해 본다.
(4) 단어 놀이 하기 – 의성어, 의태어나 반복되는 문장이 나온다면 문장을 만들어 단어를 넣어 본다.
(5) 주인공에게 편지 쓰기 – 주인공이 벌이는 사건을 안 다음 하고 싶은 말을 편지로 써 본다.
(6) 여러 가지 만들기 – 활동 중심의 그림책을 선정하여 똑같이 만들어 본다.(우산에 그림 그리기, 손바닥 찍기, 야채 도장 만들기, 도깨비 방망이 만들기, 손도장 찍어 그림 그리기)

제6장 과학 동화 지도

과학 동화는 과학적인 내용과 교훈을 설명하기 위해 쓴 동화로서 지식 책의 범주에 포함된다. 과학 동화는 과학을 설명하고자 하는 목적과 동화로써의 완성도가 함께 필요한 책이다.[26]

1. 과학 동화의 특징과 가치

어린이들은 과학과 관련된 좋은 책을 읽으면서 그들이 이해할 수 있는 과학적 사실과 개인적인 면을 자연스럽게 전달받으며 과학이 보통 사람의 일부라는 것을 깨닫게 된다. 결국 과학 동화는 실제로 과학을 통하여 얻고자 하는 문제 해결력을 배울 수 있으며 어린이들의 사고력과 통찰력을 형성하게 함으로써 과학 교육의 방법과 과학적 사고의 기초를 마련해 준다고 할 수 있다.

동화 형식의 과학책을 과학 동화라고 하는데, 이는 과학이 재미없다거나 딱딱하다는 선입견을 가진 어린이들에게 읽히기에 알맞다. 즉, 과학 동화를 읽으면 과학책으로 읽었을 때보다 과학이 덜 딱딱하고 덜 지루하다고 생각하게 된다. 또 어렵게 생각했던 과학과 관련된 내용이 아이들에게 쉽게 이해되어 아이들이 과학을 좋아하는 계기가 되기도 한다. 결국 과학에 대해 바람직하지 않은 선입견을 갖고 있던 어린이들은 쉽고 재미있게 쓰인 과학 동화를 접함으로써 그들의 과학적 소양을 키워 좀 더 합리적이고 과학적인 사고를 하기 시작한다. 또 과학 동화를 읽고 과학적 상상력을 신장시킬 수 있

---

26) 과학 동화는 과학 도서의 한 형태로써 과학을 싫어하거나 딱딱하고 지루해하는 아이들에게 조금 더 수월하게 과학을 접할 수 있도록 동화적 요소를 가미하여 쓰인 책을 말한다.

다. 만일 우주에 대해 쓰인 과학 동화책을 읽는다면 어린이들은 작가의 상상력을 통하여 우주에 대한 상상의 나래를 마음껏 펼 수 있고, 동식물에 대한 과학 동화를 읽었다면 동물과 식물의 세계를 보다 쉽게 이해하게 된다. 또 생태 동화나 환경 동화를 읽었다면 자연과 더불어 사는 아름다운 삶의 바람직한 모델을 제공받고 자극받게 된다.

2. 과학 도서의 분류

(1) 형식을 중심으로 분류해 보면 과학 동화, 과학(생활) 상식책, 과학책, 과학 만화 등이 있다.
(2) 내용을 중심으로 분류해 보면 생명 과학, 지구 과학, 우주 과학, 물리 과학, 환경보존과 환경보호에 관한 책, 기타 동·식물·곤충 이야기들이 있다.

3. 좋은 과학 도서[27]의 조건

(1) 과학에 대한 맹목적 추종이 배제된 것이어야 한다.
(2) 유명 인사의 감수, 추천이라는 이름이 붙어 있지 않은 것으로 지은이가 명시된 도서이어야 한다.
(3) 환경 과학 도서는 무엇보다 여러 사람의 노력과 시간이 많이 들어간 것이 내용 면에서 알차다. (예, 『파브르 곤충기』)
(4) 어린이의 어휘 수준에 맞지 않는 학술 용어를 그대로 쓰고 있지 않는가를 살펴본다.
(5) 글로만 설명할 수 없는 경우가 많으므로, 그림으로 자세하게 설명된 것이 좋다.

---

27) 양재한, 김수경, 김석임 공저(2003). 『어린이 독서 지도론』. 태일사. 130쪽.

4. 과학 동화 지도 방법

　과학은 딱딱하고 재미없는 것이라고 생각하는 어린이들이 더러 있다. 그런 아이들 역시 과학적 지식과 사고를 배워야 하므로 조금 덜 딱딱하고 흥미롭게 접근하는 방법이 과학 동화를 통한 과학 교육이다. 따라서 무엇보다 재미있는 책을 고르는 것이 중요하다. 여기서 재미라는 것은 과학적 지식 면에서도 어린이들의 흥미와 관련이 있는 것이어야 하지만 작가의 역량이 중요하다. 만일 무늬만 동화이나 구성이 허술한 책을 고른다면 어린이들은 더 과학을 싫어할 수 있다. 따라서 어린이들이 흥미로워하는 과학적 소재가 무엇인지를 파악한 후 책에 대한 흥미를 이끌어야 한다. 또 책의 내용과 관련된 배경 지식을 점검하거나 활성화시켜 책을 읽을 때 적극적으로 활성화시킬 수 있도록 지도한다. 책을 읽을 때도 과학적 지식이나 정보 혹은 교훈이 무엇인지 생각하며 읽는다. 방향을 제시해 주지 않으면 어린이들은 막연하게 읽는 경우가 많은데 그런 경우 다 읽었을지라도 잘 모르거나 과학적 교훈을 알지 못하는 경우가 허다하다. 또 과학 동화의 경우는 과학적 사실이나 지식을 강조하기 위해 작가가 동원한 동화 형식을 구분하지 못하여 마치 우화나 순수 동화처럼 잘못 읽는 일도 있다. 따라서 과학 동화는 비록 동화 형식으로 구성되어 있을지라도 순수 동화가 아닌 목적 동화임을 잊지 말아야 함을 강조해야 한다. 유능한 독자라면 작가의 말을 먼저 읽은 후 작품을 읽기 시작할 것이며 다 읽은 후에는 새롭게 알게 된 과학적 사실이나 지식을 말할 수 있어야 한다.

| 생각해 볼 문제 |

1. 독서 지도를 받는 아이들과 그렇지 않은 아이들은 종류별로 책을 읽을 때 어떤 차이가 있을지 생각해 보자.

2. 시를 잘 쓰는 아이들은 시 감상도 잘하는 아이들인지 생각해 보자.

3. 좋은 동화책을 많이 읽어도 정의 영역 즉, 내면화가 인지 영역보다 덜 되는 아이들이 있다. 이때 독서 지도사가 직접 독서 지도를 하는 적극적 방법과 정의 영역의 발달에 도움이 되는 책만 권해 주는 소극적 방법 중 어떤 방법이 더 효과적일지 생각해 보자.

4. 전기문을 좋아하지만 자신의 미래에 대해 생각하기를 싫어하는 아이들은 그 이유가 무엇인지 생각해 보고, 이런 아이들에게 계속해서 전기문을 읽히는 것이 바람직한가를 생각해 보자.

참고 문헌

• 강문희 · 이혜상(1999). 『아동 문학 교육』. 학지사.

• 강정규 외(1999). 『아동 문학 창작론』. 학연사.

• 경규진(1993). 「반응 중심 문학 교육의 방법 연구」 서울대학교 대학원 교육학 박사 논문.

• 김요섭 역(1996). 『아동 문학론』. 교학연구사.

• 남명희(2007). 「그림 동화 읽어 주기를 통한 창의성 신장 방안 연구」 대구교육대학교 대학원 초등교육 전공.

• 남미영(1998). 『엄마가 어떻게 독서 지도를 할까』. 대교출판.

• 다음카페 권오삼 동시마을 참조.

• 『동아 전과 4-1』(2002). 두산동아.

• 마쓰이 다다시 지음, 이상금 옮김(2003). 『어린이와 그림책』. 샘터출판사.

• 석용원(1998). 『아동 문학 원론』. 학연사.

• 신헌재 편역(1998). 『아동 문학 교육론』. 범우사.

• 양재한, 김수경, 김석임 공저(2003). 『어린이 독서 지도론』. 도서출판 태일사.

• 양점열(1994). 「창작 동화의 문학적 교육적 가치와 지도 방안에 관한 연구」, 한국교원대학교 석사 논문.

• 이노국(2005). 『글쓰기와 독서 지도법』. 골드닷컴.

• 이영애(2005). 「전기문 지도 방안 연구」. 부산교육대 대학원.

• 이원수(2002). 『아동 문학 입문』. 한길사.

• 이재철(1988). 『아동 문학 연구』. 개문사.

• 조월례(2005). 『아이 읽기, 책 읽기』. 사계절출판사.

• 주명환 외(2002). 『알찬 국어』. 대한교과서.

• 『중앙일보』(2009년 11월 21일자)

• 최운식, 김기창(1998). 『전래 동화 교육의 이론과 실제』. 집문당.

• 최은희(2006). 『그림책을 읽자 아이들을 읽자』. 우리교육.

04

읽기 방법 지도

오늘날과 같은 정보의 홍수 시대에 정보 섭렵의 가장 중요한 도구로써의 읽기는
날로 그 필요와 중요성이 강조되고 있다. 읽기는 폭넓은 학습 잠재력을 가지며,
학습자는 읽기를 학습하면서 다양한 종류의 읽기 텍스트를 전략적으로 읽을 수 있다.
본 단원은 과정 중심(방법 중심)의 통합적인 읽기 교육을 지향한다.
단원의 전반부에서는 읽기 교육의 본질과 목표,
그리고 몇 가지 읽기 지도의 원리를 제시할 것이다. 단원의 후반부에서는
효과적인 읽기 방법의 실제를 통해
다양한 활동 유형과 전략을 제시한다.

제1장
읽기의 이해

1. 읽기의 본질
2. 교육과정과 읽기 지도
3. 읽기 교육의 목표 및 방향

제2장
비문학 읽기 지도

1. 설명문 읽기 지도
2. 논설문 읽기 지도
3. 실용적인 글 읽기 지도

제3장
읽기 방법의 실제

1. 일반적인 읽기 방법
2. 과정 중심 읽기
3. 읽기 전략 지도

−생각해 볼 문제
−참고 문헌

제1장 읽기의 이해

1. 읽기의 본질

읽기는 글 속에 내재된 지식과 정보에서 의미를 찾고 그것을 독자가 재구성하는 행위이다. 글을 읽는다는 것은 단순한 문자 해독 과정이 아닌 독자와 텍스트 그리고 상황 간의 상호작용으로 이루어지는 과정이다. 작가가 어떤 의도로 그 글을 썼으며, 독자는 어떤 과정을 거쳐 그 글을 이해했느냐에 읽기의 본질이 있다고 하겠다.

최근의 읽기 지도의 흐름은 교사의 일방적 지시나 지도보다는 학습자 스스로 학습 과정을 조정해 가는 학습자 중심, 과정 중심, 전략 중심의 활동을 강조하고 있다.

이런 관점에서 어윈(Irwin)은 "읽기는 독자 자신의 사전 경험과 필자가 제시한 단서를 사용하여 어느 특정한 맥락 안에서 독자 개인에게 유용한 하나의 의미를 구성하는 것이다." 라고 정의하고 있다.[1]

읽기는 독자와 텍스트와의 만남에서 시작된다. 읽기의 주체인 독자와 읽기의 대상인 텍스트가 독자의 이해에 어떤 영향을 미치는지, 그리고 양자가 상호 어떤 관련성을 맺고 있는지 바라보는 관점에 따라 읽기의 개념은 계속 변화해 왔다. 그 논의를 크게 두 측면으로 보면, 글 요인을 강조한 연구와 독자 요인을 강조한 연구로 나눌 수 있다. 대

---

1) J.W.Irwin, 천경록 · 이경화 역(2003). 『독서 지도론』, 박이정, 25-26쪽.

체로 1970년대 이전에는 글 측면을 강조했고, 그 후에는 주로 독자 측면을 강조했다.

1970년대 이전까지는 읽기를 '첨가'의 문제로 이해했다.[2] 하나의 전체를 구성하기 위해 작은 부분들을 점차 모아 가는 과정으로 읽기를 보았다. 그래서 글자, 단어, 구와 같은 언어의 작은 단위에서 문장, 문단 같은 큰 단위의 순서로 해독을 한 후에 글 전체의 의미를 파악하는 상향식 모형(bottom-up model)으로 이해되었다.

상향식 모형을 따를 경우 읽기는 작가가 문자를 통해 전달하고자 하는 바를 정확하게 수용하는 행위이다. 독자는 자신의 주관적 생각을 배제하고, 객관적 입장에서 읽기를 해야 한다. 읽기를 통해 결과적으로 독자가 무엇을 얻었느냐가 중요한 것이지, 읽는 과정에서 무엇을 했느냐는 그리 중요하지 않은 관점이다.

이러한 견해는 1970년대 이후 강하게 비판을 받으며 하향식 모형(top-down model)이 출현하였다. 특히 인지 심리학의 연구 결과로 읽기를 보는 관점이 독자를 중시하는 쪽으로 크게 변하게 되었다. 이 모형에 따르면 의미는 텍스트 속에 명시적으로 제시되어 있는 것이 아니라 독자가 자신의 배경 지식과 경험을 토대로 능동적으로 의미를 재구성해 낸다고 본다.

독자는 글에 나타난 각종 실마리를 종합하여 제 나름대로 작자의 의도를 재해석하면서 의미를 구성해 나간다. 때문에 모든 글은 하나의 미완성 작품이라고 할 수 있다. 독자가 글을 읽어 나가는 과정에서 미완성의 부분을 채우기도 하고 확장하기도 한다. 여기에 독자의 경험(배경 지식) 전체가 작용한다. 따라서 글에 나타난 개념이 독자에게 이미 익숙한 내용일 경우에는 읽기가 수월해진다.

그러나 읽기는 기본적으로 어느 하나만이 선택되는 사고 과정이 아니다. 상향식 모형이나 하향식 모형 어느 하나만으로는 읽기의 과정을 완전히 설명할 수 없다. 읽기는 글과 독자가 만나는 행위로서, 글의 영향과 독자의 영향이 함께 작용한다.

이와 같이 읽기는 글에 제시되어 있는 정보와 독자 자신의 배경 지식을 결합하여 글 전체의 의미를 구성하는 의미 구성 과정이다. 독자는 글을 읽으면서 자신의 배경 지식을 바탕으로 작가의 의도를 이해하고 새로운 의미를 형성해 나가는 행위라고 할 수 있다.

---

2) 천경록·이재승(2000).「읽기교육의 이해」.우리 교육, 16쪽.

<표 1> 읽기 방법의 상향식 모형과 하향식 모형[3]

특징 \ 영역	상향식 읽기(bottom-up)	하향식 읽기(top-down)
글의 의미 구성	글에 내재되어 있음	글에서 독자가 의미를 구성함
단어와 이해의 관계	단어 인지는 이해에 필수	단어를 몰라도 이해 가능
정보 파악의 단서	단어, 음성-문자 단서 사용	의미, 문법적 단서 사용
읽기 진행 방향	해독→어휘→통사→글	글, 통사, 어휘 지식→해독
읽기 학습	단어 인지 기능을 숙달하여 학습	유의미한 활동을 통해 학습
지도의 중점	단어의 정확한 인지	글의 의미 이해
평가의 중점	하위 기능의 숙달	글에서 얻은 정보의 종류와 양
성격	경험적, 귀납적	합리적, 연역적

읽기 과정에 대해 어떤 관점을 가지느냐에 따라 읽기 지도에서 강조점이 달라진다. 상향식 모형의 관점을 취하게 되면 개개의 철자나 단어의 뜻을 파악하게 하는 데 초점을 두게 된다. 하지만 읽기의 과정을 중시하는 하향식 모형의 관점에서는 독자의 배경 지식을 어떻게 읽기 과정에 효율적으로 작동하게 하느냐에 관심을 갖게 된다.

<그림 1> 읽기 과정의 연속성

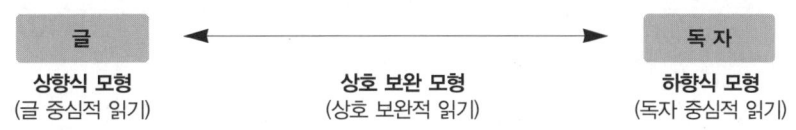

글		독 자
상향식 모형	상호 보완 모형	하향식 모형
(글 중심적 읽기)	(상호 보완적 읽기)	(독자 중심적 읽기)

2. 교육과정과 읽기 지도

현행 교육과정은 교사의 일방적 지시나 지도보다는 학습자 스스로 학습 과정을 조정해 가는 학습자 중심, 과정 중심, 전략 중심의 활동을 강조하고 있다. 읽기가 개인적

---

3) 천경록 · 이경화(2000). 『읽기 교육의 이해』. 우리교육, 263-264쪽 재구성.

인 과정이며 이 과정에서 학생들이 그들의 지식과 지력을 활용하여 글을 처리한다면, 읽기 지도에서의 교사는 읽기 과제의 부여나 글 내용의 해석에서 탈피하여 학생들과 함께 상호작용을 하면서 그들의 읽기 과정을 적극적으로 도와주는 역할을 해야 한다.

제7차 교육과정에서는 수준별 교육이 교육과정을 중심으로 운영되었다. 그 학년에서 배워야 할 글의 수준이나 범위를 국가가 정했다. 개정 교육과정[4]에서는 수준별 교육의 내용 선정이나 교수·학습 방법을 국가가 아닌 학교와 교사에 맡긴다. 학습자의 다양한 수준을 정확하고 섬세하게 구분하고 이를 근거로 적절한 교수·학습 방법을 적용할 수 있는 주체는 해당 교과 수업을 담당하고 있는 교사라고 할 수 있다. 이는 수준별 교육이 국가 중심의 '수준별 교육과정'에서 학교 및 교사 중심의 '수준별 수업'으로 전환되었음을 의미한다.

교육과정은 '어떤 내용을, 어떤 목적을 위하여, 어떤 방법으로 가르쳐야 하는가'라는 문제를 다루는 분야라고 할 수 있다. 교육과정 개정은 학교 교육의 전반적인 모양을 결정하는 중요한 과정이다. 그리고 그것은 학생들의 특성, 요구, 문제 등과 관련되어야 한다.

제1차 교육과정은 교육 내용의 원천을 교과로 규정하였고, 제2차에서는 경험으로, 제3차에서는 교육 내용의 원천을 학문으로 보면서 교육과정 개념상의 변화가 거듭되었다. 제4차 교육과정 이후로는 단일 교육 사조와 이론의 지배를 탈피하고 교과와 경험, 학문 중심 교육 사조의 균형을 표방하면서 학습자 중심 교육과정을 강조하는 방향으로의 변화가 전개되고 있다.

---

4) 교육과학기술부(2008). 「초등학교 교육과정 해설」. 재구성.

〈표 2〉 교육과정의 변천과 특징

구분	시기	교육과정상의 특징
제1차 교육과정	1954~1963년	교과 중심 교육과정 -각 학교의 교과목 및 기타 교육 활동의 편제 -반공 교육, 도의 교육 강조
제2차 교육과정	1963~1973년	경험 중심 교육과정 -학생들이 학교의 지도하에 경험하는 모든 학습 활동의 총화 -자주성, 생산성, 유용성 강조
제3차 교육과정	1973~1981년	학문 중심 교육과정 -지식의 구조, 기본 개념과 원리 -인간 교육의 강화, 국민적 자질의 함양
제4차 교육과정	1981~1987년	인간 중심 교육과정 -교과, 경험, 학문 중심 교육 사조의 균형 -개인적, 사회적, 학문적 적합성의 조화
제5차 교육과정	1987~1992년	통합적 교육과정 -교육과정 체제, 구조의 개선
제6차 교육과정	1992~1997년	수요자 중심 교육과정 -교육과정 결정의 분권화와 다양화 -학생의 개성과 능력을 고려한 교육 내용의 다양화
제7차 교육과정	1997~2007년	학생 중심 교육과정 -국민 공통 기본 교육과정의 편성 -정보화 사회에 대비한 창의성, 정보 능력 배양 -수준별 교육과정 도입
제7차 개정 교육과정	2007~	학생 중심 교육과정 -학교 및 교사 중심의 수준별 수업으로의 전환 -사회 변화를 주도할 수 있는 기본 능력 육성 -교육 내용·방법의 다양화

<표 3> 개정 7차 교육과정 구성

영역	7차	7차 개정안
읽기	1. 읽기와 쓰기의 공통점과 차이점을 안다. 2. 내용을 메모하며 글을 읽는다. 3. 글쓴이의 의도나 목적을 파악하며 글을 읽는다. 4. 내용의 통일성을 평가하며 글을 읽는다. 5. 글의 내용에 대한 생각이나 느낌을 글로 쓰는 태도를 지닌다.	1. 읽기의 개념, 특성, 원리, 방법을 안다. 2. 독자의 관점, 입장, 지식 등에 따라 글의 내용이 다르게 이해될 수 있음을 안다. 3. 건의하는 글을 읽고 주장의 합리성과 수용 가능성을 평가한다. 4. 특별한 경험을 기록한 글을 읽고 글쓴이의 경험에 비추어 자신의 삶을 성찰한다. 5. 영화에 등장하는 인물의 가치관이나 사고방식을 비판적으로 이해한다.

3. 읽기 교육의 목표 및 방향

1) 읽기 교육의 목표

읽기 교육의 궁극적인 목표는 미숙한 독자를 유능한 독자로 키우는 것이다. 학생들이 스스로 읽기 능력을 갖추고, 그 능력을 바탕 삼아 평생 독자로 성장해 갈 수 있도록 하는 것이다. 이를 위해서는 학생들의 읽기 수준과 장·단점을 정확히 파악하여 읽기 단계에 알맞은 읽기 방법 지도를 할 필요가 있다.

읽기 교육에서 다루는 글의 내용은 그 자체가 읽기 교육의 목표가 아니라 읽는 방법이 읽기 교육의 목표라는 점을 분명히 인식해야 한다. 물론 읽기 방법이 텍스트와 분리되어 개별적으로 가르쳐야 할 교육 내용은 아니다. 특정 글에 종속된 '이해 결과' 그 자체보다는 다양한 글을 학생들이 접할 때 '사용할 수 있는 글 이해의 방법'에 초점을 둔다는 말이다. 결국, 읽기 교육의 목표는 학생의 잠재력을 증진시킬 수 있는 읽기 방법을 지도하여 적극적으로 언어를 사용하고, 더 높은 수준의 사고를 하여 자신의 삶속에서 읽기를 생활화하는 것이다.

(1) 유능한 독자를 양성한다.(평생 독자)

(2) 읽기 능력을 신장시킨다.

(3) 글을 효과적으로 읽고, 글의 의미를 정확히 이해한다.

(4) 텍스트를 통한 의미 구성 능력을 신장한다.

(5) 아이디어를 '창조' 하는 사고 작용을 한다.

2) 읽기 교육의 방향[5)]

읽기 교육의 중요성이 인식되면서 나아가야 할 방향에 대해 다각적인 연구가 이루어지고 있다. 과정 중심, 방법 중심, 전략 중심, 학생 중심, 독해 중심, 그리고 통합적인 읽기 교육이 강조되고 있다. 그리고 이들 영역은 독립적인 것이 아니라 서로 보완적이다.

(1) 과정 중심의 읽기 교육 : 동일한 글도 읽기 상황과 독자에 따라 다르게 해석

(2) 방법 중심의 읽기 교육 : 글의 내용 학습보다 읽는 방법 학습

(3) 전략 중심의 읽기 교육 : 읽는 목적에 따라 다른 읽기 전략 적용

(4) 학생 중심의 읽기 교육 : 수업 흥미 유발로 학습자의 적극적 참여 유도

(5) 독해 중심의 읽기 교육 : 내용을 분석, 비판하는 과정에서 사고력을 기름

(6) 통합적인 읽기 교육 : 다른 교과를 효과적으로 학습할 수 있는 범교과적 읽기

〈그림 2〉

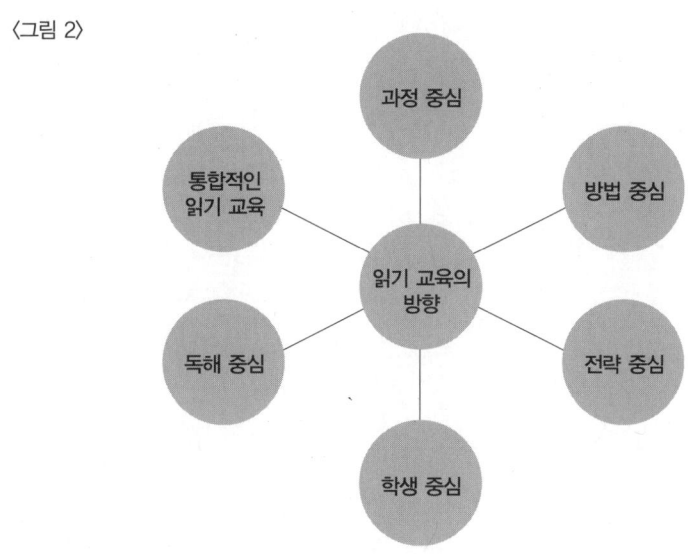

---

5) 천경록 · 이경화(2000). 『읽기 교육의 이해』. 우리교육, 263-264쪽 재구성.

읽기는 텍스트를 통한 작가와 독자의 만남이다. 글의 정보는 단순히 겉으로 드러난 것에 한정되지 않고 이면에 숨겨진 깊은 의미까지 포함한다. 좋은 읽기는 작가와 독자 사이의 원활한 의사소통을 통해서 이루어진다. 따라서 교사의 역할은 작가와 독자의 만남이 이루어지는 글을 어떻게 하면 바르고 효과적으로 읽게 돕느냐에 있다. 읽기 교육의 방향이 과정 중심이며 방법 중심인 까닭이 여기에 있다.

어떤 방법은 어떤 학생들에게는 적용이 잘되지만 다른 학생에게는 전혀 맞지 않는 방법이 되기도 한다. 따라서 효과적인 읽기 지도가 이루어질 수 있도록 '방법'에 관한 교사의 지속적인 연구가 필요하다. 읽기 능력을 효율적으로 증진시키면 다른 종류의 학습을 효과적으로 할 수 있고 높은 수준의 사고력도 기를 수 있다.

1. 설명문 읽기 지도

설명문은 어떤 정보를 다른 사람에게 알리기 위한 글이다. 어떤 사실이나 사물, 또는 현상을 알기 쉽게 설명하여 상대방이 잘 이해할 수 있게 하는 데 그 목적이 있다.

설명은 무엇보다 읽는 이에게 알리고자 하는 문제를 쉽고 명확하게 이해시켜 주어야 한다. 따라서 글쓴이가 전달해 주고 싶은 것과 읽는 이가 궁금해하는 것이 무엇인지를 제대로 알고 분명하게 밝혀 두어야 한다.

1) 설명문의 종류 : 설명하는 글, 소개문, 해설문, 알림장, 광고문

2) 설명문의 특징
(1) 구성의 체계성 : 내용을 이해하기 쉽도록 글의 순서를 정해 체계적으로 설명한다.
(2) 내용의 사실성 : 정확한 지식이나 정보를 사실에 근거를 두어 전달한다.
(3) 설명의 객관성 : 개인의 의견이나 감정을 드러내지 않고 있는 그대로 설명한다.
(4) 서술의 평이성 : 독자가 이해하기 쉽도록 평범하고 쉽게 설명한다.
(5) 문장의 명료성 : 뜻이 명확하게 전달되도록 문장을 정확히 쓴다.

3) 설명문의 구성
(1) 처음 : 설명하고자 하는 대상 소개, 독자의 흥미 유발, 글을 쓴 동기와 목적 등을 제시한다. 글에서 다룰 대상의 정의를 내리고 주제를 명확하게 밝힌다.
(2) 가운데 : 설명하고자 하는 내용을 다양한 설명 방법을 활용하여 자세하고 구체적으로 설명한다. 이 부분이 설명의 중심 부분이다.

(3) 끝 : 전체적인 내용을 간추려서 마무리를 짓는 단계이다.

4) 설명의 방법

〈표 4〉

정의	**'무엇은 무엇이다'라고 설명하는 것으로, 대상의 본질이나 뜻을 설명하는 방법** **예** 소설이란 현실에 있음직한 일을 상상하여 꾸며 쓴 이야기이다.
예시	**대상에 대해 구체적인 예를 들어 설명하는 방법** **예** 문자의 기원으로는 크게 히에로클리크, 갑골문자, 쐐기문자 등을 들 수 있다.
비교	**둘 이상의 대상을 공통점이나 비슷한 점을 들어 설명하는 방법** **예** 개와 고양이는 사람들과 친하며 애완동물이라는 점에서 비슷하다.
대조	**둘 이상의 대상을 차이점이나 다른 점을 들어 설명하는 방법** **예** 소설은 허구적인 내용을 다루지만, 수필은 실제 경험한 내용을 다룬다. 연극은 그 발생이 종교의식과 관련되었으나, 영화는 이와 달리 19세기 말에 과학의 힘으로 나타났다.
분류	**대상을 일정한 기준에 따라 종류별로 나누어 설명하는 방법** **예** 문학은 시, 소설, 수필, 희곡으로 나뉜다.
분석	**대상을 구성하고 있는 요소로 나누어 설명하는 방법** **예** 꽃은 꽃가루받이에 필요한 암술과 수술, 이들을 보호하는 꽃잎과 꽃받침으로 구성된다.
인과	**현상을 원인과 결과로 나타내어 설명하는 방법** **예** 문학은 허구적인 상상력을 통하여 현실을 재구성한다. 그렇기 때문에, 우리는 문학을 통하여 현실의 모습을 읽을 수도 있으며, 비판도 할 수 있게 된다.
과정	**일의 진행 단계나 절차의 부분들을 설명하는 방법** **예** 채혈용 바늘로 귓불이나 손가락 끝을 가볍게 찔러 슬라이드 글라스에 피를 한 방울 받아 낸 다음, 용액을 한 방울 떨어뜨린다. 그 다음 단계로는, 혈액을 얇게 펴서 현미경으로 관찰한다.
서사	**시간의 흐름에 따라 사건이나 행동을 설명하는 방법** **예** 환인의 아들 환웅은 인간 세상에서 살고 싶었다. 환인은 아들의 마음을 알고 천부인 세 개를 주어 지상 세계로 내려가도록 하였다. 환웅은 태백산에 내려와 다스리니, 곰과 호랑이가 찾아와 인간이 되고자 청했다. 이에 환웅은 쑥과 마늘을 주며 100일 동안 굴 밖으로 나오지 않도록 했다. 곰은 그 약속을 지켜 여자가 되었으니, 그녀가 웅녀다. 그 후에 웅녀와 환웅 사이에 단군왕검이 태어나 고조선이라는 나라를 세웠다.
묘사	**대상의 모습이나 상황을 눈에 보이듯이 설명하는 방법** **예** 장수풍뎅이의 몸길이는 30~55mm로, 몸은 매우 굵고 뚱뚱하며, 전체적으로 밤껍질 같은 색깔을 띤다.

5) 설명문 읽기 방법

(1) 무엇에 대하여 쓴 글인가를 먼저 파악하며 읽는다.

(2) 설명 방법을 파악하며 읽는다.

(3) 내용의 사실성과 객관성을 파악하며 읽는다.

(4) 전개된 내용에 따라 짜임이 어떻게 되었는가를 생각하면서 읽는다.

(5) 각 문단의 중심 내용을 파악하며 읽는다.

(6) 글쓴이가 말하고자 하는 내용과 의도를 파악하며 읽는다.

(7) 문단과 문단 간의 관계를 살피면서 읽는다.

(8) 글 전체를 읽은 다음 그 내용을 요약할 수 있어야 한다.

예 설명문 읽기

한국, 중국, 일본의 음식 문화

서로 가까운 거리에 있는 한국, 중국, 일본은 여러모로 비슷한 점이 많습니다. 하지만 자세히 살펴보면 한국, 중국, 일본 세 나라의 문화는 각각 다릅니다. 음식 문화에서도 차이점이 많습니다.

우리나라 사람들은 음식의 모양보다는 맛을 중요하게 생각하기 때문에 음식의 종류와 조리법이 다양합니다. 장류, 김치류, 젓갈류 등 오래 먹을 수 있는 발효 음식을 좋아하고, 찌개, 전골, 국 등 여럿이 함께 먹을 수 있는 국물 음식을 즐깁니다. 또한 고추, 마늘, 파 등이 들어간 매운 음식을 좋아합니다.

중국 사람들은 음식 천국답게 많은 음식을 푸짐하게 차려놓고 먹습니다. 또한 각종 재료를 이용해 다양한 음식을 만들어 먹습니다. 향신료가 발달하여 회 요리나 삼겹살을 먹지 않고, 각종 양념을 한 고기를 즐겨 먹습니다. 또한 볶음 요리가 발달하여 음식에 기름기가 많기 때문에 식후에 항상 뜨거운 차를 마십니다.

일본 사람들은 맛도 맛이지만 음식의 모양을 중요하게 생각해서 작고 앙증맞은 음식을 좋아합니다. 또한 치밀한 성격으로 인해 음식이 깔끔하고 정갈합니다. 사면이 바다인 지리적 특성 때문에 해산물을 이용한 초밥이나 스시 등을 많이 먹습니다. 해산물과 돼지고기 등 다양한 재료로 국물을 낸 라면도 인기가 많습니다.

이처럼 음식에서도 한국, 중국, 일본 세 나라는 나름대로의 독특한 문화를 가지고 있습니다. 음식에는 그 나라 사람들의 특성이 깃들어 있기 때문입니다. 따라서 음식을 통해 한국, 중국, 일본 세 나라 사람들의 생각과 문화를 알 수 있습니다.

6) 사실과 의견 구분하기

사실이란 있는 그대로를 나타낸 것, 의견이란 사실에 대하여 생각한 바를 나타낸 것을 말한다. 사실과 의견을 구별한다는 것은 글의 내용을 맹목적으로 수용하는 것이 아니라 내용의 공정성이나 정확성 등을 비판적 안목으로 선별·수용한다는 것이다.

〈표 5〉 사실과 의견을 구별하는 방법

기준 구분	사실	의견
성격	객관적	주관적
표현	"~이다" "~하다" 등	"~해야 한다" "~라고 생각한다" "~이 필요하다" 등
형태	설명, 서사, 묘사 등	제안, 건의, 주장 등

예 글을 읽고 사실과 의견을 구분해 본다.

우리나라 초등학생 어린이들의 하루 평균 텔레비전 시청 시간은 2시간 8분으로 조사되었다. 실외 여가 활동 시간은 남자 어린이 31분, 여자 어린이는 9분인데 비해 텔레비전 시청은 여가 생활 중 가장 큰 비중을 차지했다. 텔레비전을 오래 보면 비만은 물론 시간 낭비, 시력 저하 등 얻는 것보다 잃는 것이 더 많을 것이다. 텔레비전 안 보기 운동을 펼쳐 보자. 텔레비전을 보는 대신 가족과 대화를 하거나 책을 읽는다면 훨씬 유익한 여가 시간을 보낼 수 있을 것이다.

2. 논설문 읽기 지도

논설문은 어떤 문제를 두고 자기의 생각이나 의견을 밝혀 상대방을 설득하기 위해 쓰인 글이다. 글쓴이가 어떤 사실에 대하여 옳다고 믿는 것, 해야 한다고 생각하는 것을 논리적인 근거를 통하여 독자들을 설득하는 데 그 목적이 있다. 그렇기 때문에 논설문에는 글쓴이의 주장과 그 주장을 뒷받침할 만한 충분하고도 분명한, 그러면서도 합리성이 있는 근거가 뒤따른다.

1) 논설문의 종류
논설문의 종류는 객관적인 증거를 제시하여 주장한 바의 옳고 그름을 분명히 밝히는 논문, 평론 등과 주장을 분명하고 조리 있게 밝혀 독자를 자신의 주장에 따라오게 만드는 사설, 칼럼, 연설문 등이 있다.

2) 논설문의 특징
(1) 주장의 독창성 : 글쓴이의 독창적인 주장이나 의견이 나타난다.
(2) 근거의 타당성 : 주장을 뒷받침할 수 있는 타당한 근거를 제시한다.
(3) 문장의 명료성 : 뜻이 명확한 용어를 사용하여 의미를 정확하게 전달한다.
(4) 논증의 체계성 : 주장과 근거가 논리적으로 전개되고, 일정한 짜임에 맞게 쓴다.

3) 논설문의 구성
(1) 서론 : 주장하고자 하는 문제의 실마리를 드러내는 부분으로 글을 쓰게 된 동기나 목적이 나타난다.
(2) 본론 : 서론에서 드러난 문제에 대한 글쓴이의 주장과 그에 따른 이유나 근거를 제시하는 부분이다.
(3) 결론 : 글의 마무리 부분으로 본론에서 주장한 모든 내용을 요약하여 다시 한 번 강조하는 부분이다.

4) 논설문 읽기 방법

(1) 제목을 보고 글의 내용을 생각해 보게 한다.

(2) 글의 짜임을 생각하며 읽는다.

(3) 글쓴이가 주장하려고 하는 것이 무엇인지를 찾으면서 읽는다.

(4) 주장에 대한 근거가 무엇인지를 찾으면서 읽는다.

(5) 사실과 의견을 구별하며 읽는다.

(6) 글쓴이의 주장에 대한 내 생각을 정리한다.

(7) 글을 세 부분으로 나누고 그 내용을 요약한다.

5) 저자의 의견과 자신의 생각 비교하기

제시된 글에서 작가의 의견과 편견을 파악하고, 자신의 생각을 정립하여 저자의 의견과 비교하도록 한다.

(1) 동일한 문제를 다양한 관점으로 바라보기

(2) 주장이나 진술에 개재된 편견 파악하기

(3) 타당하고 충분한 근거(이유, 증거)를 들어 의견을 주장·평가하기

예 논설문 읽기

마음의 양식, 책을 읽자

사람은 밥을 먹으며 힘을 길러 낸다. 이렇게 사람은 육체적인 양식을 보충하지만 이에 못지않게 정신적인 양식 또한 필요하다. 아무리 건강하고 힘이 세다고 한들 정신적으로 건강하지 않다면 육체는 아무 소용이 없다. 바로 이 정신적인 건강은 우리들이 갖추어야 할 지식, 정보, 지혜 등을 말한다. 그럼 이 정신적인 건강은 어떻게 얻을 수 있을까? 그것은 바로 책을 통해서 얻을 수 있는 것이다.

그러면 우리들이 꼭 책을 읽어야 하는 이유를 살펴보자.

첫째, 책을 읽으며 새로운 정보를 얻을 수 있다. 책 속에는 많은 정보와 지식이 있기 때

문에 꾸준히 독서를 하는 습관을 들이면 상식이 넓어진다. 그래서 책을 많이 읽은 사람은 유식하다는 평을 받는다. 독서를 많이 하면 많은 것을 알게 되고 또 그러한 지식을 활용할 수 있기 때문이다.

둘째, 책 속에 담긴 훌륭한 분의 생각이나 뜻을 내 것을 받아들일 수 있다. 유명한 곤충학자인 파브르는 소년 시절에 뒤프르라는 학자가 쓴 『벌 이야기』를 읽고 곤충학자가 될 것을 결심했다고 한다. 이처럼 책이 끼치는 영향은 대단하다. 책을 통해 올바른 삶의 가치를 깨닫고 나의 인생을 설계해 나갈 수 있다.

셋째, 책 속에는 즐거움이 있다. 내가 경험하지 못한 많은 것들을 책을 통해 간접적으로 경험할 수 있다. 내가 가 보지 못했던 나라에 갈 수도 있고, 새로운 세계로 가는 상상을 할 수 있다.

그럼 책을 많이 읽기 위해서는 어떻게 해야 할까?

먼저 독후감을 쓰는 것이 좋다. 독후감을 쓰면 읽었던 책에 대한 교훈이나 느낌, 생각을 더 잘 알 수 있기 때문에 책 읽기에 많은 도움이 된다.

그다음으로 책을 친구와 바꿔 보거나 도서관을 자주 가는 방법이 있다. 좋은 책을 친구에게 추천해 주거나, 빌려 준다면 친구와 함께 책에 대해 자연스럽게 이야기를 할 수 있다. 또한 도서관에서는 다양하고 많은 책을 볼 수 있다.

안중근이 남긴 명언으로 '하루라도 책을 안 읽으면 입에 가시가 돋는다'는 말이 있다. 이 말을 보면 그가 책 읽기를 얼마나 중요시했는지 알 수 있다. 우리 모두 책을 많이 읽어 우리의 삶을 풍요롭게 하자!

3. 실용적인 글 읽기 지도

1) 설명서

설명서는 제품을 사용하는 데 필요한 내용을 항목별로 알기 쉽게 설명해 놓은 글이다. 따라서 글을 읽는 사람이 물건 사용법이나 취급상의 유의점 등 설명하는 내용을 정확하게 파악할 수 있어야 한다.

(1) 특징

① 작업 과정이 순서대로 적혀 있다.

② 제품 용어와 사용 방법이 자세히 설명되어 있다.

(2) 읽기 방법

① 실행 절차나 용어의 의미, 유의할 사항 등 세부적인 정보를 확인하며 읽는다.

② 글에 제시된 순서대로 읽으며 내용을 파악한다.

③ 꼭 필요한 내용은 주의 깊게 읽어 머릿 속에 기억한다.

예 설명서 읽기

> 1. 발사할 장소로는 주변에 사람이 없고, 전선이 지나가지 않으며, 창문을 깨뜨릴 염려가 없는 넓은 곳을 정한다.
> 2. 발사대 머리 부분에 흙이나 모래가 들어가면 장애가 생기므로 반드시 바닥에 비닐이나 자리 등을 깔아 놓는다.
> 3. 페트병으로 만든 로켓을 거꾸로 세우고 물을 넣는다. 깔때기를 사용하여 350~400cc 정도의 물을 넣고 공기를 충분히 넣는다.
> 4. 노즐 마개를 돌려 막는다.
> 5. 노즐 구멍을 손가락으로 막고 발사대에 신속히 눌러 장착시킨다.
> 6. 로켓에 붙어 있는 안정 날개가 90도 또는 120도를 정확하게 이루도록 한다. 발사 각도가 70도 이하일 때에는 사람이 다치거나 건물 유리창을 깨뜨릴 염려가 있으므로 주의해야 한다. 거리가 200m 이하인 곳에서는 각도를 70도 이상으로 발사해야 위험하지 않다.
> 7. 발 펌프 압력계로 40~80kg/cm²까지 공기를 주입한다.
> 8. 발사대 옆에 서서 손 제동 장치를 눌러 준다.

- 이 글은 무엇에 대한 글인가?
- 이 글을 쓴 목적은 무엇이라고 생각하는가?
- 이 글을 읽을 때에 특히 유의해야 할 점은 무엇인가?

2) 신문 읽기

　신문은 사회에서 일어난 사건이나 화제 따위를 빨리 보도, 해설, 비평하는 정기 간행물이다. 뉴스나 정보를 신속하게 알리는 것이 신문의 주된 목적이기 때문에 독자는 자신에게 필요한 정보를 찾아 효율적으로 읽어야 한다. 글의 성격에 따라 사실이나 정보를 제공하는 기능과 의견이나 주장을 제시하는 기능을 가지고 있다.

(1) 특징

① 기사문, 사설, 시론, 논평, 안내문, 칼럼 등 다양한 형식을 갖고 있다.

② 신속성, 정확성, 공정성, 사실성, 보도성 등의 특성을 지닌다.

③ 정확한 용어와 간결한 문장을 사용한다.

④ 기사문의 경우 육하원칙에 따라 객관적으로 표현하고 있다.

(2) 읽기 방법

① 신문의 제목이나 소제목을 보고 그 내용이 무엇인지 짐작해 본다.

② 사진이나 그림을 보고 중요한 내용의 일부를 확인한다.

③ 기사문의 형식을 생각하며 효율적으로 읽는다.

> **표제** : 내용의 윤곽이 드러나는 큰 제목
> **부제** : 내용을 구체적으로 알리는 작은 제목
> **전문** : 사실이나 사건을 요약하는 부분
> **본문** : 사실이나 사건을 구체적으로 서술하는 부분
> **해설** : 사건의 성격, 현황, 전망 등을 서술한 부분

④ 통계 자료가 확대 왜곡되지 않았는지 확인하며 읽는다.

⑤ 기사의 내용이 사실에 충실한지, 과장된 표현은 없는지 등을 생각해 본다.

예 다음 글을 잘 읽고 정보의 신뢰성을 판단해 봅시다.6)

> 우리들은 에너지를 아껴야 합니다. 그러면 우리가 할 수 있는 에너지 절약법은 무엇이 있을까요? 에너지의 종류는 물, 전기, 가스 등이 있습니다.
>
> 그러면 에너지 절약법에는 무엇이 있을까요? 물에는 이런 것이 있습니다. 양치질을 할 때 바가지에 물을 받아서 헹구기, 세수할 때 세면대에 물 받아서 씻기, 변기에 벽돌 넣기 등이 있습니다.

• 이 글에 나타난 정보는 몇 가지가 있습니까?

_____

• 이 글에 나타난 정보가 객관적으로 믿을 만한지 판단해 봅시다.

_____

(3) 기사 판단하기

같은 기사를 서로 다른 관점을 지닌 언어로 표현한 세 가지 기사를 학생들에게 제시한다. 그런 다음 제시된 문장 속에서 함축적 의미와 명시적 의미가 담긴 단어를 찾아보고, 가장 객관적인 형태로 서술된 기사를 논의를 통해 결정해 본다.

예 다음에 제시된 글을 읽고 물음에 답하시오.

필자	기사
A	미국 연방 법원의 공명정대하기로 이름난 조이스 판사는 20일 오전 질 나쁘고 파렴치한 범죄인 밀수와 상표 위·변조를 저지른 욕심 많고 음흉스런 한국 사람 10명을 따뜻한 온정으로 풀어 주었다.
B	미국 연방 법원의 조이스 판사는 20일 오전 밀수와 상표 위·변조 혐의로 구속 수감되었던 우리 동포 10명을 석방했다.
C	평소에 한국에 대해 적대감을 가지고 있던 미국 연방 법원의 무능력한 조이스 판사는 20일 오전 누군가에 의해 모함을 받아 밀수와 상표 위·변조 혐의로 붙잡혀 있던 선량하고 부지런한 10명의 우리 동포를 뒤늦게나마 마지못해 풀어 주었다.

• 필자에 따라 다르게 표현된 단어를 찾아 그 표현을 써 보세요.

_____

• 가장 객관적인 형태로 서술된 기사는 누구의 기사입니까?

_____

3) 광고문

광고문은 어떤 대상에 대한 정보를 알려 주는 글이다. 독자들에게 정보를 전달하고 설득하면서 생각이나 행동에 변화를 주고자 한다. 광고문의 경우 광고주의 설득 의도가 강조되기 때문에 비판적 관점에서 주체적으로 수용해야 한다. 광고의 종류에는 상품 광고, 기업 광고, 공익 광고 등 여러 가지 형식의 광고가 있다. 광고문은 주로 표제와 본문으로 이루어진다. 표제는 독자의 관심과 흥미를 끌기 위해 핵심적인 내용을 간결하고 명확하게 드러내는 부분이고, 본문은 독자의 이해를 돕기 위해 정보를 제공하는 부분이다.

• 상품 광고: 상품에 대한 정보를 알려 구매 욕구를 일으키는 글이다.(상품 판매)
• 기업 광고: 기업의 인상을 좋게 만들기 위한 글이다.(기업 홍보)
• 공익 광고: 공공의 이익을 위하여 널리 알리는 글이다.(공익 추구)

(1) 특징
① 설득적인 성격이 강하다.
② 글을 쓴 목적과 의도가 직접적으로 드러난다.
③ 독특한 형식과 개성적인 표현을 사용한다.

(2) 읽기 방법
① 이 광고는 누구를 대상으로 만들었는지 생각해 본다.

---

6) 이경화 외(2007). 『교과 독서와 세상 읽기』. 박이정, 재구성.

②내용을 그대로 받아들이지 말고, 비판적 관점에서 읽는다.

③글의 진위와 가치를 적극적으로 판단하고 결정한다.

④객관적인 사실과 광고주의 주관적인 의견을 찾아보며 읽는다.

⑤통계 자료나 전문 지식은 믿을 만한지 정보의 출처를 알아본다.

⑥허위 사실이나 과장된 내용, 불분명한 내용은 없는지 판단하며 읽는다.

(3) 광고 기법 찾기

광고에서는 어떤 동기를 증진시키기 위해 내용의 사실 여부와 표현 방법의 합리성 여부를 따지지 않고 광고의 다양한 기법을 사용한다. 우리가 흔히 접하는 광고에도 허위나 과장 등의 왜곡된 내용이 담겨 있을 수 있다. 따라서 이러한 광고의 부당한 영향을 방어할 수 있도록 광고 자료를 주의 깊게 읽고, 거기에 사용된 광고의 기법을 파악할 수 있도록 해야 한다.

• 광고 기법에 대한 다섯 가지 질문

광고 기법이 분명하면서도 진실성이 있는 상품 광고 문안을 학생들에게 나누어 준다. 광고 자료를 비판적으로 읽을 때에는 다음의 다섯 가지 질문을 염두에 두면서 읽도록 해야 한다.

①누가 만들었는가?

②누구를 위해 일하는 사람들인가?

③이 상품에 대해 왜 이렇게 썼는가?

④사람들의 어떤 감정이나 욕구에 호소하는가?

⑤어떤 광고 기법을 사용했는가?

예 다음 광고를 읽고, 광고 기법에 대해 생각해 보세요.

> (신뢰가 가는 연예인이 화면에 나타나서 말한다.)
>
> 요즘 옷값이 너무 부풀어 있다고 생각하지 않습니까?
>
> ○○○는 거품을 뺐습니다.
>
> 좋은 옷, 좋은 가격.
>
> 옷값은 옷을 만드는 데 써야 합니다.

• 과대 선전 줄이기

과장된 내용이 포함된 상품 광고 문안을 학생들에게 나누어 준다. 학생들은 광고에 담겨 있는 사실과 과장을 구별해 내게 되고, 이런 과정을 통해 광고의 과대 선전에 대해 인식하게 된다.

예 아래의 광고문을 읽고, 문장들 중에 사실과 과장을 찾아보세요.

> ○○우유는 과일 천국입니다.
>
> ○○우유 연구진이 수십 년에 걸쳐 연구해 낸 우유!
>
> ○○우유는 과일보다 더 신선한 과일의 참맛을 보여 드립니다.
>
> 언제, 어디서나 간편하게 과일의 맛을 즐기십시오.
>
> 지금 당장 마셔 보세요. 과일의 달콤함이 온몸으로 느껴집니다.

4) 보조 자료

정보 전달을 위한 글 읽기에서는 비문자 정보도 잘 이해해야 한다. 그래프와 도표, 그림이나 사진 등 다양한 형태의 텍스트가 나왔을 때 이를 읽어 낼 수 있어야 한다. 보조 자료는 내용을 쉽게 파악할 수 있게 도와주어 이를 잘 읽는 것만으로도 글쓴이의 의도를 읽을 수 있다.

(1) 그래프 및 도표 이해하기

그래프와 도표는 복잡한 글이나 통계 자료를 정리해서 간단한 숫자의 표나 그림으로 표현된 자료이다. 항목별 변화의 정도, 추이 등을 시각화하여 전체의 상황이나 변화 정도를 쉽게 파악할 수 있다. 그래프와 도표를 읽을 때는 그것에 담긴 의미를 파악하는 자료 분석과 해석 작업을 병행해야 한다.

- 제목은 무엇인가?
- 가로축과 세로축은 무엇을 의미하는가?
- 어떤 정보를 얻을 수 있는가?

① **그래프**(Darrel Huff, 박영훈 역(2004). 『새빨간 거짓말, 통계』. 더불어책.)

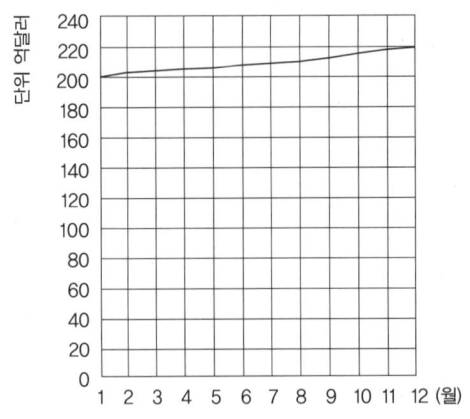

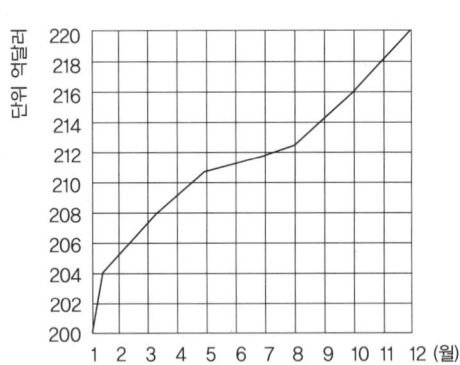

성인 연평균 독서량(권)

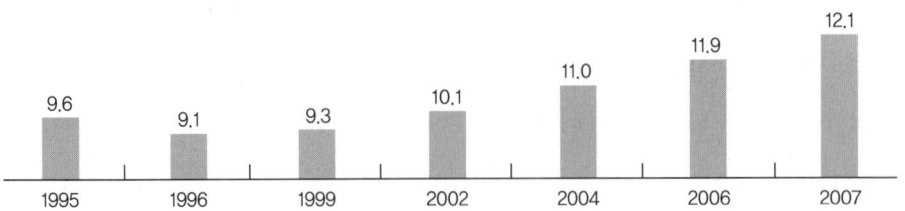

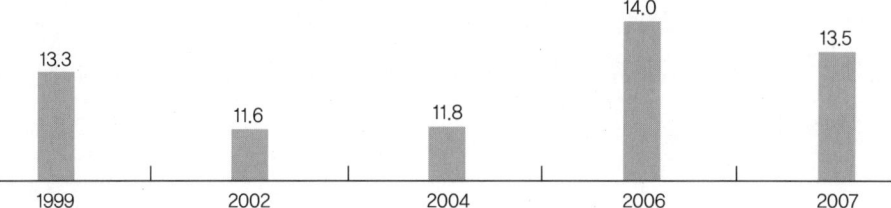

(청소년) 한 학기 평균 독서량(권)

- 1999: 13.3
- 2002: 11.6
- 2004: 11.8
- 2006: 14.0
- 2007: 13.5

② **도표**

> 햇빛의 파장
>
> 태양 광선은 적외선, 가시광선, 자외선으로 나눌 수 있습니다. 이 중 자외선과 적외선
> 은 우리 눈에 보이지 않고, 가시광선만 보입니다. 파장은 적외선이 가장 길고, 자외선
> 이 가장 짧습니다. 가시광선은 중간인데, 가시광선의 파장은 색깔별로 다르고 빨간색
> 이 그중 가장 깁니다.
> 가시광선은 물체를 볼 수 있게 하는 역할을 하고, 적외선은 온도를 높이는 역할을 합니
> 다. 또 자외선은 세균을 죽이는 역할을 합니다.

예 위의 글을 읽고 표로 나타내 보세요.

특성 / 구분	적외선	가시광선	자외선

(2) 사진 및 그림

사진이나 그림은 글로는 표현하기 힘든 의미 있는 정보를 전해 주기도 한다. 교재에 실린 사진이나 그림을 주의 깊게 살펴보는 방법은 글의 내용을 연결하고, 상상력을 발휘하도록 돕는다.

> 1500년 전 주인의 무덤에 순장된 가야 소녀가 첨단 과학의 힘을 빌려 되살아났다. 가야 소녀가 잠들어 있던 경남 창녕군 송현동 15호 고분은 2007년 발굴 당시 이미 도굴로 심각하게 훼손돼 유물이 대부분 사라진 상태였다. 도굴꾼의 손을 피한 1구의 인골만이 고분의 정체를 밝힐 유일한 열쇠였다.
> 국립가야문화재연구소는 고고학적 자료는 물론 법의인류학·해부학·유전학적 분석 연구를 실시했다. 지난달 25일 연구 결과를 바탕으로 인골의 생전 모습을 복원해 공개했다. 1500년 전 고대인의 정체를 밝혀낸 과정을 알아보자.

예 글을 읽고 글의 내용을 그림으로 그려 보세요.

> 장수풍뎅이는 풍뎅이의 한 종으로 투구벌레라고도 한다. 몸길이는 30~55mm로, 우리나라에 사는 풍뎅이 중에서 가장 크다. 몸은 매우 굵고 뚱뚱하며, 전체적으로 밤껍질 같은 색깔을 띤다. 수컷은 보통 광택이 나지만, 암컷은 수컷보다 검으며 광택이 없다. 암컷은 이마에 3개의 짧고 뾰족한 돌기가 있다. 수컷은 이마에 매우 굵고 긴 뿔이 나 있는데, 그 길이가 몸길이의 절반 정도이며, 끝이 가지처럼 갈라져서 사슴뿔처럼 보인다.

예 보조 자료 읽기

- 보조 자료에는 무엇이 있나요?
- 보조 자료의 효과는 어디에 있나요?
- 보조 자료는 어떻게 읽어야 할까요?

1. 일반적인 읽기 방법

일반적으로 책을 읽는 방법에는 크게 정독과 속독으로 나누어진다. 유능한 독자는 주어진 정보를 빠른 시간 내에 정확히 읽어 내는 것이다. 하지만 책의 장르나 특성에 따라 읽는다면 좀 더 효과적인 독서를 하게 될 것이다.

1) 정독(精讀) : 자세히 읽기

정독은 내용을 자세히 파악해 가며 읽는 방법이다. 세세한 부분까지 주의하여 빠진 곳이 없도록 깊이 생각하고 따지면서 읽는다. 한 작품이나 문장을 읽은 후 전체의 뜻을 파악하고, 필자가 이야기하고자 하는 주제나 요지를 정확하게 파악하기 위한 독서법이라고 할 수 있다. 교과서나 전문 서적 읽기에 적합하다.

(1) **지독(遲讀)** : 머무르는 책 읽기, 깊이 있는 책 읽기, 중요한 내용에 밑줄을 긋거나, 메모하며 읽기.

(2) **숙독(熟讀)** : 익히며 읽기, 내용을 깊이 있게 숙지하고 내면에 새기는 책 읽기.

(3) **미독(味讀)** : 맛을 음미하며 읽기, 문장이나 표현 등을 되새기면서 그 의미를 느끼는 책읽기, 수필, 시, 고전 작품 등.

(4) **소독(素讀)** : 거닐며 읽기, 산책을 하며 책을 읽을 수도 있지만 책을 읽고 나서 사색하는 책읽기를 말한다. 읽은 책을 떠올리면서 명상을 하는 것이라고 할 수 있다.

(5) **오독(悟讀)** : 성현들의 독서법. 깨달음의 독서. 읽은 것을 삶에 적용하는 것.

(6) **재독(再讀)** : 다시 읽기, 반복 독서의 효과.

2) 속독(速讀) : 빨리 읽기

속독은 책을 읽는 행동을 빨리 하는 것으로, 짧은 기간 내에 많은 분량의 책을 읽는 독서 방법이다. 시간을 단축하여 읽지만 가능한 한 전체 내용을 이해하는 능력을 길러 주는 데 목표를 두고 있다. 속독의 저해 요인을 제거하고 적당한 안구 훈련으로 속독을 잘할 수 있지만 가장 좋은 훈련은 책을 많이 읽는 것이라 할 수 있다.

3) 음독(音讀) : 소리 내어 읽기

음독은 소리를 내어 읽는 방법으로 전통적인 책 읽기 방법이다. 글자를 읽는 초기에 주로 사용하며 문자나 말을 확인하며 읽는다. 이 단계에서는 다른 사람이 알아듣도록 소리를 내서 읽도록 하는 것이 효과적이다. 외국어 공부하기에 적합하다.

4) 낭독(朗讀), 성독(聲讀) : 큰 소리로 읽기

중세 때 주로 종교적 행위로 읽혔던 책 읽기 방법이다. 특히 경전이나 고전은 이 방법으로 읽었다. 현대에는 시나 전래 동화를 낭독하도록 한다. 낭독을 통해 글의 의미를 제대로 이해했는지 평가할 수 있다.

5) 묵독(默讀), 목독(目讀) : 눈으로 읽기

묵독은 소리를 내지 않고 눈으로 조용히 읽어 가는 방법이다. 내용을 생각하며 마음속으로 읽을 수 있어 집중하여 이해하기에 적합하다. 주위 사람에게 방해가 되지 않을 뿐만 아니라 읽는 속도가 빠른 효과적인 독서 방법이다.

6) 통독(通讀) : 훑어 읽기

통독은 전체를 가볍게 읽는 방법으로, 소설이나 신문 읽기에 적합하다. 중요하지 않거나 미리 알 수 있는 부분을 대강 훑어서 읽으며, 책을 고를 때도 효과적으로 사용할 수 있다.

머리말 읽기 – 목차 읽기 – 내용 훑어 보기 – 작가의 말 읽어 보기

7) 적독(摘讀), 적독(積讀) : 쌓아 두고 읽기, 발췌하여 읽기

'발췌독(拔萃讀)'이라고도 불리는 적독은 한 권의 책 가운데서 꼭 필요한 부분만 찾아 골라 읽는 방법이다. 사전류나 참고 자료 읽기에 적합한 방법이라고 할 수 있다.

8) 다독(多讀) : 많이 읽기

다독은 여러 종류의 책을 읽는 방법을 말한다. 많은 내용을 읽는 방법으로 폭넓은 지식 습득에 효과적이지만 전문적인 지식을 갖는 데는 한계가 있을 수 있다.

9) 구연(口演) : 연기하듯 읽기

창작 동화나 전래 동화를 좀 더 실감 나고 재미있게 읽는 방법. 책의 느낌을 극대화시키고 감성을 자극할 수 있다.

2. 과정 중심 읽기[7]

과정 중심 읽기는 글을 다 읽은 후 학습자들이 얻게 되는 결과도 중요하겠지만 글을 읽는 과정에서 어떤 생각, 어떤 행위를 했는지에 관심이 있다. 읽기의 과정에서 필요한 전략이 읽기 교육의 직접적인 대상이 된다.

읽기 수업은 읽기 전 단계, 읽는 중 단계, 읽은 후 단계로 나누어 계획을 세워 볼 수 있다. 학습자들은 읽기 과정에서 자신의 장점, 단점을 발견하게 되고, 나름대로 읽기 전략을 사용하면서 필요에 따라 수정, 보완, 점검하는 과정을 통해 책을 읽는 방법을 깨닫게 된다.

---

7) 이경화(2003). 『읽기 교육의 원리와 방법』.박이정, 275쪽 재구성.

〈표 6〉 과정 중심 읽기 수업의 특징

구분		주요 내용
과정 중심의 이론적 특징		• 결과보다는 과정을 강조한다. • 읽기 과정에서 전략을 사용하고 방법을 터득할 수 있다. • 읽기 과정에서 자신의 배경 지식에 기초하여 내용을 해석·추론하는 사고의 과정을 거친다.
읽기	읽기 전 활동	• 동기 유발하기 • 읽기 목적 설정하기 • 글의 내용과 구조 예측하기 • 배경 지식 활성화하기 • 읽기 방법 안내하기
	읽는 중 활동	• 글의 구조를 생각하며 읽기 • 글 내용에 대한 질문과 대답을 하며 읽기 • 의미를 추론하기 • 글 내용과 관련된 다른 내용을 연상하기 • 자신의 읽기 전략 점검하기 • 다른 사람과 협의하기 • 메모하기
	읽은 후 활동	• 독서 후의 감상 쓰기 • 다른 장르로 바꾸기 • 토의·토론하기 • 창조하기

1) 읽기 전 읽기 지도

읽기 전 전략은 읽기 자료를 제시하기 전에 그 글의 화제나 개념에 대한 배경 지식을 형성하고 활성화시키는 활동이다. 읽기의 효율을 높이기 위해서 읽기의 목적을 결정하고, 관련 정보를 예측하여, 전체 글에 대한 안내와 학습자들의 학습 동기를 불러일으키는 읽기 전 전략은 매우 중요하다.

읽기 지도에서 글에 대한 배경 지식을 활성화하는 활동 없이 무조건 글을 읽으라고 한다면, 오히려 책에 대한 흥미를 떨어뜨리고 책을 읽고 싶은 마음이 없어질 것이다. 읽기는 적극적으로 의미를 찾는 과정이다. 독자는 글을 읽기 전에 동기 유발이 잘 되었거나 배경 지식이 풍부할수록 읽기 과정에 능동적으로 참여한다. 읽기 전 활동 단계에서 할 수 있는 읽기 전략으로는 미리 보기, 예측하기, 연상하기, 건너뛰며 읽기, 빈칸 메우기 등이 있다.

2) 읽는 중 읽기 지도

읽는 중 전략에서는 학습자들이 질문을 만들며 계속적으로 그 내용에 관심을 갖도록 하고, 예측한 내용을 확인하면서 글의 중심 생각을 찾고 질문과 점검을 통해 글의 의미를 찾아내는 활동을 한다. 기본적으로 글을 읽는 과정에서 교사가 할 수 있는 일은 거의 없다. 학습자들이 텍스트에 대하여 그들 자신의 반응을 깊이 있게 생각하고, 분석해 볼 수 있는 기회를 주는 것이 필요하다. 읽는 중 활동 단계에서 할 수 있는 읽기 전략으로는 글 구조 유형 찾기, 자기 질문하기, 협의하기, 제목과 중심 생각 찾기, 추론하기 등이 있다.

예 주어진 글을 읽고, 물음에 답해 보세요.

> 쓰레기가 압축되어 매립지에 묻히면 물이나 산소와 접촉할 수 없어서 박테리아가 들어갈 수 없다. 그러면 폐기물은 썩지 않고 그냥 쌓여만 갈 뿐이다. 사실 우리는 쓰레기 매립장에 무엇이 들어 있는지 잘 알고 있다. 매립장을 발굴해서 50년 전의 신문을 찾아내는 일은 무척 쉽다. 썩지도 않아서 충분히 읽을 수 있다. 그런데도 매립지를 공원으로 만들어 놓고는 좋아한다.

- 직접 드러난 내용: _____
- 추론을 통해 알게 된 내용: _____

3) 읽은 후 읽기 지도

읽은 후 전략은 학생들의 읽기 행위뿐만 아니라 읽은 글에 대해 생각하는 방향에도 영향을 미친다. 읽기 후 활동은 읽기 목적에 대해 평가하고, 내용을 요약하여 새로운 상황에도 적용해 본다. 이러한 읽기 과정은 학습자의 능동적인 참여를 강조하며, 학습자 스스로 글을 읽어 가는 과정에서 끊임없이 주어진 정보를 탐색하고 해석하고 재구성하게 된다. 읽기 후 활동 단계에서 할 수 있는 읽기 전략으로는 다른 장르로 바꾸기, 토의하기, 요약하기, 비판적으로 읽기, 창의적으로 읽기 등이 있다.

3. 읽기 전략 지도

1) 연결어 활용하여 읽기

연결어는 앞 뒤 문장을 일정한 관계 속에서 연결해 주는 역할을 한다. 대부분의 문장은 많은 연결어가 사용되어 이루어져 있다. 문장의 연결어는 글의 내용을 정확하고 자연스럽게 표현하는 데 도움을 준다. 그러므로 연결어를 활용하여 읽으면 쉽고 빠르게 내용을 이해할 수 있다.

〈표 7〉 연결 개념들의 일반적인 유형[8]

유형	사용된 단서	예시문
첨가	그리고 / 더구나 / 게다가 / 아울러	• 독서는 마음의 양식이다. 아울러 우리는 책 속에서 삶의 참된 방향을 찾을 수 있다.
분리	또는 / ～이거나 또는	• 그녀는 책을 읽거나 청소를 하거나, 또는 영화를 볼 생각이었다.
인과	～ 때문에 / 그래서 / 따라서	• 나는 배가 아팠기 때문에 체육 시간에 빠졌다. • 그는 집에서는 음식 맛을 느낄 수가 없다. 그래서 집에서는 좋아하는 닭 요리도 먹지 않는다.
목적	～위해서 / ～할 목적으로 / ～하기 위해	• 내가 하고 싶은 일이 무엇인지 알기 위해 이곳에 왔고, 그 이유를 찾기 위해 열심히 노력하고 있다.
양보	비록 ～일지라도 / 아무리 ～해도	• 민수는 열심히 공부해도 성적이 오르지 않는다.
대조	～와 반대로	• 영희는 키가 매우 크다. 그와 반대로 철수는 키가 매우 작다.
조건	만약 ～라면 / 만약 ～아니라면 / ～을 제외하고	• 만약 이번 일이 실패하면, 그러면 우리 회사는 파산할 것이다.
시간	～하기 전에 / ～한 후에 항상 / ～동안 / ～할 때 / 지금부터	• 나는 밥을 먹기 전에 손을 씻었다.
방법	같은 방법으로 / ～처럼 / 마찬가지로	• 그들이 했던 것과 같은 방법으로 공부를 한다면 실패는 없을 것이다.
요약	요컨대 / 즉 / 결국 / 말하자면	• 읽기란, 말하자면 작가와 독자가 글 속에서 만나는 과정이라고 할 수 있다.

유형	사용된 단서	예시문
예시	예컨대 / 이를테면	• 이를테면, 문학적인 글에는 시, 소설, 수필 등이 있다.
전환	그런데 / 그러면 / 한편 / 아무튼	• 동수는 몸이 약하다. 그런데 동수는 언제나 명랑하다.

(1) 연결어 제시하기[9]

〈지도 방법〉

① 연결어가 빠진 문장과 연결어 카드를 준비한다.

② 학생들은 어떤 연결어가 가장 자연스러운지 적당한 카드를 결정한다.

③ 선택한 연결어를 넣어 읽어 보게 한 후 그 연결어에 대해 토의를 전개할 수 있다.

• 연결어가 빠진 문장들

> 1. 경숙이는 이번 달에 살이 많이 쪘다. -그녀는 다이어트를 시작했다.
> 2. 우유에는 칼슘이 많다. – 멸치에는 칼슘이 많다.
> 3. 지호는 아침마다 머리를 감는다. – 그는 머리에 무스를 즐겨 바른다.
> 4. 동우는 방학 때 돈을 많이 벌었다. – 그는 아르바이트를 열심히 했다.
> 5. 나는 내일 첫 차를 탈 수 없을 것이다. – 나는 7시에 일어난다.

• 연결어 카드

> 그래서 / ~도 마찬가지로 / ~한 후에 항상 / 위해서 / 만약 ~이라면

---

8) 한철우 외(2000). 『과정 중심 독서 지도』. 교학사, 292쪽 재구성.

9) 앞의 책, 292쪽.

(2) 연결어 카드 놀이[10]

〈지도 방법〉

❶ 한 문장씩 적힌 10장의 카드와 연결어 한 세트를 준다.

❷ 적당하게 카드를 늘어놓아 이야기를 만들게 한다.

❸ 문장이 자연스럽게 이어지도록 연결어 카드를 사용하게 한다.

❹ 문장 간의 연결이 끝나면 기록자가 이야기를 다른 팀에 들려준다.

❺ 각 팀이 문장을 배열한 방식의 차이에 대해 토의한다.

📖 10문장 이야기(연결어 카드는 괄호 속의 단어로 만든다)

---

1. (옛날에) 숲 근처 들판에 있는 작은 집에 아버지와 어린 소년이 살고 있었다.

2. 이 숲 속에는 거대한 회색 모르건 워프라는 괴물이 살았다.

3. (그래서, 그 결과로) 소년의 아버지는 아들로 하여금 혼자서는 숲 속에 절대로 가지 않겠다고 약속하게 했다.

4. (그런데) 어느 날 아버지는 도시로 가야만 했다.

5. (다시 한 번, 그러므로, 그래서, 그리고) 소년의 아버지는 혼자서는 절대로 숲 속에 가지 않겠다고 했던 약속을 상기시켰다.

6. (그러나) 아버지가 떠나자마자, 어린 소년은 들판을 가로질러 숲 속으로 갔다.

7. (비록 ~일지라도, 비록 ~이지만) 그는 겁이 났다. 그는 아버지를 위해 꽃을 꺾고 싶었다.

8. (~전에) 그는 꽃을 다 꺾었다. 모르건 워프 괴물이 덤불에서 뛰어나와 으르렁거렸다.

9. (~할 때, ~하자마자) 소년이 모르건 워프를 보았다. 그는 숲 밖으로 뛰어나와 들판을 가로질러 안전하게 집에 도착했다.

10. (그래서, 그러므로, 그 결과) 어린 소년은 다시는 혼자 숲 속에 가지 않았다.

---

10) 앞의 책, 304쪽.

• 연결어와 함께 올바르게 배열된 글

옛날에 숲 근처 들판에 있는 작은 집에 아버지와 어린 소년이 살고 있었다. 이 숲 속에는 거대한 회색 모르건 워프라는 괴물이 살았다. 그래서 소년의 아버지는 아들로 하여금 혼자서는 숲속에 절대로 가지 않겠다고 약속하게 했다.

그런데 어느 날 아버지는 도시로 가야만 했다. 그래서 다시 한 번 소년의 아버지는 혼자서는 절대로 숲 속에 가지 않겠다고 했던 소년의 약속을 상기시켰다. 그러나 아버지가 떠나자마자, 어린 소년은 들판을 가로질러 숲 속으로 갔다. 그는 비록 겁이 났지만, 아버지를 위해 꽃을 꺾고 싶었다. 그가 꽃을 다 꺾기 전에 모르건 워프 괴물이 덤불에서 뛰어나와 으르렁거렸다. 소년은 모르건 워프를 보자마자 숲 밖으로 뛰어나와 들판을 가로질러 안전하게 집에 도착했다. 그 결과 어린 소년은 다시는 혼자 숲 속에 가지 않았다.

(3) 문장 맞추기[11]

〈지도 방법〉
① 여러 문장이 쓰여 있는 카드 한 세트를 준비한다. 이때 각 쌍은 명시적 연결어가 들어 있어야 한다.
② 어울리는 문장을 찾아 의미가 통하게 이어 보도록 지도한다.
③ 학생들이 문장의 연결 관계를 설명하게 한다.
④ 비상식적인 문장의 결합을 만들어 보고 서로 뒤바꿔 보게도 한다.

우리 오빠는 늑대 인간이다. - 그래서 우리는 보름달이 뜰 때 그를 감금시켜야만 한다.
우리 삼촌은 식인종이다. - 그래서 우리는 그의 집에서 생일 파티를 할 수 없다.

---

11) rwin · Baker,(1996).『독서지도방법』.교학사, 142쪽.

에 다음 글을 읽고 글의 순서를 바로잡아 보세요.

1. 추석이 돌아오면 곳곳에서 씨름판이 벌어진다. 씨름은 모래판에서 두 사람이 서로의 살바를 붙잡고 겨루는 경기이다. 씨름은 오래전부터 있어 온 경기이며, 요즈음에도 성행하고 있다.

2. 그렇기 때문에 씨름에서는 상대방을 넘어뜨리기 위해 손이나 발을 사용하는 다양한 기술들이 발달하였다. 배지기, 등치기, 낚시걸이, 무릎치기, 뒤집기, 허리꺾기 등이 이러한 기술들이다.

3. 그런데 예전에는 살바를 어떻게 매고 상대방의 어느 쪽 어깨를 대고 겨루는가에 따라 씨름의 종류가 나뉘었다. 왼씨름, 오른씨름, 띠씨름 등이 있었으며, 지역에 따라 성행하던 씨름의 종류가 달랐다. 그러던 것이 요즈음에는 왼씨름 한 가지로 통일되었다.

4. 심판의 구령이 떨어지면, 무릎을 꿇은 채로 오른다리에 맨 살바를 서로 쥐고 있던 선수들이 일어나 경기를 시작한다. 넘어지거나 손, 무릎이 먼저 땅에 닿는 이가 지는 것이다.

출처 : 중학교 국어 1-2

2) 대용어 이해하기

글을 읽을 때 앞에서 언급한 내용을 대신하는 표현을 대용 표현이라고 한다. 대용어는 문장을 연결시키는 기능을 하고, 다양성을 제공해 준다. 대용 표현은 여러 가지 문구로 나타날 수도 있지만, 간결한 지시어로 표현될 경우도 많다. 특정한 사람이나 사물, 또는 특정한 내용을 가리키거나 대신하는 표현을 정확하게 읽어 내는 것은 읽기 능력을 기르는 데 필수적이다.

– 우리 아버지는 나를 화나게 해. 어머니도 그래.
– 희진이와 진수는 바닷가에 갔다. 그들은 거기에서 도시락을 먹었다.
– A : 나는 슬픈 영화를 보면 항상 울어.
  B : 내 동생도 항상 슬픈 영화를 보면 울어.

(1) 지시어와 지시 대상 연결하기

지시어는 앞문장에서 언급된 것을 지시함으로써 불필요한 반복을 피할 수 있게 해 주고, 뒷문장이 앞문장에 긴밀하게 연결될 수 있게 해 준다.

〈지도 방법〉

❶ 명사 대신 인칭대명사를 사용하는 단순한 형태의 대용 표현 문장을 제시한다.

❷ 문장에서 대응되는 부분끼리 짝을 짓는다.

❸ 교과서나 다양한 자료에 사용된 대명사를 찾고, 그 지시 내용을 알아낸다.

❹ 학생들의 글에서 사용된 지시 대상을 찾도록 한다.

(2) 더 짧게 만들기

대용 표현을 사용하면 같은 말의 반복을 피하고 문장을 효과적으로 연결하여 간결한 문장이 될 수 있다. 또한 일정한 문장 요소를 생략하면 내용을 파악하기도 쉽다.

〈지도 방법〉

❶ 대용 표현의 사용으로 일정한 문장 요소가 생략된 문장을 제시한다.

❷ 학생들에게 그 생략된 말을 찾게 한다.

❸ 생략된 글과 생략되지 않은 글을 비교해 봄으로써, 대용 표현을 사용하는 효과에 대해 생각해 보게 한다.

예 밑줄 친 내용이 나타내는 바를 표현해 보세요.[12]

> 어느 화창한 오후, 남자 아이 하나가 제 누이 동생과 함께 가게에 들어왔다. 남자 아이는 예닐곱 살 정도밖에는 안 되어 보였다.
> 나는 바쁘게 어항을 닦고 있었다. 두 아이는 눈을 커다랗게 뜨고, 수정처럼 맑은 물속을 헤엄치고 있는 아름다운 열대어들을 바라보았다.

---

12) 폴 빌라드. 「이해의 선물」 중에서 (중 1-1).

그러다가 남자아이가 소리쳤다.

"아아! 우리도 저거 살 수 있죠?"

"그럼."

나는 대답했다.

"돈만 있다면야."

"네, 돈은 많아요."

하고 남자아이가 자신 있게 말했다.

남자아이의 말하는 품이 어딘가 친근하게 느껴졌다. 아이들은 얼마 동안 물고기들을 살펴보더니, 손가락으로 몇 가지 종류를 가리키며 한 쌍씩 달라고 했다. 나는 그들이 고른 것을 그물로 건져 휴대 용기에 담은 후, 들고 가기 좋도록 비닐봉지에 넣어 남자아이에게 건네주며 말했다.

＊ 자료 출처:중학교 국어 1-1 (원저자 : 폴 빌라드, 『이해의 선물』 중에서)

3) 밑줄 긋기

밑줄 긋기는 글을 읽는 과정에서 중요한 부분을 찾아낼 수 있도록 돕는 활동이다. 제시되는 문제의 관점에 따라 중심 생각, 또는 글의 내용에서 알아야 할 부분에 밑줄을 긋는 방법이다. 이때 밑줄을 지나치게 많이 긋지 않도록 유의해야 한다.

🔵 중요한 어절이나 중심 문장에 밑줄을 그으세요.

1. 부지런한 진수는 깨끗이 청소를 했습니다.

2. 우리 학교 북쪽 다리 건너 살고 있는 현우는 매주 일요일 교회 옆에 있는 보육원에 가서 봉사 활동을 한다.

3. 그녀는 열심히 노력해서 좋은 선생님이 되었다.

4. 독서의 가치는 간접 경험에 있습니다. 현실에서 해 보지 못한 일들을 우리는 책 속에

서 할 수 있습니다. 독서를 통해 미처 가 보지 못한 세계를 여행하게 됩니다. 우리 자신이 책 속의 주인공과 하나가 되어, 문제를 해결하고 기쁨과 슬픔을 함께 나눕니다. 책을 읽는 동안 자신도 모르는 사이에 주인공의 입장이 되어서, 그가 무사히 어려움을 이겨내고 행복해지기를 바라는 마음이 듭니다.

5. 우리 주변에는 질서를 지켜야 한다는 것을 알면서도 지키지 않는 사람이 적지 않다. 또, 이기주의가 나쁘다는 것을 알면서도 실제 생활에서는 이기적인 행동을 하는 사람도 있다. 이것은 생각과 행동이 일치하지 않은 데서 오는 현상이다. 그리고 사회가 급변하는 데도 원인이 있다. 청소년 중에 생각과 행동이 일치하지 않는 사람이 많다면, 우리 사회의 미래는 밝지가 않다. 따라서, 생각과 행동이 일치하는 사람이 되어야 한다.

6. 옛날부터 오늘에 이르기까지 우리의 일상생활 속에서 숯은 다양하게 이용되어 왔다. 우리 조상들은 우물을 팔 때에도 언제나 숯을 바닥에 깔고 그 위에 자갈을 올려놓았다. 그렇게 하면 미세한 구멍이 물속에 있는 더러운 물질을 빨아들여 물이 깨끗해진다. 우물 바닥에 깔아놓은 숯이 정수 기능뿐 아니라 물을 썩지 않게 하는 역할도 하기 때문이다. 또, 숯은 습기를 없애는 기능도 한다. 숯의 이런 성질을 이용하여 문화유산도 보호하였다. 고려 대장경이 보관되어 있는 해인사 장경판고에 곰팡이나 거미줄을 찾아볼 수 없는 것도, 석굴암이 천 년의 역사에도 훌륭한 상태로 보존된 것도, 그 땅속에 묻힌 숯의 힘 덕분이라고 한다. 숯은 공기 청정기 역할도 한다. 공기 중에 양전기가 많아지면 공기가 나빠져 건강에 해롭다. 숯에서는 이들 양전기를 중화시켜 주는 음이온이 발생한다. 따라서, 숯덩이를 방 안에 두면 공기가 맑아진다. 숯은 컴퓨터나 텔레비전같이 전자파를 발생시키는 기계 옆에 두면 전자파도 흡수한다. 그리고 신발장, 냉장고, 화장실 등에 두면 숯에 있는 수많은 구멍을 통해 온갖 냄새와 세균도 빨아들인다.

4) 중심 생각 찾기

글에서 중심 생각을 파악하는 것은 읽기에서 가장 중추적인 활동이다. 읽기를 잘하는 독자는 글 속에 담겨진 중요한 정보를 구분하여 기억하고 회상하는 능력이 능숙하다. '중심 생각 찾기'는 글을 읽으며 중요한 단어나 문장을 찾아내고 이를 통하여 글 전체의 중심 생각을 찾아내는 활동이다. 중심 생각을 찾는 데 도움이 되는 방법으로는 상위 개념화하기, 삭제하기, 선정하기, 창조하기가 있다.

(1) 상위 개념화하기[13]–어휘 범주화하기
제시된 항목들을 공통되는 상위 항목으로 묶는 활동이다.

예 무, 배추, 상추, 오이 → 채소

청소용구 → 비, 걸레, 먼지떨이, 청소기

예 다음 낱말에 적합한 분류 기준을 정하고, 기준에 따라 범주화해 보세요.

> 개나리, 호랑이, 강릉, 진달래, 코끼리, 해남, 장미, 말, 강화도, 국화, 원숭이, 삼천포

• 분류 기준 : _____

• 범주화 : _____

(2) 중요하지 않은 정보 삭제하기
중심 생각을 찾기 위해서는 불필요한 내용을 추적하고 이를 삭제하는 능력이 중요하다. 이 방법은 중요하지 않아서 제거해야 할 부분을 찾아내는 데에 목적이 있다.

교사는 학습자에게 익숙한 내용과 단어로 구성된 문단을 준비한다. 학습자들은 제

---

13) Irwin & Baker, 한철우 · 천경록 역(1996). 『독서 지도 방법』. 교학사, 292쪽.

시된 문단에서 덜 중요한 부분을 찾고 이를 제거한다. 학습자들은 이 활동을 통해서 모든 내용이 다 중요한 것은 아니라는 것을 깨닫게 된다.

예 삭제할 부분 찾기

> 물은 여러 가지로 이용된다. 물은 음식을 만들 때와, 목욕을 할 때, 빨래를 할 때 등 일상생활 용수로 쓰인다. 일상생활 하수는 수질 오염의 주된 원인이 되고 있다. 저수지에 가두어 두었던 물은 농사를 짓는 데 이용된다. 그리고 높은 곳에서 떨어지는 물의 힘으로 전기를 일으켜 우리 생활에 이용하기도 한다.

• 중요도 평정법

글을 일정한 단위로 분석한 후, 각 단위가 글 전체의 주제나 목적에 비추어 각 정보들이 갖는 중요도를 판정하는 과정이다. 글에 들어 있는 정보를 중요한 정보와 그렇지 않은 정보로 가려낸다면, 그 자체가 벌써 글을 잘 이해하고 있다는 증거이다. 평정 척도는 일반적으로 '매우 중요함', '조금 중요함', '덜 중요함', '중요하지 않음' 과 같은 4단계 척도를 많이 사용한다.

예 글을 읽고, 중요도를 판정해 보세요.

번호	문항	중요도 정도			
		중요하지 않다	덜 중요하다	조금 중요하다	매우 중요하다
1	이글루 안은 밖보다 온도가 높다.				
2	그 이유 중 하나는 이글루가 단위 면적당 태양 에너지를 많이 받기 때문이다.				
3	이것은 적도 지방이 극지방보다 태양빛을 더 많이 받는 것과 같은 이치이다.				
4	다른 이유로 일부 과학자들은 온실 효과를 든다.				
5	지구에 들어오는 태양 복사 에너지의 대부분은 자외선, 가시광선 영역의 단파이지만, 지구가 열을 외부로 방출하는 복사 에너지는 적외선 영역의 장파이다.				

번호	문항	중요도 정도			
		중요하지 않다	덜 중요하다	조금 중요하다	매우 중요하다
6	단파는 지구의 대기를 통과하지만 복사파인 장파는 지구의 대기에 의해 흡수된다.				
7	이 때문에 지구의 온도가 일정하게 유지된다.				
8	이를 온실 효과라고 하는데 온실 유리가 복사파를 차단하는 것과 같다는 데서 유래되었다.				
9	이글루도 내부에서 외부로 나가는 장파인 복사파가 얼음에 의해 차단되어 이글루 안이 따뜻한 것이다.[14]				

(3) 중심 생각 선정하기–주제문 유형 제시하기[15]

 주제문이 문단의 처음에 있는 구조(두괄식)

 주제문이 문단의 끝에 있는 구조(미괄식)

 주제문이 문단의 처음과 끝에 있는 구조(양괄식)

 주제문이 문단 중심에 있는 구조(요괄식)

 주제문이 문단에 없는 구조(무괄식)

① 주제문이 문단의 처음에 있는 구조(두괄식)

> 돼지는 후각이 발달되어 있다. 멧돼지는 몇십 리 밖에 있는 포수의 화약 냄새를 맡고 일찌감치 도망쳐 버릴 정도이다. 집돼지도 마찬가지로, 제 새끼와 다른 새끼를 구별하는 데나, 주인과 남을 구별하는 데에 주로 후각을 이용한다. 다른 동물이 침입했는지, 먹이가 들어왔는지를 알아차리는 데도 주로 후각을 이용한다.[16]

---

14) 한국교육과정평가원, 2006학년도 대학수학능력시험 언어 영역, 35~39번 지문.

15) 신헌재 외(2000). 『독서 교육의 이론과 방법』. 박이정, 재구성.

16) 윤화중. 「돼지의 신세」에서.

② 주제문이 문단의 끝에 있는 구조(미괄식)

프로메테우스는 인간에게 불을 가져다주었다. 그 죄로 인해 그는 끊임없이 독수리에게 간을 쪼아 먹히는 고통을 당했다. 그러나 아무리 쪼아 먹혀도 다시 새로운 간이 생겼고 독수리는 계속 그를 괴롭혔다. 제우스가 프로메테우스의 죄를 징벌하기 위해 간을 선택한 까닭은 무엇일까? 간이 다시 생성되는 기능으로 인해 고통을 멈출 수 없음에 그 이유가 있는 것은 아닐까? 그런 점에서 프로메테우스가 인간에게 베푼 행위로 받은 벌은 참으로 가혹하고 잔인했다.

③ 주제문이 문단의 처음과 끝에 있는 구조(양괄식)

프랙탈이라는 말은 자연에 있는 모양이나 패턴을 이해하는 데 중요한 개념으로 사용되고 있다. 이는 부분의 반복이나 확대, 또는 변형으로 전체를 이루는 패턴이라고 할수 있다. 고사리의 잎 모양, 작은 산들이 모여서 이루어지는 산맥, 브로콜리의 작은 송이가 반복되어 전체 송이를 이루는 것 등이 바로 프랙탈의 좋은 예라고 할 수 있다. 뿐만 아니라 잭슨 폴록의 그림에 있는 프랙탈적 요소는 미국 미술계에 큰 자랑이 되었다. 그의 그림은 한때 성의 없이 혼란스럽기만 하다는 평을 받은 바 있었으나, 이제는 수준높은 작품으로 평가받기까지 한다. 이처럼 프랙탈은 현대에 주목을 끌고 있는 중요한 개념이다.

④ 주제문이 문단 안에 있는 구조(요괄식)

중동 지역의 정세 불안과 석유 수급 불균형의 증폭 등으로 지난 70년대에 이어 '제3의 오일 쇼크'의 위기감이 전 세계를 휩쓸고 있다. 최근의 유가는 이미 130달러를 넘어섰고, 이에 따라 휘발유와 경유 값이 2,000원을 넘나들면서 차들이 멈춰 서고 물가가 폭등하는 등 오일 쇼크의 분위기는 이미 우리 생활에 깊숙하게 들어온 상태다. 이러한 때에 석유 한 방울 나지 않는 우리나라가 할 수 있는 일은 에너지 절약의 생활화와 함께 우리의 기술력으로 에너지를 만들 수 있는 원자력 발전을 대폭 확대해 나가는 것이다.

태양 에너지나 풍력과 같은 신재생 에너지의 개발도 필요하지만 현재로서는 가격도 너무 비싸고 전기 생산량이 너무 적어서 현실적인 대안이 되지 못하고 있다. 이러한 문제점 때문에 한때 원자력 발전을 중단하고 신재생 에너지 개발에 매달렸던 선진국들이 다시 원자력 발전을 재개하기 시작하고 있다. 우리나라의 원자력 기술 자립도는 95%를 넘어선 상태. 원자력 발전은 우리의 노력 여하에 따라 기술이나 플랜트 수출 등 우리 경제의 새로운 성장 동력이 될 수도 있다.

⑤ 주제문이 문단에 없는 구조(무괄식)

어느 회사의 사장은 아침에 출근할 때마다 주머니에 동전 다섯 개를 넣고 나온다. 직원들을 한 번 칭찬할 때마다 동전 하나를 다른 쪽 주머니로 옮기기 위해서이다. 처음엔 어색하고 힘들었지만 몇 주 안 되어 동전 옮기는 일이 익숙해지자 그의 입에선 버릇처럼 칭찬의 말이 흘러나왔다. 사장의 칭찬에 인정을 받는다는 느낌을 가진 직원들은 전보다 더욱 열심히 일했고 회사 분위기도 활기차게 변했다.[17]

(4) 중심 생각 창조하기-중심 생각 수레바퀴

주제문이 글 속에 진술되지 않은 경우에 중심 생각을 파악하는 활동이다. 정보를 전달하는 글의 중심 생각을 찾는 데 적합한 이 방법은 추론적 사고를 필요로 한다. 먼저 문단의 화제가 무엇인지 결정한다. 각 문장을 읽으며 그 화제에 대해 무엇을 말하였는지를 찾는다. 화제와 그 화제에 대해 말한 것을 모두 포함한 문장이 중심 생각이다.

〈지도 방법〉

① 중심 내용과 세부 내용이 잘 나타나 있지 않은 문단을 제시하고 화제를 결정한다.

② 화제를 통해 무엇을 말하고자 하는지를 파악한다.

③ 나머지 문장들이 중심 생각을 뒷받침하는지 파악한다.

④ 수레바퀴의 중앙에는 중심 생각을 적고, 수레바퀴 살에는 나머지 문장들로 채운다.

---

17) 『좋은 생각』, 1999년 6월호.

〈중심 생각 수레바퀴〉

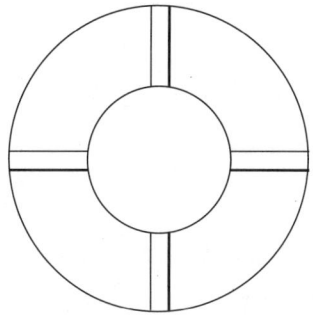

⑩ 아래 단락을 읽고, 수레바퀴 살을 채우고 중심 생각을 써 봅시다.

> 사람들은 들에서 농사를 지어 생활에 필요한 곡식을 얻어 낸다. 또 사람들은 강물을 이용하여 전기를 일으키기도 한다. 그리고 바다에서는 미역, 생선, 조개, 굴 등 필요한 해산물을 얻어 낸다.

5) 요약하기

요약하기는 읽은 내용에 대한 기억이나 회상을 필요로 한다. 이를 위해 요약은 글의 중심 내용을 간추려 정리해 나가는 과정이다. 중요한 점은 이러한 내용이 독자가 자신의 배경 지식을 활용하여 중심 내용을 찾고, 간단하게 줄여서 글의 의미를 재구성한 것이어야 한다. 요약하기 활동은 글에 대해 독자 자신이 이해한 것을 인식하게 한다. 또한 글 전체의 내용을 제대로 파악했는지 판단하게 해 주므로 평가 방법으로도 사용된다.

(1) 요약하기의 단계(Hare & Borchardt, 1984)[18]

1. 글을 확실하게 이해하기

'무엇에 대한 글인가?', '필자가 말하고자 하는 것은 무엇인가?' 등을 스스로에게 질문한다. 자신의 말로 일반적인 주제를 말해 본다.

2. 되돌아보기

주제를 바르게 이해했다는 확신이 들 때까지 다시 읽어 본다. 또한 글의 중요한 부분들을 제대로 이해했다는 확신이 들 때까지 읽는다. 중요한 부분이 눈에 띄도록 표시한다.

3. 다시 생각하기

글의 문단(단락)을 다시 읽고, 자신에게 문단의 주제를 이야기한다.

- 주제가 화제 문장인가?
- 거기에 밑줄을 그었는가?
- 아니면 화제 문장을 놓쳤는가?
- 만약 놓쳤다면 여백에 적어 놓았는가?

4. 점검하고 또 점검하기

목록을 남겼는지, 목록화한 내용을 벗어난 것이 있는지 확인한다.

- 재점검을 하였는가?
- 하지 않은 것이 있는가?
- 건너뛴 것은 없는가?
- 요약문에는 중요한 정보가 모두 들어 있는가?

(2) 요약하기 절차(Brown & Day, 1983)[19]

① 항목 구성하기(상위어 대체)

어떤 항목들이 나열되었을 때, 전체 항목을 하나의 단어나 구로 대체한다. 예를 들어 눈,

---

18) Irwin & Baker, 한철우 · 천경록 역(2003). 『독서 지도론』. 박이정, 105쪽.
19) 앞의 책, 105–106쪽 재구성.

귀, 목, 팔, 다리 등의 항목은 몸의 부분들로 대체할 수 있다.

> **예** 아이스 스케이팅 타기, 스키 타기, 썰매 타기 → 겨울 운동들
>
> 영철이네 가족은 미역, 파래, 김, 멸치, 다시마 등을 즐겨 먹습니다. →

② 중심 문장 사용하기

때로 작가들은 문단 전체를 요약하는 문장을 적는다. 중심 문장이 명시적으로 주어졌을 때 그 주제 문장을 선택해 요약에 이용한다. 만약 글 속에 마땅한 중심 문장이 없을 경우에는 스스로 만들어 본다.

③ 삭제 : 불필요한 세부 사항 없애기

어떤 글은 정보가 반복될 수 있다. 요약하기 위해서는 중요하지 않거나 중복되는 정보를 삭제한다. 요약은 짧아야 한다.

> **예** 중복되는 정보 삭제하기
>
> 인류는 예로부터 잘 모르는 미지의 세계를 동경하는 마음을 가져왔다. →
>
> 알고 보니 그 잡지는 매월 한 달에 한 번씩 발행되고 있었다.

④ 단락 융합하기

단락은 서로 관련되어 있다. 어떤 단락은 단지 자료의 다른 단락을 설명하거나 확대한 것이다. 어떤 단락은 다른 단락보다 훨씬 중요하다. 남겨 두거나 제거해야 할 단락들을 결정하고, 관련되는 문단을 서로 묶는다. 중요한 문단만을 남겨 놓는다.

⑤ 요약문 다듬기

원래의 글에 있는 많은 정보를 줄일 때, 그 결과로 압축된 정보는 부자연스럽게 보일 수 있다. 이러한 문제를 보완하고 요약이 자연스럽게 보이도록 문장을 다듬어야 한다. 연결어나 조사 등을 보충하거나 말을 바꾸어 표현할 수도 있다.

예 다음 글을 읽고 단락들의 관계를 알아보자.

> 사람은 사회적 존재이다. 사람이 사회생활을 제대로 누려 나가기 위해서는 끊임없이 다른 사람들과 어울려야 한다.
>
> 사람과 사람의 어울림에서 가장 중요한 역할을 하는 것은 언어이다. 언어는 생각과 느낌을 전달해 주는 도구로서, 사람들 사이의 관계를 형성시켜 줄 뿐 아니라, 사회를 보존하고 발전시키는 역할을 한다.
>
> 만일에 모든 사람이, 집안 식구들이나 이웃 사람들과 단 하루라도 말을 하지 않고 지낸다고 가정해 보자. 나아가서, 온 세계 인류가 하루 동안 완전히 의사소통을 중지한다고 생각해 보자. 아침에 일어나 꿀 먹은 벙어리처럼 멀뚱멀뚱 쳐다만 본다. 텔레비전도, 라디오도 침묵을 지킨다. 물론 전화통도 울리지 않고, 신문도 배달되지 않는다. 이처럼 인간 사회에서 언어가 사라지고 나면, 결국 인간의 모든 활동은 마비되고 정지된다는 것을 우리는 쉽게 짐작할 수 있다.
>
> -심재기. 『중학교 국어 1-2』, 「언어와 생활」.

(3) 요약문 작성하기

요약문을 쓰는 방법은 크게 두 가지이다. 하나는 글의 문체와 내용을 있는 그대로 축약하여 요약하는 방법이고, 다른 하나는 문체를 바꾼다거나 내용을 재구성하여 요약하는 방법이 있다. 요약하는 목적에 따라 요약문의 분량은 짧게는 한 문장으로 표현하는 데에서부터 구체적인 예시까지 포함하는 긴 것까지 있을 수 있다.

① 가장 좋은 요약문 고르기

동일한 글에 대한 요약문을 여러 개 만든다. 중요하지 않은 정보를 담고 있는 요약문과 중요한 정보를 담고 있는 요약문이 포함되도록 한다. 이 중에서 좋은 요약문을 선택하고, 그 이유를 말해 보게 한다.

⑩ 다음 글을 읽고, 가장 좋은 요약문을 선택해 보세요.

> 사람들은 자기가 살고 있는 곳의 기후에 알맞게 집을 짓고 삽니다. 더위가 심하고 습도도 높은 열대 지방에서는 마루를 높게 하여 집을 짓기도 하고 나무 위나 물 위에 집을 짓기도 합니다. 그래야만 더위를 식히고 맹수나 뱀, 벌레들로부터 안전하게 지낼 수 있습니다. 햇빛이 쨍쨍 내리쬐는 건조한 지방 사람들은 흙으로 집을 짓고 산답니다. 흙집은 뜨거운 햇볕을 막고, 습기도 달아나지 않도록 보호해 줍니다. 추위가 심한 곳에서는 문이나 창을 이중 삼중으로 하여 눈, 비와 찬바람을 막습니다.

가. 어떤 사람들은 흙집에 삽니다.

나. 사람들은 자기가 사는 곳의 기후에 알맞게 집을 짓고 삽니다.

다. 열대 지방과 건조 지방 사람들이 사는 집의 모습이 다른 이유는 그곳에서 나는 집 짓는 재료가 다르기 때문입니다.

② 제목 붙이기

제목은 글 전체를 줄여서 나타낸 것이라고도 말할 수 있다. 따라서, 어떤 글에 적합한 제목을 붙이기 위해서는 글의 내용을 요약할 수 있어야 한다. 이 활동은 여러 가지 주제와 관련되는 글을 읽고 중심되는 생각을 중심으로 제목을 붙여 보는 것이다.

⑩ 다음 글의 제목으로 알맞은 것을 말해 보세요.

> 개를 키우는 사람과 고양이를 키우는 사람은 어떻게 다를까? 한 연구에 따르면 개를 키우는 사람들 중에는 활발하고 사교적인 사람이 많다고 한다. 이들은 스스로를 장난을 잘 치는 사람이라고 생각한다. 반면에 고양이 주인들은 고양이처럼 혼자 있는 것을 좋아하고 작은 일에도 신경을 많이 쓰는 편이다. 이들 역시 자신들이 예민하다는 것을 인정한다. 재미있는 사실은 이러한 경향이 애완동물과 함께 지낸 시간이 길수록 더 분명하게 나타난다는 것이다.

③ 피라미드 모양 만들기

학생들에게 글을 읽게 한 후 중심 생각과 그 세부 사항이 무엇인지 확인하도록 하고 중요하다고 생각되는 구절과 용어들을 적게 한다. 이러한 표를 통해 '작가가 무엇을 말하고 있는가?' 라는 질문에 알맞은 요약 문장을 만들 수 있다.

다양한 자료를 이용하여 연습을 해 봄으로써 한 편의 글에서 중심이 되는 생각과 중요한 용어와 구절을 분류함으로써 쉽게 요약 문장을 만들 수 있다.

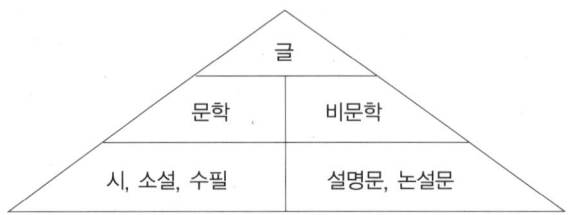

글은 문학과 비문학으로 나눌 수 있으며, 문학에는 시·소설·수필이 있고 비문학에는 설명문과 논설문이 있다.

예 다음 글을 읽고 요약해 보세요.

곤충은 어디로 소리를 듣는가

물에 사는 물매미와 소금쟁이는 발 끝에 있는 털이 귀의 구실을 합니다. 물매미와 소금쟁이는 이 털을 이용하여 물 위에 뜨기도 하고, 작은 곤충이 물에 빠져 허우적거리는 소리도 알아냅니다. 풀무치는 어떻게 소리를 들을까요? 날개를 들추어 보면 가슴과 배 사이에 초승달 모양의 오목한 것이 보입니다. 풀무치는 이것으로 소리를 듣습니다. 메뚜기의 경우, 귀의 구실을 하는 것은 날개 밑의 가슴에 붙어 있습니다. 논길을 걷다 보면 벼메뚜기들이 후드득거리며 날아가는 것을 볼 수 있습니다. 그것은 벼메뚜기가 사람의 발자국 소리를 들었기 때문입니다. 여치와 귀뚜라미의 무릎 밑에는 작고 길쭉한 구멍이 뚫려 있습니다. 이 구멍 안에 소리를 듣는 고막과 소리를 전하는 신경이 있습니다. 여치와 귀뚜라미는 아주 예민해서 살금살금 다가가도 어느새 울음을 뚝 그칩니다. 바퀴벌레는 뒷다리 위쪽에 있는 가느다란 감각 털로 소리를 듣습니다. 이것이 안테나 구실을 하여 소리의 자극을 받아들입니다.

자료 출처 : 『탄탄과학원리』, 동강출판사.

---

6) 글의 구조 활용하기

글의 구조를 얼마나 잘 인식하느냐 하는 것은 독자가 글을 이해하고 내용을 기억하는 데에 영향을 미친다. 따라서 저자가 사용한 글의 구조를 확인시켜 주는 것은 효과적인 읽기 전략이 될 수 있다. 글의 구조에 관심을 가지면 글의 세부 사항에 몰입하지 않게 되고, 글 전체를 한눈으로 보는 능력이 생긴다. 뿐만 아니라 글의 구조를 이해한다는 것은 무엇이 중요한 내용인가를 아는 것이기도 하다.

글의 구조는 이야기 문법과 설명적인 글 구조로 나눌 수 있다. 이야기 문법이란 전형적인 이야기의 유형을 의미하며, 설명적인 글 구조는 다양한 종류의 설명하는 방법에 대한 유형을 말한다.

(1) 이야기 문법

① 이야기 문법의 범주(Stein & Glenn)[20]

1. 배경	주인공의 소개 : 이야기가 발생되는 물리적, 사회적 또는 시간적 상황
	1) 옛날 촐랑이라는 이름의 큰 회색 물고기가 있었다. 2) 그 물고기는 숲 근처에 있는 차가운 큰 연못에 살았다.
2. 발단 사건	행동, 내적 사건 또는 주인공 내부의 반응을 일으키거나 시작을 제공하는 자연적인 발생 사건
	3) 어느 날 촐랑이가 연못에서 헤엄을 치고 있었다. 4) 그 물고기는 물속에 있는 먹음직한 벌레를 발견했다.
3. 내적 반응	감정, 인식 또는 주인공의 목표
	5) 촐랑이는 그 벌레의 맛이 얼마나 좋은지 알고 있었다. 6) 그 물고기는 저녁 식사로 그 벌레를 먹고 싶었다.
4. 시도	주인공이 목표를 이루기 위해 취한 명백한 시도, 행동
	7) 그래서 그는 벌레에 매우 가깝게 헤엄쳐 갔다. 8) 그런 다음 벌레를 물었다.
5. 결과	주인공의 목표 달성 여부가 구별되는 사건, 행동 또는 종결 상태
	9) 갑자기 촐랑이는 물속에서 배 안으로 끌어당겨졌다. 10) 그는 어부에게 잡혔다.
6. 반응	감정, 인식, 행동 또는 주인공의 목표 성취에 대한 주인공의 감정 표현이 종결된 상태
	11) 촐랑이는 슬펐다. 12) 그는 더 조심했어야 했다.

---

20) J. W. Irwin, 천경록 · 이경화 역(2003). 『독서 지도론』. 박이정, 84쪽.

② **이야기 구조 파악 전략**[21]

이야기 구조에 중점을 둔 질문을 하면 읽기 능력이 향상된다. 이야기 구조 질문은 배경(시간, 장소, 인물), 주제(주요 인물이 부딪치는 문제나 목적), 구성(목적에 도달하기 위해 주요 인물을 이끄는 에피소드의 순서), 그리고 결론(주인공이 그의 목적에 도달하는 방법, 이야기의 끝)에 관한 질문이 포함된다.

- 이야기에서 가장 중요한 인물은 누구인가?
- 그 밖의 등장인물은 누구인가?
- 이야기는 어디에서 일어났는가?
- 주인공에게 어떤 문제가 생겼나?
- 문제를 해결하는 데 어떤 장애가 있는가?
- 주인공은 문제를 해결하기 위해 어떻게 하는가?
- 문제를 해결하였나?
- 그 후에 어떻게 되었나?

③ **빈칸 채우기**[22]

교사는 이야기의 몇 가지 범주가 빠진 이야기 구조틀을 제공하여 이야기 중간에 빠진 정보를 학생들에게 채우게 한다. 그러면 모두 새로운 부분을 함께 집어넣음으로써, 새로운 이야기가 많이 만들어질 것이다.

예 이야기 채우기

이야기 범주	이야기 범주 내용
배경	옛날 숲 속에 한 소년이 살고 있었다.
시발 사건	그는 호랑이 굴 입구로 갔다.
내적 반응	호랑이 수염을 갖고 싶었다.
시도	그는 굴 입구에 싱싱한 고기를 두었다.
결과	그러자 외로운 호랑이는 굴 밖으로 나왔다. 그때 그는 호랑이 수염을 뽑았다.
반응	자신의 속임수가 성공했다는 것을 알고 매우 기뻤다.

---

21) 이경화 (2003). 『읽기 교육의 원리와 방법』. 박이정, 107쪽.
22) J. W. Irwin, 천경록 · 이경화 역(2003). 『독서 지도론』. 박이정, 85쪽.

(2) 설명적인 글 구조

설명적인 글을 이해하기 위해서는 글의 구조를 이해하는 것이 효과적이다. 글 구조를 파악하면 정보들 간의 관계를 파악할 수 있고, 정보의 기억을 돕는 뼈대를 마련할 수 있다. 설명적인 글의 구조 유형으로는 열거-기술, 순서, 비교, 문제와 해결, 원인과 결과 등이 있다.

① 글의 구조와 구조어(표지어) 알기

글 구조별로 구조 표지어를 갖고 있으며 글을 읽으면서 이 표지어를 통해 어떤 구조라는 것을 쉽게 알게 된다. 원인 결과 구조에서 원인을 알게 되면 결과가 무엇인지 찾게 될 것이며 문제 해결 구조에서는 문제 제기에 따른 해결 방안이 무엇인지 생각을 하게 될 것이다.

이러한 구조 표지어들은 독자로 하여금 글을 내적으로 재구성하도록 도와주는 기능을 한다. 그러므로 이런 단서들을 찾고 이를 활용하여 글을 읽게 하는 것이 효과적인 읽기 방법 지도가 된다.

〈표 8〉 설명적인 글 구조와 구조어(Mayer & Freedle 1984)[23]

유형	뜻	구조 표지어
기술	어떤 주제를 설명하기 위해서 사실이나 생각을 나열하는 구조	예를 들어, 나열하면, 그리고, 또한, 자세히 말하면, 다시 말해, 부연하면 등
집합	시간 순서나 공간 순서로 나열되어 있는 구조	첫째, 그 다음으로는, 끝으로, 그리고 나서
비교	두 가지 이상의 대상에 대해 비슷한 점이나 차이점 등을 설명할 때 사용되는 구조	그렇지만, 유사한, 반면에, 그러나, 다른, 한편으로, 차이가 나는 등
문제 해결	해결해야 할 어떤 문제를 제시하고 이것을 해결하기 위한 방법이나 일련의 해결점이 뒤따르는 구조	문제는, 해결 방안은 등
인과	어떤 일이 일어난 이유와 그 결과 어떻게 되었다는 것이 나타나는 구조	왜냐하면, 따라서, 그러므로, 원인, ~이기 때문에, 결과적으로 등

---

23) 박수자 외(1999). 『읽기 수업 방법』. 박이정, 164쪽 재구성.

가. 기술 구조

아름다움의 기준은 보는 이의 처지나 관점에 따라 다양하다.

두꺼비한테 아름다움이 무엇이냐고 물어보면, 두꺼비는 아름다움이란 조그마한 머리에 튀어나온 두 개의 둥글고 큰 눈알, 넓적하고 큰 입, 누런 배, 갈색 등이라고 대답할 것이다.

가나의 흑인에게 물어보라. 아름다움이란 까맣고 기름진 살결, 깊이 팬 두 눈과 사자코라고 대답할 것이다.

악마에게 물어보라. 그는 아름다움이란 두 개의 뿔, 네 개의 손톱, 한 개의 꼬리라고 대답할 것이다.

나. 집합 구조

우리나라의 사계절은 모두 아름답습니다. 봄에는 새싹이 파릇파릇 돋아납니다. 여름에는 푸른 잎이 시원한 그늘을 만들어 줍니다. 가을에는 울긋불긋한 단풍이 산을 뒤덮습니다. 그리고 겨울에는 흰 눈이 온 세상을 하얗게 덮어 줍니다.

다. 비교 구조

중국의 담은 집보다도 높다. 아무리 발돋움하여도, 그 내부를 들여다볼 수 없다. 외계와의 단절을 의미하는 완전한 성벽인 셈이다. 반면에 일본의 초가집에는 숫제 담이란 것이 없고, 설령 담이 있더라도 내부가 환히 보이는 아주 낮은 담이다.

라. 문제 해결 구조

크게 보아 오늘의 농촌 문제는 소득 향상과 생활 환경의 개선으로 집약할 수 있다. 이 문제를 해결하기 위해서는 도시 못지않은 소득을 얻게 해야 한다. 영농 회사 운영을 지원한다든가, 생산자 중심으로 유통 구조를 개선하는 것이 좋은 방안이 될 수 있다. 또한, 농촌 환경을 개선하기 위해서는 정부의 재정 투자를 늘려야 한다. 무엇보다 농촌 문제를 해결하려는 정부의 정책 의지가 중요하다.

마. 인과 구조

학생들의 독서 경향을 살펴보면 독서를 통해 감동을 받거나 깨달음을 얻고자 하는 독서보다는, 기분을 전환하거나 심심풀이로 하는 독서가 많은 편입니다. 이러한 독서 경향은, 생각하는 것을 싫어하고 흥미만을 추구하는 풍조 때문이라고 생각합니다.

예 다음 글을 잘 읽고, 물음에 답하여 봅시다.

한라산에는 18,000여 종이나 되는 여러 가지 식물이 자란다.

산 아래쪽은 날씨가 따뜻하기 때문에 아열대식물들을 볼 수 있다. 귤이나 파인애플과 같이 다른 지방에서는 보기 힘든 식물들이 많다.

한라산의 위쪽은 아래쪽과는 달리 날씨가 춥다. 그래서 추운 곳에서만 사는 식물들을 볼 수 있다. 높이 올라갈수록 낙엽송이나 솔송나무와 같은 식물들이 많아지고, 더 올라가면 키 작은 나무들이나 이끼 같은 고산식물들이 자란다.

또한 멸종 위기에 처한 식물과 한라산에서만 볼 수 있는 희귀 식물이 70여 종이나 된다. 이렇게 한라산에는 여러 종류의 식물이 자라기 때문에 식물을 연구하는 사람들이 많이 찾아온다.

• 위의 글은 어떤 구조로 된 글입니까?
• 위 글의 구조를 알 수 있는 표지어는 무엇입니까?
• 글 전체의 중심 내용을 말하여 봅시다.

② **의미 시각화**

의미의 시각화는 학생들이 글을 읽으면서 중심 내용이나 구체적 사항들을 적어가며 자연스럽게 글의 구조를 만들어 나가는 것을 말한다. 학생들은 글의 내용을 구조적으로 시각화하는 과정을 통해 중요한 내용과 전체 구조를 파악할 수 있으며 글을 효과적으로 이해하는 방법을 터득하게 된다. 따라서 글의 내용을 시각적으로 표현하게 하는 것은 글의 구조를 쉽게 파악하기 위한 대표적인 전략이라고 할 수 있다.

〈지도 방법〉

ㄱ. 글을 주의 깊게 읽는다.
ㄴ. 구조 표지어를 통하여 읽는 글이 어떤 구조인지 확인한다.
ㄷ. 글 구조에 맞게 창의적으로 의미를 시각화한다.

예 인과 구조

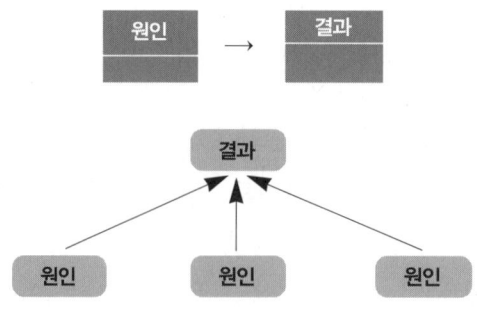

> 동물들은 사는 곳이나 사는 방식에 따라 그 생김새가 서로 차이가 난다. 동물들은 지구에서 살기 시작했을 때부터 지금까지 적으로부터 살아남기 위해 치열한 생존 경쟁을 벌였다. 먹이를 얻거나, 무리를 짓기도 하고, 때로는 더 나은 곳을 찾아서 옮겨 살기도 했다.

원인	동물들은 먹이를 얻거나, 적으로부터 피하기 위한 생존 경쟁 때문에, 또는 사는 곳에 알맞게 적응해 왔다.
결과	동물들의 생김새가 서로 차이가 난다.

• 문제-해결 구조 의미 시각화

문제	
해결 과정	
결과	

• 비교-대조 구조 의미 시각화

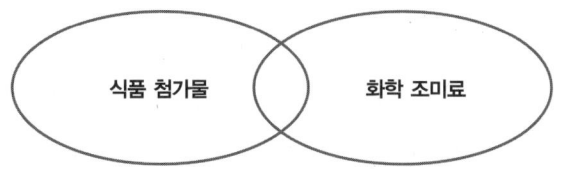

7) SQ3R[24]

SQ3R은 오래전부터 읽기 방법으로 널리 활용되어 왔다. 이 방법은 1920년대 미국 오하이오 주립대학 교수인 로빈슨(Francis Robinson)에 의해 연구가 시작되었다. SQ3R은 '효과적인 학습'으로 평가되어 교육 현장에서 많이 활용되었다. 물론 이 방

---

24) 천경록 · 이재승(2003). 「읽기 교육의 이해」. 우리교육. 68~70쪽 재구성.

법에 문제를 제기한 연구도 많이 있다. 밑줄 긋기나 자기 질문 전략을 이용하는 것보다 비효과적이라는 연구도 있으나, 대체적으로 '읽기 방법'으로 유용하다는 반응을 얻고 있다. 그동안 SQ3R은 여러 형태로 변형되어 발전해 왔다.

이 방법은 글을 읽기 전에 전체 내용을 훑어보고, 글의 내용과 자신의 경험을 관련시킨 후 주의 깊게 글을 읽고, 읽은 후에는 그 내용을 자신의 것으로 만드는 순서로 이루어진다.

SQ3R에서 유의할 점은 이 순서는 엄격히 순차적인 것이 아니라는 점이다. 각 단계는 회귀적인 속성을 지닌다. 즉, 글을 읽다가 되돌아가서 새로운 질문을 제기할 수도 있고, 마지막 단계인 다시 보기 단계에서 질문하기 단계로 갈 수 있다. 이러한 'SQ3R'은 다른 종류의 글에도 많이 활용할 수 있겠지만, 주로 설명적인 글을 읽는 데 적합한 전략으로 사용된다.

- 1단계 : Survey – 전체 내용을 대강 살펴본다.
- 2단계 : Question – 알아야 할 내용을 질문 형식으로 만들었는가?
- 3단계 : Read – 읽고 요점들을 파악하고 있는가?
- 4단계 : Recite – 파악한 중심 내용들을 구조화할 수 있는가?
- 5단계 : Review – 읽은 내용에 대해 검토한다.

(1) 훑어 보기(Survey)

제1단계에서는 글의 제목이나 부제, 그리고 하위 제목, 삽화, 그림, 표 등을 슬쩍 보고, 글의 처음 부분과 끝 부분을 보면서 그 글의 전체 내용을 개관한다. 훑어 볼 때는 글 내용을 세세히 읽기보다는 글 내용을 짐작하는 데 참고로 활용한다. 이때 글의 마지막 부분인 색인 등도 훑어 보면 도움이 된다.

(2) 질문하기(Question)

제2단계에서는 훑어 본 것을 바탕으로 하여, 읽을 글과 관련하여 질문을 만들도록 한다. 어떤 내용의 글인지, 제목이 의미하는 바는 무엇인지, 저자가 이 글을 쓴 목적은 무엇인지, 이 글을 읽는 데는 얼마 정도의 시간이 걸릴 것인지, 이 글은 나에게 어떤 의미가 있을 것인지 등을 예측해 본다. 이러한 질문은 글을 능동적으로 읽을 수 있도록 돕는다.

(3) 자세히 읽기(Read)

제3단계에서는 자세히 읽기 단계로 자신이 품었던 질문을 확인하는 데 초점을 두고 꼼꼼히 읽어 나간다. 글을 읽을 때는 가능하면 분석적·비판적으로 글을 읽도록 한다. 저자의 주장이 타당한지, 지나친 편견은 없는지, 겉으로 드러난 표현에만 그치지 말고 그 속에 담긴 의미를 생각하며 읽도록 한다. 이 단계에서 사전에 예측한 것이 틀렸다고 판단되면 질문을 수정하거나 새로운 질문을 구성하면서 글을 읽는다.

(4) 되새기기(Recite)

제4단계에서는 읽은 내용의 중요한 부분을 되새겨 본다. 이 과정에서 읽은 내용을 간단히 메모하거나 요약해 본다. 이 단계에서는 중요한 내용을 시각적으로 나타낼 수도 있다. 생각 그물이나 도해 조직표를 활용해 읽은 내용을 보다 깊이 이해하고 소화할 수 있게 된다.

(5) 다시 보기(Review)

제5단계에서는 지금까지 자신이 읽은 내용에 대해 검토한다. 잘못 읽은 부분은 없었는지, 자신이 제기한 질문은 타당한 것이었는지, 읽는 과정에서 자신이 사용한 방법에 문제가 없었는지, 좀 더 효과적인 방법은 없는지, 읽은 글이 자신에게 의미가 있었는지 등을 생각해 본다. 이런 과정을 통해 읽는 방법을 익히게 되고, 읽은 글의 내용을 잘 이해하게 된다. 읽은 글의 내용을 분명히 이해하고 자기화하기 위해서 다른 사람 앞에서 이야기해 본다.

1. 먼저 단원의 제목, 소제목을 보세요.

대단원 제목:

소단원 제목:

2. 전체 내용을 짐작할 수 있도록 학습 목표를 읽어 보세요.

학습 목표:

3. 훑어 읽으면서 교과서에 나오는 도표, 그림, 사진 등의 자료를 검토해 보세요.

4. 다음으로는 중요하다고 짐작되는 용어를 확인하세요.

5. 이번에는 글의 제목이나 소제목 그리고 학습 목표 등을 보면서 떠오르는 질문을 적어 보세요. 글의 중심 내용이 무엇일지 마음속으로 묻는 단계입니다.

6. 이제부터 차분하게 중요한 내용을 생각하며 글을 읽으세요. 스스로 작성한 질문에 대한 답을 찾으려고 노력하면서 적극적인 태도로 글을 읽도록 하세요.

7. 질문에 대한 답을 말로 해 보거나 중요한 내용을 생각 그물이나 도해 조직표로 표현해 보세요.

8. 전체를 조망하여 자신의 생각을 정리하면서 복습합니다.

8) 효과적인 교과서 읽기 방법[25]

(1) 내용 전개 방법 파악하기
① 공간적 순서에 따른 전개 방법
② 시간적 순서에 따른 전개 방법

③ 분석, 분류, 비교나 대조 등에 따른 전개 방법

내용 전개 방법	예문
서사	국사 – 고조선의 성장과 변천
과정	기술, 가정 – 밥 짓는 방법
인과	국사 – 철기 사용으로 인한 사회 변화
비교 / 대조	과학 – 정맥과 동맥(대조)
분류(기준)	과학 – 혈관의 종류
분석	과학 – 혈액의 구성 성분
예시	국사 – 고조선의 8조법(8개 중 3개 항목이 예로 나왔음)
정의	국사 – 순장의 뜻

(2) 교과서의 편집 체제 살피기

① 다른 글씨체, 굵게 쓴 낱말 : 중요 용어

② 각종 그림, 사진, 표 자료 : 글 내용 보충, 내용 요약

③ 도움 글, 참고, 탐구 : 내용 이해를 돕는 자료

(3) 표지(標識)의 쓰임에 유의하기

① 표지 : 글 곳곳에서 내용을 잘 이해할 수 있도록 안내해 주는 말

② 표지의 예 : "다음과 같이 세 갈래로 나뉜다." (설명 방법 제시)

　　　　　　　　 "지금까지 ~에 대해 살펴보았다." (요약 제시)

(4) 학습 개요의 역할

학습 내용을 안내하거나 학습을 통해 도달하고자 하는 목표를 알려준다.

① 단원의 중요 내용을 추려 낸 큰 줄거리에 해당한다.

② 단원에서 어떤 내용이 다루어질 것인가를 간단히 소개하는 부분이다.

---

25) 중학교1, 2, 3학년 교과서(2004). 『국어』, 『생활국어』.

(5) 소단원 제목의 역할

단원을 통해 꼭 알아 두어야 할 것을 질문의 형태로 바꾸어 놓은 것이다.

예 고조선 건국의 역사적 의의는?

　철기가 보급되어 나타난 사회 변화는?

　여러 나라의 정치와 사회 풍속은?

① 소단원에서 다루어질 내용을 예측할 수 있게 한다.
② 학습 내용을 정리해 보는 데 도움을 준다.

(6) 시각적 자료의 역할

학생들의 관심과 호기심을 유발하고 학습에 도움을 주기 위해서이다.

① 단원에서 학습할 내용을 미리 엿볼 수 있게 해 준다.
② 단원에서 학습한 내용을 기억할 때 도움을 준다.
③ 본문 내용에 대한 배경 지식을 활성화시킨다.

1. 체계적인 읽기 학습이 지속적으로 이루어지기 위해서 단계별 읽기 전략을 어떻게 제시해야 할지 생각해 보자.

2. 학생들은 설명적인 글보다는 이야기 형식으로 된 글을 더 좋아하고 이해도 비교적 빠르게 하는 편이다. 이런 사실에 주목하여 설명적인 글을 중심으로 한 텍스트 구조 지도에 있어서 효율적인 방법을 생각해 보자.

3. 교과서나 인쇄물(책)에 한정되지 않고 다양한 매체들이 읽기의 자료로 쓰이는 시대이다. 학습자들의 수준과 흥미를 고려한 다양한 읽기 자료에 대해 긍정적인 면과 부정적인 면을 생각해 보자.

4. 학생들이 글을 잘 읽고 이해하는 데 있어서는 학생들 수준에 맞는 읽기 자료를 제시하는 것도 중요하다고 하겠다. 읽기 능력 향상을 위한 읽기 자료의 선정 방법과 기준을 찾아보자.

5. 읽기가 교육에서 중요한 위치를 차지해 온 것은 읽기의 도구적 성격 때문이다. 잘 읽는 능력은 교과의 범위를 초월하여, 모든 교과에 다 필요하다. 개별 교과의 영역을 통합적으로 다룰 수 있는 범교과적 차원의 읽기 지도 방법에 대해 생각해 보자.

참고 문헌

• 김영채(1994). 「현대 사회와 과학」 『독서와 논리』 제3호. 한샘출판사.

• 김영채(1998). 『사고력 : 이론, 개발과 수업』. 교육과학사.

• 교육부(2008). 『초등학교 교육과정 해설』. 대한교과서주식회사.

• 노명완 외(1987). 『국어과 교육론』. 갑을 출판사.

• 박수자(2001). 『읽기 지도의 이해』. 서울대학교출판부.

• 서울대학교 국어교육연구소(1999). 『국어 교육학 사전』. 대교출판.

• 손정표(2003). 『신독서 지도 방법론』. 태일사.

• 신헌재 외(2000). 『독서 교육의 이론과 방법』. 박이정.

• 신헌재 외(1997). 『국어과 교수 학습 방법』. 박이정.

• 이대구 외(1998). 『국어과 교육 잘하기』. 대교출판사.

• 이대규(1998). 『수사학 독서와 작문의 이론』. 신구문화사.

• 이경화(2003). 『읽기 교육의 원리와 방법』. 박이정.

• 이경화 외(2007). 『교과 독서와 세상 읽기』. 박이정.

• 임영규(2008). 『독서 자료 선정과 활용』. 박이정.

• 임융웅(1998). 『적극적 독서법』. 예문당.

• 중학교 1, 2, 3학년 교과서(2004). 『국어』, 『생활 국어』.

• 천경록·이재승(2000). 『읽기 교육의 이해』. 우리교육.

• 초등국어교육학회(1997). 『국어 수업 방법』. 박이정.

• 초등국어교육학회(1999). 『읽기 수업 방법』. 박이정.

• 초등학교 1~6학년 교과서(2004). 『읽기』, 『말하기, 듣기, 쓰기』.

• 최현섭 외(2000). 『국어 교육학 개론』. 삼지원.

• 한철우 외(2001). 『과정 중심 독서 지도』. 교학사.

• 황경식(2008). 『철학과 현실의 접점』. 철학과현실사.

• M, Neil Browne & Stuart M, Keeley, 김영채 역(2000). 『바른 질문하기 : 비판적 사고의 가이드』. 중앙적성출판사.

• J. W. Irwin, 천경록 역(2003). 『독서 지도론』. 박이정.

• Irwin & Baker 한철우·천경록 역(1996). 『독서 지도 방법』. 교학사.

• Mortimer J. Adler & Charles Van Doren(2003). 『생각을 넓혀 주는 독서법』. 멘토.

• Darrel Huff, 박영훈 역(2004). 『새빨간 거짓말, 통계』. 더불어책.

독서자료론

독서논술지도론

·
·
·

01
글쓰기 지도

02
독서 논술 지도

03
서평식 독서 감상문 쓰기

01

글쓰기 지도

정보화 사회의 도래와 인지 심리학의 변화는 교육 패러다임을 전환시켰다. 즉, 객관적 지식을 습득하는 교육에서 주관적 지식의 생산과 표현 능력을 중시하는 교육으로 변화한 것이다. 그 결과 지식 자체보다는 기능이나 전략 등 방법을 가르쳐야 한다는 과정 중심 교육이 정립되었다. 쓰기 분야 역시 어문 규정을 비롯한 글쓰기 지식이나 객관적 정보 중심에서 스스로 의미를 구성하여 표현하며, 쓰기의 단계를 중시하는 과정 중심 접근으로 변화했다. 따라서 이 장에서는 이러한 과정 중심 쓰기가 정착되기까지의 작문 이론사와 과정 중심 전략, 단계별, 갈래별 쓰기 방법을 살펴보고자 한다. 제1장은 과정 중심 글쓰기 이론이 나오기까지의 이론적 변천과 과정 중심 접근의 개념, 특성과 전략, 글의 구조와 문장 쓰기를 소개했고, 제2장은 독서 감상문 지도, 제3장은 일기, 생활문 등 갈래별 쓰기 지도 방법을 서술했다. 부록으로 쓰기의 기초인 어문 규정과 원고지 작성법을 실어 스스로 공부하도록 했다. 글쓰기 지도를 시작하려는 많은 이들에게 이 내용이 조금이나마 도움이 되기를 기대한다.

제1장

글쓰기 지도의 새로운 방향

1. 정보화 사회와 글쓰기   2. 과정 중심 글쓰기 이론
3. 과정 중심 글쓰기의 전략   4. 글의 구조에 대한 이해

제2장

독서 감상문 지도

1. 독서 감상문의 개념   2. 독서 감상문 쓰기의 효과
3. 독서 감상문 쓰기의 단계   4. 도서 종류별 독서 감상문 쓰기
5. 다양한 방법의 독서 감상문 쓰기

제3장

갈래별 글쓰기 지도

1. 일기   2. 생활문   3. 동시   4. 설명문
5. 보고서   6. 기행문   7. 편지글   8. 희곡   9. 자기 소개서

부록 1

국어 어문 규정

1. 한글 맞춤법의 필요성   2. 한글 맞춤법 내용 일람
3. 유념해서 보아야 할 맞춤법   4. 표준어 규정
5. 외래어 표기 규정   6. 문장부호

부록 2

원고지 작성법

1. 원고지 쓰기의 원칙   2. 원고지의 첫머리   3. 본문 쓰기

－생각해 볼 문제
－참고 문헌

제1장 글쓰기 지도의 새로운 방향

 ## 1. 정보화 사회와 글쓰기

　최근 들어 교육 과정에서 '언어 능력'이 중시되면서 독서와 함께 글쓰기의 비중이 점점 높아지고 있다. 2009년부터 새로이 발간된 7차 개정 교과서도 7차 교육 개정의 본질을 유지하면서, 의미 구성 능력과 표현 능력을 더욱 강조하고 있다. 초등 과정에서도 맥락을 고려한 표현 활동이 강화되었으며, 중·고등학교 교과서는 검인정 체제가 되면서 독서 능력과, 독서 과정에서 구성한 의미를 쓰기 활동으로 통합하는 것을 강화했다. 이러한 교과 과정의 변화는 현대 사회가 사회 구성원에게 지식 생산자의 역할을 할 것을 요구하여, 독서와 글쓰기를 기본으로 하는 평생 학습이 대두된 것에 기인한다.

　하지만 돌이켜 보면 독서와 글쓰기는 인류의 문명 전승과 발전에 필수적인 역할을 하여, 한 번도 중요하지 않은 때가 없었다. 그러나 독서와 글쓰기에 대한 관점은 시대별로 다름을 알 수 있다. 봉건 사회에서 독서와 글쓰기는 모든 사회 구성원이 갖추어야 할 능력이 아니었으며 지도층에 한정되었다. 지도층은 독서를 통해 지혜를 수용했으며, 글쓰기를 통해 그것을 드러내었다. 그래서 글쓰기를 잘하지 못하면 관직에 나아갈 수조차 없었다. 그 후 산업 사회에 접어들어 지식이 개방되면서 모든 사람이 독서와 글쓰기를 통해 지식을 쌓고 표현하게 되었다. 그리고 이렇게 쌓은 지식은 노동력의 질을 향상시켜 국부를 축적시켰다. 이 시대의 글쓰기는 결과 중심, 형식주의 글쓰기로 학습자가 습득한 객관적 지식을 정확하게 나열하는 것을 중시했다. 필자는 객관적 지식의 전달자였으며, 독자는 수동적 수용자에 불과했다. 또 교사는 글쓰기 과정에서 지식 전달자, 평가자, 점검자의 역할을 했다. 그런데 산업 사회가 정보화 사회로 이행되면서 노동과 상품의 성격 변화와 함께 사회 모든 분야의 패러다임이 바뀌었다. 이러한 변화는 사회 구성원에게 창의적 사고력, 문제 해결 능력을 요구하게 되었고 글쓰기도 결과 중심에서 과정 중심 글쓰기로 바뀌었다.

시대의 변화에 따라 교육 과정은 과정 중심 교육으로 패러다임이 변하면서 다양한 학습 분야에서 급격한 변화가 일어났는데, 그중 글쓰기의 변화가 무엇보다 크다고 할 수 있다. 먼저 글쓰기의 위상이 높아졌음을 들 수 있다. 과거에는 전업 작가를 제외한 일반인의 경우 글쓰기 능력을 반드시 갖출 필요는 없었다. 하지만 교육에서 의미 구성 능력을 중시하면서 글쓰기는 학습자의 의미 구성 능력을 키워 주는 수단이자, 유효한 평가 도구로 여겨지고 있다. 그 결과 학습자는 글쓰기에 관한 지식을 수용하는 데서 나아가 쓰기 기능을 익힐 것을 요구받고 있다. 또한 정보화 사회의 일상생활은 다양한 쓰기 활동이 요구되어 인터넷상 보고서 작성과 개인 홈페이지 구성, 메일 쓰기, 댓글 달기, 웹 토론, 자료 검색과 정리, 휴대폰의 문자 메시지 등 과거에 비해 글쓰기가 일상화되고 있다. 이제 쓰기는 '작가'의 전유물이 아니라 현대인의 기본적 소양이 된 것이다.

다음으로 쓰기에 대한 관점 변화를 들 수 있다. 과거에는 습득한 지식을 글에 담되 어문 규정을 준수하여 쓰는 것을 중시한 반면 현대의 과정 중심 쓰기는 새롭고 독창적인 의미를 구성하는 능력을 더 중시한다. 이에 따라 교사는 학습자들이 의미 구성을 활발하게 하고, 단계적으로 문제를 해결할 수 있도록 도와주는 도우미, 조언자의 역할을 하게 되었다.

 ## 2. 과정 중심 글쓰기 이론

글쓰기 이론은 인지심리학 등 주변 학문의 변화에 따라 형식주의[1], 인지구성주의, 사회구성주의, 대화주의 등의 이론으로 발전해 왔는데 이것은 크게 결과 중심 글쓰기와 과정 중심 글쓰기로 나눌 수 있다.

결과 중심 글쓰기가 지식 습득과 나열을 중시한 반면 과정 중심 글쓰기는 학습자의 의미 구성 능력과 쓰기의 과정을 중시한다. 즉, 글쓰기 과정은 소통이며 자기 숙련, 탐구

---

1) 문혜경(2000). 「협동 학습을 통한 작문 지도 방법 연구」. 서울교육대학교 석사 논문.

활동이 수반되며, 아이디어 생성, 조직, 획득이라는 단계를 통해 한 편의 글을 완성하는 것을 강조하는 것이다. 정보화 사회는 구성원에게 창의적 사고 능력에 기반한 노동력을 요구하기 때문에 글쓰기 역시 이러한 시대적 요구에 맞추어 변화할 수밖에 없다.

〈표 1〉 결과 중심 접근과 과정 중심 접근 비교[2)

영역 / 접근 방식	결과 중심 접근	과정 중심 접근
지식관	절대주의적 지식관 (객관주의 지식관)	상대주의적 지식관 (구성주의 지식관)
쓰기 행위의 본질	의미의 나열 (의미 발견 중시)	의미의 구성 (의미 창조 중시)
쓰기 교육의 목적	작문 능력 신장	작문 능력 + 사고력(탐구력)
의미의 유동성	고정적임(의미 단일)	유동적임(의미 다양)
쓰기 과정의 회귀성	강조하지 않음	강조함
쓰기 교육의 가능성	소극적임	적극적임

한편, 의미 구성의 주체를 무엇으로 볼 것인가에 따라 인지심리학 이론이 변모하게 되는데 이것은 쓰기에도 영향을 미쳤다. 인지심리학이 행동주의 이후 인지구성주의, 사회 구성주의, 대화주의로 변화하면서 글쓰기 이론도 함께 변했다. 인지구성주의 글쓰기 이론[3)은 의미의 중심이 필자 개인에게 있다고 보기 때문에 좋은 글을 쓰기 위해서는 개인의 사고 능력을 계발해야 한다고 본다. 하지만 사회구성주의 글쓰기 이론은 의미의 중심을 개인이 아니라 담화 공동체인 사회에 있다고 본다. 그러므로 좋은 글을 쓰기 위해서는 자신이 속한 담화 공동체의 관습과 합의, 규범이 무엇인지 알아보는 것이 중요하다. 인지구성주의와 사회 구성주의가 상반된 주장을 펼칠 때 대화주의 글쓰기 이론은 의미 구성이 '개인과 사회의 대화', '상호 작용'으로 일어난다고 주장했다. 이러한 세 가지 이론은 부분적 차이는 있으나 크게 과정 중심 글쓰기에 속한다.

2) 이재승(2002). 「글쓰기 교육의 원리와 방법」. 교육 과학사, 23쪽.
3) 박태호(1998). 「자기 주도 학습 능력을 기르는 사회 구성주의 쓰기 교수 이론」. 청출어람어문학.

<표 2> 과정 중심 작문 이론의 특징과 한계[4]

작문 이론 항목	인지구성주의	사회 구성주의	대화주의
인식론	인지 구성주의	사회 구성주의	구성주의 (인지구성＋사회구성)
의미 구성 과정	문제 해결의 과정	담화 공동체와의 사회적 대화	의미 협상 －개인 간 대화 －개인 내 대화
의미 구성 주체	고독한 개인	담화 공동체	사회 문화적 맥락 내에서 존재하는 개인
한계	인지 중시	맥락 중시	인지와 맥락 중시

과정 중심 글쓰기의 특성은 다음과 같다.[5]

첫째, 과정 중심의 접근은 글쓰기를 지식 나열 행위가 아니라, 의미 구성 행위로 파악한다. 글을 쓰는 과정에서 기존에 알았던 지식이 변형·확장되거나 새롭게 생성되는 과정을 거치게 되는데, 이것을 의미 구성으로 본다.

둘째, 쓰기 과정을 일종의 탐구 과정으로 파악한다. 특정 주제에 대해서 글을 쓰려면 그것에 대해 조사, 관찰, 탐색하는 탐구 과정을 겪게 되며, 이것을 통해 글쓰기 능력뿐만 아니라 문제 해결 능력이 길러진다고 강조한다.

셋째, 쓰기 행위를 일종의 자기 조정 과정으로 본다. 쓰기 과정에서 필자는 계속해서 자신의 인지 과정을 스스로 점검하고 통제한다고 보며 또 그렇게 할 것을 강조한다.

넷째, 결과 자체보다는 일련의 쓰기 과정을 강조한다. 결과를 무시하는 것은 아니지만 그 결과를 산출하기까지의 과정과 결론에 도달하기까지의 사고 과정을 더 중시한다.

다섯째, 쓰기 과정의 회귀성, 상호 작용성, 병렬성을 강조한다. 과정 중심 이전에는 쓰기란 일 방향으로 진행되는 선조적 과정이라고 보았지만, 과정 중심 접근에서는 쓰기란 필요에 따라 회귀하고 반복하는 속성을 가지고 있음을 강조한다. 또한 이들 과정

---

4) 박태호(2000). 『장르 중심 교수 학습론』. 박이정, 78쪽.

5) 이재승(2002). 『글쓰기 교육의 원리와 방법』. 교육 과학사, 21쪽

이 상호 작용을 하며 동시에 이루어진다는 점을 강조한다.

　여섯째, 방법적인 측면에서 특히 교사의 역동적 개입을 강조한다. 교사는 쓰기 과정을 지시하거나 지켜보는 것이 아니라 적극적으로 개입하여 학습자들이 활발하게 문제 해결 행위를 하도록 유도한다.

　일곱째, 학습자의 '자유' 를 존중하지만 동시에 책임을 강조하고 역동적인 문제 해결 행위를 강조한다.

　여덟째, 과정 중심의 접근은 쓰기 교육의 '방법' 과 관련된 하나의 접근 방식이자 관점을 뜻한다.

　아홉째, 과정 중심 접근은 쓰기 교육을 위한 교수 방식을 뜻한다. 학습자 입장에서 보면, 과정 중심의 글쓰기라는 말은 쓰기 '학습' 방법의 하나라고 할 수 있지만, 과정 중심의 접근은 기본적으로 교사 입장에서 설정된 개념으로 교수 방법의 한 형태로 보는 것이 타당하다.

3. 과정 중심 글쓰기의 전략

　과정 중심 쓰기가 교육 과정에 뿌리를 내린 지 오래되었지만 아직도 교육 현장에서는 결과 중심이며 형식주의에 치우친 지식 전달 방식의 교육이 행해지고 있다. 하루 빨리 학습자가 주체적으로 쓰기에 임하고 의미 구성 능력을 키울 수 있도록 전략 위주의 수업이 정착되어야 한다. 그런 의미에서 과정 중심 쓰기의 대표적 전략인 생각 꺼내기, 생각 묶기, 초고 쓰기, 다듬기, 완성하기, 작품화하기를 소개한다.

1) 생각 꺼내기와 생각 묶기

　(1) 많은 학생들이 글쓰기에서 '글감 형성' 이 어렵다고 한다. 이 문제를 해결할 수 있는 전략이 바로 '생각 꺼내기' 이다. '생각 꺼내기' 는 말 그대로 아이디어를 생성해 내는 과정이다. 생각 꺼내기 전략으로는 주제와 관련이 있는 배경 지식을 활성화할 수 있는 브레인스토밍, 생각 그물 등이 있다. 브레인스토밍은 자유 연상이라고도 하며

강의식 학습과는 달리 학생들 간의 협동, 상호 간의 활발한 의견 교환이 일어난다. 다수의 학생이 자유롭게 생각을 표현하다 보면 다양한 생각들이 표출되어 창의적 사고력을 키울 수 있다.

생각 그물은 머릿속에 들어 있는 자신의 생각들을 시각화할 수 있는 장점을 가지고 있으며, 특정 주제에 대한 자신의 생각을 몇 마디 정보나 단어, 문장 등으로 회상하고 표현할 수 있도록 도와준다.

다음으로 내용 형성 전략이 있는데 경험 살려 쓰기, 상상하여 쓰기, 자료 활용하여 쓰기, 관찰하여 쓰기, 조사하여 쓰기, 면담하여 쓰기 등을 들 수 있다.

〈예시 1〉 생각 꺼내기 모형—브레인스토밍 전략

> • 『강아지똥』을 읽고 생각나는 말을 자유롭게 발표해 보세요.
> 참새 / 흙덩이 / 어미 닭 / 민들레 / 겨울 / 더럽다 / '퉤퉤, 에그 더러워' /
> '넌 똥 중에서 가장 더러운 개똥이야' / '넌 소중하단다' / 눈 /
> 찌꺼기 / 거름 / 꽃 / 비 / 눈물겨운 사랑 / 불쌍하다 / 슬프다 / 멋지다

(2) 다음 단계인 '생각 묶기'는 생각 꺼내기를 통해서 발산된 아이디어들을 골라내어 조직하는 단계다. 학생들은 내용, 목적, 독자 등을 고려하면서 생성된 아이디어들을 적절한 기준을 세운 뒤 묶어 구조화시켜 하나의 조직으로 만들어 내야 한다. 구체적 전략 중 하나인 '개요 작성'을 할 수 있으나 용어와 형식이 딱딱하여 학생들이 심리적 부담감을 느낄 경우 '생각 그물' 전략을 이용할 수도 있다. '생각 그물' 전략은 생각 그물상에서 아이디어의 생성 활동과 조직 활동을 함께 할 수 있는 장점이 있다.

〈예시 2〉 생각 그물 모형

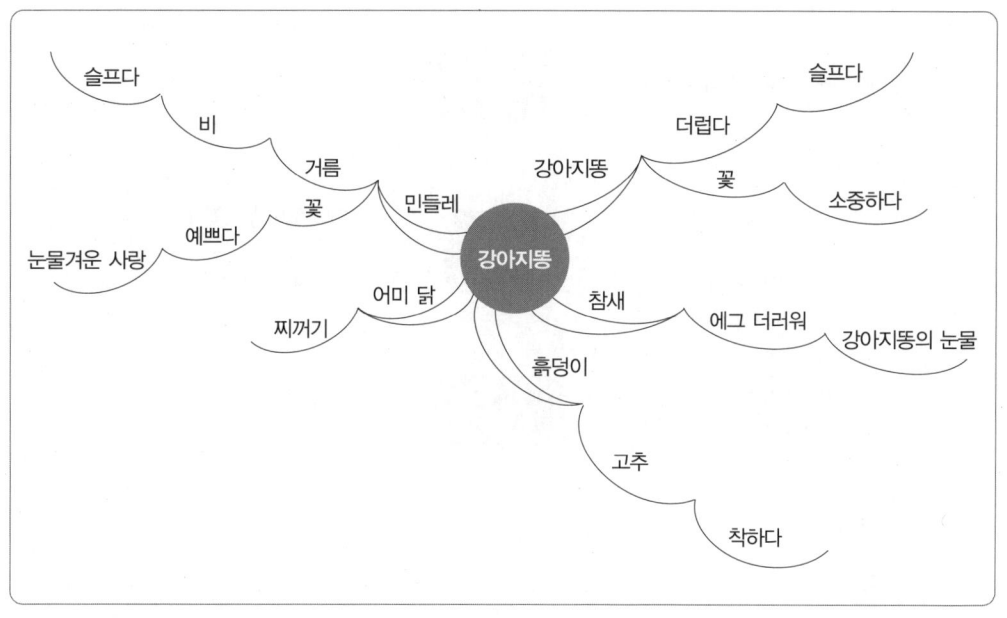

생각 묶기의 또 다른 전략으로 '다발 짓기'가 있다. 다발 짓기를 할 때는 먼저 주어진 글감에 따른 주제를 정하고, 생각 꺼내기에서 나온 내용 중에 그 주제를 잘 살릴 수 있는 요소들을 중심으로 한다. 먼저 글의 시작 부분에서 써야 할 내용을 생각 그물에서 골라 '처음' 부분에 쓴다. 다발 짓기 모형에서 '처음'의 가운데 위치에 핵심어를 쓰고, 양쪽으로 핵심어와 관련된 내용을 간단한 단어와 문장으로 기술해 본다. 그리고 중간 부분에 들어갈 중심 내용을 정리하는데, 이때 중심 내용은 서너 개 정도로 정리하여 내용을 풍부하게 한다. 마지막으로 글의 끝 부분에 들어갈 내용을 생각 꺼내기에서 나온 내용 중에서 고르는데, 글을 마무리할 수 있는 내용을 선정해야 한다.

〈예시 3〉 생각 묶기 모형 - 다발 짓기 모형

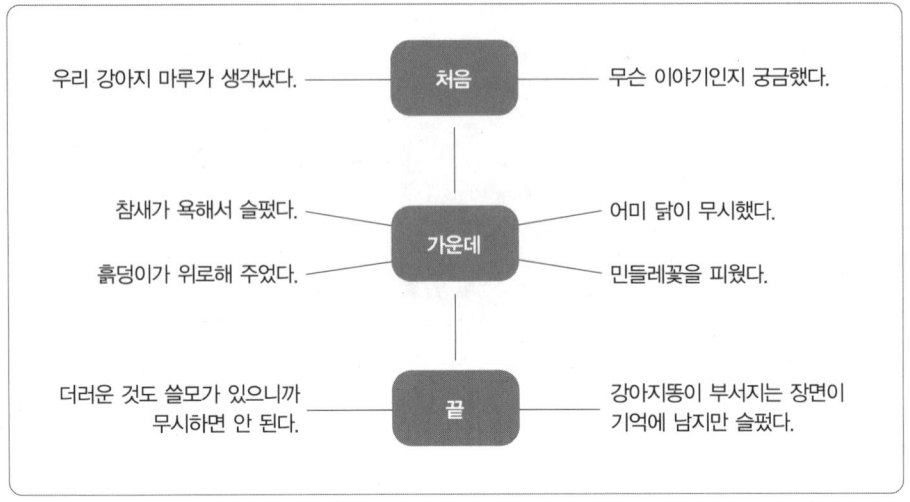

2) 초고 쓰기[6]

'초고 쓰기'는 '생각 꺼내기'와 '생각 묶기' 단계에서 만들어진 내용을 간단한 문장으로 표현하는 단계이다. 초고 쓰기 단계에서 글쓰기는 글의 완성을 목표로 하지 않으며, 교사와 동료들과의 협의에 의해 수정될 수 있다. 초고 쓰기에 적합한 전략으로는 '구두 작문'과 '얼른 쓰기'가 있다.

'얼른 쓰기'는 말 그대로 재빨리, 형식에 구애받지 않고 쓰는 것이다. 다발 짓기한 내용을 자연스럽게 문장으로 만들어 가되 너무 신중을 기하여 힘들여 쓰지 않도록 하며 빨리 쓰도록 지도하여야 한다. 학생이 얼른 쓰기 자체를 글 완성하는 단계로 잘못 인식하지 않도록 교사는 얼른 쓰기가 다발 짓기한 내용을 문장으로 연결하는 연습이라고 인식할 수 있도록 주지시킨다. 즉, 얼른 쓰기는 한 편의 글을 빨리 쓰도록 함에 중점을 두는 것이다.

'구두 작문'은 다발 짓기와 개요의 내용을 음성 언어(말)로 풀어내는 방법이다. 학생들은 자신이 만든 다발 짓기 내용을 원고지에 쓴다면 어떻게 작성할 것인지 상상하여 문장을 갖추어 발표한다.

---

6) 성미영(1997). 「협동적 과정 중심 작문 지도의 효과 분석 연구」. 고려대학교 석사 논문.

＊생각 묶기 한 것을 보고 얼른 쓰기를 해 봅시다.

- 참새가 강아지똥에게 더럽다고 욕했다. 강아지똥은 슬펐다.
- 흙덩이는 고추를 죽였다. 흙덩이는 착하다.
- 어미 닭은 강아지똥을 찌꺼기라고 했다.
- 강아지똥은 민들레에게 거름이 되었다. 강아지똥이 비에 맞아서 슬펐다.
- 민들레꽃이 예쁘다. 강아지똥의 눈물겨운 사랑이 있다.
- 더럽고 냄새나는 똥이 예쁘고 향기 있는 꽃이 되었다. 소중하게 쓰여서 기쁠 것이다.

---

3) 다듬기

'다듬기'는 초고를 비판적으로 살펴보는 단계로 자신의 글을 직접 다듬는 자기 평가와 서로의 글을 돌려 읽으며 평가하는 협의하기가 있다. 교사는 평가 항목을 선정하고 용지를 마련하여 학생들이 다듬기 활동을 하도록 지도한다. 또 글쓰기 과정에서 사용할 수 있는 전략 사용을 전체적으로 보여 주고, 학습자가 글쓰기 활동 과정에서 사용한 전략의 습득 정도를 점검하도록 한다.

자기 평가는 자신의 인지 활동을 스스로 점검하며 평가하기 때문에 상위 인지 향상에 도움이 된다. 협의하기는 평가의 항목에 따라 주제와 관련성 및 내용의 적절성, 표현력, 맞춤법, 구성 등 글 전반에 걸친 동료 평가가 이루어짐으로써 각자의 글을 반성하는 기회가 된다. 또한 같은 주제를 가지고 생각 꺼내기와 다발 짓기를 함께한 글이므로 동료의 글을 빨리 이해할 수 있고, 자신의 글과 비교해 볼 수 있으며 문제점을 발견하기도 쉽다. 여기서 주의할 점은 평가를 할 때, 학생들이 다른 학생의 글을 신중하게 읽지 않고 형식적으로 임하지 않도록 지도해야 한다. 또한 교사는 구체적 언어 지원으로 다듬기 활동을 도와야 한다.

〈예시 5〉 다듬기 모형 1-협의하기

협의 하기

글쓴이 : 정수미   날짜 : 20××년 3월 19일

제목 : 소중한 강아지똥   평가자 : 이재현

－6명이 한 조가 되어 다음의 관점에 따라 서로의 글을 읽어 보며 생각 묶기와 초고 쓰기
와 비교하여 협의해 봅시다.

협의 관점

1) 제목이 내용과 잘 어울리는가? 잘 어울린다.

2) 글의 중심 생각을 간단히 써 봅시다. 더러운 강아지똥이 소중하게 쓰였다.

3) 표현이 잘되었다고 생각하는 부분을 적어 봅시다. 더럽고 냄새나는 똥이 예쁘고 향기 있는 꽃이
   되었다.

4) 느낌이나 생각을 더 자세히 썼으면 하는 부분을 찾아 고쳐 봅시다. '흙덩이가 착하다'는 '흙덩이
   는 잘못을 반성하고 강아지똥을 위로해 주어서 착하다.'

5) 글에서 고치고 싶은 부분은? 강아지똥에 비가 맞아서 슬펐다.

6) 어떻게 고치고 싶은가? 강아지똥이 빗물에 잘게 부서질 때 슬펐다.

〈표 3〉 다듬기 모형 2 – 자기 평가표[7]

항 목	자기 평가 요소
내용 측면	• 주제가 잘 드러나게 썼는가? • 제목에 어울리는 내용을 썼는가? • 내용에 더 보충해야 할 부분은 없는가? • 재미있거나 감동을 주는 글인가?
형식 측면	• 문장은 간결하게 썼는가? • 적절한 의미의 낱말을 선택했는가? • 문장의 호응 관계는 올바른가? • 맞춤법이나 띄어쓰기 원칙에 맞게 썼는가?
태도 측면	• 표현과 어휘가 적절한가? • 독자를 의식하며 글을 썼는가? • 글을 쓸 때 솔직하게 썼는가? • 글을 적극적으로 썼는가? • 정확하게 쓰려고 했는가? • 쓴 글을 다시 잘 읽고 다듬었는가?

4) 글 완성하기

글 완성하기는 다듬기를 통해 얻은 평가 내용 및 조언을 참조하여 자신의 글을 완성하는 단계다. 이 과정은 얼른 쓰기와 마찬가지로 개인적으로 수행된다. 글 완성하기는 얼른 쓰기의 내용을 골격으로 하여 살을 붙여 글을 완성하게 되는데, 보다 풍부한 내용과 짜임새 있는 조직, 그리고 적절한 표현으로 글을 완성하는 단계이다. 학습자는 동료들의 평가를 참고하여 자신이 미처 생각하지 못했던 부분도 참고하게 되고, 보다 적절한 표현과 풍부한 내용을 쓸 수 있다.

---

7) 정순이(2003). 「쓰기 과정에서 글 다듬기 지도 방법 연구」. 어문학 교육 제26집.

〈예시 6〉글 완성하기 모형

글 완성하기 모형

글 완성하기

• 글쓴이 : 정수미   • 날짜 : 20××년 3월 19일

－초고 쓰기와 협의한 내용을 바탕으로 글을 완성해 봅시다.

제목 : 소중한 강아지똥('강아지똥'을 읽고)

　　'강아지똥'을 읽었다. 똥 이야기는 웃긴 이야기가 많아서 기대를 했다. 그런데 내 상상과는 좀 달랐다.

　　처음 돌이네 강아지가 똥을 누워서 강아지똥이 골목에서 태어났다. 그때 참새가 강아지똥에게 더럽다고 욕했다. 강아지똥은 슬펐다. 참새는 다른 사람을 마음 아프게 해서 나쁘다.

　　그때 흙덩이가 자기도 고추를 죽여 나쁘다고 반성했다. 그리고 강아지 똥을 위로해 주었다. 자신의 잘못을 깨닫고 친구를 달래 주어 흙덩이는 착하다.

　　봄이 되어 어미 닭이 나타났는데, 강아지똥을 찌꺼기라고 무시한다. 어미 닭은 참새하고 비슷한 성격이다.

　　강아지똥이 슬퍼할 때 민들레가 보였다. 민들레가 거름이 되어 달라고 해서 강아지똥은 민들레에게 거름이 되었다. 그때 강아지똥이 빗물에 잘게 부서질 때 슬펐다.

　　더럽고 냄새나는 똥이 예쁘고 향기로운 꽃이 되었다. 소중하게 쓰여서 강아지똥은 하늘에서 기쁠 것이다. 세상에 있는 것들은 전부 소중하다.

---

5) 작품화하기

　작품화하기는 학급 게시판에 공개하거나 발표하기, 문집 만들기, 신문 투고 등 자신의 글을 외부에 공개하는 것을 말한다. 이 단계는 글쓰기 활동에 대한 동기를 유발할 뿐만 아니라, 다음 글쓰기 활동을 위한 피드백을 제공한다는 의미에서 매우 중요한 활동이다. 따라서 학습자는 독자를 고려하는 글쓰기 습관을 형성하고, 글쓰기 동기가 생

길 것이며, 글쓰기의 중요성과 가치를 인식하게 될 것이다. 작품화하기의 큰 장점은 학생들에게 적극적으로 동참할 수 있는 기회를 제공한다는 것이다.

4. 글의 구조에 대한 이해

1) 글의 구성

글의 주제를 효과적으로 드러내기 위해서는 글이 잘 조직되어야 하며 글의 조직은 '도입부-본문-마무리' 구성이 일반적이다. 이러한 구성은 논증형의 경우 서론, 본론, 결론으로 그 외에는 처음, 가운데, 끝으로 적용된다. 주제에 따라 약간의 변화는 있겠지만 어느 경우나 도입부나 마무리보다는 본문(가운데) 내용을 중심으로 구성해야 하며, 분량도 길어야 한다.

(1) 도입부 - 처음(서론)

도입부는 글의 첫인상을 결정짓는 중요한 부분이다. 따라서 도입부는 읽는 이의 관심과 호기심을 유발하여 읽고 싶은 기분이 들도록 시작한다. 또한 글의 길잡이 역할을 하기 때문에 본문에 나타날 문제의 도입과 문제 제기, 주제 암시가 나타나야 한다. 다음은 대표적으로 쓰이는 도입부 내용이다.

① 속담이나 격언, 남의 말 인용으로 시작한다.
② 역사적 사건, 최근에 일어난 사건, 자신의 체험 등 사례로 시작한다.
③ 주제와 연관된 자신의 생각이나 상황을 진술하면서 시작한다.
④ 중간에서 다룰 문제의 범위, 성격, 방법을 제시한다.

(2) 본문 - 가운데(본론)

본문은 도입부에서 제시한 방향을 구체적으로 해명하는 단계이므로 사건의 변화, 자신의 생각이나 느낌, 주장이나 의견의 타당함을 구체적으로 서술하는 단계이다. 가운데(본론) 쓰기의 기본 요건은 명확성이라 할 논리성과 체계성이다. 이를 위해서는 전개 방식에 따른 단락 구성을 치밀하게 계획해야 한다.

본문 쓰기에서 가장 중요한 것은 단락의 구성과 그것들의 연결이며, 단락의 수는 주요 내용의 수에 따라 결정한다.

① 사건이 일어난 시간순, 공간순으로 구성한다.
② 비교 대조, 분류, 분석, 종합으로 구성한다.
③ 주장과 근거에 따라 구성한다.
④ 문제점을 찾아내고 원인을 규명하여 해결 방법을 제시한다.
⑤ 주제를 보고 암시하는 순서에 따라 서술한다.

(3) 마무리 – 끝(결론)

글을 맺으며, 완성하는 단계로 지금까지 논의한 내용을 맺는 단계다. 따라서 마무리를 쓰기 전에 도입부와 본문을 읽어 보고, 마무리에 쓸 내용이 글의 흐름에 맞는지 확인해야 한다. 또 상투적이며 추상적인 내용을 피하고, 새로운 논의를 첨가하지 않도록 주의하고 도입부, 본문에 비해 간결하게 쓴다. 일반적으로 많이 쓰이는 마무리 방식은 아래와 같다.

① 본문에서 다룬 내용을 간단히 요약한다.
② 주제에 대한 의견이나 생각, 또는 강조나 당부 내용 등을 덧붙인다.
③ 인용의 방법으로 끝낸다.

2) 단락 쓰기

(1) 단락의 개념과 유형

단락은 문장들이 모여 이루어진 글의 중간 조직체다. 한 편의 글은 여러 개의 단락으로 이루어지는데, 글을 쓸 때 단락을 나누어 쓰는 까닭은, 한 단위의 생각을 마무리 지음으로써 다른 단락의 생각과 구별하기 위해서이다. 그렇게 함으로써 전체적인 글의 짜임 관계가 뚜렷이 드러나고 의미도 분명하게 표현된다. 그래서 각각의 단락은 그 자체로서 어느 정도의 독자성과 완결성을 갖게 되는 것이다.

단락의 문장들은 서로 연관성이 큰 관계이며, 하나의 중심 문장과 여러 개의 뒷받침 문장으로 구분할 수 있다. 중심 문장은 단락의 중심적인 내용인 '중심 생각'을 담고 있다. 중심 생각은 글 전체의 주제와 비교하여 소주제, 화제, 또는 단락 주제라고 한다. 또 글의 일부를 이루는 한 단락의 중심 내용이므로 당연히 글의 전체 주제와 밀접한 관련을 가져야 한다. 중심 생각이 주어와 서술어를 갖춘 문장으로 나타날 때, 이를 중심 문장, 소주제문, 화제문 또는 단락 주제문이라고 한다.

뒷받침 문장은 중심 생각을 효과적으로 드러내는 역할을 하며 중심 생각과 밀접한 연관을 가진 내용으로 구성되어야 한다. 뒷받침 문장은 상술, 정의, 예시, 인용, 비교, 대조, 비유, 유추 등의 방식으로 서술할 수 있다.

단락의 종류는 중심 문장의 위치에 따라 나눌 수 있다. 두괄식 구성은 중심 문장을 단락 첫 문장에 진술하는 방식이며, 미괄식 구성은 어떤 문제에 대해 단계적으로 질문함으로써 단락 끝에 중심 문장을 배치하는 것이다. 이 외에도 양괄식, 중괄식, 무괄식 유형이 있다. 어떤 유형이든 한 단락에는 중심 생각이 하나여야 한다는 것은 마찬가지이다.

설명문, 논술문 등 실용적 글쓰기에서는 중심 생각을 선명하게 보여 주는 두괄식 단락이 쓰기도 용이하며, 독자의 입장에서 읽기도 쉽다.

(2) 단락의 요건

① 통일성 : 단락의 내용과 형식이 한 가지로 일관되어야 한다

단락의 통일성이란 한 단락 안의 모든 내용과 표현이 한 가지로 일관되어야 한다는 뜻이다. 내용 측면에서 뒷받침 문장의 내용은 하나의 소주제로 집약되어야 한다. 통일성을 확보하기 위해서는 소주제가 담고 있는 의미가 명확하고 한정되어야 하며, 소주제와 연관성이 약한 뒷받침 문장은 생략해야 한다. 표현 측면에서 문체, 서술 방식의 일관성도 통일성에 속한다.

② 완결성 : 단락의 소주제가 구체적으로 입증되어야 한다

단락의 완결성이란 뒷받침 문장을 통해 소주제가 충분하고도 구체적으로 해명되는 것이다. 소주제는 명확히 드러나 있는데 뒷받침 문장의 내용이 충분하지 않다든지, 뒷받침 문장은 풍부한데 소주제문으로 집약시킬 내용이 없다면 완결성이 결여되었다고 할 수 있다.

③ 연결성 : 단락의 각 문장들은 유기적 연관성을 가져야 한다

단락의 연결성이란 단락 안에서 문장들이 질서를 가지고 유기적으로 연관되어 있는 것이다. 여러 문장이 시간이나 인과 관계 등 일정한 순서로 배열되어야 한다. 또 문장 간의 관계에 따라 '그리고', '그러나' 등 접속어를 적절하게 사용해야 한다.

3) 문장 표현

(1) 줄글 쓰기

좋은 문장은 의미를 정확하게 드러내고, 다양한 어휘를 사용하여 구체적으로 표현한 것이다. 좋은 문장을 쓰기 위해서는 나타내고자 하는 의미를 잘 표현하는 어휘 선택 능력과 문장 성분을 순서에 맞게 배열하는 능력이 필요하다.

구체적 표현은 추상적이고 상투적 표현을 벗어날 때 가능하다. 예를 들어 학생들이 자주 쓰는 '참 재미있었다, 기분이 좋았다, 열심히 노력해야 한다. 아껴 써야 한다, 착하다' 는 더 구체화시켜야 한다는 뜻이다. '참 재미있었다' 는 상황에 따라 '신 났다, 짜릿했다, 흥미진진하다' 로 더 세밀한 느낌을 살리는 것이 좋다. 또, 자신의 기분을 직접 설명하는 것보다 독자가 그것을 느낄 수 있도록 말이나 행동으로 표현하면 감동과 여운을 더 키울 수 있다. '유령의 집은 정말 무서웠다.' 보다는 '유령의 집에 들어서는 순간 온몸에 소름이 돋았다. 나도 모르게 은정이의 손을 꽉 붙잡았다.' 가 더 생생한 느낌을 준다. '강아지똥에 나오는 참새는 나쁘다.' 보다는 '참새는 사람의 마음을 아프게 했다.' 로 표현한다면 더 구체적인 의미가 드러나게 된다. 결국 좋은 문장은 세심한 마음과 깊은 의미를 드러낼 때 가능하다는 것을 알 수 있다.

줄글 쓰기는 크게 묘사식 서술, 설명식 서술, 서사식 서술, 논증적 서술로 나눌 수 있다. 이러한 네 가지 서술법은 문장뿐 아니라 단락 구성 방식도 된다.

① 묘사식 서술

그림 그리듯이 본 것을 자세히 쓰는방법으로 '문자로 그리는 그림' 으로 이해하면 된다. 사물을 자세히 보게 하고 본 것을 문자로 정확하게 나타내는 힘을 길러 주며 독자에게 논리적 이해보다 생생한 느낌을 전달한다.

> 예 하늘은 문구점에서 금방 산 색도화지처럼 주름 하나 없이 깨끗했다. 건너편 102동 옥상 바람개비는 바람과 장난을 치는지 빙글빙글 돌았다 서고 돌았다 서고 있었다. 날씨가 추운지 아파트 정문 옆의 귤 파는 아저씨는 좌판에 비켜서서 햇볕 드는 곳에 계속 서 계셨다. 나는 그때 베란다에 서서 친구들이 오는지 내려다보고 있었다.

② 설명식 서술

정보를 쉽게 전달하기 위해 쓰는 방법이다. 개념 정의, 상술, 비교, 대조, 분류, 분석, 예시, 인용 등의 다양한 방법이 있다.

> 예 들판에 처음 나타난 나무를 개척자 나무라고 한다. 이들은 척박한 땅에 처음 뿌리를 내려 다른 나무들이 살 수 있도록 토양을 가꾼다. 개척자 나무로는 소나무, 잣나무, 산벚나무, 팥배나무가 있다.(정의, 상술, 예시)

③ 서사식 서술

사건이 진행되는 과정이나 인물이 한 행동을 순서대로 쓴다.

> 예 아침에 늦게 일어나서 밥도 못 먹고 학교로 뛰어갔다. 그런데 교실에서 아이들이 파스텔을 꺼내는 것을 보고, 책상 위에 두고 온 것이 생각났다. 복도에 나가 어머니께 전화를 했다.

④ 논증식 서술

논리적 근거를 들어 자신의 생각을 드러내는 방법이다.

> 예 운동장에 쓰레기통을 설치하면 안 된다. 왜냐하면 주변이 더 지저분해지기 때문이다.

(2) 말글 쓰기

말글은 말하거나 생각한 것을 직접적으로 표현한 것이다. 말글을 사용하면 사건의 진행과 인물의 성격, 생각을 쉽게 전달할 수 있고 재미있는 글이 된다. 일기나 생활문의 경우 말글을 적극적으로 사용하도록 유도하면 글을 더 쉽게 쓸 수 있다.

① 대화하는 상대가 누구인지 드러나도록 쓴다. '~가 말했다' 등을 덧붙여 설명하는 줄글은 가능하면 쓰지 말고, 말글만으로 자연스럽게 이어지도록 하자.
② 대화 글로 사건의 내용, 말하는 사람의 생각, 성격이 드러나도록 쓰자.
③ 사람들의 대화를 잘 들어보면 '음~', '아~' 등 쓸데없는 군더더기 말이 많다. 글로 쓸 때는 내용 전달에 영향을 주지 않는 한 이런 것들은 생략한다.
④ 표준어로 다듬지 않고, 상황이나 인물에 따라 필요한 사투리나 욕 등은 그대로 쓴다.

🄮 "야! 이동수, 이쪽으로 패스해!"

"열라 재수 없어. 너만 선수냐?"

"뭐? 너 말 다 했어?"

"야, 쟤네들, 같은 편끼리 싸운다."

1. 독서 감상문의 개념

독서 감상문은 말 그대로 독서를 한 후 그 책에 대한 자신의 느낌(감)과 생각(상)을 정리하여 쓴 글(문)을 말하며 다르게 표현하면 읽기와 쓰기의 통합 활동이다. 형식주의, 결과 중심 쓰기에서 감상문은 줄거리만 정확하게 요약해도 큰 문제가 되지 않았다. 하지만 과정 중심 접근에서 쓰기는 필자의 의미 구성 능력을 보여 주는 도구다. 그러므로 독서 감상문도 줄거리 요약에서 나아가 독자이며 필자인 학습자가 텍스트에 대한 생각, 느낌을 글로 표현하여 자신의 의미 구성 능력을 보여 주는 것이 중요하다.

2. 독서 감상문 쓰기의 효과

독서 감상문을 쓰는 이유는 책 내용을 내 것으로 만들기 위해서이다. 단지 그 책에 담긴 지식만 얻기를 원한다면 힘들게 감상문을 쓸 필요는 없다. 독서 과정에서도 의미 구성이 일어나지만 쓰기를 통해 정교화, 체계화, 내면화가 더 적극적으로 일어난다. 다양한 논문은 독서에 그친 경우보다 독서 후 쓰기로 통합했을 경우 의미 구성이 더 촉진되었음을 보여 준다. 독서 감상문 쓰기를 통해 얻을 수 있는 효과는 다음과 같다.

첫째, 인지적 측면에서 사고력을 정교화, 체계화시킬 수 있다. 우리는 책을 읽으면서 작가가 쓴 내용을 자신의 스키마로 재구성한다. 그런데 재구성한 내용을 글로 표현할 경우 자신이 특히 쓰고 싶고 쓸 만한 가치가 있는 내용을 선택하여 정리·조직하거나 다른 자료를 찾아 보완하여 글로 구성한다. 이렇게 한 편의 독서 감상문을 쓰기까지 재구성과 구성의 과정을 거치는 과정에서 독해력, 탐구 능력, 통합적 사고, 비판적 사고, 창의적 사고를 할 수 있는 힘이 자란다.

둘째, 정서적 측면에서 감정을 풍부하게 하여 정서를 순화시킬 수 있다. 감동은 독서 중에도 일어나지만 그 내용을 더 구체화시켜 글로 쓰면 가슴에 더 오래 남는다. 이러한 감동은 우리의 인성을 가꾸어 주어 삶을 아름답게 만들어 준다. 나아가 인간에 대한 사랑을 배우고 남과 더불어 사는 기쁨을 느끼게 한다.

셋째, 윤리적 측면에서 보다 바람직한 가치관을 내면화할 수 있다. 심리학자나 성공에 관해서 연구하는 학자들은 글쓰기가 머릿속의 생각을 구체화시키고 내면화시키는 데 효과적이라는 점을 증명했다.

넷째, 학습 기능 측면에서 글쓰기에 필요한 다양한 전략과 기능을 익히게 되며, 탐구하는 태도를 기를 수 있다. 정보화 사회에서는 그 어느 때보다 글쓰기 능력이 중요하다. 특히 실용적이고 논리적인 글쓰기 능력이 필요한데, 독서 감상문은 그러한 실용문, 논술문 쓰기로 나아가는 교두보 역할을 한다.

3. 독서 감상문 쓰기의 단계

1) 제목 붙이기

(1) 두 줄 제목 붙이기(이행 제목)

독서 감상문은 자신이 읽은 책과는 독립된 본인의 창작물이다. 그러므로 자신의 창작품에 어울리는 주제목(내 제목)을 쓰고 한 줄 아래에 읽은 책을 나타내는 부제목을 쓴다. 주 제목에는 부호를 쓰지 않는다.

> **예** 진정한 부자가 되어야지 _____ 주 제목(내 제목)
>
> 『유대인들은 왜 부자가 되었나』를 읽고 _____ 부제목

(2) 구체적인 제목 만들기

상투적이고 추상적인 제목을 피하고 자신의 감상을 구체적으로 드러낸 제목이 좋다. 『흥부전』을 읽고 "착한 흥부"라는 제목을 많이 쓰는데, 상투적이며 추상적이다.

전래 동화의 주인공은 전부 착한 심성을 지녔기 때문이다. "생명을 소중히 여긴 흥부"라는 제목은 콩쥐나 심청이와 달리 아무런 대가도 바라지 않고 제비를 구해 준 흥부를 구체적으로 잘 표현했다.

(3) 본문 내용과 호응시키기

제목을 쓰면서 중심 내용을 명확하게 하고, 본문을 구성할 때 제목과 일치하도록 점검하며 서술한다.

(4) 여러 가지 제목의 예

가장 자연스러운 방식은 책을 읽고 강하게 느낀 감상을 간략하게 서술하는 것이다. 하지만 제목 만들기가 어려울 때 아래의 다양한 제목 쓰기 방법을 이용하는 것도 좋다. ( )는 책의 제목을 표시한 것이다.

① 자신의 느낌이나 생각을 쓴 제목

예 호박꽃 같은 사람이 좋다 (『엄마의 런닝구』)

② 자신의 결심을 담은 제목

예 진정한 부자가 되어야지 (『유대인들은 왜 부자가 되었나』)

③ 자신의 경험, 습관, 성격을 나타낸 제목

예 내 별명은 자린고비 (『자린고비』)

④ 고사성어, 속담, 격언, 명언을 인용한 제목

예 사랑하는 자식은 여행을 보내라 (『펜도롱 씨의 똑똑한 세계 여행』)

⑤ 책에 나오는 좋은 구절을 인용한 제목

예 높이 나는 갈매기가 멀리 본다 (『갈매기의 꿈』)

⑥ 주인공의 특성, 업적을 나타낸 제목

예 꽃이 된 강아지똥 (『강아지똥』)

⑦ 글의 주제를 드러낸 제목

예 가난은 부끄러운 것이 아니야 (『만년 셔츠』)

2) 처음 쓰기

(1) 말글로 시작하기

예 "아니, 얘 아홉 살 정말 맞아?"

책을 읽는 내내 주인공 여민이와 진짜 아홉 살인 내 동생과 비교하며 읽었다. 그런데 둘이 너무 달라 무척 놀랐다. (『아홉 살 인생』)

(2) 책을 읽은 동기로 시작하기

예 정진이와 나는 무엇을 보면 느끼는 것이 비슷하다. 정진이가 재미있게 읽은 책, 재미있게 본 영화는 내가 보아도 분명히 재미있다. 그런데 얼마 전 정진이가 재미있다면서 빌려 준 책이 바로 『트럼펫 부는 백조, 루이』였다. (『트럼펫 부는 백조, 루이』)

(3) 그 책의 표지나 제목을 보고 느낀 생각으로 시작하기

예 '꿈틀이'라는 말 때문에 이 책이 지렁이에 관한 것이라는 것을 금방 알았다. 그런데 표지 그림이 복잡해서 어떤 내용일지 조금 궁금했다. (『지구를 구한 꿈틀이 사우르스』)

(4) 책을 다 읽고 덮었을 때의 느낌으로 시작하기

예 '행복하게 끝나서 정말 다행이야.' 마지막 부분을 읽을 때 마음이 놓였다. 이 책은 읽는 내내 가슴이 조마조마하고 그다음이 어떻게 될까 궁금하게 만든다. (『산적의 딸, 로냐』)

(5) 책에 나온 가장 인상 깊은 문장으로 시작하기

예 "사막이 아름다운 건 우물이 있기 때문이야." 『어린 왕자』에서 이 구절을 읽는 순간 진짜 멋지다고 생각했다. 그래서 줄을 쳤다. 어떤 사람은 사막을 '현대 사회'로 우물은 '사랑과 희망'으로 보았다고 한다. (『어린 왕자』)

(6) 고사성어, 속담, 격언, 명언으로 시작하기

예 시애틀 추장은 "우리는 모두 형제다."라고 했다. 여기서 말하는 우리는 '인간과 자연'이다. 줄리는 자연과 늑대를 '친구'로 대했다. (『줄리와 늑대』)

(7) 작가에 대한 소개로 시작하기

예 『칠칠단의 비밀』을 쓰신 방정환 선생님은 '어린이'라는 말을 처음 만드시고 또 '어린이날'을 제정하시는 등 어린이를 위해 일생을 바쳤다. 일제 시대를 살면서 선생님은 어린이를 바르게 키우는 것이 나라를 되찾는 길이라는 신념을 가진 분이셨다. (『칠칠단의 비밀』)

(8) 중심 내용(주제)으로 시작하기

예 생명! 이 세상에서 제일 소중한 것은 생명이다. 큰 것이든 작은 것이든, 머리가 좋든 머리가 나쁘든 생명은 평등하다. (『벌의 지하철 여행』)

(9) 개념 풀이로 시작하기

예 '천이'. 이 말은 어떤 지역에서 나무나 동물이 다른 종류로 변해 가는 것을 말한다. 그런데 정선이가 엉뚱하게 "뭐 천이? 1001이 아니고 1002야?"라고 해서 모두 웃었다. 이 책은 숲의 천이를 잘 설명했다. (『숲은 어떻게 만들어지는가?』)

(10) 자신의 장래 희망이나 취미, 특기로 시작하기

예 나의 장래 희망은 원래 의사였는데 얼마 전에 디자이너로 바뀌었다. 그런데 『할아버지 손은 약손』을 읽은 후 다시 의사로 바뀌려고 한다. (『할아버지 손은 약손』)

(11) 자신의 경험, 사회적 사건으로 시작하기

예 지난 달에 용철이가 전학을 갔다. 용철이는 엄마가 필리핀 사람인데 아이들이 하도 놀려서 다른 학교로 옮긴 것이다. 『까매서 안 더워?』를 읽으면서 용철이 생각을 했다. (『까매서 안 더워?』)

(12) 시대적 배경에 대해 설명하는 것으로 시작하기

예 『만년 셔츠』는 일제 시대의 이야기다. 그때 우리나라 사람들은 무척 가난하게 살았다고 한다. 일본이 우리나라의 쌀과 나무, 지하자원을 다 자기 나라로 가져가고 우리나라 사람들은 취직도 하기 힘들고 월급도 조금밖에 못 받았고 농사를 지어도 밥을 제대로 먹을 수 없었다고 한다. (『만년 셔츠』)

3) 가운데 쓰기

　독서 감상문의 '가운데'는 독자의 의미 구성 능력을 적극적으로 드러내야 하는 부분이다. 먼저 '가운데'는 줄거리보다 자신의 감상을 구체화시키는 것이 바람직하다. 줄거리를 간단히 요약하고 가장 인상 깊은 장면이나 내용에 자신의 감상을 덧붙이는 방법으로 구성할 수도 있다. 하지만 감상을 끝 부분에 붙이는 것보다는 줄거리와 감상을 번갈아 가며 쓰는 방법이 더 효과적이다. 음식으로 비유하면 샌드위치나 무지개떡과 같은 방식이다. 또, 단순한 감상보다 깊이 있는 사고를 드러내는 것이 좋은데 다음과 같은 방식으로 풍부한 의미를 구성할 수 있다.

(1) 책 내용과 자신의 감상을 번갈아 쓰기

　예 로냐와 비르크는 낭떠러지를 사이에 두고 건너 뛰기 경쟁을 했다. 겁나기도 했지만 나도 한번 뛰어보고 싶었다. 그때 비르크가 떨어졌다. 로냐가 구해 주고 둘이 친해질 것 같은 예감이 들었다. 내 짐작대로 로냐는 줄을 자기 허리에 묶어 비르크를 당겼다. 로냐는 정말 배가 끊어질 듯이 아팠을 것이다. 하지만 목숨을 살리는 것이 중요하니까 로냐가 참은 것 같다. (『산적의 딸, 로냐』)

(2) 자신의 체험과 엮어 쓰기

　예 손톱은 등도 긁고, 물건을 잡고, 봉지를 찢는 데 필요하다. 얼마 전에 집게손가락 손톱이 잘렸는데 그 후 과자 봉지를 뜯을 수 없었다. 그때 손톱이 참 중요하다는 것을 알았다. 물건을 집기도 불편했다. (『재주 많은 손』)

(3) 책의 주제와 관련이 있는 다른 지식을 엮어 쓰기

　예 『15소년 표류기』를 다 읽은 다음 『로빈슨 크루소 따라잡기』라는 책을 또 읽었다. 이 책에는 마실 물 만들기, 불 피우기 등 무인도에서 생활하는 방법이 자세히 나와 있었다. 이 두 권을 바탕으로 우리는 '무인도에서 석 달 동안 살아남기' 작전을 짜 보았다. (『15소년 표류기』)

(4) 다른 책이나 다른 인물과 비교·대조하며 쓰기

　예 홍길동은 도적 두목이 되어 도둑질한 재물을 백성들에게 나누어 주었다. 그때 나는 『허생전』의 허생이 생각났다. 허생은 사재기로 번 돈을 도적들을 위해 썼다. 또 전우치도 생각났다. 전우치는 임금을 골탕 먹여 금을 빼앗아 가난한 백성을 도왔다. (『홍길동』)

(5) 인물의 성격과 행동에 대해 잘한 점, 잘못한 점을 판단하며 쓰기

예 뒤주 왕자는 백성을 사랑하는 사람이었다. 물수제비 뜨는 아이의 아버지도 살려 주고 아기나인 구슬이에게 오빠라고 부르라고 했다. 또 궁 밖으로 나갔을 때 백성들에게 따뜻하게 대해 주었다. 이것은 쉬운 일이 아니다. 텔레비전에서 사극을 보면 원님만 되어도 백성들이 무서워해서 가까이 못 가는데 왕이 될 사람이 직접 백성들 손도 잡아 보다니……. 죽지 않고 살았더라면 우리나라를 위해 백성들을 위해 좋은 정치를 했을 것이다.

……(중략)……

그러나 뒤주 왕자는 꾀가 부족하고 소극적인 것이 문제다. 아버지가 무예를 싫어하면 안 하는 척이라도 했어야 한다. 또 아무리 아버지가 자기를 싫어해도 아양을 떨면서 아버지 마음에 들려고 노력하면 좋았을 것이다. 내 사촌 동생 미진이는 할머니가 혼내면 막 안기면서 아양을 떨어서 할머니가 혼내지 못하고 웃는 것을 보았다. 뒤주 왕자도 그랬으면 죽지 않고 왕이 되었을 것이다. (『우주로 날아간 뒤주 왕자』)

(6) 작가에 대해 비판하기

예 『15소년 표류기』에서는 사람을 차별하는 내용이 나온다. 그것은 인종 차별과 남녀 차별이다. 지도자 투표에서 흑인 견습 선원 모코는 차별을 당했다. 또 모험을 떠난 아이들 중에 여자는 한 명도 없다. 나는 이 책을 쓴 쥘 베른이 그런 편견을 가지고 있기 때문에 이렇게 썼다고 생각한다. 나도 여자인데 이런 것을 생각하면 무척 화가 난다. (『15소년 표류기』)

(7) 고정 관념을 반박하는 내용으로 쓰기

예 흥부전은 좋은 교훈도 있지만 문제점도 있다. 아무리 착한 사람이라고 해도 열심히 노력하지 않고 큰 부자가 되는 것은 문제가 있다. 흥부가 부자가 된 것은 복권 당첨과 같다. 그래서 욕심쟁이 놀부도 한 번에 돈을 벌려고 제비를 괴롭히게 된다.

또 흥부보다 제비가 더 훌륭한 것도 같다. 은혜도 갚고 나쁜 놀부에게 벌을 주었기 때문이다. 흥부는 소극적이어서 형의 잘못된 행동을 비판하지 못했다. (『흥부전』)

4) 마무리 쓰기

(1) 책 전체에 대한 소감으로 마무리하기

예 지금까지 읽은 여행기 중에서 가장 재미있는 책이다. 우리가 잘 몰랐던 리비아, 튀니지, 에스토니아 등에 대해서도 잘 알게 되었다. 외국이라면 미국이나 영국만 생각했는데 앞으로는 보다 다양한 나라에 관심을 가져야겠다. (『펜도롱 씨의 똑똑한 세계 여행』)

(2) 자신의 결심으로 마무리하기

예 나는 참새처럼 남의 마음을 아프게 하는 말을 하지 않을 것이다. 흙덩이처럼 좋은 말을 해 주고, 강아지똥처럼 남에게 도움이 되는 사람이 되고 싶다. (『강아지똥』)

(3) 주제에 대한 정리로 마무리하기

예 엘리자베스는 정말 멋진 공주다. 백설공주나 신데렐라는 왕자의 도움으로 살게 되었지만, 엘리자베스는 용기 있게 행동했다. 외모보다 용기와 지혜를 가지는 것이 더 중요함을 알게 한다. (『종이봉지 공주』)

(4) 속담이나 격언으로 정리하기

예 '비 온 뒤 땅이 더 굳는다'라는 말처럼 어려운 일을 겪었기 때문에 로냐와 아버지, 비르크는 서로 더 사랑하게 될 것이다. (『산적의 딸, 로냐』)

(5) 다 함께 노력해야 할 점을 제시하기

예 우리나라도 이 책에 나오는 소인국 사람들처럼 사소한 일로 정치인들끼리 싸우는 일이 많다. 정치인들은 자기 이익만 얻으려고 하지 말고 나라를 위해 서로 힘을 모아야 한다. 또 국민들은 싸움만 하는 정치인을 비판하여 좋은 정치를 할 수 있도록 해야 할 것이다. (『걸리버 여행기』)

(6) 주인공이나 작가에게 하고 싶은 말 쓰기

예 작가님, 꿈틀이 사우루스 농장을 하신다니 정말 대단하십니다. 그동안 괴로움을 당했던 지렁이들이 그 농장에서는 행복하게 살고 있을 것 같아 다행입니다. 저도 앞으로는 지렁이를 보호하겠습니다. (『지

4. 도서 종류별 독서 감상문 쓰기

독서 감상문을 쓸 경우 줄거리 소개에 머무는 경우가 많다. 그러나 앞에서 말했듯 독서 감상문의 주 내용은 읽은 책의 줄거리가 아니라 내 생각과 느낌이다. 하지만 아이들에게 생각과 느낌을 쓰라는 요구는 무척 막연하다. 1장에서 제시한 과정 중심 전략을 이용하되, 도서 종류에 따라 달라지는 의미 형성의 방향을 살펴 지도할 수 있다.

1) 이야기글 감상문

소설의 3요소인 주제, 구성, 문체와 구성의 3요소인 인물, 사건, 배경을 중심으로 쓸 수 있다.

(1) 주제를 분석한 후 자신의 감상을 쓴다. 주제는 인물들의 말과 생각, 행동, 사건의 결말에 드러나는데 정리한 후 자신의 생각을 덧붙인다.

(2) 주요 등장인물을 중심으로 큰 얼개를 짜서 쓴다. 인물들의 가치관, 성격, 한 일, 환경, 사건의 진행에 따른 변화를 분석하며 자신의 생각과 느낌을 엮어 쓴다.

(3) 사건 중심으로 얼개를 짠 후 감상을 붙여 쓴다. 대략적인 사건의 흐름, 가장 인상 깊었던 장면을 소개하며 자신의 생각과 느낌을 쓴다.

(4) 시간적·공간적 배경을 분석하여 배경이 가지는 의미를 쓴다.

〈예문 1〉

이야기 글 감상문

새로운 경험을 하게 해 준 책

- 「동백꽃」을 읽고 -

"「동백꽃」?! 「동백꽃」이 무슨 내용이야?"

"그거, 그냥 점순이 나오는 거야."

내가 「동백꽃」을 보고 오빠에게 물었더니 오빠는 이렇게 건성으로 대답한 후 자기 할 일만 하고 있었다. 그래서 그랬는지 나는 오히려 이 책의 내용이 더 궁금해졌고 또 이 책을 별 부담 없이 읽을 수 있었다. 처음에 나는 '「동백꽃」이란 제목에 점순이란 이름을 가진 아이가 나오다니.' 하고 오빠가 다른 책의 주인공과 헷갈린 줄 알았지만 책을 읽어 보니 정말 여자 주인공 아이의 이름은 점순이였다. 예쁜 이름을 두고 하필이면 점순이란 이름을 썼는지부터가 의문이었다.

어쨌든 이런 의문은 덮어 두고 작가 소개부터 해 보자면 이 책의 지은이인 김유정이란 분은 「동백꽃」 이외에도 「봄봄」이라는 재미있는 소설을 또 하나 남기셨다. 그는 어렸을 때부터 심한 말더듬이였는데 나는 그것이 오히려 그가 이렇게 유명한 작가가 된 밑거름이었다고 생각한다. 왜냐하면, 그는 자신이 말더듬이라는 사실을 창피하게 생각했으므로 말을 잘 안 하는 과묵한 성격이었을 것이고, 그런 성격 때문에 혼자 생각하는 시간과 글을 써 보는 시간이 많았을 것이기 때문이다.

사춘기 소녀인 점순이는 소설 속의 '나'를 좋아한다. 하지만 아직까지 이성에 눈뜨지 못한 어수룩한 '나'는 점순이가 주는 감자를 거절한다. 점순이 입장에선 정말 무안하기도 했을 것 같고, 좋아하는 자기 마음을 알아주지도 않고 정성들여 쩐 감자를 거절하는 순간 절망적이고 괘씸했을 것이다. 그래서 '나'의 집 닭을 괴롭히는 행동을 하게 된다.

그래도 '나'의 입장에서 생각해 보면 점순이의 행동에 불만도 많고 이해가 안 될 것이다. 좋아한다면 좋은 행동을 계속 보여야지 어떻게 남의 집 닭 대가리에 피가 나도록 닭싸움을 시키는지. 그리고 아무리 점순이네 도움이 없으면 살기 힘들다 해도 상대방의 자존심을 상하게 하는 것은 나쁜 짓이라 생각한다.

1930년대에는 아직 봉건적 사고방식이 자리 잡고 있을 때여서 여자가 먼저 적극적으로 나오면 거부감이 드는 게 당연하다 할 수도 있겠다. 지금 이 시대에 살고 있는 내 입장에서도 이해가 안 간다. 만약 이것을 요즘 식으로 바꿔서 어떤 남자아이가 나에게 정말로 갖고 싶던 액세서리를 내밀며 "넌 이것도 없지?" 이러면서 가지라고 하면 나 역시 차라리 안 받고 말 것이다. 도움을 받고 사는 것 때문에 사춘기의 나이에 자존심이 상할 텐데 어떻게 그걸 받을 수 있을지……. '나'의 행동은 당연하다고 볼 수도 있고 점순이 또한 좀 심했다고 생각했다.

그렇지만 내가 이 책을 다 읽은 후에도 점순이를 싫어하지 않는 이유는 끝 부분에서의 점순이의 우스우면서도 어떻게 보면 귀여운 태도가 돋보였기 때문이다. 있는 대로 화가 난 '나'가 점순이네 닭을 때려 죽였는데도 쪼르르 가서 이르지 않고 덮어 주겠다고 말했을 때 '그래야지.'라고 생각했고 내 생각대로 한 점순이의 행동이 마음에 들었다.

그리고 점순이네 엄마가 점순이를 부를 때 남자와 같이 있는 것을 들키지 않으려고 몸을 숨기며 엄마가 있는 쪽으로 달려갔을 때, '드센 점순이도 순박한 소녀구나.'라고 생각했다.

그리고 또 마지막 부분에 주인공 '나'가 쓰러져서 파묻힌 동백꽃 속에서 향긋한 냄새를 느꼈다고 할 때 점순이와 '나'는 이루어질 수는 없어도 둘이 친하게 지낼 수 있을 것 같다는 희망이 보인다고 판단했다.

아무튼 나는 이렇게 독서 감상문을 쓰며 김유정 씨의 「동백꽃」이란 책을 더 가깝게 접할 수 있고 더 많이 생각할 수 있었던 것 같다. 이 책이 나에게 준 간접적인 새로운 경험은 잊을 수 없을 것이다.

중학교 2학년 김은초롱

2) 시 감상문

(1) 시집에는 한 사람의 시만 모은 것이 있고 여러 사람의 작품을 모은 것도 있다. 이러한 특성을 고려하여 쓴다. 여러 편의 시를 장별로 묶어 소개하거나, 소주제별로 다시 분류하여 소개한다. 가장 인상적인 시를 소개한 후 자기 감상을 쓰는 방식이 가장 간단하다.

(2) 좋은 구절을 소개한 후 자신의 감상을 쓴다. 나라면 이렇게 바꾸어 썼을 것이라고 새로운 표현을 제시하기도 한다.

(3) 주제와 글감에 대해 시인의 감상과 내 감상을 비교·대조하며 쓴다.

〈예문 2〉

시 감상문

피리를 부는 바람
- 『엄마의 런닝구』를 읽고 -

글짓기 수업 시간에 『엄마의 런닝구』라는 시집을 읽었다. 나는 그중에서 「바람 소리」라는 시를 읽었다. 그 시를 지은 사람은 초등학교 2학년 박철순이었다. 2학년이 나보다 더 생각이 깊다니 나는 깜짝 놀랐다. 그 내용은 다음과 같다.

바람 소리

나무 밑에 있으니
바람 소리가
파라파라거린다
그 소리가 참 좋다
바람이 피리를 분다

나는 이 시에서 '파라파라'라는 말이 재미있고 바람이 피리를 분다는 말이 제목과 어울린다고 생각했다. 나는 종이에 큰 나무를 그리고 한 아이가 나무에 기대어 앉아 있는 그림을 그렸다. 그 위에 시를 썼다. 내가 그린 그림이지만 참 시원해 보인다. 다음에 나도 도산 공원에 가서 나무 밑에 앉아 보고 싶다. 그래서 바람 소리가 어떻게 들리는지 시험해 보고 싶다.

초등학교 3학년 조승문

---

3) 인물 이야기(위인전) 감상문

인물 이야기(위인전)는 뛰어난 업적을 남긴 실제 인물의 이야기를 다룬 책으로, 훌륭한 점을 본받고자 읽게 된다. 그러므로 이러한 특성을 살려 독서 감상문을 쓰면 된다.

(1) 위인전은 인물의 일대기를 다루어 이야기적 요소가 강하다. 그러므로 위인의 업적, 일생, 성격의 장단점을 정리하며 쓸 수 있다.

(2) 위인전은 큰 업적을 남긴 인물의 이야기이므로 업적 달성을 가능케 한 뛰어난 점을 찾아 정리하여 쓴다.

(3) 업적이 사회나 역사에 끼친 영향과 의미를 분석하며 쓴다. 때로는 업적에 대해 재평가하여 비판적으로 쓸 수도 있다.

〈예문 3〉

위인전 감상문

장기려 박사님의 제자가 되고 싶어요

– 『할아버지 손은 약손』을 읽고 –

　내 장래 희망은 의사다. 『할아버지 손은 약손』의 주인공 장기려 박사님도 의사여서 읽으면서 많은 것을 배우게 되었다. 나는 의사가 재미있을 거라 생각했는데 이 책을 보고 나니 의사가 위험하고 힘들고 남을 위해 봉사한다는 정신이 강해야 한다는 것을 알게 되었다. 그런 점에서 나는 아직 의사로서의 기초가 많이 모자라다는 걸 깨달았다.

　장기려 박사님은 어렸을 때 몸이 약해서 엿을 먹고 찬물을 마시면 곧잘 배탈이 나셨다고 한다. 이럴 때마다 회초리를 맞으셨지만 엿을 다시 먹을 때면 잊어버려서 또 회초리를 맞곤 하셨다. 장기려 박사님은 이처럼 몸이 약한데도 사람을 치료하는 훌륭한 의사가 되셨다.

　장기려 박사님은 의사가 되기 전에 스스로에게 한 약속을 지키셨다. 그 약속의 내용은 경성 의전에 들어가면 평생 무의촌 사람을 위해 살고 뒷산의 입석처럼 서 있는 의사가 되겠다는 것이다. 스스로에게 한 약속이지만 장기려 박사님은 이 약속을 아주 훌륭하게 끝까지 지키셨다.

　장기려 박사님은 돈이 없어 퇴원을 못하는 가난한 농부를 도망치게 해 주고 거지에게 수표를 내주실 정도로 남을 돕는 정신이 강하였다. '으악! 너무 하신다. 어떻게 이렇게까

지 하실 수 있지?' 하고 황당해할 정도로 남을 도우셨다.

하지만 남을 돕는 것만이 아니라 치료도 그만큼 잘 하셨다. 한번은 스승 백인제 교수가 없는 사이, 환자가 왔는데 진찰 결과는 맹장염이었다. 박사님은 직접 해 보지는 않았지만 많이 거들어 본 터라 조심조심 메스를 대기 시작하셨다. 다행히 성공적으로 끝났다. 그런데 스승 백인제 교수는 속으로는 훌륭한 제자라 생각하면서 겉으로 내가 언제 하라고 그랬냐며 막 화를 내셨다. 이때는 좀 이해가 되지 않았다. 제자를 잘 가르치기 위해 그러신 걸까? 만약 지금 그분이 살아 계시다면 한번 물어보고 싶다. 성공해서 다행이지만 실패했다면 환자가 죽을 수도 있기 때문에 그러신 걸까? 나도 그런 상황이라면 그렇게 할 수 있었을까? 의사가 되기 위해선 희생 정신뿐 아니라 이렇게 용기도 필요한 것 같다.[8]

내 마음속에서 의사의 꿈이 애벌레처럼 다시 꿈틀거리고 있다. 사실은 얼마 전에 내 꿈을 의사에서 디자이너로 바꾸었기 때문이다. 아예 또 바꿀까 보다. 그래서 이번 결심은 이 책을 읽고 받은 감동까지 합쳐서 더 튼튼히 해야지.

그리고 또 놀라운 사실은 백병원을 장기려 박사님의 스승 백인제 교수가 만드셨다는 것과 장기려 박사님의 아들이 서울대학교 병원에 계시다는 것이다. 장기려 박사님의 아들이 진짜 서울대학교 병원에서 근무하실까? 한번 만나 보고 싶다. 근데 만약 내가 나중에 백병원에서 일하게 되면 백인제 교수님과 장기려 박사님의 제자가 되는 것인가? 나중에 의사가 되어서 장기려 박사님과 백인제 교수님을 합친 것처럼 훌륭한 의사가 되어 이름을 떨쳐야지.

초등학교 4학년 문소정

4) 과학 도서 감상문

과학 도서를 읽히는 목적은 과학적 사고방식과 관찰력, 탐구 능력을 기르고 과학 지식을 습득하게 하는 데 있다. 과학 독서 감상문은 이러한 독서 목적을 고려하여 구성하면 된다. 알게 된 사실을 나열하는 데서 나아가 자신의 의미 구성 능력, 탐구 능력을 보여 주어 더 좋은 글을 쓸 수 있도록 지도해야 한다.

---

8) 장기려 박사의 삶과 업적, 학생의 감상을 잘 살려 썼지만 내용의 통일성이 부족한 단락이 있고, 구어체 표현도 부적절하다. 예문은 학생의 글을 다듬지 않고 그대로 싣는 것을 원칙으로 했다.

(1) 처음 쓰기

① 편집 형식, 내용, 난이도, 특징 등 책에 대한 전반적인 소개를 할 수 있다.

② 책이 다루고 있는 내용에 대한 평상시 자신의 생각과 관심을 쓸 수 있다.

⑩ 나는 블랙홀이 참 무섭다. 그래서 과학이 발달하여 우주 여행을 할 수 있는 시대가 와도 우주에는 나 가지 않을 거다.

③ 그 분야의 책을 선택하게 된 동기를 쓴다.

⑩ 옛날이야기에서 왜 여우가 나쁘게 나오는지 궁금해서 '여우'에 관한 책을 골랐다.

④ 책 표지를 보고 상상한 것을 쓴다.

⑤ 과학 실험을 해 보았던 경험이나 동식물을 길러 보았던 경험을 쓴다.

(2) 가운데 쓰기

① 책의 구성 방식과 내용을 소개하며 자기 생각을 쓴다.

② 새로 알게 된 과학적 사실을 소개한다.

③ 책을 읽은 후 자신의 생각과 행동 변화를 쓴다.

④ 새로운 발명품을 만들어 낸 과학 정신, 과학자의 태도에 대해 쓴다.

⑤ 옛사람들과 요즘 사람들의 과학적 인식 차이에 대해 쓸 수 있다.

⑥ 실험 관찰, 과학 경진 대회 참가, 생활에서 발견한 것 등 자기 경험을 소개하며 쓴다.

⑦ 앞으로 과학의 발전 방향에 대해 쓴다.

⑧ 과학의 발전이 인간 생활에 미치는 영향을 쓴다.

⑨ 과학자의 윤리 의식에 대해서 쓴다.

(3) 마무리하기

① 교훈이나 느낌, 앞으로의 태도 변화, 자신의 꿈과 연결하여 쓸 수 있다.

② 현대 사회의 문제점, 미래 사회의 모습과 연관시켜 쓴다.

(4) 주의할 점

① 생각이나 느낌은 구체적으로 써야 한다. 과학 독서 감상문에서 가장 많이 나오는 표현은 '참 신기했다', '참 대단했다', '참 놀라웠다'이다. 가능하면 이러한 표현

을 더 구체화시켜 쓴다.

②과학 동화의 경우 동화적인 측면보다 과학적인 의미에 중심을 두고 써야 한다.

〈예문 4〉

과학 독서 감상문

알쏭달쏭 바다

– 『바다는 숨쉰다』를 읽고 –

바다 속에 진짜 보물선이 있나 한번 알아보고 싶어 『바다는 숨쉰다』를 읽었다. 이 책은 '우리들의 바다', '바다와 인간', '신비로운 바다'로 되어 있다. 또 우리가 좋아하는 만화로 되어 있다.

바다는 아주 오래전 40억 년 전부터 만들어지기 시작했고 지금은 지구의 70%를 차지한다. 바다가 지구의 70%라니 배를 타고 직접 지구를 1년 동안 여행하고 싶다.

바다는 우리의 어머니이고 참 멋있다. 나는 생명체가 육지에서 나온 것인 줄 알고 있었는데 이 책을 읽어 보니 생명체는 바다에서 나왔다고 되어 있었다. 하마터면 잘못된 과학 상식으로 사람들한테 웃음거리가 될 뻔했다. 역시 제대로 된 과학을 알면 나중에 큰사람이 될 수 있을 것 같다.

바다가 어떻게 생겼냐면 뜨거운 용암에서 나온 수증기가 하늘로 올라갔다가 비가 되었다. 그런데 지구가 너무 뜨거워서 다시 하늘로 올라가 구름이 되었다가 또 비가 되었다. 40억 년 전 비는 온도가 300도 정도로 엄청나게 뜨거웠다고 한다. 지구 표면은 500도 이상으로 더 뜨거웠다. 비가 지구에 닿자마자 치이익 소리를 내며 다시 뿌연 수증기로 변하는 장면이 떠올랐다. 그리고 부글부글 끓고 있는 지구도 보이는 듯했다. '펄펄 끓는 물도 100도인데 300도, 500도면 얼마나 뜨거울까.'라는 생각만 했는데도 화끈화끈한 느낌이 든다.

나는 바다가 이렇게 오래전에 생긴 줄 몰랐다. 나는 그냥 바다가 땅속에서 나온 줄 알았는데 비가 와서 생긴 거라는 게 믿기지가 않았다. 계속 비가 내려 이렇게 넓은 바다가 생겼다고 하니 도대체 얼마나 많은 비가 내린 것일까? 적어도 한 1만 년은 비가 계속 온 것이라고 하니 상상이 되지 않는다.

이 책에는 바다가 파랗게 보이는 이유도 나와 있다. 햇빛은 태양으로부터 나오는데 여러 가지 색이 합쳐진 것이다. 바다는 햇빛의 여러 가지 색을 빨아들이고 파란색만 빨아들이지 않아서 파랗게 보인다. 또 깊은 바다 속에 들어간 사람들이 잠수병에 걸리는 일이 있는데 바다에 들어갔다가 빨리 나오기 때문이라고 한다. 그러니까 깊이 들어가면 천천히, 천천히 올라와야 한다.

몇 장을 더 넘겼더니 '신비로운 바다' 부분에 마의 삼각 지대에서 배가 가다가 실종되고 제트기도 없어지는 일이 나왔다. 바다에 대해 내가 몰랐던 부분이 자꾸 나왔다. 마의 삼각 지대에 가서 그 배와 제트기가 어디로 갔는지 알아보고 싶은 마음이 강하게 생겼다. 이 책에 나온 것 중에서 마의 삼각 지대에 관한 내용이 가장 인상 깊었다. 바다 속에서는 소리가 들리는지 알아보고 싶은 마음도 계속 들었다.

바다는 우리에게 아주 많은 것을 나눠 주는 착한 친구이다. 먹을 것과 산소, 해산물을 주고 날씨도 조정해 주고 멋진 풍경과 모험까지 하도록 해 준다. 이렇게 우리에게 이로운 바다에 쓰레기, 폐수를 버리는 사람은 아무리 대통령이라도 벌을 받도록 법을 제정해서 바다를 지켜야 한다.

나는 앞으로 배를 타고 태평양 한가운데에서 낚시를 해서 아직 알려지지 않은 물고기를 잡아 이름을 지어 주고 나의 이름을 널리 알리고 싶다. 이 책을 읽고 바다에 대해 많이 알게 되었다. 다음에는 공기에 대한 책을 읽고 독후감을 쓸 것이다.

초등학교 4학년 김현성

5) 역사 도서 감상문

역사 도서를 읽히는 목적은 역사 지식을 쌓는 것뿐만 아니라 과거 역사에서 교훈을 얻어 현재와 미래의 역사를 바람직한 방향으로 이끌어 간다는 의미가 더 중요하다. 또 역사 도서를 읽음으로 아이들은 민족적 정체성을 확립해 가기도 한다. 이러한 특성을 생각하여 감상문을 구성하면 된다.

(1) 책에 담긴 내용을 전체적으로 소개하고 가장 인상적인 사건이나 인물을 이야기 하며 자신의 생각을 쓴다.

(2) 사건이나 인물이 역사에 미친 영향을 정리해 본다. 또 현대인들이 그 사건이나 인물에서 배울 점이 무엇인지 쓴다.

(3) 새롭게 알게 된 역사적 사실을 소개한다.

〈예문 5〉

역사 도서 감상문

조선왕조실록의 숨결

– 『초등학생을 위한 조선왕조실록』을 읽고 –

세종대왕님께.

존경하는 세종대왕님, 안녕하세요?

『조선왕조실록』 안에는 태조, 정종, 태종, 세종, 문종, 단종, 세조, 예종, 성종, 연산군 외에도 17여 분의 이야기가 담겨 있었습니다. 그분들 중에서 제가 제일 존경하는 분이 세종대왕님이시기에 이렇게 편지를 씁니다.

다른 왕들은 왕위를 계승하려고 서로 자신의 형제를 죽이고 다툼을 하는데 세종대왕님께서는 두 분의 형들이 모두 왕의 자리를 양보해 주셨잖아요. 그래서 저는 세종대왕님의 형님들도 존경합니다. 만일 그분들이 왕의 자리를 양보해 주시지 않았다면 물론 그때 어떻게 되었을지 모르지만, 이렇게 우리들이 쓰기 좋은 한글이 없을지도 모르잖아요. 그리고 세계 최초의 강우량 측정기인 '측우기'와 천체 관측 기계인 '혼천의', 해시계 '앙부일구'와 물시계인 '자격루' 등 백성들의 생활에 도움을 주는 과학 기구를 발명하셨다는 내용을 읽고 나서 세종대왕님께서 얼마나 백성을 사랑하고 머리가 총명하셨는지 알게 되었습니다. 저도 그런 세종대왕님을 닮고 싶은데 세종대왕님을 닮으려면 죽어라 공부만 해야겠죠? 휴~ 참 힘들겠어요. (이하 생략)

초등학교 5학년 유지혜

---

5. 다양한 방법의 독서 감상문 쓰기

처음 글쓰기를 하는 학생들이나 저학년 학생들은 형식을 갖춘 수필형 독서 감상문을 쓰기 어렵다. 또 감흥에 따라 다양한 갈래 글을 이용하는 것이 더 좋을 때도 있다. 다양한 방법의 독서 감상문 쓰기는 학생들의 흥미를 높이고 글쓰기의 부담을 덜어 주며, 감상 형성에 긍정적 영향을 끼친다.

(1) 시로 쓰기

줄거리, 가장 인상적인 장면이나 인물, 자신의 생각과 느낌을 시로 표현하는 방법이다. 제목이나 주인공 이름을 이용한 3행시, 4행시나 시조, 자유시를 쓸 수 있다.

(2) 편지로 쓰기

독자의 입장에서 주인공이나 작가, 친구에게 권하는 편지를 쓰거나 책 속의 어떤 등장인물의 입장이 되어 다른 등장인물에게 보내는 형식으로 쓸 수 있다.

(3) 일기로 쓰기

책을 다 읽고 그날의 일기로 독서 감상문을 쓴다. 또 주인공이나 등장인물이 되어 작품 속의 특정한 날의 일기를 대신 써 보는 방법도 있다.

(4) 기사문 쓰기

육하원칙에 맞추어 책 내용 중 일부 사건을 기사문 형식으로 쓴다. 묻고 답하는 인터뷰 기사를 쓸 수도 있다.

제3장 갈래별 글쓰기 지도

 1. 일기

　일기 쓰기는 인성과 사고력을 키울 뿐만 아니라, 글쓰기의 출발이자 기본이라고 할 수 있다. 사람들은 거울을 보면서 자기의 외모가 어떤지 자주 살피지만 마음이 어떠한지는 잘 살피지 않는다. 하지만 이 세상의 어떤 '앎' 보다 중요한 것은 자신을 아는 것이며, 가장 중요하게 살펴야 할 것은 자신의 마음이다. 그렇다면 어떻게 자신을 알고 살필 수 있을까? 여러 가지가 있지만 일기야말로 자신과 마음을 보여 주는 훌륭한 거울이다.

　철학자 아미엘은 '일기는 인간의 위안이자 치유, 영원과 내면의 대화, 펜을 든 명상'이라고 했는데 일기의 힘과 효과를 잘 표현한 말이다. 일기 쓰기의 효과는 여러 가지가 있는데 첫째, 그날 자신이 한 일을 돌아보고 반성하여 인격을 발전시킬 수 있다. 둘째, 마음에 담았던 일을 털어놓아 마음이 가벼워진다. 셋째, 하루 일을 돌이켜 생각하고 판단하는 과정에서 사고력이 발달한다. 넷째, 글로 표현하는 능력을 기를 수 있다. 다섯째, 일기는 개인의 역사로 나중에 자신의 과거를 돌아볼 수 있다. 여섯째, 일기를 쓰며 꿈을 키울 수 있다.

　2006년 국가인권위원회에서 '초등학생의 일기를 강제로 검사하는 것은 인권 침해다'라고 했지만, 어디까지나 '강제로 검사하는 것'에 주의를 주어 '인권' 의식을 강조한 것이며 일기 쓰기의 의미를 부정한 것은 아니다. 일기 지도는 일정 기간 필요하며 서로의 신뢰를 바탕으로 이루어져야 하며 지도를 통해 일기 쓰기를 습관화할 수 있도록 도와야 한다.

1) 일기의 개념과 형식

일기는 '그날 자신이 한 일, 본 일, 들은 일, 생각한 일 중에서 가장 인상에 남거나 깨달음을 준 것'을 쓴 글이다. 일기는 의사소통을 목적으로 하는 글이 아니므로 일정한 형식이 없이 자유롭게 쓸 수 있다. 수필, 편지글, 감상문, 주장글 등 다양한 형식으로 자신의 하루를 표현할 수 있다는 말이다.

하지만 날짜, 날씨는 기본적으로 표기해야 한다. 날씨의 표기는 '맑음', '흐림' 등 간단하게 적는 것보다 더 구체적으로 적는 것이 좋다. '오전에는 흐렸다가 오후에 맑게 갬'이나 '바람이 많이 불어 아주 추웠다', '내 기분처럼 바람이 많이 불고 흐린 날' 등으로 다양하게 쓸 수 있다.

2) 글감 잡기

요즘 아이들의 생활은 학교와 학원을 중심으로 아주 단순화되어 있다. 이렇게 반복된 일상이 지속되기 때문에 아이들은 일기 쓰기가 어렵다고 토로한다. 그러나 비슷한 날들이라도 자세히 들여다보면 똑같은 날은 없으며, 관심을 가질 만한 일이 하나도 없는 날도 없다. 아이들이 일기 글감을 정하지 못하는 이유는 특별한 일만 글감이 된다고 오해하고, 자신의 관심을 글감으로 연결하지 못하기 때문이다. 이러한 어려움은 몇 가지 전략을 이용하여 쉽게 해결할 수 있다.

(1) 표 만들기 – 그날 있었던 일을 회상하여 시간대별, 장소별로 일어난 사건과 생각, 느낌을 표로 정리한 후 한 가지를 선택하여 자세히 쓴다.

〈표 4〉

시간	사건	나의 생각, 느낌
아침	학교 가는 길에 새끼 고양이를 보았다.	귀여워서 쳐다보았다.
점심	급식을 먹은 후 수진이와 줄넘기 연습을 했다. 이중 뛰기가 잘 안 되었다.	이중 뛰기, 엇걸어 뛰기를 잘하는 수진이가 부러웠다.
저녁	공원에서 줄넘기를 하다가 어떤 아저씨한테 흙이 튀었다.	아저씨한테 죄송했다. 그리고 화를 안 내셔서 고마웠다.

(2) 오늘 가장 길게 이야기를 나눈 사람과의 대화 내용을 일기로 정리한다.

〈예문 6〉

대화글 일기

OOOO년 4월 29일 금요일 (맑음)

동진이와 나눈 이야기

수업이 끝나고 동진이와 함께 선생님을 도와드리고 같이 집으로 왔다. 동진이와 모형 비행기 상 받은 이야기를 했다.

"야, 너 아까 받은 상장 뭐야?"

"응, 그거 모형 비행기 만들기 대회에서 동상 받은 거야. 우리 학교 대표로 나갔어."

"너 모형 비행기 잘 만들어?"

"응, 우리 엄마 아빠가 그러는데 내가 손재주가 있대."

"대회는 어디서 했는데?"

"학교 이름은 몰라. 일요일 날 선생님 차 타고 한참 갔어."

"너 잘 만드는구나. 상도 받고."

"더 잘할 수 있었는데, 내가 날릴 때 내 쪽으로 바람이 불었어. 내 앞의 아이들이 할 때는 바람이 안 불었거든."

"아깝다. 그런데도 동상 받았어?"

"응. 그리고 나는 혼자 만들었어. 만드는 거하고 날리는 거 전부 심사하는데, 만들기할 때 선생님이 잠깐 안 계셨거든. 그러니까 아줌마들이 보다가 옆에 와서 막 도와줬어, 다른 애들은. 고무줄 감기 할 때 힘이 좀 필요하거든."

"그거 반칙이다. 그래도 동상이면 네가 정말 잘하는 거네?"

"아니야, 금상 받은 형은 비행기가 학교 담을 넘어 옆에 아파트까지 아주 멀리 가서 비행기를 아마 못 찾았을걸?"

"와~ 그 형도 대단하다. 너도 6학년 되면 그렇게 잘할 수 있을 거야."

"나는 만들기가 좋아."

"다음에 비행기 만들기 할 때 같이 하자."

"그래. 알았어."

"잘 가."

신성 문방구 앞에서 우리는 손을 흔들며 헤어졌다.

(3) 브레인스토밍

오늘 하루를 생각하면 떠오르는 단어를 써 본 후 글감을 정할 수 있다. 연상한 어휘를 사건별로 묶은 다음 가장 인상적인 일을 자세히 쓴다.

(4) 또래가 쓴 일기를 읽어 보거나, 글감표를 만든 후 정한다.

(5) 하루 동안 있었던 일을 나열하지 않는다.

〈예문 7〉

> **나열식 일기**
>
> ○○○○년 3월 26일 월요일 (맑음)
>
>   아침에 엄마가 깨워서 일어나서 밥을 먹고…… (중략) 집에 왔더니 엄마가 안 계셔서 텃밭에 물을 준 후 동생을 데리고 피아노 학원에 갔다. 피아노 연습을 하고, 수학 학원에 가서, 집에 와서 저녁을 먹고 텔레비전을 보았다……. (중략)

3) 제목 쓰기

제목은 일기의 필수적 요소는 아니지만 초등학생의 경우 제목을 정하면서 글감과 주제를 정할 수 있다. 제목은 구체적으로 표현하는 것이 좋은데, 예를 들어 '동생' 이라는 제목보다는 '동생과 또 싸운 일' 이라는 제목이 더 바람직하다.

4) 본문 쓰기

(1) '오늘 나는' 이라는 말을 쓰지 않는다

일기라는 말에는 '오늘 내가 겪은 일을 쓴 글' 이라는 의미가 내포되어 있다. 그러므로 '오늘 나는' 이라는 말은 필요하지 않다. 습관으로 굳은 학생들은 '오늘 나는' 을 생략하면 어색해하지만 때와 장소, 사건, 대화글 등 다양한 방법을 알려 주면 쉽게 적응한다.

① **때와 장소로 시작하기** : 수업이 끝난 후 후문 이모네 분식집에서 있었던 일이다.

② **사건의 결과로 시작하기** : 또 미술 준비물을 가져오지 못했다. 벌써 세 번째다.

③ **대화글로 시작하기** : "야, 너 중앙 계단으로 가면 걸려." "내 맘이야. 걱정 마."

(2) 내용을 구체적으로 풀어 쓴다

〈예문 8〉

> ○○○○년 6월 13일 날씨 흐림
>
> 요즘에는 비가 오지 않아서 농부들이 어려움을 겪고 있다. 너무 불쌍하다. 도와주고 싶은데 도와줄 수 없다. 우리도 물을 아껴 써야 되겠다. 내가 만약 농부였다면 도시에서 물을 많이 얻어서 논밭에 뿌려 줄 것이다. 그럼 다른 농부들이 이렇게 말할 것이다.
> "고맙네, 이 은혜 꼭 잊지 않겠네."
> 빨리 비가 많이 내려서 풍년이 됐으면 좋겠다.

→ 아래는 위의 일기에서 중간에 생략된 세부 정보를 밝혀 더 구체화시킨 것이다.

〈예문 9〉

> ○○○○년 6월 13일 날씨 흐림
>
> 요즘에는 비가 오지 않아서 농부들이 어려움을 겪고 있다. 뉴스에서는 강원도 가뭄이 아주 심하다고 한다. 어른들은 옛날 같으면 가뭄 때문에 굶어 죽는 사람이 많았을 텐데 그런 일은 없어서 다행이라고 하신다. 농부들을 보면 너무 불쌍하다. 도와주고 싶은데 도와줄 수 없다. 우리도 물을 아껴 써야 되겠다. 서울은 수도꼭지만 돌리면 물이 콸콸 쏟아져 나온다. 어제 어머니께서 빨래 헹군 물, 설거지 물을 버리시며, "이런 물은 논밭에 주어도 되는데 아깝다."고 하셨다. 나도 샤워를 할 때 그냥 버리는 깨끗한 물이 아깝다고 생각했다.
> '깨끗한 물은 모아서 농촌에 보내 주면 얼마나 좋을까?'
> 내가 만약 농부라면 물이 많은 도시로 와서 물을 얻어서 농촌의 논밭에 뿌려 줄 것이다. 그러면 다른 농부들이 이렇게 말할 것이다.

"고맙네. 이 은혜 잊지 않겠네."

빨리 비가 많이 내려서 풍년이 되었으면 좋겠다.

(3) 그 일을 겪으면서 생각하고 느낀 것을 구체적으로 쓴다

'기분이 좋았다'는 '신이 났다', '뿌듯하다', '마음이 가벼워졌다' 등 상황에 맞게 다양하게 표현한다. 또 '내일부터 책을 열심히 읽겠다'보다는 '내일부터 아침에 30분씩 어떤 책을 읽겠다'고 구체적인 내용으로 쓰게 한다.

(4) 교훈을 억지로 쓰거나 거짓말을 쓰지 않는다

5) 다양한 방법으로 일기 쓰기

일기는 정해진 형식이 없다. 그러므로 생활 일기, 감상 일기(독서, 영화, 그림, 음악), 시 일기, 비평 일기(신문, 텔레비전), 주장글 일기, 기행 일기, 만화 일기, 그림 일기, 관찰 일기, 편지 일기 등의 다양한 방법으로 일기를 쓸 수 있다.

〈예문 10〉

생활 일기

OOOO년 2월 11일 목요일

친구 생일 파티

우리들은 오늘이면 다 따로따로 헤어진다. 나는 축구를 꽤 좋아한다. 하지만 대표팀이 다 헤어진다니 너무 괴롭다.

"아, 맞다. 오늘이 종원이 생일이구나! 생일 파티 가자. 모두 갈 거지?"

우리들은 전부 가기로 했다. 하지만 나는 토요일이라도 학원을 가야 해서 많이 놀지는 못했다. 하지만 재미있게 놀 수 있었다. 3대 1로 밀릴 때 난 화가 나서 무조건 공을 몰고 나가서 골을 넣었다. 하지만 우리 팀 또 부상. 우리 반 준용이가 병욱이 발목을 차서 피가 났다. 왜냐하면 축구화로 찍혔기 때문이다. 이런~.

'병욱이는 얼마나 아플까? 병욱아 괜찮지?'

난 친구가 아픈 것이 싫다. 나는 다치지 않도록 친구를 지켜 주겠다.

난 열불이 났다. 헤딩! 슛! 골! 3 대 3으로 무승부. 다시 4 대 4가 되었다.

그런데 갑자기 중학교 형들이 나타났다.

"야, 이 씨발 새끼야. 죽을래?"

'윽, 무섭다.'

발이 떨어지지 않았다.

"야, 이 미친 놈들아, 꺼져! 당장!!"

우리는 뛰었다. 하마터면 잡힐 뻔했다.

"야, 빨리 뛰어! 조심해."

너무 무섭기도 하고 재미있기도 한 하루였다. 나는 형이 되어도 절대 욕 안 하겠다.

초등학교 3학년 이창용

〈예문 11〉

독서 일기

○○○○년 8월 14일 수요일 (맑음)

독서 수업에서 『밤하늘 별자리 이야기』를 읽었다. 창용이와 나는 책에 나오는 것처럼 지구와 달이 공전, 자전하는 것을 직접 해 보았다. 교실 가운데에 병을 놓고 태양이라고 하고 나는 지구, 창용이는 달이 되었다. 그런데 무척 어려웠다. 지구는 자전을 하면서 공전을 해야 하고, 달은 그 움직이는 지구를 따라가며 돌아야 하기 때문이다. 창용이와 부딪쳐서 내가 그만 병을 발로 차 버리고 말았다. "어, 상윤이가 태양을 발로 차 버렸네."

선생님 말씀에 우리는 웃음 범벅 세상을 만들었다.

블랙홀에 관한 이야기도 읽었다. 블랙홀은 주위의 모든 것을, 아무리 큰 것이라도 다 빨아들인다고 했다. 선생님이 "너희들이 어른이 되면 우주 여행도 할 수 있을지 몰라."라고 하셨을 때 나는 "싫어요. 블랙홀이 있어서 저는 절대로 우주에 가지 않을 거예요."라고 대답했다. 캄캄한 하늘에 있는 검은 블랙홀을 상상하면 으스스 떨린다.

초등학교 3학년 강상윤

감상 일기

OOOO년 1월 26일 목요일 (흐림)

'로댕 전시회'를 보고

독서 선생님과 로댕 전시회를 보러 갔다. 우리가 알고 있는 진짜 생각하는 사람을 보았다. 선생님이 그 사람처럼 포즈를 한번 취해 보라고 하셨다. 정말 그렇게 해 보려고 했더니 힘들었다. 왜냐하면 그 사람은 왼쪽 팔꿈치를 오른쪽 다리 위에 올려 놓고 있었기 때문이다. 오른쪽 팔을 왼쪽 다리 위에 놓았던가? 하여튼 힘들게 앉아 있었다. 왜 그렇게 힘들게 앉아 있는지 모르겠다. 같은 쪽 다리 위에 놓으면 편할 텐데…….

'청동 시대'는 야해서 다 웃었다.

"야, ××가 다 보인다."

현민이가 큰 소리로 말해서 어른들도 웃었다.

제일 특이한 것은 발자크였다. 어떤 여자 어른이 설명을 해 주었는데, 발자크는 다리가 이상했는데 로댕이 그대로 만들고 아래 부분에 받침대를 만들었다고 한다. 받침대가 없으면 발자크가 쓰러진다. 배도 무척 많이 나왔다. 발자크는 위대한 작가인데, 로댕이 배도 나오고 다리도 이상한 모양으로 만들어 돈을 받지 못했다고 한다. 로댕은 참 이상한 사람이다. 사람들을 멋지게 생각하는 모습으로 만들면 돈을 많이 받았을 텐데 왜 저렇게 만들었을까? 선생님은 로댕의 그런 행동이 현대 조각을 발전시켰다고 하셨다.

우리는 '피아노 치는 손'을 그렸다. 내가 그 손 모양을 따라해 보았더니 이것도 어려웠다. 로댕은 어려운 것을 조각하기를 좋아하나 보다.

유명한 전시회도 보고 견학 숙제도 하나 마쳐서 기분이 좋았다.

초등학교 5학년 김은정

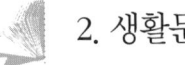

2. 생활문

생활문이란 자신이 생활하면서 겪고 보고 듣고 느끼고 생각한 일을 글감으로 하여, 이야기 형식으로 쓴 글이다. 주어진 주제에 대해 설명하듯이 쓰거나, 논증하듯이 쓰지 않고 주제를 이야기 속에 담아 펼치는 글이다. 예를 들어, '부모님의 사랑'이라는 주제의 생활문을 쓰려면, 부모님의 사랑이 어떠한지 설명하는 것이 아니라 어머니의 사랑을 크게 느낀 어떤 사건을 이야기 형태로 풀어내는 것이다.

하지만 생활문이 생활 속의 일을 쓴다고 해서 아무 일이나 써도 된다는 것은 아니다. 생활 체험 중에서 인상적인 일, 깨달음을 준 일을 서술하여 다른 사람들에게 감동을 주며, 쓸 만한 가치가 있는 것을 써야 한다.

1) 글감 잡기

아이들은 지나간 일에 대한 기억 탐색 능력이 부족하다. 그러므로 아이들이 기억을 되살리는 것을 도와주기 위해 일기장을 가지고 오게 하거나 기뻤던 일, 슬펐던 일을 생각하게 하고, 사진을 가져오게 하는 등 다양한 방법을 이용해 본다. 또 오해, 싸움, 동생, 학원, 신 나는 일 등 아이들 생활에서 자주 일어나는 일을 글감으로 제시해 줄 수도 있다.

주제를 자유롭게 정할 경우는 가장 인상적인 일을 쓰게 하고, 백일장 등 주제가 주어지는 경우는 그 주제를 가장 잘 드러낼 수 있는 체험을 펼쳐 쓰면 된다.

2) 구성

저학년이나 글쓰기의 기초 단계에서는 이야기가 전개되는 '처음', 사건이 전개되며 글의 중심이 되는 '가운데', 사건이 해결되는 '끝맺음'의 3단계로 구성하는 것이 좋다. 그러나 고학년이나 글쓰기가 능숙해졌다면 발단, 전개, 절정, 결말의 4단계나 발단, 전개, 위기, 절정, 결말의 5단계 형식에 도전해 보는 것도 필요하다.

3) 처음 쓰기(발단)

(1) 대화글로 시작하기

예 "한 번만 만져 볼게."

(2) 중심 생각으로 시작하기

예 일요일이 없었으면 좋겠다.

(3) 때로 시작하기

예 지난 토요일 저녁이었다. 아버지의 심부름을 하고 오는 길에……

(4) 결과로 시작하기

예 내 동생이 또 오줌을 쌌다. 내 동생은 올해 4학년인데……

(5) 묘사로 시작하기

예 하늘은 문구점에서 금방 산 색도화지처럼 주름 하나 없이 깨끗했다. 건너편 102동 옥상 바람개비는 바람과 장난을 치는지 빙글빙글 돌았다 서고 돌았다 서고 있었다. 날씨가 추운지 아파트 정문 옆의 귤 파는 아저씨는 좌판에 비켜서서 햇볕 드는 곳에 계속 서 계셨다.

(6) 장소로 시작하기

예 학교 앞 문방구에서 있었던 일이다.

4) 가운데 쓰기(전개, 위기, 절정)

(1) 주제를 드러내는 한 가지 사건을 시간과 장소의 변화에 따라 펼쳐 준다.

(2) 각 문단 간 연결이 자연스럽게 쓴다. 같은 내용을 반복해서 쓰면 지루한 느낌을 주고 지나치게 생략하여 비약하면 내용을 제대로 이해할 수 없다.

(3) 중심 사건이 바로 나오도록 쓰고 사건의 변화를 느낄 수 있도록 써야 한다.

(4) 너무 많은 이야기를 담지 말고 주제를 살리는 한두 가지 이야기를 써야 한다.

5) 마무리 쓰기

(1) 사건을 정리하고 그 일을 통해 자신이 얻은 생각이나 느낌을 구체적으로 쓴다. 직접적인 설명보다 행동이나 대화글 등으로 간접 표현의 방법을 쓸 수 있다. 하지만 저학년의 경우 겪은 일을 회상하여 쓰는 서사문 정도로만 쓸 수 있다.

(2) 뻔한 교훈으로 마무리하지 않는다. '앞으로는 착한 사람이 되겠다', '다시는 이

런 잘못을 저지르지 않겠다' 는 말보다 좀 더 구체적인 결심을 쓴다.

〈예문13〉

생활문 예문

사촌들과 축구 시합

"민수야, 일어나! 제사 지내야지."

추석날 새벽, 우리 가족은 아주 일찍 제사를 지낸 후 경상북도에 있는 외가댁으로 향했다. 차도 막히지 않고 씽씽 달렸다.

"빨리 왔네. 아유, 저 벼 좀 봐."

외가댁은 수해를 입지 않아 논에 벼가 가득 찼다. 그런데 벼는 익을수록 고개를 숙인다던데 경상도 벼들은 고개를 뻣뻣하게 들고 있었다. 참 이상했다.

외삼촌, 이모들, 사촌들 전부 모여서 시끌벅적, 와글와글했다. 외가댁 마당은 아주 넓은데 그곳이 시끌시끌했다.

"애들아, 너희 피버노바 축구공 봐라. 큰삼촌이 작은삼촌하고 돈 합쳐서 10만원 주고 산 거야."

"정말요?"

"그럼. 너희 이 공으로 축구 시합해 봐."

"자, 꼬마들, 이리 다 오세요."

"에이, 삼촌, 전부 어려서 어떻게 팀을 짜요?"

"음, 4학년이 두 명, 2학년 한 명, 일곱 살 둘, 여섯 살 둘. 그럼 민수하고 민철이, 정은이, 지영이가 같은 팀 하고 정환이는 2학년 상진이를 끼워 주니까 은숙이 넣어서 셋이서 같은 팀 해라."

사촌들 중에서 나하고 정환이가 4학년이라 제일 크고 다른 아이들은 아직 어렸다. 그래도 우리는 골대를 정하고 경기를 했다. 어른들은 긴 마루에 죽 앉아서 응원을 하셨다. 나는 일곱 살, 여섯 살 동생들이 다칠까 봐 공을 힘껏 찰 수가 없었다. 그래도 시합은 시합이니까 골을 넣어야 한다.

"앙~."

내가 찬 공이 휙 날아가서 우리 팀 정은이 이마에 '땅' 부딪쳤다.

"괜찮아. 괜찮아. 어디 보자. 피 안 나네. 더 할 거지?"

"응."

정은이는 눈물을 닦고 다시 폼을 잡았다.

이번에는 상진이가 찬 공에 우리 팀인 여섯 살 지영이가 넘어졌다.

"앙앙~."

"어머, 코피가 나네. 안 되겠다. 너는 나와."

이모가 달려와서 지영이를 달래며 갔다. 그 뒤로 저쪽 팀 은숙이가 코피가 나서 또 나가고 정은이는 내가 공을 찼는데 그만 축구화가 벗겨져서 축구화 바닥의 뾰족한 징에 맞아서 코피가 났다. 결국 선수 3명이 코피를 흘리며 울면서 퇴장을 하고 2학년 동생하고 같이 뛴 정환이네 팀이 이기고 우리 팀은 일곱 살 민철이하고 나하고 남았다. 벌칙은 이긴 선수 업고 마당 한 바퀴 돌기였다. 나는 정환이를 업고 뛰어야 했다.

"아이구, 우리 민수 고생 좀 하게 생겼네. 정환아 너 몸무게 얼마냐?"

"쟤, 올해 더 쪄서 41킬로야."

"민수는 35킬론데...."

"아이구, 무거워."

친척들이 웃으면서 다 쳐다보는데 나는 정환이를 업고 힘들게 뛰었다. 한편 2학년을 업어야 될 민철이는 어떠냐 하면 민철이는 타고난 우량아라서 2학년을 업고도 잘 뛰었다.

"집안이 시끌벅적하니까 명절 기분이 나는구나."

외할머니께서 기뻐하시는 것 같았다.

초등학교 4학년 김민수

 3. 동시

시란 강하게 느낀 감동을 짧은 문장으로, 노래하듯이 쓴 글이다. 즉, 어떤 순간 마음이 크게 움직여 그려낸 마음속 풍경을 압축적으로 리듬감 있게 쓴 것이라고 할 수 있다. 동시는 일반적인 시의 특성을 가지면서 어린이가 중심에 있다. 어린이의 시 쓰기는 어른의 시 쓰기와 달리 '감동 체험과 인식'이 중요하다. 또 어른의 시는 시간을 두고 다듬어야 좋은 시가 나올 수 있지만, 어린이는 시간을 끌수록 감동의 기억이 사라져 좋은 시가 나오기 어렵다. 이 점에 주의하며 지도하는 것이 필요하다.

1) 글감 잡기

생활에서 체험한 직접·간접 경험과 모든 사물이 글감이 된다. 아름다운 자연뿐 아니라 생활 체험, 사물 등 시의 글감은 제한이 없다. 또 시는 강한 감동이 일어난 한순간의 느낌을 잡아 글감으로 정한다. 어린이들의 경우 생활에서 글감을 택하는 경향이 강하다. 시를 쓸 때는 많은 것을 담으려 하지 말고 한 가지를 현미경으로 보듯 세밀하게 묘사하는 것이 좋다.

(1) 자연과 생활을 견주어 쓴 시

〈예문 14〉

천둥 번개
초등학교 4학년 조영호

하늘엔 먹구름이
우르릉 꽝꽝
무서운 천둥 번개

땅 위에는 오토바이
바라바라바라밤
번개 배달 달린다

(2) 사물을 보고 쓴 시

〈예문 15〉

꽃사과

초등학교 3학년 문소정

동글동글

매끈매끈

올망졸망

이름도 예쁜 게

꽃사과란다

한 입 살짝

깨물어 보니

아이셔보다 더 신

강력 시다 파워!

---

3) 시의 형식적 특징

(1) 행과 연이 있다.

(2) 운율을 살려 쓴다. 글자 수나 단어를 맞추어 노래와 같은 느낌을 준다.

예 동글동글 / 매끈매끈 / 올망졸망

(3) 과장하거나 미화하지 않고 솔직하게 써야 한다. 또, 고학년의 경우 대상을 과장되게 의인화하는 것은 피하는 것이 좋다.

예 바람은 심술쟁이 / 구름은 요술쟁이

(4) 대화글을 사용할 수 있고, 자신의 생각과 느낌도 쓸 수 있다.

예 사과에 아버지 땀방울 맺혀 있어요

(5) 설명하는 투의 말은 조사나 꼭 필요하지 않는 말을 생략하여 압축시킨다.

예 꽃사과를 살짝 깨물어 보았더니 정말 시었다. 지난 번에 먹어 본 아이셔보다 더 시었다.→한 입 살짝

/ 깨물어 보니 / 아이셔보다 더 신 / 강력 시다 파워!

(6) 소리·모양 흉내말, 직유법, 은유법, 의인법 등 다양한 표현으로 생각과 느낌을 나타낸다.

(7) 직유, 은유, 의인 등 다양한 시적 표현을 사용하여 감동을 드러낸다.

① 직유법

직접적으로 비유하는 기술로, 나타내려는 대상과 공통성이 있는 다른 대상의 특성을 빌려 와 표현하는 방법이다. '처럼', '같이', '듯이'라는 조사를 쓴다. 그러나 비유의 대상과 비유하려는 사물이 유사한 종류라면 문장의 묘미가 사라진다는 점에 유의해야 한다. 예를 들면 '소나무 잎은 전나무 잎처럼 뾰족하다'는 문장의 경우 직유법 표현으로 적당하지 않다. 또 '바늘처럼 뾰족한 소나무 잎'과 같은 상투적인 표현은 피한다. '생선가시처럼 뾰족한 소나무 잎' 등 독창적인 느낌을 찾아 쓴다.

예
- 지현이가 웃음 폭탄에 맞은 것처럼 계속 웃었다.
- 귤이 분수처럼 향기를 뿜어낸다.
- 엄마 품은 구름처럼 포근하다.
- 자전거가 병정처럼 줄지어 서 있다.
- 낙엽이 전쟁에 진 병사처럼 바람에 쫓겨 간다.

② 은유법

'처럼', '같이', '듯이'라는 말을 쓰지 않고 'A는 B다'라는 형태로 쓴 문장이다. 단, A와 B는 속성상 공통점이 있어서 사람들이 이해할 수 있어야 의미가 있다.

예
- 귤 껍질은 향기 물총이다.
- 내 친구 지현이는 웃음 폭탄이다.

③ 의인법

사람이 아닌 것을 사람의 행동이나 말, 감정으로 표현하는 것이다.

예
- 아파트의 바람개비가 바람과 함께 놀고 있다.
- 피뢰침은 천둥 번개를 밥으로 먹고 산다.

- 동상들이 반짝거리며 일광욕을 즐기고 있다.

④ 소리 흉내말, 모양 흉내말 쓰기
졸졸졸, 뽀도독, 맴맴 등 소리 흉내말과 흔들흔들, 폴짝폴짝 등 모양 흉내말을 쓴다. 관용적 표현 외에 '매미가 찌이이용 찌이이용 찌찌찌찌 하고 운다' 와 같이 자신만의 표현을 찾아 쓴다.

⑤ 도치법
주어, 목적어, 서술어로 쓰는 문장 순서를 일부러 바꾸어 써서 강한 느낌을 준다.

예 마침내 우리의 꿈을 이루었네. → 마침내 이루었네, 우리의 꿈을.

4. 설명문

설명문은 어떤 지식이나 정보, 경험을 독자가 이해하도록 쉽게 풀어 쓴 글이다. 설명문에는 객관적이고 정확한 정보를 담아야 하며 자신의 주관적 의견이나 확인되지 않은 추측을 쓰면 안 된다.

1) 글감 잡기
주제에 대해 자료를 조사해서 쓰거나 특정 주제를 다룬 책을 읽고 쓸 수 있다. 또 라면 봉지나 과자 봉지 뒷면의 내용을 바탕으로 쓸 수도 있고, 인라인 스케이트 등 주변 사물, 우리 동네, 가족이나 친구 등 사람에 대해 쓸 수 있다.

2) 구성
(1) 처음 : 주제 제시, 그것을 소개하는 이유, 목적 등으로 글을 열어 준다.
(2) 가운데 : 설명하려는 대상과 독자에 맞게 내용을 구조화시킨다.
(3) 끝 : 주제가 가지는 의미를 정리하거나 마무리한다.

3) 서술 방식

(1) 정의법 : 설명하려는 대상을 정확하게 풀어 쓰는 방법이다.

예 컴퓨터란 입력된 자료를 프로그램에 의해 처리·저장하고 필요에 따라 검색·출력할 수 있는 전자 장치를 말한다.

(2) 예시법 : 구체적인 예를 들어 서술하는 방법이다.

(3) 비교법, 대조법 : 비교법은 공통점을, 대조법은 차이점을 들어 쓰는 것이다.

예 버스와 기차는 많은 사람을 운송할 수 있는 교통수단이다. (비교)

기차는 선로가 깔린 철도 위를 달리며 버스는 선로를 깔지 않은 땅 위를 움직인다. (대조)

(4) 분류법, 분석법 : 설명하고자 하는 대상을 종류에 따라 나누는 것은 분류이고, 상황이나 사물을 세부적으로 나누어 자세히 설명하는 방법은 분석이다.

예 컴퓨터의 종류는 개인용 컴퓨터와 슈퍼 컴퓨터로 나눈다. (분류)

컴퓨터는 중앙 처리 장치, 주 기억 장치, 하드 디스크 드라이버, 키보드, 모니터, 마우스 등으로 이루어져 있다. (분석)

〈예문 16〉

설명문

엑소 초콜릿

글쓰기 수업 시간에 엑소 초콜릿을 먹었다. 왜냐하면 이번 달 책이 『초콜릿 공장의 비밀』이어서 초콜릿에 대해 알아보려고 먹은 것이다.

엑소는 동전 모양으로 금박 종이에 싸여 있다. 맛은 조금 달착지근하고 부드럽다. 포장지를 보았더니 재료는 백설탕, 전지 분유, 코코아 버터, 코코아 매스, 유당이다. 엑소는 롯데제과 주식회사에서 만들었고 12조각이며 가격은 1천 원이다. 정량은 62g이고 직사광선 및 습기를 피해 진열해야 한다. 유통 기한은 올해 9월 30일까지이다.

초콜릿은 맛이 달아서 사람들이 좋아하며 열량이 많아서 비상 식량으로도 쓴다. 하지만 설탕이 많이 들어 있어서 많이 먹으면 충치가 생기고 비만이 될 수 있다. 달다고 많이 먹으면 나중에 쓴 약을 먹어야 되는 일도 있으니 조금만 먹어야 한다.

초등학교 4학년 문재빈

〈예문 17〉

메사추세츠 숲의 일생

한 달 전쯤 노원구청에서 숲 해설가님이 우리 학교로 오셨다. 우리는 수락산에 가서 숲에 대한 설명, 전설, 이야기를 들었다. 수락산의 나무는 전부 사람들이 심은 것이라는 것도 처음 알았다. 그때부터 나는 숲에 대해 궁금한 것이 많아졌다. 그러다가 글쓰기 시간에 숲에 관한 책을 읽었다. 나는 그 책이 좋아서 집에 가져와 30분 만에 다 읽었다. 그 책은 『숲은 어떻게 만들어지는가』라는 것이다. 이 책은 미국 메사추세츠 숲의 일생에 대한 것이었다.

그 숲은 처음에 농사를 짓던 땅이었는데 빈터가 되었다. 처음에는 노란 데이지, 들장미, 민들레 등이 자랐다. 농부가 떠난 지 5년 후 바람이 불 때 가까운 숲에서 한 스트로브 소나무 종자가 날아와 싹을 틔웠다. 이렇게 땅에 처음 뿌리를 내린 나무를 '개척자 나무'라고 한다. 소나무가 자라는 동안 덤불에 사는 토히새, 휘파람새, 바위종다리 등이 이사를 와서 덤불 속에 집을 짓고 살았다. 또 쥐나 토끼, 족제비와 여우과 동물들도 굴을 파고 살았다.

소나무가 싹을 틔운 지 20년이 지나자 그 숲은 소나무로 울창해졌다. 그런데 무성한 솔가지가 햇빛을 가려 어린 소나무는 자라지 못하고 시들어 버렸다. 하지만 응달에서 잘 자라는 나무들은 솔 그늘 아래서도 싹을 틔우고 성장할 수 있었다. 이들은 활엽수 종의 나무로 물푸레나무, 붉은떡갈나무, 꽃단풍, 튤립나무 등이었다. 어린 활엽수들이 자라기 시작한 지는 15년 정도밖에 되지 않았지만 이들은 큰 소나무들 사이사이에서 빽빽하게 들어섰다. 이렇게 어떤 곳의 생물이 변해 가는 것을 '천이' 라고 한다. 나무 세계에서 천이가 일어나는 동안 동물 세계에서도 천이가 일어났다. 전에 살던 들쥐는 풀밭이 없어져서 다른 곳으로 이사를 가고, 그 대신 비단털쥐들이 와서 그 자리를 메웠다. 드디어 활엽수가 많아지자 사슴이 새로 살기 시작했다. 또 붉은 홍관조, 미국솔새, 땅미국솔새, 목도리들꿩, 다람쥐들도 숲으로 왔다.

농부가 떠난 지 80년이 지난 후, 이제 스트로브소나무는 찾아볼 수 없게 되었다. 온통 붉은떡갈나무, 물푸레나무, 꽃단풍으로 뒤덮였다. 그리고 아래에는 설탕단풍나무, 너도밤나무가 자라기 시작했다. 이런 나무를 후계목이라고 한다.

이제 숲의 나이가 100살이 넘었다. 설탕단풍나무, 너도밤나무가 숲의 왕좌를 차지했다. 그리고 스라소니, 여우, 곰, 호저 등 많은 생물이 어울려 살고 있다.

이처럼 숲에도 일생이 있다는 것을 알 수 있다. 숲에서 가장 크게 자란 나무를 보면 그 숲의 나이도 알 수 있다. 숲은 많은 동물들에게 살 곳과 먹을 것을 제공한다. 인간에게도 꼭 필요한 것이다. 자연이 만들고 키워 준 숲을 고맙게 여기고 보호해야겠다.

초등학교 4학년 조현승

5. 보고서

보고서란 자신이 조사하고 겪은 일을 체계적이고 집중적으로 풀이하고 정리한 글이다. 글의 갈래로 나눈다면 설명문에 속할 것이다. 그러나 설명문 쓰는 방식과는 차이가 있다. 보통 설명문은 단락을 갖추어 줄글로 쓰지만 보고서는 항목별 번호를 붙여 노트 정리하듯이 쓸 수 있다. 보고서는 정보 전달의 갈래에 속하므로 생각과 느낌보다는 객관적인 조사 관찰 내용 위주로 쓴다.

보고서를 작성하면 자신이 견학 기행한 곳, 실험 관찰한 내용을 일목요연하게 정리할 수 있고 타인과 정보를 공유할 수도 있다.

보고서의 구성은 보고 대상에 따라 적절한 항목을 설정할 수 있지만, 대체로 표지, 처음, 가운데, 끝으로 구성한다. 표지는 제목, 모둠 이름과 모둠원 이름을 기재하고, 처음은 목적, 준비, 대상, 함께 한 사람, 시기를 쓴다. 그리고 가운데는 보고 내용을 세분화하여 설명, 분석하되 각종 자료나 사진을 첨부한다. 끝은 조사나 기행을 통해 얻은 것, 생각이나 느낌, 비용 결산에 대해 서술한다.

6. 기행문

기행문은 여행하면서 보고 듣고 겪고 생각한 일을 쓰는 갈래로, 정보 전달과 정서 표현의 두 가지 특성을 가진다. 정보 전달 측면은 기행한 곳의 역사, 기후, 풍습, 자연환경, 시설, 사람들에 대한 정보인데 객관적이고 정확하게 써야 한다. 정서 표현 측면은 객관적 사실에 대한 자신의 주관적 생각과 느낌을 쓴다.

1) 기행문의 구성

(1) 처음 : 출발하기 전과 출발할 때를 서술한다. 기행의 목적, 동기, 기행에 대한 기대, 준비 과정을 쓴다.

(2) 가운데 : 도착해서 여행한 곳을 날짜별로 크게 나누고 다시 그날 여행한 지역별로 단락을 나누어 소개한다. 보고 들은 것, 새롭게 알게 된 것, 상상했던 것과 비교, 가장 인상적인 것, 풍경과 풍습, 역사적 유래와 자신의 생각, 느낌을 쓴다.

(3) 끝 : 돌아오면서 여행 전체에 대한 의미와 느낌을 정리해 본다.

2) 기행문의 표현

기행문은 정보와 정서가 함께 엮인 글이다. 그러므로 사실과 의견을 명확하게 구분하여 써야 한다.

예 이 절은 불국사인 것 같았다. → 이 절은 불국사다.

〈예문 18〉

기행문

경주에 다녀와서

5월 5일 어린이날과 개교 기념일, 재량 휴일을 합쳐 4일 동안 학교를 안 가게 되었다. 그래서 아버지께서 휴가를 내시고 우리 가족은 경주에 다녀왔다. 선덕 여왕과 김유신의 유적지를 직접 볼 생각을 하니 마음이 들떴다. 토요일 오후에 출발해서 우리가 묵을 숙소로 바로 갔다. 밤늦게까지 경주 지도를 펼쳐 놓고 어디를 갈까 가족들과 이야기를 나누었다.

5월 2일, 불국사에 가기 전에 선덕여왕 무덤에 갔다. 기대를 한 것에 비해 조금 초라해서 실망스러웠다. 하지만 관광객들이 바글바글했다. 선덕여왕이 무척 인기가 높았다. 그다음

은 신라의 대표절인 불국사에 갔다. 불국사는 궁궐처럼 아주 크고, 기와가 멋있었다. 또 책에서 보았던 석가탑과 다보탑을 보았다. 두 탑의 개성이 서로 다르지만 참 아름다웠다.

그리고 석굴암에 갔다가 거기서 문무대왕릉으로 출발했다. 문무대왕은 죽어서도 용이 되어 신라를 지키려고 물 속에 무덤을 만들었다고 한다. 죽은 후에도 나라와 백성을 사랑하는 마음이 정말 대단하다. 오는 길에 감은사탑도 보았다. 석가탑이나 다보탑처럼 예쁘지는 않지만 다른 멋이 있었다. 아까 본 문무대왕 용이 물길을 따라 금당터로 오게 만들었다고 한다. 그렇게 거리가 먼데 여기까지 바닷물이 들어왔다는 것이 참 신기했다.

5월 3일은 분황사에 갔다. 분황사 석탑은 원래 7~9층이었는데 지금은 3층만 있다고 했다. 탑이 뾰족하지 않고 집 모양으로 생겨서 특이했다. 문 옆에 있는 사천왕상 표정이 조금 무서웠다. 분황사는 선덕여왕과 여왕을 짝사랑한 지귀에 관한 전설이 서려 있다. 지귀가 여왕을 보려고 절에 왔다가, 잠시 잠이 들었다. 그때 여왕이 지나가다가 금팔찌를 주고 갔다고 한다. 하지만 지귀는 그 후 더욱 여왕을 사랑하게 되어 죽었다고 한다. 지귀가 불쌍한 생각도 들었고, 금팔찌를 준 여왕은 이해심이 넓은 것을 보여 주었다. 그 옆의 황룡사지도 보았다. 지금까지 황룡사가 있었다면 참 좋았을 텐데 하고 아쉬워했다.

5월 4일에는 남산에 갔다. 포석정을 먼저 보았는데 아무리 봐도 술잔이 잘 흘러갈 것 같지 않았다. 여기서 신라의 경애왕이 잔치를 벌이다가 백제의 견훤이 쳐들어와 죽었다고 한다. 적이 오는지도 모르고 왕은 잔치를 벌이다니 조금 한심했다. 그런데 아버지께서 요즘 새로운 사실이 밝혀졌는데, 포석정은 놀이터가 아니라 회의나 조상께 제례를 지내는 곳이라고 하셨다. 아버지 이야기가 사실이라면 그동안 경애왕은 괜히 후손들에게 욕을 먹어서 억울할 것 같다. 나중에 무엇이 진짜인지 더 알아봐야겠다. 그리고 남산을 등산했다. 김시습이 시를 썼다던 절까지 올라갔다. 어떻게 이 높은 곳까지 절을 지을 수 있었는지 신기했다. 등산 하느라 너무 힘들어 숙소에 가서 전부 일찍 잤다.

5월 5일은 집으로 돌아가는 길이다. 집으로 가는 길에 안동 하회 마을에 가기로 했다. 먼저 병산서원에 갔다. 서원 마루에 앉아 산과 강을 보았더니 정말 병풍처럼 보였다. 엄마는 이런 데서 몇 달 살았으면 소원이 없겠다고 하셨다. 그리고 점심은 헛제사밥이라는 것을 먹었다. 아침을 대충 먹고 출발했더니 밥맛이 좋았다. 그리고 안동 하회 마을에 갔는데, 갑자기 비가 와서 많이 보지는 못했다. 다음에 또 오기로 하고 차를 탔다.

집으로 와서 컴퓨터로 사진을 보았더니 더 재미있었다. 경주 박물관이나 남산의 여러 가지 마애석불들도 보았지만, 글로 정리하기는 힘들었다. 다음에 다시 경주에 가면 안압지와 김유신이 무예 연습을 했던 단석산에 가 보고 싶다.

초등학교 6학년 김수지

7. 편지글

요즘은 통신 문화의 발달로 종이 편지를 잘 쓰지 않으며 우표로 붙이는 고전적 의미의 편지를 쓰는 일은 거의 없다. 하고 싶은 말이 있으면 전화나 인터넷 메일, 휴대폰 문자 메시지를 사용하여 즉시적 소통이 대세를 이루고 있다. 종이 편지이든 전자 통신이든 소통을 위한 글쓰기는 맥락을 고려하여 적절한 형식을 갖추어 쓰는 것이 중요하다. 같은 어휘라도 맥락과 상대에 따라 전혀 다른 의미로 전달될 수 있기 때문이다. 전자 통신은 특별한 형식이 없지만, 편지의 기본 형식은 알아두는 것이 필요하다.

1) 편지글의 형식

(1) 부르는 말(격에 맞는 존칭어 사용)

(2) 계절 인사

(3) 상대방과 나의 안부

(4) 하고 싶은 말(구체적으로 쓴다)

(5) 끝 인사

(6) 쓴 날짜

(7) 쓴 사람

2) 편지글을 쓸 때 알아둘 점

(1) 편지를 받는 사람에 맞는 존칭어와 용어를 쓴다.

(2) 편지를 보내는 목적에 맞게 쓰고, 구체적으로 표현한다. 개정 교과서가 실생활에서 잘 쓰지 않는 편지글을 싣는 이유는 편지글이야말로 '맥락'을 고려한 글쓰기의 특징이 잘 나타나기 때문이다. 편지를 쓰는 이유를 사연에 구체적으로 반영시키는 것이 중요하다.

(3) 글씨를 정성스럽게 쓴다. 요즘 아이들은 환경의 변화로 예전에 비해 손으로 쓰는 글씨체가 많이 나빠졌다. 깨끗하고 쉽게 읽을 수 있도록 정성을 들여 쓴다면 보는 사람도 기분이 좋아질 것이다.

(4) 편지는 꼭 멀리 있는 사람에게만 쓰는 것이 아니다. 자주 만나는 가족이나 친구에게 직접 말하기 힘든 마음속 이야기를 전달할 수 있다.

(5) 부르는 말, 인사 등 대부분의 내용은 왼쪽 상단에서 시작하지만 보낸 날짜, 보낸 사람은 오른쪽 하단에 쓴다. 또 우편으로 보낼 경우 편지 봉투 왼쪽 위에 보내는 사람의 이름과 주소를 표시하고 받는 사람의 이름과 주소는 오른쪽 아래에 쓴다.

〈예문 19〉

편지글

　현준에게.

　현준아, 안녕? 나 민기야.

　서울은 이번 겨울에 눈이 많이 왔어. 부산은 눈이 많이 안 오는 곳이라고 하던데 정말이니? 우리 아파트 뒷산으로 올라가는 산책로 있잖아. 거기서 박스 종이 가지고 가서 미끄럼도 탔어. 작년에 너랑 같이 타다가 플라스틱 상자가 뒤집어져서 넘어졌던 기억이 나더라. 부산은 눈은 잘 안 오지만 여름에 신 나잖아. 겨울에는 네가 나를 부러워하고 여름에는 내가 너를 부러워할 것 같아.

　현준아, 너 『초콜릿 공장의 비밀』 기억나지? 작년에 우리 재미있게 읽었잖아. 그런데 영화로 나와서 정말 놀랐어. 지난 주에 봤는데 내가 읽은 책이 영화로 나와서 신기하더라. 참, 『비밀의 숲, 테라비시아』도 영화로 나와 있데. 『산적의 딸, 로냐』도 영화로 만들면 재미있을 것 같아.

　그리고 현준아, 이 편지 읽으면 너도 꼭 답장해야 돼. 친구한테 편지 보내고 답장 받는 게 방학 숙제거든. 히히~. 좀 길게 써서 보내 줘. 봄방학 때 너 온다고 했지? 우리 그때 만나서 같이 놀자. 참, 그리고 너 지난번 '버디'에서 왜 그냥 나갔는지도 답장에 써.

　안녕~.

OOOO. 1. 12.

민기가

8. 희곡

희곡은 연극 상연을 목적으로 쓴 글이다. 소설과 비슷하지만 소설보다 갈등이 더 뚜렷하게 행동으로 드러나게 써야 하며, 희곡의 3요소인 해설, 대사와 지문으로 서술한다. 자신이 겪었던 일을 희곡으로 쓸 수도 있고 읽었던 동화나 소설을 희곡으로 각색할 수도 있다.

1) 인물 설정하기
나이, 이름, 성격, 인생관, 습관, 환경, 외모와 주변 인물과의 관계를 설정한다.

2) 갈등의 원인, 해결책, 대상을 정하기

3) 사건의 원인, 발단, 진행 방향을 설정하기

4) 대사 쓰기
희곡에서는 대사가 가장 중요하다. 대사를 통해 인물의 특징, 성격, 직업, 갈등이 드러나도록 써야 한다. 또 말하는 상대, 당시의 기분, 분위기에 따라 같은 내용이라도 다르게 표현해야 한다. 또 간결하면서도 내용이 분명하게 드러나게 써야 한다.

5) 지문 쓰기
인물의 행동, 심리, 성격 묘사와 설명, 상황, 정경 묘사를 주로 나타낸다. 괄호( )로 표시한다.

6) 희곡으로 고쳐 쓰기
대화글과 줄글을 등장인물의 대사로 서술한다. 인물의 동작, 표정은 괄호 속의 지문으로 나타내며, 고쳐 쓰는 과정에서 원본의 사건을 왜곡시키지 않도록 주의한다.

> **생활문**
>
>   학교 수업이 끝나고 나는 은정이와 함께 교문을 나섰다. 그때 은정이가 떡볶이를 사겠다고 했다. 우리는 교문 앞 포장마차 떡볶이 집에서 떡볶이 2인분과 오뎅을 하나씩 먹었다. <u>그런데 떡볶이를 다 먹은 후에도 은정이는 집으로 가려고 하지 않고 괜히 교문만 쳐다보면서 계속 수다를 떨었다. 내가 은정이에게 빨리 집으로 가자고 해도 조금 더 있자고 하면서 막무가내였다.</u>
>   <u>그때 교문에서 6학년 5반 남자아이들이 우르르 나왔다. 그때 은정이가 한 아이를 쳐다보는 것이다. 그 애는 내가 아는 5반 현수였다.</u>
>
> • 위 줄친 부분을 희곡 형식으로 고쳐 봅시다.
>
> **희곡**
>
>   나 : 야, 이제 집에 가자.
>   은정 : (교문 쪽을 힐끔힐끔 쳐다보며) 잠깐만 기다려. 아줌마 국물 좀 더 주세요.
>   아줌마 : (오뎅 국물을 휘저으며) 거기 종이컵에 따라 먹으면 돼.
>   나 : 야, 너 왜 자꾸 교문만 쳐다 봐?
>   은정 : (계속 교문을 쳐다보며) 잠깐만~. 야, 5반에 현수 말야. 너랑 같은 아파트지?

9. 자기 소개서

  과거의 자기 소개서는 취업을 위해 쓰는 이력서의 보조 서류였으나 이제는 학습 과정에서 자주 쓰는 글이 되었다. 자기 소개서를 쓸 때는 자신의 성장 과정이나 성격의 장단점, 재능, 장래 포부 등을 쓰되 진솔하고, 인상적이며, 자신을 잘 드러내는 내용으로 구성한다. 이러한 내용을 전체적으로 정리하여 제출하거나, '5분 발표'로 준비할 경우는 두세 가지 특성만 간단하게 서술하고, '어려운 일을 겪었던 경험을 서술하시오' 와 같은 조건이 붙는 경우는 그에 맞게 쓰면 된다. '성실하고 성격은 긍정적이며,' 와 같은 구태의연한 표현과 너무 많은 내용을 장황하게 나열하는 것은 피해야 한다. 무엇을 중심으로 쓸지 개요를 잡고 쓰도록 하자.

〈예문 21〉

자기 소개서

-5분 발표용

이번에 자기 소개서를 준비하면서 '나' 를 생각해 보았습니다. 그런데 뜻밖에도 연예인에 대해서는 잘 알면서 '나' 에 대해서는 잘 알지 못해서 놀랐습니다. 하지만 한 가지씩 정리하면서 내가 어떤 사람인지 조금씩 알게 되어 좋았습니다.

먼저, 저의 성격과 태도에 대해 정리했습니다. 첫째, 저는 사람을 무척 좋아합니다. 어릴 때부터 사람을 좋아했다고 어머께서 이야기해 주셨습니다. 얼굴을 가리지 않아 아무나 쫓아가서 어머니가 놀란 일도 많았으며, 손님이 집에 왔다가 돌아가려고 하면 옷을 잡고 울었다고 합니다. 그래서 학교에 가서도 친구들과 거의 싸우지 않고 지냅니다. 초등학교 6년 동안 친구랑 싸운 적이 2번밖에 없을 정도입니다. 그래서 내 생일에는 친구들이 많이 옵니다. 어머니께서 '제발 이번에는 너희 반 애들만 불러라.' 라고 하실 정도입니다. 중학교에 와서 또 새로운 친구들을 사귈 생각을 하니 기분이 좋습니다.

둘째, 노트 정리를 잘합니다. 글씨도 잘 쓰고 꾸미는 것을 좋아하기 때문에 노트 정리를 잘합니다. 그런데 정리하는 데 시간이 많이 걸려서 공부할 시간이 부족하기도 합니다. 어머니께서는 내가 정리하는 데 힘이 빠져서 다시 노트를 읽지 않는다고 걱정을 많이 하십니다. 하지만 선생님께서는 내 노트를 반 아이들에게 보여 주시며 칭찬해 주십니다. 친구들은 내 노트가 너무 휘황찬란하다고 합니다. 노트 정리를 위해서 산 색깔펜이 100자루 이상, 각종 포스트잇이 많습니다. 그래서 용돈이 많이 필요합니다. 요즘은 공부를 잘하려고 정리하면서 동시에 외우려고 노력을 많이 합니다.

셋째, 건망증이 심해서 해야 할 일은 금방 잊어 먹고 물건을 잘 잃어버립니다. 그래서 별명이 '아차' 입니다. 다행히 친구들이 많아서 제가 해야 될 일을 친구들이 잘 일러 줍니다. 가장 친한 미영이가 가끔 문자를 보내 주기도 합니다. 유치원을 다니면서부터는 모든 물건에 유성 매직으로 내 이름을 일일이 썼습니다. 가방은 물론 외투, 마이, 조끼, 모자, 장갑, 목도리에도 전부 썼습니다. 앞으로 수첩이나 핸드폰에 할 일을 메모하는 습관을 기르려고 합니다.

　　다음은 저의 꿈입니다. 부모님께서는 여자 판사가 되었으면 좋겠다고 하시지만, 저는 '동물 농장 주인'이 되고 싶습니다. 왜냐하면 저는 사람도 좋지만, 동물도 무척 좋아하기 때문입니다. 먼저 수의학과에 가서 공부를 한 다음 농장을 만들겠습니다. 그리고 집 없는 강아지와 고양이도 키우며 치료해 주고, 멸종되어 가는 동물들도 보호하겠습니다. 또 동물을 좋아하는 사람들이 같이 지낼 수 있도록 동물 농장 펜션과 카페도 만들 것입니다. 이 꿈을 이루기 위해 저는 우리집에서 키우는 강아지와 고양이 관찰 일지를 꾸준히 쓰고 있습니다. 농장을 만들면 꼭 놀러 오세요.

중학교 1학년 이유미

1. 한글 맞춤법의 필요성

말과 글은 한 민족의 역사와 정신의 문화유산으로, 그들의 정체성을 알 수 있게 한다. 또 민족이라는 한 공동체 안에서 각자의 생각을 좀 더 정확하고 자유롭게 소통하기 위해서는 일정한 언어 규약이 필요하다. 하지만 말과 글을 적는 통일된 규칙이 없다면 제각기 다르게 표기하여 의사소통에 혼란이 일어나므로 효율적인 언어생활을 위해 기본으로 세운 것이 맞춤법이다.

그런데 최근 시대의 흐름이니 표현의 다양성이니 하면서 우리말을 파괴하는 행위가 빈번히 일어나고 있다. 우리가 사용하는 말과 글이 우리의 정신이고 행동 양식의 근원이라고 본다면, 언어생활의 원칙이 부서지는 것은 우리말과 글의 바른 모습은 물론 우리의 정체성마저 깨는 것이라 할 수 있다. 세계화 시대라고 하더라도 자신의 뿌리를 지키는 것은 필요하며, 오히려 더 중요하다고 할 수 있다. 맞춤법은 과거와 현재 나아가 미래까지 이어 갈 민족 정신의 계승을 위해 꼭 필요한 것이다.

현행 어문 규정은 '한글 맞춤법'과 '표준어 규정', '외래어' 등으로 구성되어 있다. '한글 맞춤법'은 낱말의 기본 형태를 밝히고 일정한 어법에 맞는 글을 쓰도록 기준을 정한 철자법이며, '표준어 규정'은 국민을 언어적으로 통일시키고 공적인 상황에 적합한 언어를 사용하도록 그 시대 말과 글을 실제 언어 현실에 맞춰 정한 것이다. 두 가지 규정은 1988년 고시했으며 그 이후 개정되지 않았다. '외래어'는 고유어가 아닌 외국에서 들어온 말인데, 우리말처럼 사용하는 말이다. '외래어 규정'은 외래어 표기에 관한 것으로 1986년 개정된 후 여러 번에 걸쳐 부분 개정이 있었다.

우리 모두 국어 어문 규정을 반드시 익혀 우리말과 글을 바르게 쓸 수 있도록 해야하며, 특히 글쓰기를 지도하는 교사라면 어문 규정을 정확히 알고 있어야 한다.

2. 한글 맞춤법 내용 일람

제1장   총칙(1~3항)
1항 한글 맞춤법은 표준어를 소리대로 적되, 어법에 맞도록 함을 원칙으로 한다.
2항 문장의 각 단어는 띄어 씀을 원칙으로 한다.
3항 외래어는 외래어 표기법에 따라 적는다.
제2장   자모(4항)
제3장   소리에 관한 것(5~13항)
된소리(5항)
구개음화(6항)
'ㄷ' 소리 받침(7항)
모음(8~9항)
두음법칙(10~12항)
겹쳐 나는 소리(13항)
제4장   형태에 관한 것(14~40항)
체언과 조사(14항)
어간과 어미(15~18항)
접미사가 붙어서 된 말(19~26항)
합성어 및 접두사가 붙어서 된 말(27~31항)
준말(32~40항)
제5장   띄어쓰기(41~50항)
제6장   그 밖의 것(51~57항)
부록   문장부호

3. 유념해서 보아야 할 맞춤법

1) 된소리

한 단어 안에서 뚜렷한 까닭 없이 나는 된소리는 다음 음절의 첫소리를 된소리로 적는다. 다만, 'ㄱ, ㅂ' 받침 뒤에서 나는 된소리는, 같은 음절이나 비슷한 음절이 겹쳐 나는 경우가 아니면 된소리로 적지 아니한다.

🔖 메뚜기, 우뚝, 털썩 / 깍두기, 싹둑, 법석

2) 두음법칙

(1) 어두에 오는 자음을 제약하는 것으로, 한자어에서 첫 음절의 닿소리가 'ㄹ, ㄴ' 일 때 겹홀소리나 'ㅣ'가 붙는 경우 이 소리를 쓰지 않으려고 한다.

① '녀, 뇨, 뉴, 니' → '여, 요, 유, 이'

예 연세, 익명, 요소

② '랴, 려, 례, 료, 류, 리' → '야, 여, 예, 요, 유, 이'

예 유행, 이발

③ '라, 래, 로, 뢰, 루, 르' → '나, 내, 노, 뇌, 누, 느'

예 뇌성, 능묘

(2) 접두사처럼 쓰이는 한자가 붙어서 된 말이나 합성어, 둘 이상의 단어로 이루어 진 고유명사를 붙여 쓰는 경우 뒷말의 첫소리에 두음법칙을 적용하여 적는다.

예 신여성, 남존여비, 한국여자대학 / 신년도, 고랭지

(3) 모음이나 'ㄴ' 받침 뒤에 이어지는 '렬, 률'은 '열, 율'로 적는다.

예 비율, 내재율, 분열 / 확률, 외형률, 정렬

3) 접미사가 붙어서 된 말

어간에 '-이'나 '음'이 붙어서 명사로 된 것 중 어간의 원형을 밝히는 것과 어간의 원형을 밝히어 적지 아니하는 것(그 어간의 뜻과 멀어진 것은 원형을 밝히어 적지 아니한다).

예 얼음, 목걸이, 오뚝이 / 어름, 목거리, 얼루기

4) 사이시옷의 쓰임

(1) 순 우리말로 된 합성어, 순 우리말과 한자어로 된 합성어로서 앞말이 모음으로 끝난 경우

① 뒷말의 첫소리가 된소리로 나는 것

예 나룻배, 잿더미, 귓병, 전셋집, 햇수, 자릿세, 조갯살, 선짓국, 아랫방, 사잣밥, 모깃불

② 뒷말의 첫소리 'ㄴ, ㅁ' 앞에서 'ㄴ' 소리가 덧나는 것

예 텃마당, 뒷머리, 제삿날, 곗날, 툇마루, 아랫니

③ 뒷말의 첫소리 모음 앞에서 'ㄴㄴ' 소리가 덧나는 것

예 베갯잇, 뒷일, 예삿일, 댓잎

(2) 한자어에는 '사이시옷'을 쓰지 않는다.

예 화병(火病), 개수(個數), 시구(詩句), 대가(代價), 마구간(馬廐間)

(3) 두 음절로 된 다음의 한자어에는 예외로 '사이시옷'을 적는다.

예 곳간(庫間), 셋방(貰房), 숫자(數字), 찻간(車間), 툇간(退間), 횟수(回數)

5) 준말

(1) 낱말의 끝 모음이 줄고 자음만 남은 것은 그 앞의 음절에 받침으로 적는다.

예 〈본말〉 되어, 아니, 쓰이어, 아니하다

　　〈준말〉 돼, 안, 씌어 / 쓰여, 않다

(2) 어미 '지' 뒤에 '않'이 어울려 '잖'이 될 적과 '하지' 뒤에 어울려 '찮'이 될 적에는 준 대로 적는다.

예 〈본말〉 변변하지 않다, 적지 않은, 만만하지 않다, 그렇지 않은

　　〈준말〉 변변찮다, 적잖은, 만만찮다, 그렇잖은

(3) 어간의 끝 음절 '하'가 아주 줄 적에는 준 대로 적는다.

예 〈본말〉 거북하지, 생각하다 못하여, 생각하건대

　　〈준말〉 거북지, 생각다 못해, 생각건대

예 〈본말〉 깨끗하지 않다, 못하지 않다, 섭섭하지 않게

　　〈준말〉 깨끗지 않다, 못지않다, 섭섭지 않게

(4) 어간의 끝 음절 '하'의 'ㅏ'가 줄고 'ㅎ'이 다음 음절의 첫소리와 어울려 거센 소리로 될 적에는 거센소리로 적는다.

> 예 〈본말〉 간편하게, 연구하도록, 다정하다, 확실하게
>
> 〈준말〉 간편케, 연구토록, 다정타, 확실케

6) 그 밖의 것

(1) 부사의 끝 음절 '-이, -히' 표기

① '이'로만 소리 나는 것은 '이'로 적는다.

> 예 깨끗이   느긋이   버젓이   지긋이   반듯이
>
> 가까이   · 날카로이   고이   너그러이   번거로이
>
> 많이 적이   헛되이   굳이   같이
>
> 샅샅이   줄줄이   일일이   틈틈이   번번이
>
> 곰곰이   히죽이   생긋이   일찍이   더욱이

② '히'로만 소리 나거나 '이'나 '히'로 소리나는 것은 '히'로 적는다.

> 예 극히   급히   딱히   속히   족히   특히
>
> 정확히   솔직히   각별히   급급히   능히   간소히
>
> 소홀히   꼼꼼히   심히   무단히

(2) 된소리로 소리 나는 어미의 원형

> 예 할걸   할게   할거나
>
> 할까?   할꼬?   할쏘냐?

(3) 구별해야 할 말

> 예 -던지 / -든지   -데(요) / -대(요)   부치다 / 붙이다
>
> 예 / 옛   채 / 체   왠 / 웬

7) 띄어쓰기

(1) 조사는 앞말에 붙여 쓴다.

예 꽃밖에   학생이다   집에서부터   죽이나마

    꽃같이   동생은커녕   나가면서까지도   거기에서부터입니다

    멀리는   "옵니다."라고

(2) 의존 명사, 단위를 나타내는 명사 및 열거하는 말

① 의존 명사는 띄어 쓴다.

예 아는 이를 만났다   네가 뜻한 바를 알았다   그가 떠난 지 오래다

    식는 줄 몰랐다   웃는 바람에 몰랐다   최선을 다할 따름이다

예 부산, 인천, 울산, 광주, 대구 들을 광역시라고 한다

• 의존 명사와 병용되는 단어

뿐   : 가만히 바라볼 뿐이다(의존 명사)

       사실을 아는 사람은 너뿐이다(조사)

대로 : 심은 대로 거둔다(의존 명사)

       약속대로 행동했다(조사)

만큼 : 내릴 만큼 내렸다(의존 명사)

       나도 너만큼 했다(조사)

듯   : 자는 듯 마는 듯(의존 명사)

       잘난 듯 뽐내다(부사)

       잠이라도 자듯 눈을 감고 있다(어미)

---

② 단위를 나타내는 명사는 띄어 쓴다. 다만, 순서를 나타내는 경우나 숫자와 어울리어 쓰이는 경우는 붙여 쓸 수 있다.

예 신 두 켤레   제일 편 / 제일편   삼 학년 / 삼학년 / 3학년   7미터

2004년 12월 31일　　　열시 삼십분 오초

③ 단음절로 된 단어가 연이어 나타날 적에는 붙여 쓸 수 있다.

🐾 이곳 저곳　　그때 그곳　　좀더 큰것　　한잎 두잎　　내것 네것

(3) 용언

① 보조 용언은 띄어 씀을 원칙으로 하되, 경우에 따라 붙여 씀도 허용한다.

🐾 〈원칙〉　　　　　　　　〈허용〉

　　불이 꺼져 간다　　　　불이 꺼져간다

　　비가 올 듯하다　　　　비가 올듯하다

　　잘 아는 척한다　　　　잘 아는척한다

　　그 일은 할 만하다　　　그 일은 할만하다

　　선생님을 도와 드린다　　선생님을 도와드린다

　　컵을 깨뜨려 버렸다　　　컵을 깨뜨려버렸다

② 앞말에 조사가 붙거나 앞말이 합성 동사인 경우, 그리고 중간에 조사가 들어갈 적에는 그 뒤에 오는 보조 용언은 띄어 쓴다.

🐾 값을 물어만 보고　　　잡아매 둔다　　　읽을 만은 하다

③ 보조 용언이 거듭될 때는 앞의 보조 용언은 본용언과 붙여 쓸 수 있다.

🐾 〈원칙〉　　　　　　　　〈허용〉

　　저장해 둘 만하다　　　저장해둘 만하다

　　도와 줄 법하다　　　　도와줄 법하다

　　되어 가는 듯하다　　　되어가는 듯하다

④ 일부 명사에 '지다, 되다, 당하다, 없다, 시키다, 하다' 들이 붙어 용언으로 파생된 경우에는 붙여 쓴다.

예 이야기하다   구속시키다   거부당하다   기름지다

거울삼다   걱정되다   농사짓다   버릇없다

(4) 고유명사 및 전문 용어

① 성과 이름, 성과 호 등은 붙여 쓰고, 이에 덧붙는 호칭어, 관직명 등은 띄어 쓴다.

예 서경덕   서화담   최서희 씨   장기려 박사   강감찬 장군

② 성명 이외의 고유 명사, 전문 용어는 단어별로 띄어 씀을 원칙으로 하되, 붙여 쓸 수 있다.

예 한국 중학교 / 한국중학교   탄소 동화 작용 / 탄소동화작용

(5) 부사

① 다른 품사와 띄어 씀을 원칙으로 하되, 두 개의 부사가 겹치는 것 가운데 다음의 경우는 붙여 쓴다.

예 또다시   곧잘   제아무리   더한층   더욱더

② 첩어, 준첩어, 의성어, 의태어 등은 붙여 쓴다.

예 오래오래   여기저기   곤드레만드레   이러쿵저러쿵   붉으락푸르락

4. 표준어 규정

언어생활에서 방언을 사용할 경우, 다른 지역 사람들과는 원활한 의사소통이 이루어지지 않을 수 있다. 이를 위해 국민이 공통적으로 사용할 수 있도록 나라에서 규정한 말이 표준어이다.

1) 총칙

표준어는 교양 있는 사람들이 두루 쓰는 현대 서울말로 정함을 원칙으로 한다.

2) 발음 변화에 따른 표준어 규정

(1) 자음

예 강낭콩   사글세   돌   셋째

• 수 / 수ㅎ / 숫의 구분

① 수컷을 이르는 접두사는 '수-'로 통일한다.

예 수소   수나사   수벌 수놈

② 단, 다음의 단어에서는 접두사 다음에 나는 거센 소리를 인정한다.

예 수캐   수탉   수탕나귀   수퇘지   수캉아지

　　수평아리   수키와   수톨쩌귀   수컷

③ 다음 단어의 접두사는 '숫-'으로 한다.

예 숫쥐   숫양   숫염소

---

(2) 모음

예 깡충깡충   으레   미숫가루   ~쟁이 / ~장이

• 윗 / 위 / 웃의 구분

① 윗:아래가 있는 경우 예사소리에 표기

예 윗길   윗니   윗면   윗배

② 위:된소리, 거센 소리 앞에 표기

예 위쪽   위채   위층   위턱

③ 웃:위, 아래의 대립이 없는 단어에 표기

예 웃옷   웃돈   웃어른

---

(3) 준말

예 무   노을 / 놀   망태기 / 망태   머무르다 / 머물다

(4) 단수 표준어와 복수 표준어

예 천장   꼭두각시   네 / 예   쇠(고기) / 소(고기)

3) 어휘 선택의 변화에 따른 표준어 규정

(1) 고어

예 구들장   겸상   총각무

(2) 방언

예 멍게 / 우렁쉥이   빈대떡

(3) 단수 표준어와 복수 표준어

예 샛별   손목시계   가뭄 / 가물   볼우물 / 보조개

5. 외래어 표기 규정

1) 외래어 · 외국어 표기의 기본 원칙

① 외래어는 국어의 현용 24자모만으로 적는다.

② 외래어의 1음운은 1기호로 적는다.

③ 외래어의 받침에는 'ㄱ, ㄴ, ㄹ, ㅁ, ㅂ, ㅅ, ㅇ'만을 적는다.

④ 파열음 표기에는 된소리를 쓰지 않는 것을 원칙으로 한다.

⑤ 이미 굳어진 외래어는 관용을 존중하되, 그 범위와 용례는 따로 정한다.

예 피아노   라디오   모델   자장면   껌   빵

2) 외래어 표기 세칙(영어 표기 중심으로)

① 받침에 'ㅋ, ㅌ, ㅍ'을 쓸 수 없다.

예 커피숍   디스켓   케이크   테이프   슈퍼마켓   로봇

② 파열음 표기에 된소리를 쓰지 않는다. 하지만 동남아 3개 국어(말레이시아·인도네시아 어, 베트남 어, 타이 어)는 된소리로 표기할 수 있다.

예 파리   나치   르포   잼   서비스 / 푸껫 까오락

③ 'ㅈ, ㅊ' 다음에 'ㅑ, ㅕ, ㅛ, ㅠ'를 쓰지 않는다. 다른 자음에는 쓸 수 있다.

예 텔레비전   주스   초콜릿   차트   셔츠   슈퍼맨

④ 영어 어말의 'sh'는 '쉬'가 아니라 '시'로 표기한다.

예 플래시   잉글리시   브러시   대시

⑤ 마찰음 'f'는 'ㅎ'이 아닌 'ㅍ'으로 표기한다.

예 페미니즘   프라이팬   페스티벌   파일 판타지

⑥ 모음의 음가를 정확하게 표기하며 이중모음 '오우'나 장모음을 쓰지 않는다.

예 카드   보트   볼링   뉴턴

6. 문장부호

1) 마침표

(1) 온점(.)
① 서술, 명령, 청유 등을 나타내는 문장의 끝에 쓴다. 다만, 표제어나 표어에는 쓰지 않는다.
② 아라비아 숫자만으로 연월일을 표시할 때

예 1919년 3월 1일 → 1919. 3. 1.

(2) 물음표(?)
① 직접 질문할 때

② 반어나 수사 의문을 나타낼 때

예 제가 감히 거역할 리가 있습니까?

③ 어떤 내용에 대한 의심, 빈정거림, 비웃음 등을 표시하거나 적절한 말을 쓰기 어려울 때

예 넌 정말 대단한(?) 아이야.

④ 의문의 정도가 약할 때는 물음표 대신 온점을 쓸 수도 있다.

예 이 일을 도대체 어쩐단 말이냐.

(3) 느낌표(!)

① 감정을 넣어 다른 사람을 부르거나 대답할 때

예 춘향아!

② 물음의 말로써 놀람이나 항의의 뜻을 나타내는 경우

예 이게 누구야!

2) 쉼표

(1) 반점(,)

① 같은 자격의 어구가 열거될 때

예 근면, 검소, 협동은 우리 겨레의 미덕이다.

② 짝을 지어 구별할 필요가 있을 때

예 닭과 지네, 개와 고양이는 상극이다.

③ 바로 다음 말을 꾸미지 않을 때

예 성질 급한, 철수의 누이동생이 화를 내었다.

④ 대등하거나 종속적인 절이 이어질 때 절 사이에 쓴다.

예 콩 심으면 콩 나고, 팥 심으면 팥 난다.

⑤ 문장 중간에 끼어든 구절 앞뒤에 쓴다.

예 나는, 솔직히 말하면, 그 말이 별로 탐탁하지 않소.

⑥ 문맥상 끊어 읽어야 할 곳에 쓴다.

예 철수가, 내가 제일 좋아하는 친구이다.

(2) 가운뎃점(·)

① 쉼표로 열거된 어구가 다시 여러 단위로 나누어질 때

예 시장에 가서 사과 · 배 · 감, 당근 · 버섯, 조기 · 명태를 샀다.

② 특정한 의미를 가지는 날을 나타내는 숫자

예 3 · 1 운동   8 · 15 광복

③ 같은 계열의 단어 사이에 쓴다.

예 동사 · 형용사를 합하여 용언이라고 한다.

3) 따옴표

(1) 큰따옴표(" ")

① 글 가운데서 직접 대화를 표시할 때

② 남의 말을 인용할 경우

예 예로부터 "민심은 천심이다."라고 하였다.

(2) 작은따옴표(' ')

① 따온 말 가운데 다시 따온 말이 들어 있을 때

예 "얘야, 옛말에 '티끌 모아 태산'이라고 했잖니. 아끼면 돼."

② 마음속으로 한 말을 적을 때

예 '내가 했다는 걸 어떻게 아셨을까?'

③ 문장에서 중요한 부분을 강조할 때 드러냄표 대신 쓰기도 한다.

1. 원고지 쓰기의 원칙

1) 원고지를 쓰는 가장 큰 이유는 원고의 분량을 명료하고도 쉽게 파악하기 위해서이다.

2) 한 칸에는 글자 한 자 쓰기를 원칙으로 한다. 그러나 알파벳 소문자 또는 아라비아숫자는 두 자씩 쓴다.

3) 문장부호도 한 칸에 하나씩 쓴다. 하지만 온점과 반점은 반 칸에 표시한다. 그리고 줄임표(……)와 줄표(—)는 두 칸을 잡아 붙여 쓴다. 물음표(?)와 느낌표(!), 줄임표(……)를 쓴 다음에는 한 칸을 비우지만 그 밖의 문장부호는 띄지 않고 쓴다.

4) 온점, 반점 등이 원고지 각 줄의 첫 칸에 와야 할 때에는 그 전 줄의 마지막 칸이나 여백에 처리한다. (여는 따옴표나 여는 소괄호 부호는 첫 칸에 쓸 수 있다)

5) 글을 처음 시작할 때와 새 단락으로 접어들 때는 첫 칸을 비운다.

2. 원고지의 첫머리

글의 종별, 제목 및 부제목, 소속, 성명 등을 원고지 첫 장에 5~6행 정도를 기준으로 배치한다.

〈독서 감상문〉

　　갈라진 성에서 합쳐진 마음
　　'산적의 딸, 로냐'를 읽고
　　　　　　대한 초등학교
　　　　　　5 - 1 이주영

　'산적의 딸, 로냐'는 제목부터 내
마음을 끌어 당겼다. 산적의 딸은 어디
서 사는지, 산적 아버지를 어떻게 생각
하는지 정말 궁금했다.

1) 글의 종별

원고지 1행 2칸부터 글의 종별을 쓴다. 〈소설〉, 〈독서 감상문〉, 〈기행문〉처럼 표시해 준다. 간혹 쓰지 않는 경우가 많은데, 이는 원고지 사용법에 무관심하기 때문이다.

2) 제목과 부제 쓰기

제목은 일반적으로 2행 중심부에 놓이게 쓰며, 제목이 두서너 자일 때는 두어 칸을 벌려 써서 미적 조화를 이루도록 한다.

(1) 제목을 쓸 때는 문장 부호에 유의한다

제목에는 온점(.)과 말줄임표(……), 물음표(?)와 느낌표(!)를 가능한 사용하지 않는다. 그러나 같은 계열의 낱말이 반복될 때는 쉼표(,) 대신 가운뎃점(·)을 쓴다.

(2) 부제가 길 경우

긴 부제인 경우에는 첫 행은 좌측으로, 둘째 행은 우측을 기준으로 해서 2행을 잡아 전체적으로 중심부에 놓이도록 쓰되 양 끝에 줄표를 한다.

3) 소속과 성명

원칙적으로 소속과 이름은 제목 아래의 1행을 비우고 난 다음 4행부터 쓰는데, 일반 적으로는 소속은 3행에, 이름은 4행에 쓴다. 성과 이름은 붙여 쓰지만, 이름의 각 글자 사이를 한두 칸씩 띄어 쓸 수 있다.

4) 숫자나 알파벳 문자 쓰기

로마 숫자나 알파벳 대문자는 원고지 한 칸에 한 글자씩 쓰고, 숫자와 부호가 잇달 아 나올 경우 부호도 각각 원고지 한 칸을 준다.

K	O	R	E	A		I	II	III	IV							
ko	re	a		36	5	일		cm	km²	mm						
20	20	년		10	월		8	일								
4	·	19														

3. 본문 쓰기

1) 한 칸 들여 쓰기

글을 처음 시작할 때나 문단이 바뀔 때는 그 행의 맨 첫 칸을 비우고 둘째 칸부터 쓴다.

2) 인용문 쓰기

본문에 짧은 인용문은 인용 부호로 표시하고, 긴 인용문을 쓸 때, 줄을 따로 잡아 쓰 는 경우에는 인용문 전체를 한 칸씩 들여 쓴다.

```
옛말에  '굴이  위수를  넘으면  탱자가
된다'는  말이  있다. 이것은  환경에  따
라  사물이나  사람의  성질이  변할  수
있음을  의미한다.
```

3) 대화 쓰기

대화문은 앞뒤의 지문과 쉽게 구별될 수 있도록 시작할 때와 끝난 후 새로운 줄을 잡아 쓰되, 전체 한 칸씩을 들여 쓴다. 즉, 첫 칸을 비우고 둘째 칸부터 따옴표(")로 행을 바꾸어 시작한다.

'-라고, -하고, -할, -하기에, -한다' 등의 이어받는 말은 다음 줄 첫 칸부터 쓴다.

```
매콤한  떡볶이  냄새가  코를  간질이고
침을  꼴각  넘어가게  했다.
  "와, 맛있겠다. 어디  한번  맛을  볼까?"
정수는  포크로  떡볶이  하나를  콕  찍
어  먹었다.
  "얘들아, 맛이  예술이야. 그런데  너무
매워. 입  안에  불이  난  것  같아."
그때
  "나도  먹을래."
라며  인영이가  끼어  들었다.
```

4) 시나 시조 쓰기

전체적으로 왼쪽을 한 칸 들여 쓰는 것이 보통이나 시행이 전체적으로 짧을 때에는 왼쪽으로 너무 치우치지 않도록 두 칸 또는 그 이상을 들여 쓸 수 있다. 연이 바뀔 때는 한 줄을 비운다.

		땅		위	에	는		오	토	바	이					
		바	라	바	라	바	람	~								
		번	개		배	달		달	린	다	.					

5) 항목별로 나열할 때는 한 칸씩 들여 쓰기

	4.	다	음		문	장	을		분	석	하	시	오	.			
	(1)		다		함	께		노	력	합	시	다	.				
	(2)		법	과		질	서	를		지	켜	야		한	다	.	
	(3)		참	,	아	름	답	구	나	!							
	(4)		몇		층	으	로		가	야		됩	니	까	?		

7) 정보를 밝히는 문장 쓰기

내가 읽은 책이 어느 출판사에서 펴냈는지 등의 정확한 정보 전달이 필요하다.

		'	지	구	촌		환	경		이	야	기	1	(	최	열		지	음	,
청	년	사		펴	냄	)	'	은		우	리	에	게		자	연		환	경	
의		소	중	함	과		환	경	을		지	키	기		위	한		방	법	
을		일	깨	워		준	다	.												

8) 묶음 표시 기능을 살리기

따옴표나 묶음표와 같이 두 부호가 마주 한 짝을 이루는 것들은 줄 끝에서 시작되는 것을 피하고, 끝 칸을 비워 두고라도 다음 줄 첫 칸부터 문장부호를 열어 준다.

대	표	적		저	항		시	인	인		한	용	운	의		시	집		
"	님	의		침	묵	"	을		읽	었	다	.							

9) 모든 문장 부호는 윗말에 붙여 쓴다.

단, 쉼표(,), 마침표(.), 쌍점(:), 쌍반점(;) 등의 부호와 줄표(—) 다음 칸은 구태여 비워 두지 않아도 되며, 따옴표와 묶음표 다음은 띄어쓰기의 원칙에 따라 조사 등이 나오면 이어 쓰고 그 외의 경우는 한 칸 비운다.

서	가	에	서		한	용	운	의		시	집	을		꺼	내		들	었	다	.
민	족	의		시	집	인		"	님	의		침	묵	"		88	편	은		
시	인	의		정	신		세	계	를		잘		드	러	내	고		있	다	.
대	표	적	인		'	님	의		침	묵	'	의		'	님	'	이		무	
엇	을		상	징	하	는	지	에		대	해	서	는		의	견	이		다	
양	하	다	.																	

1. 결과 중심 글쓰기와 과정 중심 글쓰기의 장단점을 비교해 보자.

2. 일기 쓰기를 할 때 글감을 정하지 못하는 경우가 많다. 어린이들이 글감을 잘 찾을 수 있게 도와주는 전략을 제시해 보자.

3. '과학 도서'를 한 권 선정하여 독서 감상문을 쓰려고 한다. '과학 도서'에 맞는 독서 감상문을 어떻게 쓸지 개요표를 만들어 보자.

4. 처음, 가운데, 끝의 형식을 갖춘 감상문과 편지 형식의 감상문을 써 보고, 장단점을 비교해 보자.

5. '시험'이라는 주제로 생활문을 쓰려고 한다. 어떤 전략을 사용하면 좋을지 생각해 보자.

참고 문헌

• 문혜경(2000). 「협동 학습을 통한 작문 지도 방법 연구」. 서울교육대학교 석사 논문.

• 박태호(1998). 「자기 주도 학습 능력을 기르는 사회 구성주의 쓰기 교수 이론」. 『청출어람어문학』 20집.

• 박태호(2000). 『장르 중심 교수 학습론』. 박이정.

• 성미영(1997). 「협동적 과정 중심 작문 지도의 효과 분석 연구」. 고려대학교 석사 논문.

• 이재승(2002). 『글쓰기 교육의 원리와 방법』. 교육과학사.

• 한우리독서문화운동본부 교재집필연구회(2005). 『독서 교육론 독서 논술 지도론』. 위즈덤북.

02

독서 논술 지도

어떻게 하면 논술을 잘할지에 대한 고민은 모든 학생과 지도 교사의 과제이다. 주어진 주제에 대한 자신의 생각이나 의견을 다른 사람들에게 전달하여 설득시켜야 한다는 점에서 많은 사람들은 논술에 대한 부담과 선입견을 갖고 있다. 하지만 논술은 우리들 삶의 직접적인 문제와 관련이 있기에 경험을 통해 문제를 발견하고 해결하는 훈련을 한다면 그리 어려운 일은 아니다.

각 학교의 논술 고사는 대부분 논제의 핵심을 정확히 이해하고, 문제가 요구하는 방식으로 그 내용을 분석한 후, 그에 따라 설정된 주장들을 자신의 논지로 발전시키는 능력을 요구한다. 따라서 학생들이 주어진 주제에 대한 배경 지식과 글을 읽고 내용을 파악하고 이해할 수 있는 독해 능력, 제시문과 배경 지식을 활용하여 논술문을 쓰는 일이 매우 중요하다.

본 강의에서는 논술의 기초로 다양한 독서를 통해 풍부한 배경 지식을 활용한 사고력 훈련의 필요성을 설명한다. 그리고 토론은 논술의 뼈대가 되는 주장과 근거를 익히는 좋은 훈련 방법이므로 토론 후 내용 정리 및 논술문 개요 작성에 대한 예시를 제시하였다. 논술 지도의 실제에서는 논술문 작성 준비, 논술의 기술 과정과 서론, 본론, 결론 쓰기의 일반적 유형을 제시하여 독서지도사들의 이해를 돕고자 했다. 마지막으로 논술 첨삭 지도 방향을 제시하고, 평가 기준을 제시하였다.

CONTENTS

제1장

독서 논술의 개념

1. 논술의 특성
2. 논술의 기본적 요건
3. 제시문 읽기의 구분

제2장

논술의 기초

1. 배경 지식의 활용
2. 사고력 훈련
3. 논술의 유형
4. 논술과 토론

제3장

논술 지도의 실제

1. 논술문 작성 준비
2. 논술의 기술 과정
3. 서론 · 본론 · 결론

제4장

논술 첨삭 지도

1. 논술 첨삭 지도의 방향
2. 논술 첨삭 지도의 구체적 방안
3. 논술 첨삭 4단계

−생각해 볼 문제
−참고 문헌

1. 논술의 특성

　논술은 주어진 주제나 과제에 대해 자신의 생각이나 의견을 논리에 맞게 전개하여 독자를 설득하는 글이다. 즉, 논제에 대한 내 주장과 의견에 맞는 합리적 근거를 제시하여 논증하는 글이다. 그러므로 논술자는 주어진 주제나 과제에 대해 자신이 가지고 있는 사전 지식을 바탕으로 문제를 분석하고 종합하여 자신의 인생관과 가치관에 따라 해결책을 제시하여야 한다. 이런 점에서 논술은 논술자의 체계적이고 논리적인 사고력이 중요하다. 또한 논술은 어떤 대상의 문제점을 분석하고 그 대책을 제시하는 형태의 글쓰기로 종합적인 사고 능력을 요구한다. 따라서 논술을 할 때는 어떤 사물이나 현실의 문제점을 여러 각도에서 진지하게 관찰하고 통찰하여 그 원인과 해결 방법을 제시하고, 대다수의 입장을 고려하여 사회가 나아가야 할 바를 바르게 제시하는 방향으로 써야 한다. 또한 논술에서는 논리적인 근거를 제시하며 자신의 주장을 펼치거나 상대방의 주장을 비판하고 반박하는 글을 써야 한다.

　논술은 어떤 문제에 대해 자기의 생각을 논리적으로 밝혀 독자로 하여금 공감하게 하고, 때로는 행동으로 나타나게 만든다. 논술의 주제가 사회적 관심을 끄는 문제가 되기 위해서는 대체로 이해관계가 얽혀 있거나 자신이 처한 입장에 따라 다양한 주장이 될 수 있는 논쟁거리여야 한다. 따라서 논술의 주제를 사회 문제 가운데 논쟁적 성격이 강한 것을 대상으로 하기 때문에, 문제 해결 능력을 알아보기 위한 차원에서 논술을 이해하기도 한다. 논술이 다른 갈래의 글과 다른 점은 항상 풀어야 할 문제가 있다는 것이고, 동시에 창의적이고 독창적인 방법으로 문제를 해결해 나가는 방식이 제시되어야 한다는 것이다.

　특히 통합 논술에서는 공교육 과정의 내실화에 기여하고자 맥락적 읽기 능력, 분석적이고 통합적인 사고 능력, 종합적이고 창의적인 사고 능력, 합리적인 토론 능력, 논리적 추론 능력, 논리적 구성 능력 등을 필요로 한다. 이런 차원에서 논술 평가는 제시문 읽기를 통한 문제 발견 및 해석 능력, 통합적 문제와 관련한 의견의 조정 및 추론 능력, 비판적이고 창의적인 사고력, 체계적이고 유기적인 구성 및 기술 능력을 바탕으로 평가된다.

논술에서 요구하는 사고력과 풍부한 배경 지식은 다양한 경험을 통해 얻어진다. 경험이란 직접 경험과 간접 경험이 있다. 가장 효과적인 것은 실제로 접해 보는 직접 경험이지만, 인간이 다양한 경험을 실제로 하기 위해서는 공간적·시간적 제약이 따른다. 따라서 간접적 경험인 독서를 통해 나 아닌 많은 사람들의 삶의 모습을 보면서 인간의 삶에서 부딪히는 문제에 대한 풍부한 배경 지식을 갖추어야 한다. 논술의 주제에 대한 풍부한 배경 지식과 독해 능력이 있어야 적절한 논거와 합리적인 해결 방식을 제시하여 논술문을 읽는 이를 설득하는 일이 가능하기 때문이다.

논술을 잘하려면 좋은 주제와 제목을 선택하는 것은 물론 평소에 많은 제재를 가지고 있어야 한다. 제재는 하루아침에 얻어지는 것이 아니라 평소에 많은 독서를 하고, 남의 이야기를 많이 듣고, 생각을 많이 해야만 얻어질 수 있다. 다양한 독서는 많은 간접 체험을 얻게 하며, 이 간접 체험이 논술의 바탕이 된다. 즉, 주어진 문제에 대한 풍부한 배경 지식을 가지고 있어야 논술을 잘할 수 있다. 논술을 할 때 인간이 부딪히는 여러 가지 문제를 해결할 구체적인 지식이 없다면 어디서부터 문제를 풀어 나가야 할지 막막할 것이다. 단편적인 지식일지라도 그것이 문제 해결에 도움이 될 수 있다면 가치 있는 것이다.

2. 논술의 기본적 요건

1) 제시문 해석 능력

논술문을 쓰고자 할 때는 제시문을 읽어 낼 수 있는 독해 능력이 바탕이 되어야 한다. 제시문을 분석할 때는 논제의 요구 사항을 염두에 두고, 제시문의 내용을 정확히 이해하고 파악하여 논술문의 내용을 결정하는 능력도 갖추어야 한다. 뿐만 아니라 논술의 전체 내용을 결정하는 직관력도 필요하다. 제시문을 읽으면서 출제자가 원하는 의도를 제대로 해석하고, 논술문의 전체적 틀을 구성할 수 있어야 한다.

2) 문제 파악 능력

논제에 대한 문제 파악 능력을 기르기 위해서는 사회의 전반적인 시사 문제에 관심을 가져야 한다. '과학 발전에 대한 문제', '환경 오염의 문제', '안락사', '사회적 소수자', '정보화 사회의 문제' 등 인간 사회에서 일어날 수 있는 문제에 평소부터 관심을 갖고 문제를 관찰해야 한다.

3) 문제의 원인 파악 능력

여러 가지 사회 문제들이 왜 일어났는가, 또는 왜 일어날 수밖에 없는가에 대한 원인 파악 능력을 갖추어야 논술을 제대로 쓸 수 있다. 원인 파악 능력을 위해서는 매우 복잡하고 복합적인 지식과 능력을 갖추어야 한다. 또한 원인 파악 능력을 향상시키기 위해서는 인간 삶의 근본적 문제에 대한 성찰과 의식이 필요하다.

논술은 삶의 근원적인 문제를 드러내어 어떻게 하면 인간답게, 행복하게 살 수 있는가에 대한 성찰과 올바른 의식 체계를 쓰는 것이다. 따라서 '삶이란 무엇인가'라는 근원적인 질문을 바탕으로 삶에 대한 의식과 이해를 높여야 한다.

4) 문제 해결 능력

논술에는 항상 풀어야 할 문제가 있다. 그런 점에서 논술자는 문제에 대해 창의적이고 독창적인 방법으로 해결 방식을 제시하는 것이 중요하다. 새로운 관점을 가지고 문제를 해결하는 데 적절한 논거를 제시하고 독자를 얼마나 설득시킬 수 있는가에 초점을 맞추어야 한다. 그러기 위해서는 다양한 독서를 통해 사건의 실마리를 어떻게 해결하는지를 보고 배워야 한다.

5) 글쓰기 능력

논술은 일반적인 글 중의 하나이지만, 가장 과학적인 문장과 깊은 사고를 요구하는 글이다. 논술을 할 때는 떠오르는 글감을 재배열하는 구성력과 일관성 있게 글의 구조를 짜는 개요 작성 능력도 갖추어야 한다. 또한 자신의 주장이 설득력을 갖추기 위해서는 논리적으로 증명하는 능력이 필요하다.

3. 제시문 읽기의 구분

1) 해석적 읽기

해석적 읽기는 주로 평이한 제시문 내용의 글을 읽는 일반적 독서법을 말한다. 글에서 제시된 분위기, 배경을 이해하며 등장인물의 성격을 분석하며 읽는다. 그리고 암시적으로 나타난 인과 관계를 파악하며 주제를 추론하기, 제시된 전제로부터 결과를 예측하며 읽기, 내재된 주요 개념을 파악하고, 생략된 단어 또는 단락을 보충하며 읽기, 지시어가 가리키는 내용을 파악하며 읽는다.

2) 비판적 읽기

글을 비판하며 읽는다는 것은 글쓴이의 논리를 공격하거나 글의 가치를 낮추어 평가하는 것이 아니라, 글에 제시된 정보를 정확하게 이해하기 위하여 내용의 신뢰성과 타당성을 비평하고 판단하며 읽는 것을 말한다. 신뢰성 판단이란 글에서 제시된 사실이나 개념이 얼마나 정확하고 객관적인가를 판단하는 것을 말한다. 그리고 타당성 판단은 글쓴이의 의견이 일반적 사실에 적합한가, 시대적, 사회적, 윤리적 기준에 적합한가를 판단하는 것을 말한다. 즉, 제시문의 비판적 읽기는 여러 가지 기준에 비추어 글의 의미와 가치를 폭넓게 이해하며, 글쓴이와 대등한 입장에서 글을 주체적으로 받아들이는 읽기이다.

비판적으로 글을 읽기 위해서는 글 전체의 내용을 요약하고 파악해야 한다. 그런 다음 글의 내용에 정확성이나 신뢰성, 공정성 등을 따지며 읽는다. 글의 정확성을 판단할 때에는 내용의 오류가 있는지 판단할 줄 알아야 하고, 기본적으로 신뢰하며 글을 읽으면서도 자신의 주장과 의견을 드러내며 읽어야 한다. 그리고 주장하는 글에서는 근거가 타당하고 믿을 만한지를 따져 보며 읽는다.

3) 추론하며 읽기

글은 필자가 생각을 글자로 적어 놓은 것이지만 완전하게 표현되었다고 할 수 없다. 그러므로 글에 표현된 내용을 근거로 하여 표현되지 않은 내용을 추측하거나 상상하여 이해해야 한다. 다시 말해 추론하며 읽기란, 글 속에 명시적으로 드러나 있지 않은 내용의 과정과 구조에 관한 정보를 논리적 비약 없이 추측하거나 상상하며 읽는 것을 말한다. 추론하며 읽어야 하는 이유는 글의 내용을 바르게 파악하려면 글쓴이가 나타내려고 한 내용이 무엇인지를 파악하며 읽어야 하기 때문이다.

예를 들어 '5분 먼저 가려다가 50년을 먼저 간다.' 는 이 말의 내용을 제대로 파악하기 위해서는 문장 속에 함축되어 있는 의미를 추론하며 읽어야 한다. 남보다 먼저 가려고 과속을 하면 무리한 추월로 앞차나 옆 차와 충돌하게 되면 큰 사고가 나서 사망할 수 있으니 조심해야 한다는 의미이다.

추론하며 읽기의 영역에는 크게 내용의 추론, 과정의 추론, 구조의 추론이 있다. 첫째, 내용의 추론은 글에 제시된 내용을 바탕으로 글 속에 숨어 있는 의미나 생략된 내용을 상상력을 동원하여 찾아내는 것이다. 글의 제목을 보고 글의 내용을 예측하기가 이에 해당된다. 둘째, 과정의 추론은 글쓴이의 처지나 태도, 관점이나 의도가 어떤 과정을 거쳐 표현되는가를 파악해 내는 것이다. 글쓴이의 태도, 관점, 의도 등이 이에 속한다. 셋째, 구조의 추론은 글을 구성하고 있는 모든 요소들을 추출하여 각각의 역할을 추론하거나 표현상의 특질을 파악해 내는 것이다.

4) 창조적 읽기

글을 창조적으로 읽는다는 것은 자신의 경험, 배경 지식, 가치관, 상상력을 총동원하여 글과 끊임없이 상호작용하면서 의미를 재구성하는 적극적인 독서 활동이다. 자신의 경험과 상상력을 바탕으로 글을 읽어 가면서 질문을 던지고, 의문을 가지면서 창조적인 의미를 만들어 가는 것이다. 다시 말해 독자는 글과 적극적으로 대화하며 의미를 재구성해 내는 능동적인 창조자여야 한다.

창조적 독자는 다른 사람들의 다양한 생각과 해석을 인정할 수 있어야 한다. 다른 사람의 생각이나 해석을 수용하면 자신이 알지 못했던 새로운 사실을 발견할 수 있으며, 다른 사람과 의견을 교환하면서 독서의 수준도 높일 수 있고, 사고의 폭도 넓힐 수 있다. 그리고 글 속에 등장인물을 자신의 처지에 대응시키며, 상상을 통해 새로운 견해나 창의적 접근 방법을 유도한다. 또한 독서에서 획득한 지식이나 생각을 자신의 주장, 생각을 뒷받침하기 위한 자료로 활용하고, 새로운 상황에 적용시키기도 한다.

제2장 논술의 기초

 ## 1. 배경 지식의 활용

논술에서 배경 지식은 제시문 독해와 논술문 쓰기의 중요한 요소이다. 주어진 제시문의 정확한 독해와 분석을 하는 데는 사전 지식이 필요하다. 논술은 배경 지식을 바탕으로 논제에 맞게 제시문을 분석한 뒤 의미를 재구성하여 표현하는 것이며, 그 결과물이 바로 논술문이다. 논술문을 작성할 때 논술자는 배경 지식을 활용하여 비판적이며 창의적인 표현 활동을 한다.

논술자의 기존 지식은 제시된 글과 상호작용하면서 심리적 의미를 창조해 낸다. 글의 독해를 결정하는 배경 지식은 우리 기억 속에 저장되어 있는 경험의 총체로, 지식의 구조(knowledge structure), 본(scripts), 틀(formes), 또는 스키마(schema)라고 한다. 이 경험은 구체적인 특정 사건과 연관되는 일화적 지식(episodic knowledge)과 구체적이고 경험적 사실로부터 추상화 또는 일반화되어 기억 속에 남아 있는 개념적 지식(semantic knowledge)으로 나뉘기도 한다.

지식은 경험의 소산이므로 개인마다 다르고 문화에 따라서도 다르다. 배경 지식 이론에서 '글'은 독해 과정에 필요한 하나의 자극제이며, 독해의 소산인 '의미'는 독자가 구성해 내는 것이므로 독자는 독해 과정에서 글과 자신의 지식을 연결시키며, 때로는 글의 내용을 변형하거나 또는 자기의 지식을 수정하기도 한다. 즉, 글은 의미를 소유한 것이라기보다 독자가 의미를 해석하도록 하는 자극제이며 자료에 불과하다. 그러므로 같은 글이라 하더라도 글의 내용과 관련된 경험이나 지식의 유무 정도에 따라 획득된 의미와 글에 대한 반응은 각각 다르게 나타날 수밖에 없다. 그러므로 독서는 단지 수동적 자세로 읽기보다는, 독자의 경험에서 쌓인 배경 지식을 활용하여 새로운 의미를 이루어 내는 것이다.

『흥부전』을 읽고 난 후에 보이는 반응은 사람마다 다르다. 어떤 사람은 흥부의 착한 마음에 박수를 보낼 것이고, 어떤 사람은 그의 무능력을 비난할 것이다. 또한 윤리적인 측면에서 인륜에 어긋나는 비인간적인 행위를 한 놀부를 질책하는 사람도 있지만, 간혹 뚜렷한 개성을 지니고 있는 놀부의 성격에 호기심을 갖는 사람도 있을 수 있다. 이렇게 글을 읽고 난 뒤의 반응이 사람마다 다른 것은 자라 온 환경이나 과정이 다르고 서로 다른 경험에서 쌓인 인생관, 가치관 등이 다르기 때문이다.

따라서 논술자는 논제와 제시문을 정확히 파악한 후 배경 지식을 최대한 활용하여 각각의 제시문들과 연결하고, 이에 따라 논제에 대한 자신의 주장을 일관성 있게 표현할 때 독창성을 확보할 수 있는 것이다.

 ## 2. 사고력 훈련

논술의 가장 중요한 요소는 말할 것도 없이 생각하는 힘, 즉 사고력이다. 사고력의 차이가 논술의 성패를 가름한다. 그러므로 다른 사람에 비해 사고력이 떨어지는 사람은 좋은 논술을 쓰기 어렵다. 다양한 지식들을 적절히 활용하지 못한다면 소용이 없기 때문이다. 논술 공부는 머릿속에 들어 있는 생각들을 어떻게 하면 잘 표현할 수 있을 것인가에 대한 공부이다. 논술을 잘하기 위해서는 사고력 훈련이 필요하다.

1) 논리적 사고
논리적 사고란 이치에 맞게 따지고 앞뒤를 가려 모순이 없게 생각하는 것을 말한다. 그리고 논리적 절차와 규칙에 따라 문제의 발견과 해결을 생각하는 과정을 뜻하기도 한다. 여기에서 문제 발견이란 어떤 사태를 문제적 안목으로 파악하는 것을 뜻한다. 사고하는 존재 즉, 문제를 발견하고 해결하는 존재로서의 인간은 지적인 토양 위에서 성장 가능하다. 이는 인간이 지적으로 성장하는 데에 바탕이 되는 정신 능력이다.

논술에서 논리적인 사고가 필요한 이유는 사고의 객관성과 문제 해결 절차의 타당성을 유지하기 위해서이다. 사고 자체를 논리적으로 하고, 그 결과 논리성을 갖춘 문장으로 표현하는 것이 논술이기 때문에 논술과 논리적 사고는 불가분의 관계에 있다고 하겠다. 예컨대 '댓글 문화의 문제점은 무엇이고, 원인은 무엇이며, 이 문제를 해결 할 수 있는 방안은 무엇인가?'를 질문하는 것이 논리적 사고 훈련이라 할 수 있다. 논리적인 사고를 하기 위해서는 사물과 현상을 인과 관계 속에서 파악하고, 적정한 논거를 찾는 노력을 꾸준히 해야 하며, 논거에 일관성과 객관성, 규칙성이 있는지를 검토해야 한다.

2) 독창적 사고

독창적인 사고를 한다는 것은 적절한 근거를 갖춘 주장이면서도 다른 사람들과 다른 생각을 담고 있고, 또는 적절한 논거이면서도 다른 사람들이 흔히 제시하지 않는 논거를 합리적으로 제시하는 것이다.

'과학 기술이 우리에게 미친 영향에 대해 논하라'라는 논술 문제를 접했을 때, 만일 "과학 기술이 인간을 편하게 만들었지만 환경 오염과 생태계 파괴, 그리고 전쟁 등과 같은 나쁜 영향을 미쳤다."라고 쓴다면 과연 독창적이라는 평가를 받을 수 있을까? 우리는 다른 사람들과 다르게 생각할 수 있어야 한다. 다른 사람들과 다르게 생각할 때 더욱 발전할 수 있기 때문이다.

3) 비판적 사고

독해의 과정에서 글에 제시된 내용, 표현, 조직 등에 대하여 적절성과 정확성, 타당성 및 효용성을 일정한 준거에 따라 판단하면서 이해하는 능력이다. 비판적 사고의 기초는 창의적 사고력과 함께 고등 수준의 사고 기능이다. 비판적 사고의 하위 요소로는 건전한 회의성, 지적 정직성, 객관성, 체계성, 철저성 등을 들 수 있다. 또한 비판적 사고는 현실 세계 및 자신의 삶에 대한 비판적 평가나 성찰이 포함되는 사고 활동이다.

비판적 사고를 훈련하기 위해서는 글에서 사실과 의견을 구별하고, 타당하고 충분한 근거를 들어 의견을 주장하고 평가해야 한다. 그리고 한 문제를 다양한 관점에서 조망할 수 있어야 한다. 예를 들어 현실의 문제를 지적하고 다른 사람의 주장이나 근거에 반박하는 것이다.

4) 종합적 사고

어떤 문제와 관련된 여러 사항을 상호 연관 속에서 파악함으로써 합리적 사고에 이르는 것을 뜻한다. 종합적 사고는 판단의 합리성을 고양시켜 전인적 인간상을 지향하는 지표 역할을 한다. 종합적 사고를 하기 위해서는 아집과 독선, 편견에 빠지지 않도록 객관적 시각을 가져야 하고, 독서를 통해 간접적 체험을 많이 쌓아서 견실한 판단의 근거를 확보해야 하며, 건전하고 긍정적인 관점을 유지하도록 노력하여야 한다.

3. 논술의 유형

논술을 잘 쓰려면 논술의 유형을 잘 파악해야 한다. 즉, 어떤 유형의 논술 문제들이 있는지 살펴보고, 그 유형에 맞게 적절한 준비 방법을 알아야 한다. 논술 문제는 여러 가지 기준에 따라 문제 형식에 따라 구분할 수도 있고, 주제나 성격에 따라 나눌 수도 있다. 논술의 출제 형식에 따른 문제의 유형에는 단독 과제형, 자료 제시형, 완성형이 있다. 단독 과제형은 과제에 대한 자료 없이 특정한 주제만을 제시 하고 '~에 대해 설명하라', '~을 비판하라' 등의 형식이다. 그리고 자료를 주어 정확하게 읽어 핵심 논점을 해석하기를 요구하는 자료 제시형, 완성된 글의 일부분을 비우고 채워 넣도록 하는 완성형 문제 등이 있다. 그중에서 논술을 효과적으로 대비할 수 있는 논술 유형 구분은 주어진 논제가 요구하는 글의 유형을 기준으로 '찬반 토론형', '문제 해결형', '비교 분석형', '요약형', '완성형' 등으로 나눌 수 있다.

1) 찬반 토론형 논술

'찬반 토론형'은 사회적 쟁점이나 문제의 본질에 대한 개인의 인식 차가 큰 문제에 대해 찬반 견해를 묻는 문제 유형이다. 이 문제는 학생들의 비판적 사고력과 논증력을 측정하는 데 주된 목적이 있다. 따라서 '찬반 토론형'에서는 풍부한 논리적 근거를 내세워 자신의 주장의 타당성을 입증하고 상대 주장의 모순점을 날카롭게 비판해야 한다.

이런 유형의 논술에서 가장 중요한 것은 먼저 쟁점에 대한 명확한 입장을 선택해야 한다. 찬반 두 가지 입장을 동시에 나열하거나 절충적인 입장을 가져서는 안 된다. 그런 다음 자기 입장의 타당성을 뒷받침할 수 있는 적절한 논거를 제시해야 한다. 그런 다음 반대편에 대해서 논리적으로 반박을 해야 한다. 즉, 예상되는 반론을 충분히 고려하면서 자신의 주장을 관철시켜야 한다.

📝 다음 예문의 일기를 읽고, 자신의 의견을 논술하시오.

〈썰렁한 하루〉

빼빼로데이는 친한 친구들과 함께 다양한 모양의 빼빼로를 주고받으며 우정을 확인할 수 있는 날이다. 그런데 오늘은 교실에서 빼빼로를 볼 수가 없어서 썰렁하고 속상했다. 오히려 너무 시시한 날이었다.

어제 학교 조회 시간에 교장 선생님께서 과자를 가져오는 일이 없도록 하라고 당부하셨다. 그리고 담임선생님께서 종례 시간에 제과 업체에서 만들어 낸 상술에 휩쓸려서 괜히 용돈만 낭비하지 말라고 말씀하셨기 때문이다.

작년에는 과자를 많이 받아 친구들과 동생에게까지 나누어 주었는데, 오늘은 전혀 주지도 않고 받지도 않으니 너무 섭섭하고 허전했다. 어른들은 왜 어린이들의 마음을 몰라 주시는 걸까? 오늘 같은 날 과자를 주고받으면서 친구들과 우정을 확인할 수도 있고, 평소에 친하게 지내지 못했던 친구들을 새롭게 사귈 수 있는 좋은 기회가 될 수도 있는데 말이다.

Ⅰ. 논쟁점 확인
자신의 입장 제시

Ⅱ.
1) 상대 주장의 근거 비판
(1) 상대 근거 비판 1
(2) 상대 근거 비판 2
2) 자기주장의 근거 제시

2)문제 해결형 논술

'문제 해결형'도 논술에서 매우 많이 출제되는 유형이다. 사회적으로 문제가 되고 있는 현상의 원인을 분석하고 나아가 적절한 해결책을 제시하는 유형이다. 제시된 자료나 문제 상황을 참고로 하여 주어진 문제를 해결하는 유형과, 제시된 표·그림·동영상 등을 참고하여 문제를 해결하는 유형이 있다. 이 유형의 문제는 학생들의 분석적 사고와 창의력을 측정하는 데에 주된 목적이 있다. 따라서 이 유형에 효율적으로 대처하기 위해서는 분류와 구분, 분석과 종합하는 능력과 함께 해결책을 독창적으로 제시하는 능력을 길러야 한다. 이 유형은 본론의 전반부에서 원인을 분석하여 제시하고, 후반부에서 해결 방안을 모색하면 된다. 이때 답안이 일관성을 갖기 위해서는 전반부에서 분석한 원인과 관련된 해결 방안이 후반부에 제시되어야 한다.

예 댓글과 관련해서 다음 광고가 나오게 된 이유를 설명하고, 바람직한 댓글 문화에 대해 논술하시오.

| I 서론 : 문제점 확인

II 본론 : 주장과 근거
1) 주장
2) 근거 1
3) 근거 2

III. 요약 및 전망

3) 비교 분석형 논술

'비교 분석형'은 어떤 대상의 장단점에 대해 논하거나 두 가지 이상의 현상의 공통점이나 차이점을 설명하는 문제, 그래프나 도표 등의 자료를 비교 분석하거나 해석하는 문제 등이 있다. 제시문을 주고 그 논지를 비교 분석하라고 요구하는 논술 문제들이 자주 출제된다. 즉, 비교 분석이란 제시문 간의 공통점과 차이점을 찾으라는 것이다.

비교 분석을 할 때에는 공통점과 차이점을 함께 파악하고, 주어진 글에는 입장이나 태도의 차이가 무엇인지를 파악한다. 비교를 할 때는 표면적인 차이점뿐만 아니라 이면의 차이점도 아울러 살펴야 한다. 그리고 대상에 대해 긍정하는지 부정하는지도 파악해야 한다.

예 제시문 (가)~(라)는 인간의 몸에 대한 다양한 시각들을 보여 준다. 각 제시문의 시각을 요약하고 비교하시오.(홍익대 2010 수시 1차)

이 유형의 문제는 학생들의 분석적 사고와 비판적 읽기 능력을 측정하는 데 목적이 있다. 즉, 논제를 이해하고 그 논제와 관련하여 제시문을 이해할 수 있는가를 측정하고자 하는 것이다. 이 유형에 효율적으로 대비하기 위해서는 먼저 자료를 꼼꼼하게 읽어야 한다. 그리고 자료에서 논제와 관련하여 찾을 수 있는 정보를 빠짐없이 찾아 분석해야 한다. 과제 분석의 결과를 일방적으로 나열하지 말고 논제가 요구하는 방식대로 서술하는 것도 중요하다.

Ⅰ.
1) 두 개의 대상 소개 : 기준점
2) 본론 안내

Ⅱ.
1) 두 대상의 같은 점
(1) 같은 점 1
(2) 같은 점 2
2) 두 대상의 다른 점 : 자기 의견
(1) 다른 점 1
(2) 다른 점 2

Ⅲ. 요약 및 전망

4) 요약형 논술

요약은 주어진 제시문의 내용을 이해한 후, 일정한 분량으로 글의 핵심적인 내용을 축약하는 것이다. 주어진 글에 대한 독해력 및 글에 관해 이해한 내용을 스스로의 언어로 정확하게 표현할 능력이 있는지를 측정하려는 논술 문제 유형이다.

이 논술의 문제 유형을 해결하기 위해서는 필자의 의도를 파악하는 것이 중요하다. 의도가 파악이 되었으면 각 문단의 중심 내용을 찾아 순서대로 나열한다. 다음에는 글의 중심 내용을 파악하면서 중심 내용과 부수적인 내용을 구별한다. 그리고 전체 글의 논제 전개 과정을 파악해야 한다. 그 후에 유의 사항에 있는 항목들을 준수하면서 답안을 작성한다. 이때 자신의 견해가 요약문에 들어가지 않도록 해야 하며 제시문에 있는 한 문장 전체를 옮겨 적어서도 안 된다.

예 논제 1-위의 세 제시문이 공통적으로 주장하는 바를 요약하시오.(200자 이내)

논제 2-각 제시문의 핵심적 주장에 대한 반론을 제시하시오.(600자 이내)

(서울대 2008모의 논술문제)

5) 완성형 논술

'완성형'은 완성되지 않은 글을 자료로 제시하여 나머지 부분을 완성하도록 요구하는 유형이다. 이 유형은 글에 대한 독해력 및 논증력을 평가하기 위한 논술 문제 유형이다. 이 문제 유형을 해결하기 위해서는 주어진 글을 정확하게 읽어 다루어야 할 문제를 확인하고 본론에서 다룰 내용의 범위를 어떻게 제한하고 있는지 살펴야 한다. 그리고 주어진 글에서 확인한 내용을 바탕으로 다음 글에 어떤 내용이 올 것인지 추론한 다음 개요를 작성한다. 그리고 논제와 유의 사항을 준수하면서 답안을 작성한다. 이때 글의 전체 흐름이 논리적 비약 없이 일관성을 유지할 수 있도록 구성해야 한다.

예 다음 글에 이어 문제 해결 방안을 제시하는 글을 쓰시오.

> 신체 상태가 정신 상태의 영향을 받는다는 것은 그만큼 신체적 건강을 유지하기 위해서는 정신적 건강이 중요하다는 것을 의미한다. 생활에 만족감을 느끼는 사람은 의욕과 활기가 넘쳐서 피로감도 덜 느끼게 되지만, 생활에 불만이 많고 만족감을 느끼지 못하는 사람은 무기력하고 의욕도 없어서 피로감을 쉽게 느끼게 된다. 또한 위궤양은 선천적인 소화 기능의 장애가 그 원인인 경우도 있지만, 과중한 스트레스와 같은 정신 상태가 그 원인일 경우가 많다.

4. 논술 교육과 토론

논술의 핵심은 바로 주장과 근거이다. 이런 점에서 토론은 논술의 뼈대가 되는 주장과 근거를 익히는 좋은 훈련 방법이라 할 수 있다. 토론은 어떤 문제를 놓고 서로 편을 갈라 자신의 주장을 상대방에게 설득하는 것이다. 이때 자기들의 주장이 무조건 옳다고 우기기만 해서는 안 된다. 왜 자신의 주장이 옳은지, 그 이유와 근거를 들어 납득시켜야 한다. 또 상대방이 내세운 주장과 근거가 잘못되었으면 무엇이 어떻게 잘못되었는지도 설명해 주어야 한다. 토론을 잘하는 사람은 논술을 잘할 수 있는 기본 틀을 갖추고 있는 셈이다. 토론에서 자기가 말한 내용을 잘 정리하면 그것이 곧 논술이기 때문이다.

설득적인 글을 쓰려면 다른 사람들과 토론을 해서 내용을 마련하는 것이 좋은 방법이 될 수 있다. 다른 사람들과 어떤 주제에 대해 토론의 과정을 통하여 찬성과 반대의 의견을 정리하여 새로운 결론을 내릴 수 있다. 그리고 상대방의 주장을 알 수 있고, 상대방이 어떤 근거를 들면서 나의 주장을 비판하는지도 알 수 있기 때문이다. 또 토론을 하면서 자신이 미처 생각하지 못한 새로운 사실을 깨달을 수 있다. 즉, 토론하는 과정에서 자기 자신의 생각을 정리하며 자신의 주장에 대한 근거를 좀 더 효과적으로 마련할 수 있다.

토론한 내용으로 글을 쓸 때에는 토론에서 나온 의견을 글의 주제에 맞도록 재구성할 필요가 있다. 이때에는 다음과 같은 점에 유의하는 것이 좋다. 주장이나 반박이 타당하지 않은 것들은 버린다. 그리고 글의 주제에서 벗어나는 것은 버리고, 토론의 순서대로 구성하는 것이 아니라, 글의 주제를 효과적으로 드러낼 수 있도록 구성한다.

1) 독서 토론의 예

『우리 반이 최고야』(씨씨 플레겔 글, 최진호 옮김, 크레용 하우스)를 읽고
주제 : 장애 아동과 비장애 아동의 통합적 교육에 대하여
때 : 12월 22일(수)
곳 : 한우리 독서논술 교실
사회자 : 선생님
참석자 : 이하은, 김규리, 이민재, 이호찬, 김가영, 최한병(모두 초등학교 6학년)

사회자 : 안녕하세요? 지금부터 독서 토론회를 시작하겠습니다. 지난 시간에 미리 알려 드린 『우리 반이 최고야』를 읽고 '주인공 마라와 같은 경계선에 있는 장애 아동이 일반 아동과 함께 공부하고 생활하는 것이 바람직한 것인가'

에 대해 토론해 보도록 하겠습니다. 토론자는 부정적 견해를 가진 사람 세 명과 긍정적 견해를 가진 사람 세 명입니다. 그럼 본격적인 토론에 앞서 양쪽의 대표 발언을 들어 보도록 하겠습니다. 먼저 긍정적 의견부터 말씀해 주시길 바랍니다.

이하은 : 마라는 말을 더듬을 뿐, 다른 아이들에 비해 오히려 뛰어난 점을 많이 가지고 있습니다. 반 친구들과 선생님이 마라가 잘 적응할 수 있도록 도와주어야 한다고 생각합니다. 이런 아이를 격리시켜 다른 특수학교에서 교육받도록 하는 것은 바람직하지 않다고 생각합니다.

이호찬 : 마라와 같이 말을 더듬거나 신체장애가 있는 아이가 일반 학교에서 함께 생활하는 것은 바람직하지 않다고 봅니다. 내성적 아이의 경우에는 마음에 상처를 받을 수도 있고 말하기, 쓰기, 만들기 활동 시간에 힘든 시간을 보낼 수도 있기 때문입니다. 이를 방지하기 위해서라도 특수학교에서 교육받는 것이 경계선 아동들에게 더 나을 것이라고 생각합니다.

사회자 : 양쪽 의견이 팽팽합니다. 경계선 아동이 잘 적응할 수 있도록 주변에서 도와주자는 의견과 그렇게 하자면 반 친구들과 본인에게 불편함이 있기 때문에 특수학교로 전학을 하는 것이 바람직하다는 의견으로 정리하겠습니다. 그렇다면 마라를 어떻게 하는 것이 양쪽 아이들에게 더 교육적일지 발표해 주시기 바랍니다.

김규리 : 사회를 살아가는 데 중요한 것은 더불어 사는 삶이라고 생각합니다. 그런데 장애가 있다고 해서 분리 교육을 받고 생활하는 것은 사회 능력을 갖추지 못하게 하는 것이라고 생각합니다. 일반 학생들과 함께 교육을 받음으로써 어른이 되어 사회에 적응하는 것도 필요하다고 생각합니다.

최한병 : 저는 규리 의견에 반대합니다. 왜냐하면 경계선 아동이 사회의 일원으로서 살아가는 것도 중요하지만, 한 아이로 인해 대다수의 반 학생들이 다 같이 피해를 받는 것은 불합리하다고 생각합니다. 마라를 위해 다른 친구들과 선생님이 희생을 했다고 할 수 있습니다. 마라가 말을 더듬고, 계속되는 질문을 할 때 선생님과 반 친구들은 기다려 주어야 했습니다. 이런 점에서 마라 때문에 반 아이들은 수업에 방해가 되었다고 생각합니다.

김가영 : 좀 지나친 생각은 아닐까요? 가장 기본적인 교육은 모든 아이들에게 장애
아도 나와 다르지 않다는 것을 심어 줌과 동시에 남에게 도움을 준다는 것
이 가치가 있음을 알게 해 주는 것이라고 생각합니다. 교육의 이런 기능이
제대로 이루어질 때 사회가 소수의 약자들에게 배려하는 마음을 가질 수
있고, 이렇게 교육받고 자란 아이들은 편견을 없앨 수 있는 기회를 얻었다
고 생각합니다.

이민재 : 이론적으로는 장애 아동이 일반 아동과 같이 공부하는 것에 찬성하지만,
현실은 그렇지 않습니다. 한 반에 40명 이상으로 과밀 학급에서 선생님 한
분이 한 학생에게만 더 많은 시간을 할애할 수는 없다고 생각합니다. 결국
그 아이를 위한 배려는 기대할 수 없게 될 것이고, 이것이 장애 아동에게 더
큰 상처가 될 것입니다.

이하은 : 장애 아동도 사회의 구성원으로서 행복할 권리가 있다고 생각합니다. 사회
의 구성원 하나가 행복해지는 것이 바로 사회가 건강해질 수 있는 길이라
고 생각합니다. 대다수가 행복하다면 소수의 행복에 대해서는 눈감아도 된
다는 인식에 의해 이제까지 많은 소수 집단들이 희생을 강요당해 왔고, 이
것이 우리 사회 구성원 모두가 행복해지지 않은 원인이라고 생각합니다.
이런 행복하지 않은 사람이 많아지면 연쇄 살인, 방화 등 강력 범죄가 생기
는 것입니다. 더불어 사는 삶은 약자를 위한 것만이 아닌 우리 모두 건강하
고 행복하게 사는 길이라고 생각합니다.

이호찬 : 하은이 말에 일리가 있습니다. 하지만 과연 일반 학교에서 편견 없이 장애
아동들을 받아들일 환경이 되어 있느냐가 중요합니다. 그리고 특수 교육을
받지 않은 교사가 제대로 그 학생을 이해할 수 있을까요?

최한병 : 주인공 마라와 같이 말을 더듬는 경우 친구들이 흉내를 내는 경우가 많은
데, 이것은 장애 아동들에게 상처를 줄 수도 있습니다. 비슷한 학생끼리 모
여 서로 이해하면서 생활하는 것이 상처를 받지 않고 성장할 수 있다고 생
각합니다.

김가영 : 아이들은 모방을 많이 합니다. 코미디 프로그램을 보고 유행어를 따라하다
가는 금방 버릇이 없어집니다. 제대로 된 언어 습관을 보면서 정상적인 언

어를 익히는 것도 중요합니다.

김규리 : 저도 어릴 때 아무 편견이 없을 때 더불어 사는 것이 좋다고 생각합니다. 어른들은 내 아이에게 미칠 피해를 생각하지만, 아이들은 그런 생각을 하지 않기 때문입니다.

이하은 : 저는 선생님께서 마라를 친구들에게 소개할 때 경계선이라는 단어를 쓴 것이 문제라고 생각합니다. 장애 아동들은 자신의 약점을 보이고 싶지 않았을 것입니다. 경계선이라는 편견 때문에 마라의 이전 학교 사람들처럼 마라의 능력보다 마라의 말을 더듬는 단점에 주목했기 때문에 마라를 문제 학생으로 본 것은 아닐까요?

이민재 : 어쨌든 문제아들은 정서적으로 기복이 심하고 교우 관계가 원만하게 이루어지지 않기 때문에 서로가 불편할 것입니다. 따라서 적절하게 적응할 수 있는 교육 환경에서 교육을 받아야 한다고 생각합니다.

김가영 : 저는 학교 생활에 부적응자를 전학시키는 것은 문제의 근본적 해결이 아니라고 생각합니다. 상처가 있으면 약을 바르고 감싸 주어야지, 전학을 시킨다는 것은 방관하는 것입니다. 하은이의 말처럼 서로 도와주며 더불어 살아갈 때 이 사회도 건강해질 거라고 생각합니다.

사회자 : 좋은 말씀 잘 들었습니다. 『우리 반이 최고야』를 읽고 경계선에 있는 주인공 마라가 일반 학교에서 생활을 하는 것에 대해 토론해 보았습니다. 토론에 참여해 주신 여러분께 감사드립니다. 우리 서로 관심과 사랑을 나누며 토론을 마치도록 하겠습니다.

모 두 : 짝짝짝!!

2) 독서 토론 후 논술문 개요 작성

(1) 긍정적 견해의 논술문 개요의 예

제목	더불어 사는 삶
주제문	장애 아동과 비장애 아동의 통합반 운영은 서로에게 더불어 사는 삶을 익힐 수 있는 좋은 교육 기회이다.
서론	1. 장애 아동에 대한 선입견과 편견 2. 통합반 운영은 양측 모두에게 교육적 효과를 줌 3. 통합 교육의 필요성과 대안책 제시

본론	1. 통합 교육의 필요성
	    1) 사회적 편견과 선입견에서 벗어날 수 있음
	    2) 사회 적응력을 가질 수 있음
	    3) 더불어 사는 삶을 배울 수 있음
	    4) 남을 도와줄 수 있는 기회와 기쁨을 얻을 수 있음
	    5) 일반 아동과 같이 지적 성장에 도움을 받을 수 있음
	2. 통합반 운영시 대안책
	    1) 교육 환경 조성
	    2) 교사의 세심한 관심과 배려
	    3) 친구 관계가 원만하게 분위기 유도

결론	더불어 사는 삶이 무엇인지 알게 하고, 장애 아동들이 사회에 잘 적응할 수 있도록 노력해야 한다.

(2) 부정적 견해의 논술문 개요의 예

제목	시기상조인 통합 교육
주제문	장애 아동이 일반 학교에서 교육을 받는 것은 서로에게 상처와 피해가 된다.
서론	1. 장애 아동과 일반 아동들이 함께 교육을 받을 경우에 대한 문제점 제기 2. 장애 아동에 대한 일반 아동들의 인식과 환경 기반이 우선되어야 함 3. 장애 아동이 일반 학교에서 교육을 받았을 때의 문제점과 특수 교육의 필요성에 대한 논의
본론	1. 마라가 일반 학교에서 교육받았을 때의 문제점 1) 장애 아동에 대한 시설, 이해 부족 ① 일반 아동, 부모, 교사의 입장에 따른 불만 ② 장애 아동을 위한 기반 시설 부족:엘리베이터, 계단 없는 건물, 2) 장애 아동들에게 심리적 · 정서적 불안을 줌:마음의 상처, 왕따의 문제 3) 일반 아동들에게 모방 학습의 대상이 됨 4) 장애 아동 우선 배려로 인한 일반 아동들에 대한 관심 부족 2. 특수 교육의 필요성 1) 정서적 안정 2) 근본적인 원인을 진단 후 치료

본론	3. 대안책
	1) 학교의 장애인 시설 도입
	2) 사회 인식 변화 유도
결론	3) 과밀 학급 해소 및 특수 교사 전담 배치
	장애 아동과 일반 아동이 함께 교육을 받기 위해서는 학교 환경을 갖추고 실시해야 교육 효과를 이룰 수 있다.

〈예시 1〉 논술문 1

무너진 공교육 지금이라도 살리자

주제문 : 공교육이 제 역할을 하기 위해서는 교사들의 질적 수준이 높아져야 하므로 교원 평가제를 실시하는 것이 바람직하다.

사교육비의 부담이 커지면서 어깨가 점점 무거워지기만 하는 한국의 학부모들, 학교를 믿지 못해 학원이나 과외에만 의존하는 한국의 학생들, 이것이 우리나라의 교육 현실이다. 이렇게 공교육이 무너져 가고 있는 현실 속에서 안병영 교육인적자원부 장관은 교원 평가제를 도입하겠다고 밝혔다. 이에 따라 여기저기에서 다양한 반응들이 나오고 있는데 나는 교원 평가제가 꼭 필요하다고 본다. 교원 평가제에 대해 반대 입장인 전교조에 대해서는 하고 싶은 말이 있다. 물론 자신의 위치에서 최선을 다하고 계시는 선생님들께는 죄송한 말이지만 자신이 있다면 이 제도에 대해서는 반대할 필요가 없다고 생각한다.

교원 평가제가 필요한 가장 큰 이유는 안병영 교육인적자원부 장관이 말했듯이 사교육비 문제다. 사교육비 지출은 세계 1위인데 한국의 학생들은 그만큼 세계에서 인정을 받고 있지 않은가. 일찍이 교원 평가제를 실시해 성공한 외국의 사례들을 보면서 우리 나라도 교원 평가제가 필요하다는 것을 절실히 느낀다.

잊어버릴 때쯤 꼭 한 번씩 터지는 사건이 있다. 바로 교사의 학생 체벌에 관한 일이다. 교사들의 비도덕적인 처벌 방법을 보면서 지금까지 적발된 교사들 외에는 그런 비도덕적인 교사들은 없을 것이라는 장담은 아무도 하지 못할 것이다. 만약 교원 평가제를 실시한다면 학생들의 평가 등을 통해 그런 선생님들을 미리미리 제지시킬 수 있을 것이다. 비도덕적인 교사들 외에도 정말로 실력이 없는 교사들과 최소한의 노력도 하지 않는 교사들을 교원 평가제를 통해서 알아낼 수 있다. 비록 학생이지만 내 눈에도 수업 준비를 하신 선생님과 하지 않으신 선생님과의 차이는 뚜렷하게 보인다.

그렇다면 더 깊이 들어가 교원 평가제의 방법에는 무엇이 있을까?

첫째로, 학생, 동료 교사, 그리고 학교장의 평가가 있을 수 있다. 자칫하면 굉장히 주관적인 평가가 될 수 있지만, 학생들에게 한 교사의 일생이 달릴 수 있을 만큼 중요한 평가라는 인식을 심어 준다면 무리 없이 진행할 수 있을 것이다. 둘째로는 학생들을 가르치는 실력 평가이다. 같은 과목 선생들끼리 묶어서 같은 과제를 낸 후 일정 기간 동안 같은 학생들을 가르친 결과를 알아보는 것이다. 학생들을 통해서 교사들의 실력을 비교해 볼 수 있을 것이다. 셋째로는 가장 객관적인 평가를 할 수 있는 시험을 보는 것이다. 시험 난이도의 기준에 대해서는 쉽게 결정하기가 힘들겠지만 충분한 토의를 통해서 해결할 수 있을 것이다. 넷째로는 교사 자신의 직접 평가이다. 가장 주관적인 평가가 될 수 있으므로 학생들의 평가와 비교해 보아야 한다. 이 평가를 통해서 교사와 학생의 생각 차이를 알수 있고, 이를 통해 교사는 평소 자신의 생각이 맞는지 틀린지 확인할 수 있을 것이다. 교사의 생각과 학생의 생각이 얼마나 잘 조화되고 있는지를 알 수 있는 평가가 될 것이다. 이런 교원 평가제의 방법들을 쓰면서도 한편으로는 우리 교육이 교원 평가제를 실시해야 할 만큼 무너졌구나 하는 생각이 들어 씁쓸하기도 하다. 하지만 우리 교육의 현 상황에서 교원 평가제의 도입은 불가피하다.

중학교 3학년 김유경

〈예시 2〉 논술문 2

교원 평가제, 문제점과 대안은 없나?

주제문 : 교원 평가제는 객관적 평가가 어려워 악용될 소지가 많으므로 실시하지 않는 것이 바람직하다.

사교육비 경감 후속 대책으로 교원 평가제 도입이 거론되어 왔다. 그러나 교원 평가제 도입은 좋지 않다고 생각한다. 교원 평가제는 객관적인 평가가 어려워 악용의 소지가 있다. 개인적 친분, 뇌물, 동조 의식에 휩쓸린 잘못된 평가 등의 여러 요인을 배제하고 올바르고 객관적인 평가를 할 수 있는 사람은 과연 얼마나 될 것인가? 객관적인 평가를 위한 평가자의 의식 개선은 결코 쉽지 않을 것이다. 또한 적절한 평가 기준의 마련도 어렵기는 마찬가지이다.

　학교는 학생들의 지식뿐만 아니라 인성 교육까지 담당하는 곳이다. 교원 평가제가 도입되면 인성 교육은 뒷전이고 입시 위주의 성적과 진학만 강조하는 낯선 풍경이 우리 공교육의 모습으로 자리 잡게 될 것이다. 하나의 작은 사회라고 볼 수 있는 학교에서 학생들은 많은 것을 배운다. 그러나 항상 바른 것을 통하여 모든 것을 배우지는 않는다. 자질이 부족한 교사를 통해서도 학생들은 사회에 적응하여 살아가는 방법을 배우는 것이다. 악용의 소지가 있고 객관적 판단이 불가능한 입시 위주의 교육을 지향하는 교원 평가제보다는 더 나은 대안을 모색해야 한다. 그래야만 공교육이 더욱 안정적으로 되살아날 수 있다. 공교육의 질이 향상되려면 교사의 수준이 높아져야 한다는 생각에서 교원 평가제가 거론된 것이다. 그렇다면 교사의 수준을 향상시키는 다른 방안은 없는 것인가? 교사는 수업과 학생의 생활 지도나 상담 같은 교육 활동에만 전념할 수 있도록 잡무를 감소시켜야 한다. 연수를 보강하는 것도 한 방법이다. 그리고 임용 시험과 임시 강사제를 통합하는 것도 좋은 방안이 아닐까 싶다. 임용 시험에 합격한 후 임시 강사직을 통하여 교사로서의 능력을 인정받아 정식 교사로 임명하도록 한다. 그러면 임시 강사의 문제점이 보완되며 열정과 학교에 대한 애착과 능력까지 겸비한 교사들이 학생들을 가르치게 될 것이다.

　문제점이 많은 교원 평가제보다는 앞서 말한 대안을 적절히 활용하는 것이 향후 우리나라의 교육 제도의 올바른 방향이라 할 수 있다.

중학교 3학년 정소영

제3장 논술 지도의 실제

1. 논술문 작성 준비

논술문을 작성하기 전에 우선 쓰기 준비가 필요하다. 다른 사람이 쓴 글의 전체적인 흐름과 글의 짜임새를 파악해 보면 자신이 글을 쓸 때 많은 도움이 된다. 제시문을 통해 중심 문장과 뒷받침 문장을 찾아보고, 어떤 방식으로 문단을 구성했는지 알아본다.

1) 중심 생각 찾기

다른 사람이 쓴 글을 읽을 때도 우리는 항상 그 글의 주제가 무엇인지를 잘 생각해야 한다. 주제란 글쓴이가 전하고자 하는 가장 중심적인 생각이므로, 그 생각을 파악하지 못하고서는 글을 제대로 읽었다고 말할 수 없다. 중요한 문장은 글을 통해서 글쓴이가 나타내고자 하는 의도, 즉 주제와 관련이 깊은 문장을 말한다. 마찬가지로 우리가 글을 쓸 때도 잊지 말아야 할 것은 주제를 제대로 잘 전달하는 것이다. 다른 사람이 쓴 글을 읽을 때 필자가 나타내려고 하는 주제가 무엇인지를 먼저 찾아내 보자.

> 학교에서는 책 읽기를 권장하고 격려해야 한다.(중심 문장) 책 읽기와 관련된 행사를 개최하거나 독서 모임을 운영하는 것도 한 방법이다. 그리고 교과서 내용과 관련된 다양한 책들을 찾아 읽고, 활발하게 토의하도록 하는 것도 좋은 방법이다.
>
> 〈6-2 읽기 넷째마당〉

2) 주장에 따른 근거 찾기

논술문에는 항상 글쓴이의 주장과 그 주장을 뒷받침하는 근거가 있다. 따라서 논술문을 잘 쓰기 위해서는 다른 사람이 쓴 글을 읽으면서 그 글 안에 어떤 주장이 들어 있고, 그 주장을 위해 어떤 근거를 제시하고 있는지도 살펴보자.

이유는 어떠한 생각을 하는 까닭이다. 주장을 뒷받침해 주는 타당한 이유를 들어야 설득력이 커진다. 이유를 너무 많이 들면 주제가 흩어지므로 주의해야 한다. 속담이나 격언 등을 인용하면 더욱 효과적이다.

주장은 어떤 문제에 대하여 내세우는 의견이고, 근거는 주장을 뒷받침하는 내용이다. 자기의 의견을 이해시키기 위해서는 의견을 뒷받침하는 여러 사실들을 근거로 제시해야 한다. 이러한 근거에는 '있었던 일', '일반적인 사실', '다른 사람들의 의견' 등이 포함된다.

〈문제 1〉 주장에 대한 이유를 들고, 이유에 맞는 주장을 내세워 보자.

주장	이유
• 교통질서를 지키자.	• • •

〈문제 2〉 아래 글에서 주장하는 내용이 무엇인지 생각하며 '독서의 필요성'을 읽고, 주장에 대한 이유를 찾아보자.

독서의 필요성

독서는 마음의 양식이라고 한다. 건강을 지키기 위하여 음식을 먹듯이, 마음의 양식을 살찌우기 위하여 책을 읽어야 한다. 독서를 하는 까닭은 무엇이며, 독서를 하면 마음이 풍요로워지는 이유는 무엇일까?

독서를 하면 지식을 얻고 교양을 쌓을 수 있다. 책에는 새로운 정보와 다양한 지식이 있다. 책을 읽음으로써 폭넓은 지식과 새로운 정보를 얻고, 그 지식과 정보를 바탕으로 하여 올바른 사회인으로 살아갈 수 있는 기본적인 교양을 쌓을 수 있다.

독서를 하면 풍요로운 삶을 가꿀 수 있다. 사람들은 새로운 세계를 경험해 보고 싶어

한다. 그래서 히말라야 정상에 도전하기도 하고, 별이나 달의 세계에 가 보고 싶어서 우주선을 만들기도 한다. 그러나 모든 경험을 직접 해 볼 수는 없다. 독서를 하면 직접 경험해 보지 못한 세계를 간접적으로 경험하고, 삶을 풍요롭게 가꾸어 나갈 수 있다.

독서를 하면 감동과 재미도 얻을 수 있다. 가슴이 뭉클한 내용을 읽고 감동을 받거나, 재미있는 내용을 읽고 웃기도 하고 즐거워하기도 한다.

또, 독서를 하면 삶의 지혜를 배운다. 책 속의 인물이 한 행동을 통하여 세상을 올바르게 살아가는 태도와 어려운 일을 해결하는 방법을 배울 수 있다.

이처럼 우리는 독서를 하면 지식과 교양을 쌓고, 풍요로운 삶을 가꾸며, 감동과 재미를 얻고, 삶의 지혜를 배울 수 있다. 독서의 즐거움을 경험하고, 즐겨 읽는 태도를 가지도록 노력하자.

〈4-1 읽기 첫째 마당〉

1) 주장하는 내용이 무엇인가?

_____

2) 주장에 대한 이유를 찾아 밑줄을 긋고 옮겨 써 보자.

_____

_____

〈문제 3〉 아래 글에서 주장하는 내용이 무엇인지 생각하며 읽고, 주장에 대한 이유(근거)를 찾아보자.

① 사람들이 아파트에서 가장 많이 기르는 애완동물이 개이다. 개는 털이 빠지고, 시끄럽게 짖는다. 특히, 밤에 개 짖는 소리는 주변 사람들에게 많은 피해를 줄 수 있다. 그리고 개를 데리고 다니다가 개가 배설을 하였을 때, 배설물을 치우지 않고 가면 보기에 좋지 않고 위생에도 나쁘다. 이처럼 아파트에서 개를 기르는 것은 많은 사람들에게 불편을 준다. 개를 꼭 기르고 싶다면, 아파트에서가 아니라 단독 주택에서 길러야 한다.

② 아파트에서 개를 기르면 안 된다고 말하는 사람이 많다. 그 이유로 개 짖는 소리가 이웃에게 소음이 될 수도 있고, 배설물이나 털이 주변을 지저분하게 만들 수도 있다는 점을 든다. 그러나 개를 기른다고 해서 이웃에 큰 피해를 주는 것 같지는 않다. 가끔 한밤중에 우리 집 개가 짖기도 하지만, 그것 때문에 시끄러워 잠을 못 잤다거나 자다가 깨었다고 말하는 이웃은 없다. 그리고 배설물이나 털 때문에 주변이 지저분해지는 것은 주인이 조금만 주의하면 해결될 수 있는 문제이다. 그러므로 나는 아파트에서 개를 길러도 좋다고 생각한다.

1) 주장하는 내용이 무엇인가?

① _____

② _____

2) 주장을 뒷받침하는 이유(근거)를 찾아 써 보자.

① _____

② _____

〈문제 4〉 '어른들의 장삿속에 어린이 마음 멍든다' 를 읽고 주장과 근거를 찾아 쓰세요.

어른들의 장삿속에 어린이 마음 멍든다

'밸런타인데이, 화이트 데이, 블랙 데이, 쿠키 데이' 등은 학생들 사이에서 유행하고 있는 기념일들이다. 누가, 언제 만들었는지 모르는 이 기념일들이 어린이들의 마음을 멍들게 하고 있다.

한 초등학교의 쉬는 시간, 어린이들이 저마다 가방 속에서 과자를 한두 개씩 꺼낸 뒤, 좋아하는 친구들에게 나누어 주었다. '쿠키 데이'를 맞아 선물을 주고받은 것이다. 이

날, 어떤 어린이는 과자를 한아름 안고 싱글벙글 좋아하는 모습이었지만, 어떤 어린이는 아무것도 받지 못하자 울음을 터뜨렸다. 요즈음 초등학교의 교실에서는 정체불명의 기념일을 맞아 이처럼 선물을 주고받는 장면을 자주 볼 수 있다.

이러한 기념일이 유행하는 현상에 대하여 선생님들은 몹시 걱정하고 있다. 선생님들은 어린이들이 국적 없는 기념일을 즐기는 것도 문제이지만, 그러한 기념일 때문에 소외감을 느끼는 어린이들이 많이 생기게 되는 것이 더 큰 문제라며, 이런 유행을 퍼뜨려 이익을 얻으려는 어른들의 얄팍한 상술을 비판하였다.

언제, 어떤 기념일이 또 생겨날지 모른다. 학교마다 어린이들을 바르게 지도하기 위하여 노력하고 있지만, 이러한 유행은 어린이들 사이에서 좀처럼 수그러들지 않고 있다. 이에 대하여 가정과 학교에서 어린이들을 적극적으로 지도하는 것은 물론, 사회적으로도 돈보다 어린이를 먼저 생각하는 어른들의 올바른 태도가 요청된다.

〈6-1 읽기 넷째마당〉

1) 주장을 찾아 정리하여 보자.

_____

_____

2) 근거를 찾아 정리하여 보자.

_____

_____

3) 단계적 요약하기

다른 사람이 쓴 글을 요약한다는 것은 글의 전개와 구조를 파악한다는 것이다. 글을 요약하기 위해서는 먼저 글의 핵심 내용을 분명히 파악해야 한다. 서론, 본론, 결론이 어떻게 구성되어 있는지 살펴본 후 주제문 작성 연습을 해 보고, 이를 단계적으로 요약한다.

〈문제 5〉 다음 글을 읽고 내용을 요약한 후 개요 작성을 해 보시오.

인터넷은 지금

언제부터인가 컴퓨터는 우리 생활에서 없어서는 안 될 물건이 되었다. 사무실이나 관공서는 물론이고, 가정에서도 컴퓨터는 생활필수품으로 자리 잡았다. 국내 개인용 컴퓨터 보급 대수는 이미 1100만 대를 넘어섰다고 한다. 이것은 우리 국민 네 사람 중에 한 사람이 컴퓨터를 가지고 있다는 것을 의미한다.

컴퓨터의 증가는 곧 인터넷 사용의 증가를 가져왔다. 10여 년 전까지만 해도 인터넷은 전문가나 할 수 있는 것이었다. 그러나 초고속 통신망의 등장으로 인터넷은 우리 생활의 중심으로 자리 잡았다. 자료 수집, 증권 거래, 물건 사기, 지도 검색, 날씨 확인, 신문 보기, 음악 듣기, 오락 등을 모두 인터넷을 통하여 할 수 있게 되었다.

그러나 인터넷의 확산이 우리 생활에 긍정적인 영향만을 끼친 것은 아니다. 유해한 인터넷 사이트의 확산, 개인 정보의 누출, 표준어의 파괴 등이 새로운 문제로 떠올랐다. 가장 심각한 문제는 욕설이나 비방 등이 인터넷에서 난무하고 있다는 점이다.

인기 연예인이 개설한 홈페이지의 경우, 그 연예인을 지지하고 있는 팬클럽과 다른 연예인을 지지하는 팬클럽 간에 욕설이 난무하는 일이 있다. 또 학생들이 만든 대화방에서는 같은 반 친구를 헐뜯는 글들이 가득 실리기도 한다. 채팅을 하는 경우에도 욕설을 사용하는 경우가 많으며, 이름을 밝히지 않고 전자우편을 통해 비방과 욕설이 가득한 글을 보내는 경우도 있다. 특히, 한참 유행하고 있는 컴퓨터 게임의 경우, 게이머들이 떼로 몰려다니며 다른 게이머에게 폭언과 욕설을 퍼붓는 일도 있다고 한다.

이처럼 인터넷이 말의 쓰레기장으로 변한 가장 큰 원인은 직접 얼굴을 대하지 않는 데다 자신의 이름을 밝히지 않아도 된다는 특성 때문이다. 또, 기성세대 대부분이 인터넷에 적응하지 못한 상황에서, 인터넷 문화를 이끄는 10대와 20대가 올바른 네티켓을 정립해 나가지 못했기 때문이라는 지적도 많다.

무차별적으로 이루어지는 욕설과 비방이 심각한 수준에 이르고 나서야 검찰과 경찰에서는 "피해자가 신고하면 욕설을 보낸 사람을 끝까지 추적해 밝혀 내겠다."는 방침을 발표했다. 하지만, 이러한 방안의 효과에 대하여 부정적인 의견이 많다. 왜냐하면, 인터넷에서 실제로 발생하는 언어 폭력의 건수에 비해 신고되는 건수가 매우 적기 때문이다.

욕설을 하는 사람을 끝까지 찾아내어, 많은 벌금을 매기는 등 법에 따라 엄격히 처벌하자는 주장을 하는 이들도 있다. 이처럼 강력한 해결 방법을 제시하고 있는 사람들은, 외국에서 고등학교 남학생 두 명이 여학생에게 욕설이 담긴 전자우편을 보냈다가 경찰에 체포된 후 정학까지 당했던 사실을 예로 들고 있다.

하지만, 인터넷에서 난무하고 있는 언어 폭력은 정부가 개입한다고 해서 해결될 문제가 아니다. 컴퓨터 사용자들이 인터넷에서 벌어지고 있는 언어 폭력을 자발적으로 몰아내는 것이 바람직하다. 즉, '네티켓 운동'을 벌이고, 인터넷 예절 책자를 배포하며, 네티켓과 관련된 인터넷 사이트를 열어 점차적으로 인터넷에서 언어 폭력을 줄여 나가야 한다.

초등학교 때부터 네티켓에 관한 내용을 교과서에 넣어 철저히 가르치는 것도 효과적인 방법이다. 학생들이 컴퓨터를 처음 접하는 시기인 초등학교 때부터 인터넷에서 지켜야 할 예절을 가르칠 필요가 있다. 이렇게 하면 모든 사람이 네티켓에 관한 내용을 체계적으로 배울 수 있다.

인터넷의 언어 폭력 문제를 해결하기 위해서는 인터넷 실명제를 실시해야 한다. 즉, 사용자가 자신의 이름을 반드시 밝히도록 해야 한다. 이와 같이 인터넷 실명제를 실시하면 지금까지 인터넷에서 사용하던 이름을 다시 바꾸어야 하는 불편이 따를 것이다. 하지만, 이러한 제도가 지금의 문제를 가장 빨리 해결할 수 있는 길일지도 모른다.

인터넷은 우리 생활에서 없어서는 안 될 만큼 중요한 자리를 차지하게 되었다. 그러나 인터넷 예절은 아직 제대로 정착되지 않았다. 특히, 인터넷을 사용하는 사람들의 언어 폭력 문제는 매우 심각한 상황이다. 인터넷 언어 폭력 문제를 해결하기 위해서는 무엇보다 인터넷 사용자들의 적극적이고 자발적인 참여가 필요하다.

〈6-2 읽기 넷째마당〉

2. 논술의 기술 과정

논술문을 쓰는 과정은 머릿속에서 생각하는 계획 단계와 실제로 글을 쓰는 작성 단계로 나누어 볼 수 있다. 중요한 것은 종이 위에 글로 옮겨 적기 전에 머릿속에서 생각하는 과정인 계획 단계이다. 주제가 제시되면 주제가 요구하는 내용이 무엇인지 정확하게 파악하고, 주제에 대해 자신의 의견이나 입장을 결정하며, 글의 대체적인 내용을 구상하여 개요로 만들어 보는 과정이 계획 단계이다. 작성 단계는 계획 단계에서 떠올린 생각들을 개요에 따라 실제로 쓰는 과정이며, 다 쓰고 난 후 고쳐 쓰기를 하는 과정도 작성 단계에 포함시킬 수 있다.

1) 제시문 분석

논술은 제시된 제시문에 대한 해석이나 이해를 바탕으로 자신의 주장을 기술하라는 내용의 문제들이 많이 출제되고 있다. 따라서 제시된 제시문을 올바로 이해해야 자신의 의견을 제대로 쓸 수 있다. 제시문을 읽을 때 가장 중요한 것은 제시문을 이해하는 데 필요한 질문을 스스로에게 하고, 그에 대한 답변을 스스로 찾아가면서 글을 읽는 것이다. 질문에 대한 답을 찾는 방식은 배경 지식을 통해 답을 예측해 보는 방법과 주어진 제시문 안에서 답을 찾는 방법 두 가지가 있다.

또한 출제자가 요구하는 관점에 따라 다양하게 해석해야 한다. 출제자가 요구하는 관점은 논제에 나타나 있다. 만일 논제에 나타나 있지 않으면, 제시문 간의 연관 관계 속에서 출제자가 요구하는 관점을 찾는다. 그리고 현대 사회가 당면한 문제를 드러내는 제시문의 내용이 많으므로 제시문의 내용이 현대 사회의 어떤 문제 또는 어떤 현상을 드러내는가를 파악해야 한다.

통합 교과 논술이 보편화되면서 다양한 자료의 이해와 분석을 필요로 한다. 제시문으로 신문 칼럼, 문학작품, 그림 자료, 통계자료들이 출제되고 있는 것은 분석력, 이해력, 논증력 등과 같은 종합적 사고력이 요구되는 것이다. 논술 문항 중에 하나가 제시문에 대한 정확한 이해를 바탕으로 요약하기를 통해 논리적 관계를 파악하는 문제가 많이 출제된다.

주제가 문제 형태로 제시된 논술의 경우에는 문제가 무엇을 요구하고 있는지 정확하게 파악해야 한다. 이는 출제자의 의도를 파악하는 것이기도 하다. 예를 들어 '현대 사회에서의 남녀 역할'이라는 주제가 제시되었다고 하자. 그런데 과거의 남녀 차별적인 풍조를 비판하고 남녀 평등 사상의 고취를 주장하는 글을 쓴다면, 이는 문제의 정확한 내용을 잘못 이해한 셈이다. 최소한 이 글은 전통 사회에 대한 현대 사회의 특징과 그로 인한 여성의 지위와 역할 변화, 그리고 바람직한 남녀 지위와 역할을 정립하기 위한 자세 등의 내용을 담고 있어야 할 것이다.

(1) 문학작품의 제시문 이해와 분석

논술에서 제시문이 문학작품일 경우에는 논제에서 제시하는 관점에 따라 작품을 이해하고 분석한다. 소설이나 희곡 등은 등장인물의 태도나 가치관을 중심으로 그들의 행동이 어떤 의미를 지니고 있으며, 작품 전체의 줄거리나 사건이 우리 사회의 어떤 현상을 암시하는지 생각해 보아야 한다. 그리고 인물들의 현실 대응 방식을 통해 비슷한 현실 상황에서 지금의 사회적 문제와 어떤 연관성이 있는지 생각해 보아야 한다. 또한 논술에 제시문으로 시가 등장했을 때는 논제에서 요구하는 바가 시의 감상 과정에서 어떤 구성 요소와 밀접하게 연관되는지를 파악하고, 시의 주제 의식이 어떻게 드러나는지를 파악해야 한다.

〈문제 6〉 다음 글은 『동물 농장』의 한 장면을 옮겨 놓은 것이다. 이 글은 '복서'의 죽음을 둘러싼 이야기를 통해 인간 사회에서 일어날 수 있는 여러 가지 문제들을 암시하고 있다. 어떤 문제들이 이 글에 암시되어 있는지 글의 내용에 근거하여 밝히고, '복서'의 죽음에 대해 어떻게 생각하는지 각자의 견해를 논술하라. (1998년 서울대학교 논술 문제)

> 복서를 싣고 갈 덮개 달린 마차가 도착한 것은 한낮이었다. 동물들은 모두 돼지의 감독 아래 무 밭에서 잡초를 뽑고 있었다. 그때 갑자기 벤저민이 고래고래 소리를 지르며 농장 축사 쪽에서 달음박질쳐 왔다. 동물들은 깜짝 놀랐다. 그들은 벤저민이 저토록 흥분한 모습을 본 적이 없었다. 그렇게 달음박질치는 것도 처음이었다.
>
> "빨리, 빨리! 빨리들 와! 복서를 데려가려고 해!"
>
> 벤저민이 소리쳤다. 동물들은 돼지의 승낙을 기다릴 것도 없이 하던 일을 팽개치고 건물 쪽으로 뛰어갔다. 아니나 다를까, 마당에는 말 두 마리가 끄는 큰 마차가 서 있었다. 마차의 덮개 한쪽에는 글자들이 쓰여 있었고, 마부석에는 낮은 중산모를 쓴 교활하게 생긴 사내 하나가 앉아 있었다. 그리고 복서의 우리는 텅 비어 있었다. 동물들은 마차 주위로 몰려갔다.
>
> "잘 가게, 복서."
>
> 그들은 입을 모아 큰 소리로 외쳤다. 그러자 벤저민이 발굽으로 땅을 구르고 주위를 펄쩍펄쩍 뛰면서 소리쳤다.
>
> "멍청이들! 이런 멍청이들 같으니! 이 바보들아! 마차에 뭐라고 쓰여 있는지 보이지도

않아?"

그 소리에 동물들은 동작을 멈추고 소리를 죽였다. 뮤리엘이 더듬거리며 읽어 보려 하자, 벤저민이 그녀를 제치고 나섰다. 동물들이 죽은 듯 침묵하는 동안 그는 글자들을 읽어 나갔다.

"'알프레드 시몬즈, 말 도살업자 및 아교 제조업자, 윌링던 소재. 가죽과 골분도 취급함. 개집 대여.' 저게 무슨 뜻이지 모르겠어? 복서를 도살장으로 끌고 가는 거란 말이야."

동물들에게서 공포에 질린 외침이 터져 나왔다. 바로 그 순간 마부석에 앉아 있던 사내가 채찍질을 했고, 마차는 빠른 속도로 마당을 빠져나가기 시작했다. 동물들은 모두 목청껏 소리를 지르며 마차를 뒤쫓았다.

……(중략)……

사흘 뒤, 복서가 윌링던의 병원에서 가능한 모든 치료를 받았음에도 끝내 죽고 말았다는 발표가 나왔다. 스퀼러가 동물들에게 이 소식을 전했다. 그는 복서가 눈을 감을 때 그 자리에 있었다고 했다. "천추의 한이라고요. '전진하시오, 동지들!' 그는 그렇게 말했습니다. '혁명의 이름으로 전진하라. 동물 농장 만세! 나폴레옹 동지 만세! 나폴레옹 동지는 언제나 옳다.' 이게 그의 마지막 말이었습니다, 동지들."

이 대목에서 스퀼러의 태도가 갑자기 바뀌었다. 그는 잠시 말을 끊고는 작은 눈을 이쪽 저쪽으로 돌리며 의심에 찬 눈길을 보냈다. 그는 복서가 떠날 때 터무니없고 악의에 찬 소문이 나돌았다는 것을 안다고 했다. 어떤 동물들은 마차에 '말 도살업자'라고 쓰여 있는 것을 보고 복서가 도살장으로 보내졌다는 성급한 결론을 내렸다고 하면서, 그렇게 멍청할 수도 있다니 도저히 믿기지 않는다고 말했다. 그는 꼬리를 흔들며 이쪽 저쪽으로 뛰어다니면서 친애하는 나폴레옹 지도자 동지를 겨우 그 정도로밖에 생각하지 않느냐며 분통을 터뜨렸다. 스퀼러의 설명은 간단했다. 그 마차는 전에 말 도살업자 소유였는데, 수의사가 산 뒤 옛날 상호를 미처 지우지 못했다는 것이다. 그렇게 해서 오해가 생겼다는 말이었다.

이 말을 듣고 동물들은 마음이 놓였다. 이어 스퀼러가 복서의 임종과 그가 받은 극진한 치료, 나폴레옹 동지가 돈을 아끼지 않고 비싼 약을 쓴 것에 대해 자세히 얘기하자, 동물들에게 남아 있던 의심은 말끔히 씻겼다. 적어도 복서가 행복하게 숨을 거두었다는 생각이 그의 죽음에 대한 슬픔을 어느 정도 달랠 수 있었다.

……(중략)……

추모 연회가 열리기로 한 날, 윌링던에 있는 한 식료품점의 마차가 와서 본채에 커다란

나무 상자를 배달하고 갔다. 그날 밤 본채에서는 떠들썩한 노랫소리가 흘러나왔고 이어
격렬하게 다투는 소리가 들리더니, 열한 시께 와장창 유리 깨지는 소리와 함께 잠잠해졌
다. 다음 날 정오가 될 때까지 본채는 쥐 죽은 듯 조용했다. 돼지들이 어디에선가 돈을 구
해 위스키 한 상자를 샀다는 소문이 돌았다.

「동물농장」(조지 오웰 지음 / 김영선 옮김 / 가지않은길)

이 문제의 첫 번째 경우는 사건의 의미를 사실에 바탕을 두고 해석하는 것이고, 두
번째 논제는 사건에 대한 자신의 견해를 밝히는 것이다. 첫 번째 논제의 경우 주의해
야 할 것은 반드시 인간 사회의 문제와 결부시켜 해석해야 한다는 것이다. 그리고 왜
그런 해석이 가능한지 제시문에서 근거를 밝혀야 한다. 두 번째 논제는 복서의 죽음이
사회적으로 어떤 의미를 지니고 있는지 자신의 견해를 밝히는 것이다.

(2) 그림 자료의 이해와 분석

논술 문제에 그림 자료가 포함될 경우는 논제의 요구에 따라 제시문과 연관지어 의
미를 추론해야 한다. 그림 자료에서 사용되는 상징은 그림으로 표현된 대상이 가지고
있는 일반적인 의미 이외에 작가에 의해 부여된 새로운 의미를 말한다. 시각매체의 메
시지를 논리적인 언어로 전환시키는 능력이 필요하다.

<문제 7>그림에 담긴 '세월이 흘러감'에 대한 생각
을 '욕망'과 연관 시켜 분석하고, 자신의 의견을 논
술하시오.

티치아노, 「인간의 세 시기」(1511~1512)

(3) 통계 자료의 이해와 분석

도표는 제시된 논제의 원인이나 상황, 해결 방안의 모색을 위한 기초적인 자료이
다. 통계 내용을 그대로 인용하기보다는 통계에서 나타난 내용이 의미하는 바가 무엇
인지, 어떤 문제와 결부되어 있는지를 분석해 내야 한다. 또한 주어진 자료를 활용하
여 자기 주장을 논증적으로 전개할 수 있는 능력을 지녀야만 한다.

〈문제 8〉인종주의자의 주장을 반박하고, 인권주의자가 〈표 2〉를 통하여 주장하고자 하는 바가 무엇인지 논술하시오.(2007 중앙대 수시 논술)

한 인종주의자는 1991년 미국 플로리다 주에서 발표된 살인 범죄 통계인 〈표 1〉을 인용하면서 백인의 사형 선고율이 흑인에 비해 높다고 주장하였다.

〈표 1〉

가해자 \ 선고	사형	기타	사형 선고율(%)
백인	53	430	11.0
흑인	15	176	7.9

이에 한 인권주의자는 위에 발표한 통계를 보완하여 〈표 2〉를 제시하였다.

〈표 2〉

가해자 \ 선고	가해자	사형	기타	사형 선고율(%)
백인	백인	53	141	11.3
	흑인	11	37	22.9
흑인	백인	0	16	0.0
	흑인	4	139	2.8

2) 주제문 작성

주제문은 제시된 주제에 대한 글쓴이의 입장을 하나의 완결된 문장으로 표현한 것이다(완결된 문장이란 주어와 서술어를 갖춰야 한다는 말이다. 이때 주어는 상황에 따라 생략할 수도 있다). 그러므로 주제문에는 주제에 대한 필자의 신념, 태도, 가치관이 분명하게 나타나 있다. 제시된 주제의 정확한 의미를 파악하고 나면 그 주제에 대한 자신의 의견이나 입장을 표명하게 된다. 주제에 대한 입장 표명은 논술문 전체의 가장 핵심적인 내용이며, 이를 문장으로 표현한 것이 곧 논술문의 주제문이다.

주제문을 작성할 때는 하나의 문장으로 표현해야 하며 구체적인 내용을 담고 있어야 한다. 주제문을 미리 작성해야 하는 이유는 앞으로 쓰게 될 글의 내용을 흐트러짐 없이 일관성 있게 배열하기 위해서이다.

(1) 주제문 작성의 단계

주제를 필자가 이야기하려는 내용이나 의도, 즉 중심 내용으로 압축시켜 하나의 명제로 만든 것을 주제문이라 한다. 주제문 작성 과정은 다음과 같다.

가주제		문제 정리		범위 한정		참주제		주제문
무엇에 대해 쓸 것인가를 생각	→	여러 문제점에 대한 생각	→	자신 있고 관심 있는 문제 설정	→	한정된 문제의 내용을 구체화	→	참주제를 완전한 문장으로 기술할 것

(2) 주제문 작성의 유의점

① 하나의 주제만 담겨 있는 완전한 문장으로 기술한다.

② 평서형으로 진술한다.

③ 모호한 표현, 불필요한 말, 비유적 표현은 피한다.

④ 일관성이 없거나 모순된 표현이 있어서는 안 된다.

⑤ 너무 넓은 범위를 다루지 않도록 해야 한다.

〈예시 문제〉 '직업 선택의 중요한 기준'이란 주제에 대해 주제문을 만들어 보시오.

> "직업을 선택하고자 할 때는 자신의 적성과 취미를 가장 중요한 기준으로 삼고, 그 다음으로 사회에 대한 공헌도를 고려해야 한다." 등과 같은 형식으로 표현한다.

〈문제 9〉 다음 글을 읽고 주제와 주제문을 만들어 써 보시오.

> 지금 세계는 정보화 시대이다. 컴퓨터 통신망 등 첨단 정보망을 활용하여 시시각각으로 급변하는 국제 정보의 흐름에 적절히 대처하지 못하고서는 살아남을 수 없는 무한 경쟁의 사회인 것이다. 특히 산업화에서 다른 나라에 뒤져 지금의 위치에 오르기까지 갖은 고생을 겪어야 했기에 정보화만큼은 앞서 가야겠다는 결의가 굳은 우리나라로서는 컴퓨터 통신망의 다각적인 활용은 아무리 강조해도 지나치지 않는다. 더구나 컴퓨터 통신망을 이용한 재택(在宅) 교육과 근무, 화상(畵像) 회의 등 시간과 공간을 초월하는 첨단 체제가

실용화되어 가고 있는 것이 세계적인 추세이므로, 우리도 이에 발맞춰 나가야 할 것이다.

앞으로 학생들이 통신 교육 서비스를 실질적으로 사용하는 데 불편함이 없도록 개설 메뉴를 다양화하고, 청소년의 요구 사항을 점검하는 등 컴퓨터 통신 교육 프로그램 개발에 대한 꾸준한 연구가 이뤄져야 하겠다.

컴퓨터 통신망을 이용한 교육 서비스가 더욱 확산되고 다양화되어 더 많은 학교의 학생들이 혜택을 받을 수 있게 되기를 기대해 본다.

「조선일보」

주제:

주제문:

3) 자료의 수집 및 정리

(1) 자료의 수집과 선택

주제가 결정되면 그 주제를 뒷받침하기 위한 자료가 필요하다. 이것을 논술에서는 자료(資料), 문학작품에서는 소재(素材)라고 한다. 자료는 무엇보다도 주제를 정확하고도 독자에게 효율적으로 전달하는 데 필요한 것이어야 한다.

(2) 자료가 갖추어야 할 조건

❶ 주제를 뒷받침하는 것이어야 한다. 아무리 새롭고 풍부한 자료라 할지라도 주제와 관련이 없는 것은 가치가 없다. 자료는 주제를 살리기 위한 것일 뿐 자료 자체를 표현하는 데 목적이 있는 것이 아니기 때문이다.

❷ 주제의 통일성을 해치지 않는 범위 내에서 자료의 폭이 풍부하고 다양해야 한다. 이를 위해서는 다양한 체험과 사색이 필요하며 메모하는 습관을 길러야 한다.

❸ 객관적이고 구체적이며 근거가 확실해야 한다. 독자의 신뢰를 얻으려면 출처가 명백해야 하고, 사실과 의견이 분명하게 구별된 합리적인 재료가 선택되어야 한다.

④ 독자의 관심을 끌 수 있는 독창적인 것이어야 한다.

(3) 자료의 정리

① 주제와 밀접히 연관되어 그것을 직접 뒷받침하는 자료와 보충적인 역할을 하는 자료를 구분한다.

② 내용이나 관점이 동일한 것과 그렇지 않은 것을 구분한다.

③ 글의 전체적인 내용에 따라 그 순서를 정한다.

4) 구성 및 개요 작성

논제를 분석하고 주제를 결정한 뒤에는 일관성이 있고 논리적인 서술을 위해서 먼저 구성과 개요 작성이 필요하다. 구성이란 주제를 드러내기 위해 모은 글감들을 통일성과 일관성이 있도록 배열하고 조직하는 과정이다. 즉, 주제를 효과적으로 드러내기 위해 제재의 논리적 체계를 수립하는 작업이다. 그러므로 구성은 글에 일관성과 통일성을 부여하고, 내용의 반복을 막아 주며, 글의 전체적인 균형을 유지해 주는 역할을 한다고 할 수 있다.

(1) 구성의 원리

① 단계성의 원리:글의 처음과 중간, 그리고 끝을 명확하게 제시하여 글의 단계가 드러나게 한다.

② 통일성의 원리:처음부터 끝까지 글의 모든 부분들이 하나의 주제에서 벗어나지 않게 한다.

③ 응집성의 원리:각 부분이나 단계들이 밀접한 관계를 갖고 긴밀하게 결합되어 한 편의 글을 이루도록 한다.

④ 명료성의 원리:중심 내용이 부각되도록 의견과 사실을 분명히 구분하고 주 논점과 부수적인 논점에 차이를 두도록 한다.

(2) 개요 작성

① 개요 작성의 정의와 필요성

좋은 주제와 자료를 수집했다 하더라도 그 자체만으로는 글이 되지 않는다. 좋은 논술문을 쓰기 위해서는 준비된 글감들을 효과적으로 짜 맞추어 나가야 한다. 이와 같이 준비된 글감들을 주제와 목적에 맞게 엮어 가는 작업을 개요 작성이라 한다. 이는 원어 그대로 아우트라인(outline)이라고 한다. 개요는 일종의 청사진, 또는 설계도와 같은 것이다. 똑같은 벽돌과 나무를 가지고도 건축가의 솜씨에 따라 집의 형태와 견고함에 차이가 있듯이 글감을 어떤 순서로 어떻게 연결해 나가느냐에 따라 글의 전달 효과가 달라진다.

좋은 집을 짓기 위해서는 좋은 설계도가 필요하듯이 훌륭한 논술문을 쓰기 위해서는 글감을 어떻게 조직할 것인가에 관해 훌륭한 개요가 필요하다.

② 개요 작성의 요령

- 주제를 살리는 제목을 정한다.
- 주제에 따라 정리한 글감들을 중요한 것과 그렇지 않은 것으로 분류한다.
- 주요 글감을 중심으로 관련된 글감끼리 묶는다.
- 글의 전개 순서를 생각하여 글감들을 배열한다.
- 처음, 중간, 끝 부분에 들어갈 내용을 간단히 쓴다.

〈표 3〉 개요 작성의 예

제목	체벌의 교육적 효용
주제문	교내 체벌은 집단 생활의 질서와 교육적 효과의 측면에서 실시하는 것이 바람직하다.
서론	1. 우리나라의 교육적 환경 여건에 따른 학교생활의 문제 제기 2. 학교생활에 있어서 체벌의 필요성과 합리적 체벌 방법의 모색 논의

본론	1. 체벌의 필요성
	  1) 학생에게 적절한 자극을 주어 학습 효과를 높일 수 있음
	  2) 바람직한 공동체 생활에 도움을 줌
	  3) 많은 학생들을 통솔할 수 있음
	2. 합리적 체벌 방법
	  1) 교사의 감정을 자제해야 함
	  2) 정해진 기준으로 약속된 체벌을 함
	  3) 체벌 후 아이의 마음을 보듬어 줌

결론	체벌을 하기 전에 학생에게 체벌을 납득할 수 있도록 설명해 주고, 정해진 기준에 따라 공정하게 체벌을 한다면 교육적 효과를 기대할 수 있다.

〈문제 10〉 '사형 제도는 폐지되어야 하는가?'에 대한 개요를 작성해 보시오.

제목	
주제문	
서론	
본론	
결론	

5) 집필 및 퇴고

개요 작성이 끝나면 실제로 글을 쓰게 된다. 이는 지금까지 생각한 내용들을 글로 표현하는 과정이다. 이 단계에서 유의해야 할 점은 가급적 알기 쉽게 표현해야 한다는 점이다. 이를 위해서는 정확한 어휘를 선택하고 간결한 문장을 사용하는 것도 중요하지만 무엇보다도 쓸데없는 말을 넣어 글을 산만하게 만들지 말아야 한다.

특히 퇴고는 애초에 설정하였던 주제와 실제 작성된 원고 사이의 차이를 잘 발견하여 그것을 보완함으로써, 최초의 주제를 일관되고도 명확하게 드러나는 글로 만드는 것이다. 퇴고는 글을 쓴 다음이 아니라 작문의 전 과정에서 일어나는 것으로, 단순한 교정이 아니라 복합적 사고 과정이며 글쓰기의 필수적 과정이다.

(1) 논술의 유의점

① **단어의 순화** : 서투른 외래어나 신조어, 비속어, 은어, 사투리, 유행어, 상투어, 무의미어의 사용을 피한다.

② **명확한 문장 연결** : 접속어나 지시어 등을 적절하게 사용하면 문장 및 단락 간의 관계가 명확해진다.

③ **정확한 문장 쓰기** : 어법, 맞춤법과 띄어쓰기, 문장부호를 정확하게 쓴다.

④ **사실과 의견 구분**

⑤ **어떤 방식으로 주제에 접근할지 생각하고, 답안 작성의 전제 조건을 살펴본다**

(2) 퇴고의 원칙

글은 다듬을수록 좋은 글이 된다. 좋은 글은 내용의 전달 효과가 뛰어날 뿐만 아니라, 독자의 기억에도 오래 남는다. 따라서 좋은 글이 되는 마지막 단계가 퇴고이다.

① **삭제의 원칙** : 표현의 긴장을 위해 다음의 내용을 삭제한다.

글에 불필요한 부분이 들어가 있다거나 지나치게 많이 들어간 것들을 찾아 삭제한다. 그리고 쓸데없이 덧붙여 씀으로써 과장된 느낌을 주거나 표현이 지나쳐서 조잡하고 가식적인 느낌을 주는 부분, 이해하기 어려운 수식어, 초점이 흐려지는 표현, 적절하지 않은 표현 등을 삭제한다.

② **부가의 원칙** : 쓰고자 하는 바를 제대로 썼는지를 살피기 위해 다음의 내용을 보충한다. 설명이 안 된 부분, 논의가 충분히 되지 못한 부분, 지나친 생략으로 뜻이 통하지 않은 경우를 보충하는 것이다.

③ **재구성의 원칙** : 글의 순서와 함께 효과적으로 썼는지를 살피기 위해 다음의 내용을 확인한다. 글의 흐름이 매끄럽지 못한 경우, 제목과 주제, 제재의 연결이 제대로 안 된 경우, 순서가 잘못되어 있는 경우에 재구성한다.

(3) 논술 후 자기평가

항목	자기평가 내용
글 전체	• 서론의 역할이 제대로 되었는가? • 주제가 확실하게 제시되어 있는가? • 글 전체의 논리 전개가 적합한가? • 결론이 글의 목적, 주제, 독자의 요구 등에 알맞은 것인가? • 본론에서 밟아 온 논리로부터 빗나간 것은 아닌가? • 논제와 관련 없는 내용들이 제시되지 않았는가? • 글 전체가 명료하게 짜여져 있는가?
단락	• 논리적으로 전개되었는가? • 단락의 구조는 적절한가? • 각 단락은 글의 통일성과 일관성의 원리를 지키고 있는가?
문장	• 문장의 구조 및 형식들이 제대로 갖추어져 있는가? • 각 문장들이 문법적으로도 정확한가? • 문장을 구성하는 요소들 사이의 호응은 적절한가? • 중심적인 생각과 종속적인 생각들이 논리적인가?
단어	• 단어 사용이 적합한가? • 글의 문맥에 맞게 사용된 단어들인가? • 맞춤법에 맞게 표기되었는가?

3. 서론·본론·결론

1) 서론 쓰기

서론은 주어진 논제에 대한 분석과 이해를 바탕으로, 논의의 방향과 범위 등을 구체적으로 설정하는 단계이다. 서론이 명확하고 짜임새 있게 구성되면 본론을 자연스럽게 시작할 수 있다. 서론의 내용은 가능한 간결하게 구성하는 것이 바람직하다.

서론에 들어가는 내용으로는 문제의 동기 유발, 문제 도입, 문제 제기, 서론의 마무리 들이 적절하다. 서론의 구성은 논제 유형에 따라 차이가 있을 수 있으나 대체로 다음의 진술 방식을 필요에 따라 적절히 택하여 쓰는 것이 좋다.

(1) 사실 직접 진술로 시작하는 방법

주제문	사회가 발전할수록 고령화가 빠르게 진행되므로 노인 복지 정책을 확대해야 한다.
서론	올해는 세계 노인의 해이다. 2020년에는 우리나라도 65세 이상 노인 인구가 전체 인구의 13.2%에 달할 것으로 추산되고 있다. 이렇듯 날이 갈수록 노인의 수는 늘어나고 있으나 우리나라의 노인 복지 정책과 시설은 턱없이 부족한 형편이다. 핵가족 시대가 되면서 장남이 부모를 모실 의무가 없다고 생각하는 의식이 확산되고 있으며, 자식과 독립해서 살기를 원하는 노인들도 늘고 있는 추세이다. 따라서 노인의 부양 문제는 개별 가정만의 문제가 아닌 사회적으로 해결해야 할 문제가 되었다. 이러한 문제를 해결하기 위해서 어떠한 복지 정책이 마련되어야 하는가에 대해 다음과 같이 논하고자 한다.

(2) 구체적 사례로 시작하는 방법

주제문	생활 양식, 가치관이 바뀜에 따라 청소년 문화도 바뀌므로 그들만의 세계를 인정해 주어야 한다.
서론	최근 청소년에게 인기 있는 한 그룹의 공연 도중 200여 명의 여학생이 집단 실신한 일이 일어났다. 또 한 여학생은 자신이 좋아하는 가수의 부상을 비관해 스스로 목숨을 끊기도 했다. 이를 계기로 청소년 문화에 대한 우려의 목소리가 더욱 높아졌다. 국정감사에서 한 국회의원은 10대들의 방송 활동 및 팬클럽 가입을 금지하는 의견을 내놓았다. 많은 어른들이 청소년 문화를 비난하고 있지만 모든 것을 어른들의 가치로 판단하고 매도하는 것은 위선적인 시각이다. 청소년이 다양한 욕구를 표출하고 개성 있는 성인으로 성장하기 위한 청소년 문화 정립의 구체적인 방법에 대해 다음과 같이 논하고자 한다.

(3) 과제에 대한 간략한 소개로 시작하는 방법

주제문	문화유산은 우리 민족의 얼이 깃들어 있으므로 잘 보존되어야 한다.
서론	문화유산은 다음 세대에 물려줄, 민족 및 인류 사회의 모든 문화를 말한다. 여기에는 보호의 대상으로 지정되어 있는 유형·무형 문화재 및 기념물이나 민속 자료 등이 있다. 이러한 문화유산의 가치를 살펴보고, 문화유산의 보존에 있어 원형 그대로의 보존과 현대적 재해석론의 차이점에 대하여 알아보고자 한다. 또 문화유산 보존을 위한 국가의 역할과 국민 개개인의 역할에 대해 다시 생각하는 계기가 되도록 다음과 같이 서술하고자 한다.

(4) 반론을 위한 전제로 시작하는 방법

주제문	인간 복제는 인간의 존엄성을 상실시키고 악용될 수 있으므로 금지되어야 한다.
서론	최근 생명 공학이 발달하면서 인간 복제의 실현이 다가왔다. 인간 복제를 찬성하는 사람들은 질병 치료에 큰 도움이 된다는 점을 내세운다. 유전자 복제를 통해 이식 가능한 신장, 골수 등을 만들어 장기 이식을 필요로 하는 많은 사람들에게 희망을 준다는 것이다. 그러나 인간 복제는 여러 측면에서 인간의 존엄성을 상실시킨다. 또 상업적으로 혹은 다른 목적으로 악용될 소지가 높다. 다이너마이트나 방사선 등이 애초의 목적과 달리 사용된 경험을 되돌아보아야 할 것이다. 따라서 이 글에서는 인간 복제의 장점을 인정하지만 금지되어야만 하는 이유에 대해서도 다음과 같이 자세히 밝히고자 한다.

(5) 인용으로 시작하는 방법

주제문	우리 민족 문화의 전통은 인습을 타파하고 새로운 것을 창조하는 방향으로 계승되어 왔으므로 외래 문화도 현재의 민족 문화를 새롭게 창조할 수 있는 방향으로 수용되어야 한다.
서론	우리는 대체로 머리에서 발끝까지를 서양식으로 꾸미고 있다. "목은 잘라도 머리털은 못 자른다."고 하던 구한말의 비분강개를 잊은 지 오래다. 외양뿐 아니라 우리가 신봉하는 종교, 우리가 따르는 사상, 우리가 즐기는 예술, 이 모든 것이 대체로 서양적인 것이다. 우리가 연구하는 학문 또한 예외가 아니다. 피와 뼈와 살을 조상에게서 물려받았을 뿐, 문화라고 일컬을 수 있는 거의 모든 것이 서양에서 받아들인 것이다. 이러한 현실을 앞에 놓고서 민족 문화의 전통을 찾고 이를 계승하고자 한다면 이것은 편협한 배타주의나 국수주의로 오인되기에 알맞은 이야기가 될 것 같다. 그러면 민족 문화의 전통을 말하는 것은 반드시 보수적이라는 멍에를 메야만 하는 것일까? 이 문제에 대한 올바른 해답을 얻기 위해서는 전통이란 어떤 것이며, 또 그것은 어떻게 계승되어 왔는지를 살펴보아야 할 것이다.

(6) 비유로 시작하는 방법

주제문	바람직한 사회는 구성원 상호 간의 유기적 결합에 따라 달라질 수 있다.
서론	숯과 다이아몬드는 둘 다 같은 탄소로 이루어져 있다. 그러나 결정체를 이루면 다이아몬드가 되지만 결정체를 이루지 못하면 숯이 되고 만다. 사회도 이와 마찬가지이다. 같은 사회 구성원으로 이루어져 있다고 하더라도 구성원 상호 간의 유기적 결합이 어떠한가에 따라 그 사회의 모습은 완전히 달라질 수 있다. 그렇다면 바람직한 사회를 위해서 우리는 어떠한 자세를 가져야 하는가에 대해 다음과 같이 논의하고자 한다.

(7) 일반론으로 시작하는 방법

주제문	외래어의 남용은 문화 사대주의를 초래할 수 있으므로 자제하는 것이 바람직하다.
서론	현재 우리 사회에는 올바르지 못한 언어 사용이 점점 많아져 여러 가지 문제를 낳고 있다. 세종대왕께서는 1443년 당시 많은 백성들이 중국의 어려운 문자를 알지 못해 읽고 쓰기 쉬운 한글을 창제하셨다. 한글은 우리 민족만이 갖고 있는 과학적인 언어로 우리 민족의 큰 자랑거리라고 할 수 있다. 그러나 현대화되는 과정에서 우리 생활 양식 전반에 외국의 문물이 들어오고 그와 더불어 외래어의 사용이 많아지게 되었다. 특히 최근 들어 세계화를 주장하면서 마치 외래어를 많이 쓰는 것이 자랑거리인 양 생각하는 사람도 늘게 되었다. 이러한 외래어 남용의 예와 그에 따른 문제점을 살펴보고, 올바른 언어 사용을 위해 어떤 각성과 노력이 필요한지 논하고자 한다.

(8) 곧장 주제를 제시하는 방법

주제문	초등학생이 워드프로세서를 이용해 학교 숙제를 하면 편리한 점도 있지만 여러 가지 문제가 생기므로 직접 써서 작성하는 것이 바람직하다.
서론	최근 초등학교 고학년에서는 숙제를 워드프로세서를 이용해서 하는 경우가 많다. 그렇지만 이것은 장점보다는 단점이 많으므로 초등학생의 숙제는 직접 써서 하는 것이 바람직하다. 현재 초등학교에서 일부 교사들은 이것을 장려하기도 하고 일부는 허용하지 않기도 한다. 기능 면에서 또 미관상 워드프로세서를 이용한 숙제가 훨씬 좋아 보일 수 있다. 학교에서도 컴퓨터를 이용하는 방법을 배우는 교과목이 있다. 점점 컴퓨터 사용 인구는 늘어날 것이고, 사용 연령도 낮아질 것이다. 그럼에도 불구하고 숙제는 직접 써서 작성해야 하는 이유에 대해 논하고자 한다.

2) 본론 쓰기

본론은 서론에서 제시한 과제에 대해 구체적으로 해명하는 단계로, 글의 중심을 이루게 된다. 구성은 논제에 따라 달라지지만 무엇보다도 주어진 과제 또는 문제에 대한 자신의 입장, 견해, 주장을 뒷받침해 주는 적절한 근거를 제시해야 한다.

(1) 원인 · 대책 제시형

어떤 문제에 대해 그것의 실태와 원인 분석, 그리고 대책을 제시하는 글쓰기이다. 사회의 현상이나 문제에 대한 대책을 요구하는 경우에는 과제를 해명하고 대책을 제시하는 내용이 중심을 이루도록 쓰는 것이 좋다. 이런 글의 경우 앞부분에서 과제의 원인을 분석하고 뒷부분에서 대책을 제시하는 것이 좋다.

① 원인 분석
- 원인 1 규명 : 문제점 1 제시
- 원인 2 규명 : 문제점 2 제시

② 대책 제시
- 해결 방안 1 제시 : 자신의 견해 제시
- 해결 방안 2 제시 : 자신의 견해 제시

(2) 열거형(소주제 제시형)

이는 본론에서 말하고자 하는 내용들이 첫째, 둘째, 셋째 등 항목 나열식으로 전개되는 구성 형식을 말한다. 그러나 반드시 첫째, 둘째 등과 같은 말이 들어가야 하는 것은 아니며, 내용 전개가 나열하는 성격을 가지면 모두 이러한 유형에 속한다. 열거형이라도 내용이 단순히 나열되기보다는 뒤로 갈수록 논리적인 발전이 이루어질 수 있도록 구성하는 것이 좋다.

① 본론 1
- 소주제문 A
- 뒷받침 문장 a

② 본론 2
- 소주제문 B
- 뒷받침 문장 b

(3) 비교 논술형

제시된 둘 이상의 자료를 바탕으로 이를 비교하여 공통점이나 차이점을 논의해 나가는 방식이다. 이런 경우 두 대상을 각각 분석한 다음 비교하는 방법과 항목별로 처음부터 끝까지 두 대상을 비교해 가는 방법이 있다.

- 두 대상 A와 B의 비교 · 대조
- 비교, 대조의 기준 설정
- A의 장단점
- B의 장단점
- 비교 · 대조의 결과에 대한 자신의 견해

(4) 비판 · 옹호형

비판 · 옹호식 논술문(찬반 논쟁형, 논쟁 유도형)은 하나의 문제에 대해 찬성과 반대 중에서 각자의 입장을 택하여 구체적으로 논술하는 것이다.

① 본론 1 : 대립되는 견해의 문제점, 단점, 한계, 부정적인 점 비판(소주제문 A)

- 상대 논거 비판 1 : 뒷받침 문장 a1
- 상대 논거 비판 2 : 뒷받침 문장 a2

② 본론 2 : 자기 견해의 장점, 의의, 긍정적인 점 옹호(소주제문 B)

- 옹호 논거 제시 1 : 뒷받침 문장 b1
- 옹호 논거 제시 2 : 뒷받침 문장 b2

(5) 제3 의견 제시형 : 정 · 반 · 합 유형(변증법 논리 전개 유형)

① 본론 1 : 일정한 관점의 옹호(정)

- 옹호 논거 1 제시
- 옹호 논거 2 제시

② 본론 2 : 상반된 논리의 도입(반)

- 반대 논거 1 제시
- 반대 논거 2 제시

③ 본론 3 : 모순의 종합(합)

- 정·반·합의 문제점 확인
- 자신의 견해 : 절충적 조화

3) 결론 쓰기

　결론에 들어가는 내용은 기본적으로 지금까지의 서술을 요약·정리하고 자기주장이나 입장을 재확인하고 강조하는 것이다. 본론 단락의 소주제문을 모아 본론 내용을 간결하게 요약·정리한 것이 바로 결론의 내용이 된다. 요약만으로는 빈약한 느낌을 주므로, 결론의 마지막에는 전망이나 우려, 제안 등을 제시하여 자연스럽게 끝맺도록 한다. 다만 본론 전개와 상관없는 말들로 멋있게 결론을 장식하려는 생각은 버려야 한다.

(1) 결론 쓰기의 방식

① 본론의 내용을 요약하며 끝맺는다.
② 본문을 정리·보충하며 맺는다.
③ 본문의 강조와 함께 제안이나 기원을 하며 끝맺는다.
④ 전망을 하며 끝맺는다.

(2) 결론을 쓸 때 주의할 점

① 간단명료하게 쓴다.
② 서론의 내용과 연결시킨다.
③ 새로운 내용을 늘어놓지 않는다.
④ 흐지부지한 결론은 읽는 사람을 실망시킨다.

제4장 / 논술 첨삭 지도

 1. 논술 첨삭 지도의 방향

논술문의 생명은 정확한 의미 전달에 있다. 따라서 자신이 전개하는 논지가 정확한 문장으로 표현되어야 한다. 논술에서 문장의 의미가 모호하다는 것은 자신이 말하고자 하는 내용을 적절한 문장 구조로 표현하지 못했기 때문이다. 즉, 의사 전달에 있어 효율적이지 못한 경우이다.

또한 논술은 자기의 주장을 밝히는 글이므로 논리성이 잘 드러나도록 쓰는 것이 효율적이다. 가장 효율적이고 논리적인 문장을 쓰려면 무엇보다도 문장 사용의 정확성이 요구된다.

논술에서 요구하는 것은 그 문제의 핵심과 본질에 맞추어 논의하는 것이다. 그러나 어떤 문제든지 그 초점이 지니고 있는 측면은 매우 다양하다. 이러한 다양성은 논술자 개인의 가치관 문제이기도 하다. 다시 말하면 논술은 문제의 핵심을 구체화하여 문제를 깊이 파고들어 사려 깊은 통찰을 요구하는 것이다. 그러나 문제 해결을 위한 모색 방안은 논술자가 선택한 입장에만 한정될 수밖에 없다. 따라서 논술자가 선택한 문제의 핵심적인 요소를 중심으로 논리가 전개되어야 한다. 해결 방안을 제시할 때에는 논술자가 선택한 입장에 적절해야 할 뿐 아니라 논리 전개도 정당해야 한다. 아무리 해결 방안의 방향 제시가 훌륭하다 해도 그 방법의 논리 전개에 정당성이 결여되어 비논리적인 주장이 되어 버린다면 객관성을 잃는 오류를 범하게 된다.

따라서 논술문이란 글 쓰는 사람의 견해를 정당화하기 위하여 절차를 갖추어 논의하는 글이므로 절대적으로 사고의 과학화가 필요하다.

2. 논술 첨삭 지도의 구체적 방안

논술은 무엇에 대해 어떻게 논리적으로 주장하는가가 핵심이다. 여기서 논술 첨삭의 핵심은 '무엇을', '어떻게' 에 비중을 두어야 한다. 특히 논술에 있어 문학적인 감상에 치우친 생활문 형태의 글쓰기는 절대 배제되어야 한다. 다시 말해 감정적·정서적인 글은 절대 금물이다. 그리고 논술에서 중요시하는 띄어쓰기, 맞춤법, 문장부호 등을 기초 첨삭으로 하고 사고의 깊이를 중요시해야 한다. 논술 첨삭의 궁극적인 지도 목표는 첨삭을 통한 학생들 개개인에 대한 사고의 변화와 질적인 내적 성숙에 있다.

3. 논술 첨삭 4단계

1) 첨삭 1단계: 단락 구성, 문장의 길이, 비유적인 표현, 문체, 정서법

(1) 단락 구성

단락 구분이 제대로 되어 있는가? 그리고 한 단락에 한 가지 사실만 표현했는가? 또한 그 사실이 모여 전체 주제를 뒷받침하고 있는가? (한 단락에 두 가지 사실이 있으면 지적해야 한다. 특히 습관적으로 행을 바꾸는 학생이 많기에 이 부분은 꼭 지적하고 넘어가도록 한다.)

(2) 단계별 구성에 따른 첨삭

서론, 본론, 결론의 구분이 확실한지를 꼭 확인하자. 그리고 전체적인 단계별 글자 수의 안배도 고려해야 한다. 다음의 예를 참조하자.

❶ 원고지 3장 이내 = 서론(120자 내외), 본론(360자 내외), 결론(120자 내외)

❷ 원고지 3~4장 = 서론(150자 내외), 본론(500자 내외), 결론(150자 내외)

❸ 원고지 6~7장 = 서론(180자 내외), 본론(800자 내외), 결론(200자 내외)

(3) 문장의 길이

지나치게 긴 문장, 즉 50자 이상인 문장은 무조건 분리하여 고쳐 보도록 한다. 요점만 쓴다는 식으로, 짜임새를 갖추도록 지도해야 한다. 글은 길게 쓰기보다는 짧은 글에 요점 담기가 더 힘든 것이므로 이에 대한 지도가 필요하다.

(4) 비유적인 표현

합당한 비유인지를 살펴야 한다. 불필요한 비유적 표현은 절대 금물이다.

(5) 문체

문체는 간결체, 건조체인지를 살펴야 한다. 지나치게 꾸밈말이 많은 경우 지적하도록 한다.

(6) 정서법(바르게 표현하기)

잘못 쓴 글씨는 반드시 지적해야 한다. 채점자가 '내 글씨를 알아보지 못하면 나의 손해이다'는 인식을 심어 주는 것이 좋다. ㄴ, ㄷ, ㅌ과 'ㄹ'의 구별, ㅁ과 ㅂ의 구별, ㄹ, ㅆ, ㅍ을 휘갈겨 쓰지 않아야 한다.

2) 첨삭 2단계 : 주제, 서론, 본론, 결론

(1) 주제 첨삭

주제가 좁혀 있는 글인지를 꼭 확인하자. 즉, 구체적 진술로 되어 있는지를 살핀다.
'지구 환경을 살리자'는 식의 광범위한 주제보다는 '우리나라 수질 오염의 실태와 그 대책' 등과 같이 주제가 좁혀 있을 때 깊이 있는 글이 된다.

(2) 서론 첨삭

① 문제 제기가 들어 있는지를 살핀다.
② 본론에서 전개될 방향이 제시되어 있는지를 확인한다.
③ 관심을 끌 수 있는 이야기가 있는지를 확인한다.

④ 논제에 따라 찬성, 반대의 입장이 분명히 밝혀졌는지를 확인한다.

⑤ 서론 단계의 구분이 확실한지를 확인한다.

⑥ 서론 단계에서 다음과 같은 말버릇의 진술들은 지적해야 할 표현들이다.

- 제대로 아는 것은 없지만

- 나는 잘 모르겠지만

- 내가 생각해 본 적이 없어서

(3) 본론 첨삭

① 서론에서 제시한 과제를 해명하는 구체적인 작업이다.

- 첫째, 둘째, 셋째로 시작하는 방법

- 긍정적 영향 1, 2, 3으로 하는 방법

- 부정적 영향 1, 2, 3으로 하는 방법

- 원인 1, 대책 1, 원인 2, 대책 2로 하는 방법

- 찬성 이유 1, 2, 3으로 하는 방법

- 반대 이유 1, 2, 3으로 하는 방법

② 중심 생각이 2개 이상 들어 있는지를 확인한다. (통일성 확인하기)

예 자동차가 많아지면서 어린이들은 놀이터를 잃어버렸고 게다가 이웃끼리 싸우는 일도 생겼다.(자동차 문제 때문에 놀이터를 잃어버린 이야기를 하다가, 갑자기 어른들이 싸우는 문제를 이야기했다.)

③ 완결성을 잃은 글(긴밀성을 잃은 글)인지를 확인한다.

예 이웃끼리 다투지 않고 지내는 골목이 되어야 한다. 그리고 골목 주차 문제는 영원히 해결할 수 없다. 주민들이 편리한 생활을 하도록 정부가 나서야 한다. (골목에서 주차 문제로 다투는 이야기를 주장하고 있지만 이를 뒷받침하는 문장이 없다.)

④ 편견이나 선입견이 개입되었는지를 확인한다.

예 키 큰 사람은 싱겁다.

- 진실이 언젠가는 밝혀짐을 하늘은 알 것이다.
- 길거리에서 싸우는 사람들은 민주주의를 모르는 사람이다.

⑤ 의문, 감탄, 청유의 문장이 들어 있는지를 확인한다

예 결식 아동! 이 말은 초등학교에서 낯설지 않은 말이 되었다.

    ▶ 결식 아동이라는 말은 초등학교에서 낯설지 않은 말이 되었다.

왜 지도 그리기를 좋아할까?

    ▶ 지도 그리기를 좋아한다.

과연 제대로 된 일인가?

    ▶ 제대로 된 일이다.

(4) 결론 첨삭

① 서론과 결론의 호흡이 일치되었는지를 확인한다.

② 웅변조의 원고는 배제되어야 한다.

예 반성해야 한다고 주장하는 것입니다.

  앞장서자고 이 연사 힘주어 말합니다.

③ 결론이 미약한지를 확인한다. 결론이 약하면 강한 인상을 주지 못하기 때문에 이 부분이 매우 중요하다.

예 언어 사용에 대해 여러 가지 사실을 알아보았다.

  언어 사용은 사람의 품격을 높여 준다는 것을 우리 마음속에 새겨야 한다.

④ 본론에 들어갈 내용이 결론에 들어 있는가를 확인한다.

⑤ 결론이 안정감을 주고 있는가를 확인한다. 그 예로 서론에서 제시한 내용을 다시 한 번 확인하고, 본문을 요약하고 주장으로 끝내는 것이 좋은 결론이 된다.

3) 첨삭 3단계 : 평가 기준 정하기, 평가표 작성

아래 내용에 대해 첨삭자가 기준을 세워 100점 만점으로 평가표를 만들어 준다.

(1) 평가 기준(5개 영역)

① 주제 : 타당성, 독창성, 일관성

② 제재 : 주제와 연관성, 다양성과 풍부성, 참신성

③ 구성 : 논리의 일관성, 단락 나누기, 단락 간 유기성

④ 표현 : 정서법, 간결성과 명료성, 어휘 선택

⑤ 내용 : 사고의 깊이, 설득력과 논증력

4) 첨삭 4단계 : 도움말 쓰기, 총평 쓰기

이상 1, 2, 3단계의 첨삭이 끝난 후 총평은 다음과 같이 쓰는 것이 좋다.

○○이(가) 쓴 글은 주제가 매우 돋보이는 글입니다. 자신의 주장을 명확하게 드러내고 있으며, 글의 구성이 탁월합니다. 서론에서는 화제를 자연스럽게 이끌어내고 있으며 본론에서는 논지를 일관성 있게 전개하였습니다. 특히 결론에서 전체 요약이 잘되어 안정감 있는 글이 되었습니다.

| 생각해 볼 문제 |

1. 논술은 논제에 대해 자신의 생각과 의견을 논리적으로 기술해서 독자를 설득시키는 글이다. 설득력 있는 글을 쓰기 위해서 논술자가 갖추어야 할 중요한 요소는 무엇인지 생각해 보자.

2. 논술에서 토론의 과정이 논술을 쓰는 데 어떤 효과가 있는지 논술의 특성과 관련하여 서술해 보자.

3. 논술문을 작성하기 전 개요를 작성해야 할 이유에 대해 생각해 보자.

4. 논술을 기술할 때, '주어진 제시문의 문장을 그대로 옮겨 쓰지 마시오.'라는 출제자의 유의 사항이 있다. 논술의 배경 지식과 연관해 그 이유를 생각해 보자.

참고 문헌

- 「독서의 의의」, 『고등 국어』(상·하).
- 송주성. (1996). 『파워 논술 특강』(개정 4판). 자우 출판사.
- 원진숙. (1995). 『논술 교육론』. 도서출판 박이정.
- 정기철. (2001). 『논술 교육과 토론』. 도서출판 역락.
- 조진만. (1996). 『논술 족집게 강사 조진만의 이벤트』. 한겨레.

03

서평식 독서 감상문 쓰기

이 강의에서 독서지도사에게 서평식 독서 감상문을 쓰게 하는 데에는 크게 두 가지 목적이 있다. 하나는 독서지도사를 독서 전문가로 성장하게 하려는 것이다. 독서지도사는 독서 전문가로서 어린이들에게 알맞은 책을 골라 익힐 수 있는 안목을 가져야 하며, 그 책을 통해 '어린이 독자가 과연 무엇을 얻을 수 있는가' 라는 질문에 답할 수 있도록 객관적인 가치 판단을 할 수 있어야 한다. 그런 요구를 충족하려면 독서지도사는 어린이 도서 분야에 대한 해박한 지식을 가지고 있어야 할 뿐 아니라, 책의 체제나 내용의 세부적인 부분까지 세심하게 살펴, 저자의 의도가 과연 성공적으로 실현되었는지 여부를 객관화시켜 해설할 줄 알아야 한다. 따라서 독서지도사가 쓴 독서 감상문은 전체를 조감하고 부분을 살펴 해석한 서평식 독서 감상문일 수밖에 없다. 독서지도사가 서평식 독서 감상문을 쓰는 또 다른 이유는 글쓰기 지도를 위한 단계적인 훈련이라는 점이다. 서평식 독서 감상문을 쓰면서 독서 지도 전문가로서의 나 자신을 성장시키고, 글쓰기의 실제적인 활동을 체계적으로 습득하는 동안 어느새 독서 감상문 쓰기 지도에까지 능력을 확장시킬 수 있게 된다. 독서 교육, 글 읽기와 감상은 자기 언어로의 재해석까지 체계적으로 이루어져야 한다. 이 과정은 생각의 형성, 말과 글을 통한 독서의 외면화이기 때문이다. 이것은 자신이 제대로 쓸 줄 알아야 다른 이에게 글쓰기 지도를 할 수 있다는 명백한 사실을 독서지도사로서 인정하지 않을 수 없는 이유이기도 하다.

제1장

서평식 독서 감상문

1. 서평식 독서 감상문의 개념
2. 서평식 독서 감상문을 쓰는 목적

제2장

도서 종류에 따른 서평

1. 아동 도서
2. 전문 도서

제3장

서평식 독서 감상문 쓰기의 과정

1. 계획하기
2. 표현하기
3. 고쳐 쓰기
4. 서평식 독서 감상문 쓰기에서 지켜야 할 점
5. 초점에 맞추어 쓴 서평식 독서 감상문

제4장

서평식 독서 감상문 쓸 때의 주의점

1. 표제와 책 소개
2. 표현상의 문제
3. 기타

−생각해 볼 문제
−참고 문헌

제1장 서평식 독서 감상문

 ## 1. 서평식 독서 감상문의 개념

독서하는 동안 얻은 감동과 깨달음, 지적 충만감을 자신의 말로 표현하여 다른 이와 독서의 즐거움을 공유하는 글쓰기가 독서 감상문 쓰기이다. 또 독서 감상문 쓰기는 독서 능력과 아울러 창의력, 논술력, 표현력까지 골고루 기를 수 있는 통합적 글쓰기 행위이다. 저자의 주장을 자기의 언어로 재해석하는 일은 책 읽기를 단순히 개인의 차원으로 한정시키는 것이 아니라 다른 이들에게 설명할 수 있는 능력을 구비할 수 있게 한다. 이것은 독자 나름대로의 가치 판단과 책에 대한 해석을 가하여 다른 사람에게 영향을 미치고 확산시키는 과정이기도 하다. 독서지도사가 어린이 책을 보고 쓰는 독서 감상문은 도서의 특징과 가치를 판단하여 쓰는 서평식 독서 감상문이어야 한다. 책의 일차 독자인 어린이에게 좋은 책을 골라 주고 그 책을 통해 무엇을 얻게 할지를 생각하며 책을 보는 일은 전문가로서의 심미안을 드러내는 작업이기 때문이다.

서평식 독서 감상문은 독서한 본인에게는 독서 기록부나 독서 일기처럼 독서의 기본 사항을 정리하는 시간을 갖게 한다는 점에서 일반적인 독서 감상문과 다르지 않다. 또 독서 결과 획득한 지적이고 정서적인 감흥과 소득을 간직할 수 있다는 점에서도 일맥상통한다. 그러나 서평식 독서 감상문은 독자 지향적인 글이라는 점에서 큰 차이가 생긴다. 이에 예상 독자들의 기대감·궁금증·호기심에 부응하여 책의 저자, 출판사, 체제 등의 정보와 내용(줄거리, 주제, 주요 차례 등)을 소개할 수 있어야 한다. 책 내용을 가능한 한 정확하고 적절하게 정리, 전달해야 할뿐더러 '독자가 이 책에서 과연 무엇을 얻을 수 있는가?' 하는 질문에 답하는 글이 되어야 한다. 단, 단순한 안내적 성격이 아니므로 어린이 책에 대한 전문적 식견과 안목이 있어야 타인에게 유용한 정보와 책의 가치를 전달할 수 있게 된다. 이전에 썼던 독서 감상문이 사적이고 비전문적인 성격의 글이었다면 독서지도사가 쓰는 서평식 독서 감상문은 공적이며 전문적인 성격의 글이다.

2. 서평식 독서 감상문을 쓰는 목적

다투어 출간되는 어린이 책 중에서 옥석을 가려내어 알맞은 시기에 읽도록 안내하는 일은 독서지도사의 주요 소임이다. 독서지도사는 특정한 텍스트를 대하고 흥미를 느끼거나 자극을 받았을 때 그 작품이 이야기할 가치가 있다고 판단하여 서평식 독서 감상문을 쓰게 된다. 따라서 작자가 무엇을 나타내려고 했는지, 그것을 어떤 방법으로 보여 주고 있는지, 성공했는지, 만약 성공이 부분적인 것이라면 어디에서 실패했는지를 비평하기 위해서는 어린이 책에 대한 지식과 정보, 독서 경험이 있어야 한다. 이렇듯 독서지도사가 되기 위해 공부하는 과정에서 서평식 독서 감상문을 쓴다는 것은 어린이와 어린이 책에 대해 배우는 방법 중의 하나인 것이다.

창조적인 독서지도사는 좋은 책에 정당한 가치를 매긴 서평식 독서 감상문을 통해 또 다른 독자와 느낌을 나눌 수 있게 되고, 아직 그 작품을 읽지 못한 사람들에게도 흥미를 주어 읽기를 유도할 수 있다. 나아가 저자나 출판인에게 아낌없는 응원은 물론, 앞으로 더 나은 책을 만들기 위한 훌륭한 조언자로서의 역할도 하게 될 것이다. 좋은 책과 그렇지 않은 책을 구분하여 결과적으로 좋은 책이 각광받는 환경을 조성하는 데에 도움을 주는 일이 서평식 독서 감상문이 갖는 감시자이자 안내자의 역할이다.

1) 논술식 독서 감상문과 서평식 독서 감상문

논술식 독서 감상문은 느낌보다 생각을 중심으로 쓰는 독서 감상문으로서, 비평과 깨달음, 정서적 판단 등을 논리적 근거를 통해 진술해야 한다. 독서 감상문의 '서두-본문-마무리'를 논술식 독서 감상문에서는 '서론-본론-결론'의 구조로 치환하여 전개한다. 글의 형식과 성격상 논술식 독서 감상문과 서평식 독서 감상문은 두 가지 모두 논리적으로 전개한 글이다. 따라서 같은 종류의 글로 인식해도 무방하다.

그러나 두 감상문은 각각 집필 동기가 다르다. 논술식 독서 감상문을 비롯하여 서평 이외의 모든 감상문은 순수하게 책을 읽고 쓰는 글이지만, 서평은 대개 그 평을 쓰기 위하여 책을 읽게 된다. 독서 지도의 대상인 학생에게는 논술식 독서 감상문을 쓰게 하고, 독서지도사는 서평식 독서 감상문을 쓰는 것이 자연스럽다.

2) 서평

(1) 전문적 서평

도서의 내용과 동일한 분야에 전문적 식견이나 관심을 가진 이의 서평이다. 그러므로 평가자는 전문 분야에 관한 양서의 기준, 가치관, 신념이 있어야 한다. 전문 분야에 대해서 일가견을 나타내고 일반 독자들에게 해설할 수 있어야 한다. 내용적 타당성은 물론 독자와 연계하여 적합성 여부도 판단한다. 책의 편집과 체제, 인쇄, 지질 등에 대해서도 그 적합 여부를 표명할 수 있을 만큼 전문적 소양을 갖추어야 한다.

(2) 비전문적 서평

순수한 일반 독자의 입장에서 쓰는 서평이다. 가급적 개인 사연이나 회한은 언급하지 않는다. 양서인지의 여부를 평가적 안목으로 진술하지만 책의 특정한 분야나 부분에 대해서만 언급할 수 있다. 일반적으로 성인이 쓴 독서 감상문은 자신만이 보는 글이 아니므로 서평의 성격을 가질 수밖에 없다.

(3) 독서지도사의 서평

서평을 하기 위해서는 어린이 책과 관련된 전문 지식이 있어야 하며 글쓴이나 그린이에 대한 이해도 뒤따라야 한다. 그런 후 어린이의 독서에서 차지하는 텍스트의 위치를 조망하며 비판적인 시각에서 검토해 볼 수 있어야 공정한 서평을 할 수 있다. 어린이 책은 화면으로 읽거나 소리만으로 듣는 매체가 아니므로 물질적 측면을 도외시할 수 없다. 따라서 내용 이해뿐 아니라 책의 형식을 두루 살펴 잘 만들어진 책인지를 따져 보는 일도 서평에 꼭 필요한 일이다.

서평을 읽는 사람의 입장에서는 자신이 책에서 미처 보지 못한 그 무엇을 이 서평의 글쓴이가 보았을 것이라는 기대를 가지고 읽게 된다. 그러므로 어린이 책을 보고 평가하는 독서지도사는 글을 쓰고 그림을 그리는 작가보다, 책을 만드는 편집자보다 더 꼼꼼하고 공명정대한 태도를 가져야 한다. 다양한 관점에서 이루어진 서평은 풍부한 해석을 낳고, 어린이 독자와 책을 연결시켜 주는 역할을 하기 때문이다. 책의 잘된 부분은 아낌없이 칭찬하고 잘못된 부분에 대해서는 따끔하게 지적할 줄 알아야 한다. 또한 작은 단점에 지나치게 시각을 고정하여 큰 장점을 보지 못하는 실수는 없어야 한다. 비평이라는 말의 보편적인 의미 때문에 책을 읽고 서평을 한다는 것이 결점을 찾아 트집을 잡는 것으로 생각하기 쉽다. 그러나 비평에는 바르게 좋아하고 바르게 싫어한다는 의미가 포함된다.

서평을 쓰는 사람은 자신의 주관적 견해를 밝히지만 거기에는 독자가 충분히 동의할 수 있는 객관적 근거가 들어가야 설득력을 가지게 된다. 어디까지 잘되어 있고 어디가 잘못된 것인지, 의의는 무엇이고 한계는 무엇인지를 분명하게 규정하는 데에 비평의 진가는 발휘된다. 그러므로 유익한 서평은 잘못된 점을 지적하기보다는 작품에 나타난 흥미로운 요소들에 대해 해석을 가해 다른 이의 주의를 끌 수 있는 글이다. 책이 가진 여러 면모를 두루 살피는 공정한 평가, 작가의 노력과 열정에 기본적인 애정을 가진 서평은 좋은 책이 더 많은 독자와 만날 수 있게 해 준다. 독서지도사는 아래세 가지 유의점을 놓치지 말고 서평을 쓰는 것이 필요하다.

① 해당 도서의 유익성 여부를 판단한다.
② 해당 도서를 읽힐 수 있는 적절한 연령층을 판단한다.
③ 해당 도서의 내용, 체제와 편집 상태, 문장, 그림, 제본 상태, 지질과 분량, 가격 등을 소개할 수 있다.

제2장 도서 종류에 따른 서평

 ## 1. 아동 도서

1) 그림책

문학과 미술이 결합하여 만들어진 고유한 예술 양식인 만큼 그림의 역할과 더불어 글과 그림의 결합이 어떻게 제3의 의미를 창출하는지에 관심을 기울인다. 책에 그려진 그림이 이야기의 세계를 펼쳐 보이는 데에 역할을 다하고 있는지를 살펴본다. 일러스트레이터의 표현 의도나, 표현 방법과 같은 독특한 작품 세계를 이해하며 감상한다. 글과 그림 사이의 차이점을 알려면 표지, 면지, 색조, 흑과 백, 명암, 채도, 모양과 선, 매체, 상징을 읽을 줄 알아야 한다. 또 그림 안에서 여러 가지 대상물들이 연관된 형식인 그림의 모양, 그림의 크기, 위치와 배치, 배경이나 구도, 시점 등을 두루 살펴 이야기의 즐거움을 어떤 방식으로 제공하고 있는지를 해설한다.

2) 장·단편 동화

문학작품은 맛보며 즐기는 감상이 중요하다. 같은 문학 작품이라도 작품을 집필한 작가의 의도나 글의 길이에 따라 읽는 관점과 초점에 차이가 있다. 장편 동화는 줄거리, 주제, 인물, 시점, 갈등, 사건과 시간적·공간적 배경이 나타내는 특정 장면들을 위주로 하고, 문체, 구조, 문장, 갈등 관계, 제시되는 가치관 등에 대한 소감을 쓴다.

여러 작품을 한 권에 묶은 단편 동화는 책 전체의 포괄적인 소감, 왜 이 작품들이 한 권에 묶이게 되었는지 등의 책의 내용 구조, 출판 의도를 파악해서 전체를 읽은 소감을 중심으로 책의 가치를 판단한다. 또 여러 작품 중에서 줄거리 또는 주제가 특이한 작품, 인상적인 인물이 등장하는 작품, 화제가 될 만한 인물이나 갈등이 나타나는 작품 등 다양한 요소별로 주목할 만한 작품들에 대한 소감을 두루 거론한다. 작품의 소재나 주제 또한 경향에 따라 분류·분석해 본다.

3) 시집

시문학은 시적 상황이나 정서에 대한 이해나 공감이 어린이 독자에게 절대적으로 필요한 장르이다. 시집을 서평할 경우 먼저 시인이 시에서 이야기하고자 하는 바를 '어떻게' 효과적으로 표현했는지 분석해 본다. 그리고 인상 깊은 작품 전체, 또는 특정한 연, 행, 구와 시어 들을 소개하고 이에 대한 소감, 이미지, 상징, 화자의 메시지 등에 대한 소감을 쓴다.

4) 과학, 생태, 환경 도서

문학 도서에 비하여 흥미가 떨어지고 비교적 어렵기 때문에 가급적 쉽고 흥미롭게 진술된 것을 고르는 것이 좋다. 그렇다고 동화처럼 꾸미고 엮은 책만 우선적으로 고르는 태도는 바람직하지 않다. 지나치게 딱딱하고 난삽하게 구성되지 않은 정공법으로 구성한 도서도 읽힐 수 있어야 한다. 독자의 수준을 고려하고, 정확성, 보편타당한 견해 여부, 교과서와의 관계를 분석해 본다.

5) 전기, 논픽션

인물의 사상, 사건의 성격, 알고 있던 기존의 지식이나 인식과의 차이, 새로운 깨달음 등을 쓴다. 인물을 둘러싼 역사적 사실을 제대로 검증하고, 지나치게 문학적 가공을 하지 않은 책인지 확인한다. 또 자신의 분야에서 끊임없이 고민하고 노력하면서 일정 성과를 이루어 낸 인물들의 삶을 통해 나도 해 볼 수 있다는 의지를 심어 줄 수 있는 책인지 분석한다.

6) 역사, 민족, 전통 관련 도서

생활 풍습이나 그 시대의 정신사가 왜곡되지 않도록 작가의 관점이 보편타당한지 해석에 논리적 근거가 있는지 확인한다. 사진 자료나 연표가 적절히 배치되어 있는지 살펴 어린이들이 역사에 관심을 갖고 생각할 거리를 찾게 하는 책인지 여부를 따져 본다.

7) 문화, 예술 관련 도서

동서양의 비교, 시대, 작가, 재료, 주제에 따라 일관성 있는 편집이 되었는지를 확인하고 어린이들이 문화를 만끽하고 삶 속에서 예술을 즐길 수 있도록 하는지 살펴본다.

8) 사회, 경제 관련 도서

기본 원리나 개념을 쉽게 설명하고 생활 속에서 체험할 수 있는 길을 열어 주는 책인지 살펴본다.

2. 전문 도서

자신의 전공 분야와 관련하여 비교·판단하거나, 자신의 지식 체계 속에 어떻게 수용되는지를 서술한다. 따라서 독자 자신의 전문 분야와 관련 없는 도서라도 그 도서에 대한 소견을 쓸 수 있다. 몇 개의 인상적인 테마를 중심으로 글을 전개하되 전반적인 분위기, 사상 등에 대한 소감을 쓰는 것이 좋다. 자신의 지식 체계를 전제로 하여 그 책에 대한 느낌과 새로운 깨달음, 배움, 사상, 지식 등에 대한 소감을 쓴다.

제3장 서평식 독서 감상문 쓰기의 과정

 1. 계획하기

한 편의 글을 쓰는 데 필요한 계획을 세운다는 것은 글의 중심 내용을 설정하고, 그에 필요한 자료를 수집하고, 그 자료를 분류하고 정리하여 활용하며, 전체 글의 내용과 구조를 결정하는 단계를 말한다. 글을 쓰는 사람은 이 글을 쓰는 목적이 무엇인가를 먼저 생각하며 글의 방향을 설정하는 일이 중요하다.

1) 주제의 설정

주제는 글을 통해 나타내고자 하는 근본적이고 핵심적인 생각이다. 주제를 설정할 때는 한 편의 글에서 말하고자 하는 핵심 내용을 포괄하면서, 필독서를 바탕으로 한 치밀한 추론 과정이 필요하다. 독서지도사 과정 중 과제로 쓰는 서평일 때에는 초점과 밀접한 관련이 있는 주제를 선정하는 것이 필수적이다.

2) 제목의 설정

제목 또는 표제란 글에 붙인 이름이며, 글의 얼굴과 같은 구실을 한다. 제목은 그 글에 대한 첫인상이자 그 내용에 대한 암시이다. 따라서 제목은 되도록 인상 깊은 말로 표현하고 글의 내용과도 관련이 있는 것으로 마련하는 것이 상례이다. 제목은 대체로 다음 네 가지 부류로 나누어진다.

(1) **주제와 관련 깊은 제목** : 글의 내용 면을 강조하여 드러낸다.
(2) **목적과 관련된 제목** : 필자의 의도를 직접 나타내는 효과가 있다.
(3) **쓸거리 또는 소재와 관련된 제목** : 글의 대체적인 윤곽을 암시하는 경향이 있다.

(4) 위의 세 가지를 적절히 어울려서 지은 제목

제목을 붙일 때는 첫째, 참신하고 매력 있는 제목, 정확하고 간결하며 글의 내용을 암시해 줄 수 있는 제목, 글의 내용이 담고 있는 범위와 일치하는 제목을 붙여야 한다.

3) 자료의 수집과 선정

글을 쓰기 위해 수집한 재료를 아무렇게나 늘어놓는다고 해서 글이 되는 것은 아니다. 모은 재료 가운데 어느 것이 더 가치 있는가를 면밀히 검토해서 주제에 알맞은 것들을 선택하고 정리해야 한다. 해당 도서의 특징과 과제 제시 조건에 맞게 글을 구성하기 위해 어떤 부분을 강조해야 할지 정하고 발췌하는 과정이다.

4) 구성 및 개요 작성

글의 주제와 소재가 정해지면 글의 짜임, 진술 방식 등을 머릿속에 설계하게 되는데 이런 사고 과정을 구상이라 하고, 이러한 구상의 결과로 얻어진 글의 짜임새를 구성이라고 한다. 이 구성을 바탕으로 글의 전체 내용을 한눈에 볼 수 있도록 표현한 것이 개요이다. 개요를 작성하는 데에는 단계성, 통일성, 응집성의 내용 전개 원리를 놓치지 않는 것이 중요하다. 단계성이란 앞의 내용과 뒤의 내용이 일정한 관계를 맺으면서 발전해 나가는 원리이다. 글이 단계성을 갖추기 위해서는 앞에서 제시한 해결 과제에 대해 뒤에서는 해결 방법을 제시한다든가, 앞에서 원인을 제시했으면 뒤에서는 결과를 제시하는 방법을 취하는 것이 좋다.

한 편의 글은 하나의 생각을 담는 덩어리라 할 수 있다. 그러므로 글의 내용이 아무리 복잡하다 하더라도 하나의 중심 생각으로 통일되어 있어야 한다. 또 처음부터 끝까지 각 부분이 긴밀하게 결합되게 글을 써야 한다. 글이 응집성을 가지도록 전개하려면 먼저 각 문단들이 서로 긴밀한 관계를 유지해야 한다는 점을 잊어서는 안 된다. 이렇게 단계성, 통일성, 응집성을 갖추어 쓴 글은 살아 있는 유기체로서 자연스럽게 생명력을 가지게 된다.

(1) 처음 부분

①도서의 기본적인 정보(서명, 저자, 역자, 편자, 출판사, 출판 시기 등)

②독서의 동기

③저자 소개

④읽는 동안의 독서 관련 일화 또는 독후의 감흥

⑤책의 체제 또는 구조

⑥인상 깊은 장면이나 말 등을 소개

⑦책의 내용이나 주인공 소개

⑧책의 종류나 역사적 의의, 평판 등의 객관적 정보

⑨책 표지 그림이나 제목에서 받았던 인상

⑩책의 주제나 내용과 관련 있는 서평자 자신의 지적인 체험

⑪서평 작성자의 추천 또는 선정 의도

(2) 중간 부분

①내용의 전체 개관

②주제 소개

③등장인물 소개

④사건 배경이 되는 특정 장면 소개

⑤특정 지식에 대한 소개

⑥시의 인용(전문이나 특정한 연)

⑦인상 깊은 어구, 어휘 소개

⑧일러스트 해설

⑨머리말이나 해설 소개

⑩책을 통해 새롭게 발견한 사실이나 숨겨진 의미 찾기

⑪독자가 이 책에서 무엇을 얻을 수 있는지 소개

⑫무엇보다 초점과 일치하는 내용으로 쓰기

⑬조별 과제라면 독서 지도에 활용할 수 있는 지도 방안 구체화

⑭그 외에도 이야깃거리가 될 수 있는 것 소개

(3) 끝 부분

① 느낌이나 감동 정리

② 주인공의 행동이나 성격으로 인한 결과에 대한 평가와 깨달은 점

③ 독후 생각의 변화나 결심

④ 책의 중요성이나 의의를 정리한 결론

⑤ 글 전체의 요약

⑥ 강조하고 싶은 점 부연 설명

⑦ 앞에서 미처 하지 못한 말 덧붙이기

⑧ 글쓴이의 의도에 대한 질문과 그에 대한 성패 여부를 자신의 생각으로 정리

⑨ 관련 분야의 도서 중 어떤 자리를 차지할 만한지 가치 평가

⑩ 서평자의 문학관이나 아동관에 비추어 책의 가치 평가

⑪ 독자에게 무엇을 줄 수 있는 책인지 평가

2. 표현하기

글을 쓰는 데 필요한 계획을 세운 다음, 그 구상한 내용을 글로 직접 표현하는 단계이다. 적절한 어휘 선택과 어법에 맞고 자연스러운 문장으로 쓰며, 문단을 이루는 문장들이 통일성, 일관성, 완결성을 지녀야 한다. 좋은 글이란 특정 요소에 의해서 이뤄지는 것이 아니라 관점, 분석 태도, 글 전체의 구성이나 논리 설정과 추론, 자기화된 배경 지식 등 모든 것이 종합적으로 드러나게 쓴 글을 말한다.

① 과제 제시 조건을 독서 감상문에 옮겨 쓰지 않는다.

② '이 책의 줄거리는 ~', '줄거리를 요약하면 ~', '이 책을 보고 느낀 점은 ~'과 같은 표현은 하지 않는다.

③ 계몽적인 태도의 청유형을 자제한다.

④ 구어체와 속어의 사용을 피한다.

⑤ 과장되거나 비사실적인 진술을 하지 않는다.

⑥ 문장은 짧게 쓴다. 표준에서 벗어난 어휘와 문자를 사용해서 문장을 지나치게 길게 만들어 독자의 이해를 어렵게 하거나 지연시키는 문체는 바람직하지 않다.

⑦ 주어, 목적어, 서술어를 호응시켜 어법에 맞게 쓴다.

⑧ '그러나, 그러므로, 그런데, 왜냐하면, 또' 등의 접속어를 적절히 써서 자연스럽게 연결한다.

⑨ 읽는 이가 궁금증을 갖거나 질문하지 않도록 필자가 전하고자 하는 바를 구체적으로 쓴다.

⑩ '~해야 한다고 생각한다', '~일지도 모른다' 와 같이 개연적으로 표현하지 말고 '~해야 한다', '~이다' 처럼 단언적으로 쓴다.

⑪ 논리적인 글에서는 '~입니다', '~합니다' 처럼 높임을 나타내는 서술어를 쓰지 않는다.

⑫ 정서법에 맞게 쓴다.

⑬ 문장부호 사용을 맞게 한다.

⑭ 원고지 사용법에 맞게 쓴다.

3. 고쳐 쓰기

아무리 글을 잘 쓰는 사람도 단번에 흠잡을 데 없는 좋은 글을 쓰기는 어렵다. 글을 다 쓰고 나서 다시 검토해 보면 부족하거나 잘못된 부분이 많이 발견된다. 이와 같이 글의 잘못된 부분을 고치고, 미흡한 곳을 보충하여 더 나은 글을 만드는 것을 퇴고라고 한다. 퇴고할 때는 주제가 제대로 드러나 있는지를 항상 염두에 두면서 전체적인 검토에서 부분적인 검토로 좁혀 나가는 것이 바람직하다.

1) 고쳐 쓰기의 수준별 단계

(1) 글 전체 수준
① 제목은 중심 내용을 잘 나타내며 관심을 끄는가?

② 글 전체가 하나의 주제로 통일되고 일관성을 유지하는가?

③ 글이 주제나 목적에 맞게 체계적으로 구성되었는가?

(2) 문단 수준

① 하나의 문단에 하나의 중심 생각만 있는가?

② 중심 생각이 주제문에 분명히 드러나는가?

③ 문단 연결이 자연스러운가?

④ 문단의 길이는 적당한가?

(3) 문장 수준

① 문장이 어법에 맞게 바르고 정확한가?

② 문장의 호응 관계가 올바른가?

③ 문장 길이가 지나치게 길거나 짧지는 않은가?

④ 문장의 뜻이 모호하지 않은가?

⑤ 높임 표현이나 시간 표현은 올바른가?

(4) 단어 수준

① 단어를 의미에 맞게 적절히 사용하였는가?

② 띄어쓰기나 맞춤법은 바르게 되었는가?

③ 어려운 한자어나 외래어는 순 우리말로 바꾸어 썼는가?

4. 서평식 독서 감상문 쓰기에서 지켜야 할 점

① 초점에 맞추어 서평식 독서 감상문을 쓴다.

② '주 제목 + 부제목'의 이행 표제(두 줄 제목)를 쓴다.

③ 1500자(±150자) 분량을 맞추어 쓴다.

④ 원고지에 쓸 경우 검정 펜으로 쓴다. 자신의 글을 퇴고할 때는 글을 쓴 검정 펜으

로 교정 부호를 사용하며 수정한다.

⑤ 독서지도사로서의 전문성을 잃지 않는다.

5. 초점에 맞추어 쓴 서평식 독서 감상문

1) 어린이 문학 도서의 예

> • 제목 : 『개구쟁이 친구들』
> • 저자 : 석현
> • 출판사 : 위즈덤북
> • 초점 : 연변에 사는 초등학교 6학년 어린이가 쓴 책이다. 글의 구조와 내용을 꼼꼼히 살피고, 이 책을 읽는 어린이들에게 어떤 교육적 유용함(또는 그 반대)이 있을지를 중심으로 서평해 보자.

(1) 초점에 맞추어 쓰기 위한 구상

① 과제의 제시 조건 파악하기

독서지도사 과정 중 쓰는 과제인 만큼 과제의 제시 조건에 따라 독서 감상문을 쓰는 것이 중요하다. 이 과제는 먼저 독자와 같은 또래 어린이에게 이 책이 갖는 의미가 무엇인지 생각해 보는 것이 필요하다. 또 글의 형식상의 특성과 내용상의 특성을 살펴보아야 한다. 마지막으로 이 책을 읽는 어린이가 무엇을 느끼거나 깨달을 수 있을지 따져 보는 과정이 있어야 한다.

② 초점에 맞는 내용(글감) 수집하기

• 지은이는 연변 조선족 초등학교 6학년 어린이이다.

• 어린이가 상상할 법한 모험 이야기를 그리고 있다.

• 표지 그림이 호기심을 유발한다.

- 1인칭 주인공 시점으로 자신과 친구들을 소개하며 사건을 풀어 나간다.
- 주인공과 친구들은 특정한 나이를 알 수 없으며 각각 개성이 다르고 남녀 차별 없이 제 역할에 충실하다.
- 고양이를 소중히 여기는 순수한 마음이 있다.
- 등장인물의 이름이나 음식으로는 시간적·공간적 배경을 짐작하기 어렵다.
- 같은 또래가 쓴 글이기에 친근감을 주고, 글쓰기에 자신이 없는 어린이에게도 글쓰기 의욕을 갖게 한다.

③ 개요표 작성하기

제목	따뜻한 우정
주제	모험을 즐기는 아이들의 모습과 생명 존중 사상이 지은이와 같은 또래의 독자에게 감동을 주고 글쓰기에 대한 자신감을 갖게 하는 작품이다.
글감	어린이가 쓴 작품, 관심을 끄는 표지 그림, 시점, 등장인물, 동물 사랑, 시간적·공간적 배경
처음	① 지은이와 책 소개, 표지 그림이 호기심을 유발 ② 사건, 삽화, 시점의 특성
중간	③ 젤리와 친구들, 다른 개성 존중 : 다양한 능력이나 성별의 장점이 사건 해결에 도움이 됨 ④ 바블을 친구로 받아들이기, 이웃에 대한 관심 ⑤ 고양이 새끼 구하기, 동물 사랑 ⑥ 따뜻한 마음을 갖게 하는 책 : 정보를 주거나 학습에 도움을 주지는 못함
끝	⑦ 또래 작가의 작품을 읽는 감동, 글쓰기 의욕 자극 ⑧ 전망과 바람

(2) 서평식 독서 감상문 쓰기

따뜻한 우정
– 『개구쟁이 친구들』을 읽고 –

『개구쟁이 친구들』(석현 지음, 유영자 그림, 위즈덤북 펴냄)은 연변의 조선족 초등학교 6학년 어린이가 쓴 장편 동화이다. 표지에는 장난을 치며 누군가를 골탕 먹이고 신이 나서 달아나는 아이들 모습이 그려져 있다. 책의 내용을 짐작하기 전에 먼저 표지 그림을 보며 무엇 때문에 저렇게 즐거울까 하는 호기심을 가지고 펼쳐 보게 만드는 장정이다.

이 책에는 유령 집 탐험과 지하실 수색 같은, 어린이라면 누구나 한 번쯤 꿈꿀 법한 모험 이야기가 부드러운 목탄 그림과 함께 전개된다. 주인공 젤리는 자신의 입장에서 친구들을 소개하고 사건 중심으로 이야기를 풀어 나간다. 1인칭 주인공 시점이 독자를 젤리와 동일시하게 만드는 장치로 매우 효과적으로 쓰였다.

그런데 젤리의 친구들을 보면 같은 나이가 없다. 그리고 개성도 다 다르다. 그럼에도 불구하고 친구가 되어 서로의 장점을 인정하고 존중해 준다. 특히 가장 어린 여자아이 미린이 사건을 처리할 방법이 있다고 했을 때 모두 믿어 주고 따랐으며 그 결과 어른의 도움 없이 어려움을 해결해 낸다. 이런 부분에서 아이들은 성별이나 나이 때문에 개인의 능력에 대한 편견을 가져서는 안 된다는 것을 새삼 느끼게 된다.

그리고 바블을 처음 알게 되었을 때도 그들은 바블을 거지 아이라고 무시하지 않고 친구로 받아들인다. 뿐만 아니라 그 아이의 사정을 이해하고 도와주려고 애를 쓴다. 경우는 다르지만 우리 주변에도 불우한 아이들이 많이 있다. 그런데 아이들 사이에서도 계층이 만들어지고 서로 섞이지 못하여 사회 문제로까지 부각되고 있는 실정이다. 이러한 때에 이 책은 아이들에게 불우한 아이들에 대해 관심을 갖고 그들을 동무로 받아들일 수 있도록 생각거리를 제공한다.

또한 이 작품에서는 하찮은 동물의 생명도 소중히 여기는 아이들의 모습을 볼 수 있다. 알지도 못하던 고양이지만 새끼를 기르는 어미의 심정을 이해하여 그들의 안전을 지켜 주려는 고운 마음씨가 드러난다. 키우던 애완동물이 병들었다고 갖다 버리는 사람들도 많은 요즘, 책에서나마 우리 아이들에게 동물 사랑하는 마음을 배우게 하는 대목이다.

이 책은 정보를 주거나 학습에 도움이 되지는 않는다. 그러나 아이들의 마음을 따뜻하게 만들어 주는 것만으로도 읽을 가치가 충분하다. 단지 책 속의 배경이 어디인지 알 수가 없으며, 내용을 보고도 짐작하기가 어렵다는 점이 아쉽다. 등장인물의 이름이나 화폐 단위로 봐서는 유럽인 듯하지만 상에 음식을 차려서 먹는다든지, 무국을 먹는 부분에서는 우리와 닮아 있어 다시 모호해진다.

어린이 독자들이 자신과 같은 또래 작가가 쓴 작품을 읽으면서 느낀 감동은 자못 크리라 생각한다. 이 책은 눈높이에 맞는 이야기로 책을 읽는 친구들에게 즐거움을 선사한다. 또 글쓰기에 두려움을 느꼈던 어린이에게 자신도 이젠 좋은 글을 쓰고 싶다는 의욕을 가지게도 할 수 있다. 현실에 갇혀 모험과 일탈을 꿈꾸던 우리 아이들이 자신들의 마음을 담아낸 이 작품을 읽으며 잠시나마 후련한 기분을 느낄 수 있다면 좋겠다.

어린 작가로서 석현은 앞으로 발전 가능성이 매우 크다. 아직 다듬어지지 않은 원석을 발견한 기분이 든다. 연변이 멀지 않게 느껴지게 하는 어린이의 작품이 우리 아이들에게 자극제가 되어 또 다른 석현이 나오게 하지는 않을까 기대해 본다.

2) 전문 도서의 예

- 제목 : 『학습자 중심의 초등 문학 교육 방법』
- 지은이 : 신헌재 외 12명
- 출판사 : 박이정
- 초점 : 초등 교육 현장 체험을 가진 저자들이 독자 반응 이론의 관점에서 '학습자 중심'의 독서 교육에 관하여 쓴 책이다. 앞으로 독서지도사로서 활동하는 데 유익하다고 생각되는 점을 중심으로 느끼고 생각한 점을 써 보자.

(1) 초점에 맞추어 쓰기 위한 구상

① 과제의 제시 조건 파악하기

어린이에게 읽히는 책 중 문학 도서가 중요한 비중을 차지한다. 초등 교육 현장 체험을 가진 12명의 저자들이 독자 반응 이론의 관점에서 '학습자 중심'의 독서 교육에 관하여 쓴 논문을 싣고 있는 이론서를 보고 앞으로의 독서지도사 활동에 유의할 내용을 간추려 본다. 또 간추린 내용을 바탕으로 자신의 느낌과 생각을 더해 본다.

② 초점에 맞는 내용 수집하기

- 문학 읽기의 중요성
- 12편의 글이 담긴 필독서의 특징
- 12편의 논문에서 공통적으로 말하는 내용
- 개념과 교육적 의미가 명확할 때 올바른 방법이 도출됨
- 읽기, 쓰기 등 모든 영역에서 협동 수업, 토의 수업의 중요성

- 교사의 자질
- 부단한 노력과 실천

③ 개요표 작성하기

제목	수준 있는 교육을 위한 끊임없는 노력
주제	문학 교육의 중요성을 깨달아 교사는 끊임없이 노력하는 자세가 필요하다.
글감	책의 특징, 문학 감상의 중요성, 독자 반응 이론, 협동 수업, 토의 수업, 교사의 자질, 교사의 노력과 실천
처음	① 문학은 자신의 삶을 성찰하고 타인에 대한 이해의 폭을 넓힐 수 있는 기회를 제공 ② 시, 판타지·패러디 동화, 문학 토의, 웹 이용, 반응에 대한 자기 평가 등 12편의 글 수록
중간	③ 12편의 글이 공통적으로 보여 주는 문학 교육 방법 ④ 개념과 교육의 의미가 명확할 때 올바른 교육 방법이 도출됨 ⑤ 읽기, 쓰기 등 모든 영역에서 협동 수업, 토의 수업의 중요성 ⑥ 교사에게 어린이의 특정한 반응이 전체 삶이나 발달 단계에 있어 어떤 의미를 갖는가를 이해할 수 있는 자질이 있어야 함
끝	⑦ 본 연구서가 가지는 의의와 나의 각오

(2) 서평식 독서 감상문 쓰기

> ## 수준 있는 교육을 위한 끊임없는 노력
> ### – 『학습자 중심의 초등 문학 교육 방법』을 읽고 –
>
> 문학은 자신의 삶을 성찰하고 타인에 대한 이해의 폭을 넓힐 수 있는 기회를 제공한다. 문학을 읽을 때 우리는 자신의 내면세계를 유리알처럼 들여다볼 수 있다. 문학에 그려진 삶의 다양한 모습에 반응하는 자신을 느끼며 자신이 진정 추구하고자 하는 가치는 무엇인지 깨닫게 된다. 그렇기 때문에 자아를 형성하고 삶의 방향을 찾아가는 어린이들에게 있어서 문학 감상은 매우 중요하다.
>
> 그러나 초등학교 교육에서 문학은 여전히 읽기 교육의 수단으로 인식되어 그 중요성에 알맞은 위상을 갖고 있지 못하다. 이에 『학습자 중심의 초등 문학 교육 방법』(신헌재 외 12명 지음, 박이정 펴냄)은 실제 초등학교 교육 현장의 경험을 토대로 문학 교육을 활성화할 수 있는 방법을 연구·제시하고 있다. 주로 초등학교 교사로 이루어진 저자들은 독자

반응 이론의 관점에서 수업을 계획하고 진행하였으며, 그 결과를 분석하였다. 시, 판타지·패러디 동화, 문학 토의, 웹 이용, 반응에 대한 자기 평가 등을 다루는 12편의 글에서 어린이들의 반응을 이끌어 내고, 그 반응을 공유함으로써 문학 교육 영역을 확장하려는 각고의 노력이 느껴진다.

이 책이 주는 유익함을 몇 가지로 간추리는 것은 매우 어려운 일이다. 각각의 글은 수업을 계획하고 진행한 과정을 단순히 기록한 것이 아니라 이론과 방법을 연구하고 그에 대한 평가와 방향을 제시한 것이기 때문이다. 또한 다루고 있는 제재도 달라서 모든 글을 각각 숙고하고 연구할 가치가 있다. 그럼에도 불구하고 각각의 연구에서 공통적으로 느낄 수 있는 것과 앞으로 독서지도사로서 유익하게 사용할 만한 것만 몇 가지 선택해 보았다.

첫째, 개념과 교육적 의미가 명확할 때 올바른 방법이 도출된다는 것이다. 독자 반응 이론이나 시, 동화, 문학, 토의 등의 개념과 교육적 의미를 바르게 이해할 때 그 의미를 실현하기에 알맞은 방법을 찾을 수 있다. 즉, 교사가 다루고 있는 것이 문학 교육에 있어서 어떤 의미를 가지는지 이해한다면 가장 적합한 방법을 모색할 수 있을 것이며, 더불어 평가의 기준도 세울 수 있을 것이다.

둘째, 읽기, 쓰기 등 모든 영역에서 협동 수업, 토의 수업이 중요함을 알 수 있다. 소그룹으로 나누어 수업을 진행했을 때 더욱 반응이 활발해지고 명료해지며 동료 학생과의 교류를 통해 사고가 확장되는 것을 알 수 있다. 따라서 어린이들이 주체적으로 수업에 참여하게 하는 협동 수업, 토의 수업의 세부적인 계획과 방법을 수립하는 것이 중요하다는 것을 알게 되었다.

셋째, 어린이의 특정한 반응이 어린이의 삶이나 발달 단계에 있어 어떤 의미를 갖는가를 이해할 수 있는 자질이 교사에게 있어야 함을 느끼게 되었다. 반응이 활성화되어도 그 의미를 알지 못한다면 어린이의 성장에 기여하도록 수업을 조직화하기 어려울 것이다. 내면의 변화와 표면적인 양상을 모두 포함하는 반응을 이해하려면 꾸준한 관심과 관찰, 통찰력이 필요하다. 이 책에는 문학 수업에서 보인 어린이들의 반응을 분류하고 범주화한 연구도 있다. 이것은 학습자의 특성에 맞는 문학 지도 방법을 수립하는 데 도움이 될 것이다. 부단한 노력만이 수준 있는 교육을 가능하게 한다. 아이들을 가르치면서 이론과 방법을 연구하여 수업 계획을 세웠다는 점, 실제 수업에 적용한 뒤 어린이들의 반응을 분석·평가하여 더 나은 교육 방법을 제시하고 있다는 점에 이 연구서의 의의가 있다. 이제 나에게는 독서지도사로서 실천하는 일만 남아 있어 더욱 새롭게 각오를 다진다.

제<big>4</big>장 서평식 독서 감상문 쓸 때의 주의점

 ## 1. 표제와 책 소개

1) 이행 표제(두 줄 제목)

예전에는 독서 감상문을 쓸 때 책 제목을 독서 감상문 제목으로 그대로 쓰던 때가 있었다. 그러나 그 제목은 읽은 책의 제목이지 자신이 쓴 독서 감상문의 제목은 아니다. 내가 쓴 모든 글마다 제목을 붙여야 하듯이 독후감에도 자신이 쓴 글의 중심 내용을 함축한 제목을 지어 원고지 둘째 줄에 주 제목으로 쓴 뒤에 다음 셋째 줄에 '어떤 책'을 읽었다는 사실을 밝히는 부제목을 붙여 이행 표제로 표현하는 것이 좋다.

또 주 제목과 부제목으로 이루는 두 줄 제목 쓰기의 의도를 파악하는 것이 중요하다. 주 제목은 책을 읽고 느끼고 생각한 것을 글로 쓴 후, 그 글에 알맞은 제목을 붙이는 것이다. 그에 비하면 그 글이 어떤 책을 읽고 쓰게 되었는지 밝혀 주는 것이 부제목의 역할이라 할 수 있다.

(1) 제목은 독립시켜 쓴다

> 인정의 소중함을 깨닫게 해 주는
>
> – 『재미있는 우리 고전 1』을 읽고 –

위의 이행 제목에서 주 제목은 마치 부제목을 꾸며 주는 관형구인 것처럼 쓰였다. 독서 감상문의 내용을 짐작할 수 있게 하는 독립된 제목으로 써야 한다.

> 고전 문학, 바로 이 맛이야
>
> – 『재미있는 우리 고전 1』을 읽고 –

(2) 글의 길이가 짧아질수록 제목은 한정적이고 구체적이어야 한다

> 그림책과 어린이 정서
>
> – 『황소와 도깨비』를 읽고 –

위는 마치 몇백 매 분량으로 쓴 논문 제목 같다. 1천5백 자 내외의 짤막한 글에 걸맞은 제목이라고 보기 어렵다. 독서 감상문의 주제나 중요한 제재를 제목으로 쓰는 것이 좋다.

> 다시 만난 우리 도깨비
>
> – 『황소와 도깨비』를 읽고 –

(3) 주 제목에는 어떠한 부호도 붙이지 않는 것이 좋다

> 산은 그곳에 있었다.
>
> – 『산 너머 산 이야기 너머 이야기』를 읽고 –

주 제목이 완전한 문장처럼 쓰였다 하더라도 마침표(온점, 느낌표, 물음표)를 붙이지 않는 것이 좋다.

> 산은 그곳에 있었다
>
> – 『산 너머 산 이야기 너머 이야기』를 읽고 –

2) 책 소개

(1) 구체적 서지 정보 쓰기

부제목에 작품 제목을 썼다고 본문에서 처음부터 '이 책'이란 지시어를 써서는 안 된다. 제목을 보지 않고 글을 읽더라도 무슨 책을 읽고 쓴 독서 감상문인지 알 수 있게 반드시 책 제목을 밝혀야 한다. 또 그 책에 대한 정보를 알려 주는 일도 빠뜨릴 수 없다.

① 한 폭의 수채화처럼 투명하고, 정겹게 느껴지는 이야기들로 구성된 이 책은 현재 활발하게 활동 중인 아동 창작 동화 작가 15인의 대표작이라 할 수 있는 작품들로 구성되어 있다.

→ 한 폭의 수채화처럼 투명하고, 정겹게 느껴지는 이야기들로 구성된 『내 친구 왕뚜껑』(소중애 외 지음, 나무와숲 펴냄)은 현재 활발하게 활동 중인 아동 창작 동화 작가 15명의 대표작이라 할 수 있는 작품들로 구성되어 있다.

② 압둘라 안녕, 난 이 책을 쓴 작가란다. (작가 입장에서 주인공에게 쓴 편지 형식 독서 감상문 중에서)

→ 압둘라 안녕, 난 『소년의 나비』(새터 출판)를 쓴 작가 제닌 M. 프레이서란다.

(2) 정확한 정보 수집하기

알고 있는 지식이 확실하지 않을 때는 반드시 확인한 후에 글로 쓴다. 의견을 뒷받침하는 정보와 지식이 정확해야 글쓴이의 생각에 독자가 공감하며 신뢰하게 된다.

① 우리나라 고전 소설 중 대표적인 판소리계 소설 4편이 실린 『재미있는 우리 고전 1』(김원석 지음, 위즈덤북 출간)을 읽었다.

→ 『재미있는 우리 고전 1』(김원석 지음, 위즈덤북 출간)에는 판소리계 소설인 「심청전」·「흥부전」·「토끼전」과 평안북도 철산 지방의 설화를 근간으로 한 「장화 홍련전」이 실려 있다.

※ 『재미있는 우리 고전 1』에는 「심청전」·「흥부전」·「토끼전」·「장화 홍련전」이 실려 있는데 그중 「장

화 홍련전」은 판소리계 소설이 아니다.

(3) 제목 구분

여러 작품을 묶은 단편집 제목은 그 책에 실린 작품 중에서 선택된 경우가 많다. 독서 감상문을 쓰는 사람은 책에 대한 총평과 함께 각 작품에 대한 감상도 하게 된다. 그때 인용 부호(『』, 「」, " ", ' ', ≪ ≫, 〈 〉 등)로써 책 제목과 작품 제목을 구분하는 일이 꼭 필요하다.

① 『재미있는 우리 고전 1』(김원석 지음, 위즈덤북 출간)에는 판소리계 소설인 심청전, 홍부전, 토끼전과 장화 홍련전이 실려 있다.
→ 『재미있는 우리 고전 1』(김원석 지음, 위즈덤북 출간)에는 판소리계 소설인 「심청전」·「홍부전」·「토끼전」과 평안북도 철산 지방의 설화를 근간으로 한 「장화 홍련전」이 실려 있다.

2. 표현상의 문제

1) 직접 인용과 간접 인용

인용 부호를 사용하는 직접 인용절에는 '~라고', '~하고' 처럼 인용격 조사를 사용하는 것이 자연스럽다. 그러나 간접 인용문은 '~고' 를 쓴다.

• "아는 만큼 보인다."는 말이 있다.
→ "아는 만큼 보인다."라는 말이 있다. / 아는 만큼 보인다는 말이 있다.
아는 만큼 보인다고 한다.

2) 문장의 호응

아무리 내용이 훌륭하다고 해도 맞춤법이 잘못 사용되었거나, 주술 관계가 모호한 글이라면 그 내용을 제대로 전달할 수 없다. 독자들은 현학적인 글보다 쉽게 쓰는 글을 더 잘 이해할 수 있다.

(1) 시골이란, 사람마다 가지고 있는 이미지가 다를 것이다.
→ 시골에 대하여 사람마다 가지고 있는 이미지가 다를 것이다.
※ '~이란' 표현은 설명글에서 쓰는 정의 방법이다. 시골에 대한 정의를 내리려는 의도가 아니라면 쓰지 말아야 한다.

(2) 정서와 문화가 다른 우리 어린이들이 일본의 이야기를 주제로 한 이 동화는 끝부분에서 암시적 교훈을 주지만, 공감대가 크게 작용하지는 않는 것 같다.
→ 일본의 이야기를 주제로 한 이 동화는 끝 부분에서 암시적 교훈을 주고 있다. 그러나 정서와 문화가 다른 우리 어린이들이 공감하기는 어렵다.

(3) 우리 어른들이 다시 한 번 반성의 계기를 마련해 주었다.
→ 어른들에게 다시 한 번 반성의 계기를 마련하고 있다.

(4) 그림은 전반적으로 사실적이고, 동양적인 분위기를 느꼈다.
→ 사실적인 표현의 그림에서 동양적인 분위기가 풍겼다.

(6) 날자, 날자, 한 번만 더 날자꾸나의 불행하게 이 시대를 살다 간 이상의······.
→ "날자, 날자, 한 번만 더 날자꾸나." 하고 외치며 불행하게 이 시대를 살다 간 작가 이상의······.

(6) 약간의 동물에 가까운 형상을 한 도깨비
→ 원숭이인지 고양이인지 알 수 없는 기괴한 형상의 도깨비

(7) 이 책은 신비함과 낯익음을 준다.
→ 이 책은 신비스럽고 환상적인 세계로 빠져들게 한다.

(8) 전래 동화나 민담, 설화 등의 가치는 어떤 관계일까.

→ 전래 동화는 신화, 전설, 민담과 어떤 관계가 있을까.

※ 설화 속에 신화, 전설, 민담이 포함되므로 용어 사용에 일관성을 갖춰야 한다.

(9) 소년이 받았을 실망과 부끄러움에 내 얼굴이 화끈거려 어찌할 줄 몰랐다.

→ 소년이 느꼈을 실망을 생각하니 부끄러움 때문에 내 얼굴이 화끈거렸다.

3) 부사

(1) 드디어 청이는 인당수에 몸을 던졌고…….

→ 결국(마침내) 청이는 인당수에 몸을 던졌고…….

※ '드디어'는 여러 고비를 거친 끝에 기대하던 대로 이루어졌을 때 쓰는 부사이다.

(2) 어떤 책은 또한 다른 사람이 읽어 줄…….

→ 어떤 책은 또 다른 사람이 읽어 줄…….

※ '또한'은 역시 마찬가지로란 뜻을 더하여 앞뒤 문장을 이어 준다. 다른 상황을 나타낼 때는 어울리지 않는다.

(3) 너무 신선한 느낌이 들었다.

→ 무척(참, 매우) 신선한 느낌이 들었다.

※ 꼭 알맞은 정도나 표준을 넘었을 때 또는 거기에 미치지 못함을 보이는 부사 '너무'를 아무 데나 마구 써서는 안 된다.

4) 명사＋접미사 '~하다' / 부사＋접미사 '~하다'

(1) 접미사 '~하다'는 일부 명사 뒤에 붙어 그 말을 동사로 만들어 준다.

예 사랑하다, 고백하다, 노래하다 등

(2) 접미사 '~하다'는 부사에 붙어 동사나 형용사를 만들기도 한다.

예 산뜻하다, 달랑달랑하다, 함께하다 등

5) 명사 + 접미사 '~시키다' = '~하게 하다'

일부 명사 뒤에 접미사 '~시키다'를 붙이면 '~하게 하다'의 뜻을 나타내는 타동사가 된다. 그중 '교육시키다', '거짓말시키다'처럼 제대로 쓰지 못하는 예가 많다.

예 결혼시키다, 공부시키다 등

6) 체언 + 서술격 조사 '~이다'

체언에 붙어 사물을 지정하는 뜻을 나타내는 종결형 서술격 조사는 붙여 쓴다. 또 '~이다'는 유일하게 활용하는 조사이기도 하다.

예 연필이다, 연필입니다, 연필이므로, 연필이어서 등

7) 조사

(1) 우리말다운 표현을 위해서는 '의'를 없애거나 다른 조사로 바꾸어 '의'의 남용을 막아야 한다.

① 나의 어린 시절 읽던 → 내(가) 어린 시절 읽던
② 어린이와의 대화 → 어른과 어린이의 대화
③ 어린이의 대다수가 → 대다수 어린이가
④ 가진 돈의 얼마를 내놓는다. → 가진 돈에서 얼마를 내놓는다.

(2) 장소를 나타내는 처소격 조사 대신 목적격 조사를 쓸 수 없다.

① 학원을 빠지다. → 학원에 빠지다.

8) 불필요한 '～어지다'

영어의 수동태 문장(사물을 주어로 삼은)을 직역해 놓은 듯한 표현으로 우리말답지 못하다.

(1) 힘이 세어지고 → 힘이 세지고

(2) 작품이 소개되어진다. → 작품이 소개된다.

(3) 마음이 보여진다. → 마음이 보인다.

(4) 상상이 표현되어졌다. → 상상이 표현되었다.

(5) 노력하여 얻어지는 → 노력하여 얻는

(6) 기록되어져 있다. → 기록되었다.

(7) 생각되어진다. → 생각한다.

(8) 쓰여졌다. → 쓰였다. / 씌었다.

(9) 나에게 주어진 시간 → 내 시간, 내가 쓸 시간

9) 구별해서 쓸 말

(1) 3~4학년에게는 아직 빠르다. → 3~4학년에게는 아직 이르다.

※ 시기를 나타내는 데에 속도를 나타내는 '빠르다'나 '느리다'를 쓸 수 없다.

(2) 같은 동화라도 읽는 이에 따라 느낌이 틀리다.

→ 같은 동화라도 읽는 이에 따라 느낌이 다르다.

※ '틀리다'는 '맞다'와 맞서는 자동사이다. 여기에는 '같다'와 맞서는 형용사 '다르다'를 써야 한다.

(3) 너무 걱정할 필요 없다. → 너무 걱정할 것 없다.

※ 걱정은 그럴 만한 까닭이 있어서 어쩔 수 없이 생기는 심리 현상이지, 필요성을 느껴서 일부러 하는
   행위가 아니다.

(4) 효성으로서 눈을 뜨게 했다. → 효성으로써(으로) 눈을 뜨게 했다.

독서지도사로써 공부할 것이 많다. → 독서지도사로서 공부할 것이 많다.

※ '로서'는 주격·자격격 조사이므로 도구격·기구격 조사인 '로써'와 구별하여 사용한다. 정 헷갈린다
   면 '로, 으로'를 써도 좋다.

10) 치졸한 말

(1) 앞으로 좋은 책이 나오길 바라겠다. → 앞으로 좋은 책이 나오길 바란다.

※ '~겠~'은 미래·추측·가능·의지를 나타내는 선어말어미이다. '바라다'는 소원대로 되기를 기다
   리는 정신적 행동으로 그 자체에 의지가 담겨 있고, 말하는 순간에 이미 하고 있는 것이므로 '~겠
   ~'을 써야 할 이유가 없다.

(2) ~바라고 싶다 → 바란다

~기대하고 싶다. → 기대한다.

※ '싶다'는 하고자 하는 마음이 있음을 나타내는 보조 형용사이므로 희망함을 나타내는 '바라다' 아래에
   는 붙여 쓸 수 없다. '기대하다'도 바라고 믿는 마음을 가지는 동사이므로 '싶다'를 붙여 쓸 수 없다.

(3) 주인공은 돌쇠가 아닌가 싶다. → 주인공은 돌쇠다.

※ '싶다'를 의문형 아래에 보조 형용사로 쓰면 추측 또는 근사함을 나타내게 된다. 확신이 없는 추측이
   되어 의사 전달 효과가 떨어지는 표현은 될 수 있으면 피해야 한다.

(4) ~하는 것은 안 좋은 것 같다. → ~하는 것은 좋지 않다. / ~하는 것은 나쁘다.

※ '안(아니)'과 '못'은 부정 부사로 동사 앞에 쓰는 것은 자연스러우나 상태를 나타내는 형용사 앞에 쓰면 어색해진다. 정도가 심한 것은 '나쁘다'라고 써도 무방하다.

11) 중복 표현
굳이 여러 번 쓰지 않아도 될 어휘는 반복하지 않아야 한다.

(1) 삶을 살아가면서 겪는 여러 가지 문제~ → 살아가면서 겪는 여러 가지 문제~

※ '삶'은 '살다'의 명사형 표현이므로 '삶을 살아간다'는 말은 불필요하다.

(2) 3~4학년을 위한 단편 동화 모음집이다. → 3~4학년을 위한 단편 동화집이다.

(3) 고전책 → 고전(작품)

(4) 새로운 신선함을 준다. → 새로운 느낌을 준다.

(5) 편견된 마음으로~ → 편견으로~

(6) 수채화로 그림 그린~ → 수채화로 그린~

(7) 아동기 시기에는~ → 아동기에는~

(8) 당연시 여기는~ → 당연시 하는~ / 당연하게 여기는~

12) 바로 써야 할 말

(1) 『마사코의 질문』 같은 동화에서는~ → 『마사코의 질문』에서는~

※ 다른 것을 비유하는 것이 아니라 단순히 『마사코의 질문』을 가리키는 것이므로 '같은'을 빼야 한다.

(2) 이 책『위대한 발명과 에디슨』에서는~

→『위대한 발명과 에디슨』에서는~ / 이 책에서는~

※ 이 책이 바로『위대한 발명과 에디슨』이므로 반복하여 쓰는 것은 옳지 않다.

(3) 친구와 아이 사이의 갈등, 아픔 등을 표현했다.

→ 친구와 주인공 사이의 갈등과 아픔을 표현했다.

※ 의존 명사 '등'은 그 외에 몇 가지 더 있다는 의미를 나타낸다. 더 이상 말할 것이 없는데도 습관상

    군더더기처럼 써서는 안 된다.

(4) 그는 공부를 잘하지 못하지만 남을 도울 줄 아는 마음을 가진 그런 아이다.

→ 그는 공부를 잘하지는 못하지만 남을 도울 줄 아는 마음을 가진 아이다.

※ 한 문장 안에서 이미 한 말에 대한 지시어를 새삼스럽게 쓸 필요는 없다.

13) 사실 무근이나 오류

(1) 정약용이 수원성을 쌓기 위해 만든 기중기를 거중기라고 하지를 않나~

※ 정약용이 만든 것은 거중기가 분명하다. 그런데 확인도 않은 채 함부로 책의 내용이 잘못되었다고 지

    적해서는 안 된다.

(2) 주인공 덕보~

※ 주인공의 이름은 돌쇠이다. 독서 감상문에서 주인공의 이름을 바꾸어 쓰며 소감을 전개하는 것은 있

    을 수 없다. 책을 읽지 않고 쓴 독서 감상문으로 보인다.

(3) 소 모가지는 '목'의 속된 말로 적당한 표현이 아니다.

※ 우리말에는 짐승에게 쓰는 말과 사람에게 쓰는 말이 구별되어 있다. 사람에게는 모가지라는 말이 비

    하하는 뜻으로 쓰이지만 동물에게는 그렇지 않다. 자신이 알고 있는 것이 전부 옳다고 생각하지 말고

    확인해야 한다.

(4) 돌쇠가 약삭빠르고, 교활하고, 꾀 많은 돌쇠로 보이는 표정이 있다.

※ 게으름뱅이이고 어수룩한 돌쇠를 잘 표현하지 못한 그림이라고 비판하는 글이다. 이러한 평가를 할 때에는 어느 장면인지를 구체적으로 밝히는 것이 좋다.

(5) 도깨비는 無에서 有를 창조하는 상징성을 가지고 있다.

※ 한자는 의미가 혼동될 염려가 있을 때에 쓰게 된다. 쓸 때에는 '한글(한자)'의 형식을 갖추는 것이 필요하다. 또 내용으로 볼 때도 도깨비의 상징은 창조성이라 할 수 없어 공감하기 어려운 표현이다.

(6) 희망을 주는 흰색의 주인공과 밝은 노란색 바탕이 아름답다.

※ 문학작품이나 그림에서 색이 갖는 상징성은 매우 분명하다. 흰색은 순수, 순결, 고귀를 나타내지만 희망의 상징으로 보기는 어렵다. 푸른색이 희망을 상징하는 색이다.

3. 기타(잘못된 표기 → 바로잡은 표기)

바램 → 바람('바라다'의 어간에 명사형 'ㅁ'
만 붙이면 된다)

부시시 → 부스스

두루뭉실하다 → 두루뭉술하다

안절부절하다 → 안절부절못하다

되요 / 되 → 되어(돼)요 / 되어(돼)

돼죠 → 되지요(죠)

아니예요 → 아니에요

아니였다 → 아니었다

주책이다 / 주책스럽다 / 주책맞다 → 주책없다

희노애락 → 희로애락

켸켸묵다 → 케케묵다

으례 / 의례 → 으레

근데 → 그런데

하지만 → 그렇지만

밝히고저 → 밝히고자

깡충하다 → 깡총하다 / 껑충하다

텔레비젼 → 텔레비전

갖어 → 가져

개구장이 → 개구쟁이

짖궂다 → 짓궂다

메세지 → 메시지

넉넉치 않은 → 넉넉지 않은

내노라하는 → 내로라하는

설레이는 → 설레는

날으는 → 나는

애끓은 → 애끊는 / 애끓는

꼽슬머리 → 고수머리 / 곱슬머리

일찌기 → 일찍이

저희 나라 → 우리 나라

치루다 / 치루었다 → 치르다 / 치렀다

까탈스럽게 → 까탈지게, 까다롭게

넓다랗다 → 널따랗다

귀멀다 → 귀먹다

녹슬은 → 녹슨

삼가하도록 → 삼가도록

(쌀)세 말 → 서 말

푸르른 날은 → 푸른 날은

윗어른 → 웃어른

금새 → 금세(금시에)

요세 → 요새(요사이)

윗층 → 위층

아랫층 → 아래층

뒷쪽 → 뒤쪽

떡볶기 → 떡볶이

칼라 → 컬러(색)

훼미리 → 패밀리

환타지 → 판타지

| 생각해 볼 문제 |

1. 여러 출판사에서 다양한 판형으로 출판하고 있는 옛이야기 책을 분석하여 그중 어떤 도서가 옛이야기 책의 특징을 잘 살렸는지 비교해 보자.

2. 구전 설화에 충실한 그림 형제의 「신데렐라」보다 페로나 월트 디즈니의 어린이용 판 「신데렐라」가 더 많이 팔리는 이유는 무엇이고, 그 책들이 과연 어린이에게 더 교육적인지 생각해 보자.

3. 앤서니 브라운의 그림책이 무거운 주제를 다루고 있음에도 불구하고 우리나라 어린이에게 잘 읽히는 까닭에 대해 알아보자.

4. 『걸리버 여행기』나 『어린 왕자』 완역본을 읽히기에 앞서 어린이에게 각색본이나 축약본을 읽힐지 판단해 보자.

참고 문헌

• 석현(2004). 『개구쟁이 친구들』. 위즈덤북.

• 신헌재 외(2004). 『학습자 중심의 초등 문학 교육 방법』. 박이정.

• 이수열(1999). 『우리말 바로 쓰기』. 현암사.

• 표정훈(2003). 『책은 나름의 운명을 지닌다』. 궁리.